# 国际投资学（第二版）

International Investment

卢进勇 杜奇华 杨立强 编著

图书在版编目(CIP)数据

国际投资学/卢进勇,杜奇华,杨立强编著.—2版.—北京:北京大学出版社,2017.7
(21世纪经济与管理规划教材·国际经济与贸易系列)
ISBN 978-7-301-28469-8

Ⅰ.①国… Ⅱ.①卢… ②杜… ③杨… Ⅲ.①国际投资—高等学校—教材 Ⅳ.①F831.6

中国版本图书馆CIP数据核字(2017)第142274号

| | |
|---|---|
| 书　　　名 | 国际投资学(第二版)<br>GUOJI TOUZIXUE |
| 著作责任者 | 卢进勇　杜奇华　杨立强　编著 |
| 责 任 编 辑 | 李　娟 |
| 标 准 书 号 | ISBN 978-7-301-28469-8 |
| 出 版 发 行 | 北京大学出版社 |
| 地　　　址 | 北京市海淀区成府路205号　100871 |
| 网　　　址 | http://www.pup.cn |
| 微信公众号 | 北京大学经管书苑(pupembook) |
| 电 子 信 箱 | 编辑部: em@pup.cn　总编室: zpup@pup.cn |
| 电　　　话 | 邮购部 010-62752015　发行部 010-62750672　编辑部 010-62752926 |
| 印 　刷 　者 | 北京虎彩文化传播有限公司 |
| 经 　销 　者 | 新华书店 |
| | 787毫米×1092毫米　16开本　20.5印张　512千字<br>2013年1月第1版<br>2017年7月第2版　2023年8月第7次印刷 |
| 印　　　数 | 21001—21700册 |
| 定　　　价 | 39.00元 |

未经许可,不得以任何方式复制或抄袭本书之部分或全部内容。
版权所有,侵权必究
举报电话:010-62752024　电子信箱:fd@pup.cn
图书如有印装质量问题,请与出版部联系,电话:010-62756370

# 丛书出版说明

教材作为人才培养重要的一环，一直都是高等院校与大学出版社工作的重中之重。"21世纪经济与管理规划教材"是我社组织在经济与管理各领域颇具影响力的专家学者编写而成的，面向在校学生或有自学需求的社会读者；不仅涵盖经济与管理领域传统课程，还涵盖学科发展衍生的新兴课程；在吸收国内外同类最新教材优点的基础上，注重思想性、科学性、系统性，以及学生综合素质的培养，以帮助学生打下扎实的专业基础和掌握最新的学科前沿知识，满足高等院校培养高质量人才的需要。自出版以来，本系列教材被众多高等院校选用，得到了授课教师的广泛好评。

随着信息技术的飞速进步，在线学习、翻转课堂等新的教学/学习模式不断涌现并日渐流行，终身学习的理念深入人心；而在教材以外，学生们还能从各种渠道获取纷繁复杂的信息。如何引导他们树立正确的世界观、人生观、价值观，是新时代给高等教育带来的一个重大挑战。为了适应这些变化，我们特对"21世纪经济与管理规划教材"进行了改版升级。

首先，为深入贯彻落实习近平总书记关于教育的重要论述、全国教育大会精神以及中共中央办公厅、国务院办公厅《关于深化新时代学校思想政治理论课改革创新的若干意见》，我们按照国家教材委员会《全国大中小学教材建设规划（2019—2022年）》《习近平新时代中国特色社会主义思想进课程教材指南》《关于做好党的二十大精神进教材工作的通知》和教育部《普通高等学校教材管理办法》《高等学校课程思政建设指导纲要》等文件精神，将课程思政内容尤其是党的二十大精神融入教材，以坚持正确导向，强化价值引领，落实立德树人根本任务，立足中国实践，形成具有中国特色的教材体系。

其次，响应国家积极组织构建信息技术与教育教学深度融合、多种介质综合运用、表现力丰富的高质量数字化教材体系的要求，本系列教材在形式上将不再局限于传统纸质教材，而是会根据学科特点，添加讲解重点难点的视频音频、检测学习效果的在线测评、扩展学习内容的延伸阅读、展示运算过程及结果的软件应用等数字资源，以增强教材的表现力和吸引力，有效服务线上教学、混合式教学等新型教学模式。

为了使本系列教材具有持续的生命力,我们将积极与作者沟通,争取按学制周期对教材进行修订。您在使用本系列教材的过程中,如果发现任何问题或者有任何意见或建议,欢迎随时与我们联系(请发邮件至 em@ pup. cn)。我们会将您的宝贵意见或建议及时反馈给作者,以便修订再版时进一步完善教材内容,更好地满足教师教学和学生学习的需要。

　　最后,感谢所有参与编写和为我们出谋划策提供帮助的专家学者,以及广大使用本系列教材的师生。希望本系列教材能够为我国高等院校经管专业教育贡献绵薄之力!

北京大学出版社<br>经济与管理图书事业部

# 第二版前言

第二次世界大战结束以来,随着经济全球化的不断发展,跨境资本流动及其表现出来的国际投资活动取到了迅猛发展。

据联合国贸易与发展会议《世界投资报告2016》公布的数据,国际直接投资流入量在2007年达到了创纪录的19 022亿美元,但是受全球金融和经济危机的影响,自2008年开始出现下降,2010年全球国际直接投资规模回落到13 888亿美元,随后略有回升,2015年达到17 622亿美元;截至2015年年底,国际直接投资流入累计存量达249 832亿美元。

跨境资本流动既包括国际直接投资,也包括国际间接投资,而且国际间接投资是一种规模和影响更大的国际资本移动形式。根据国际货币基金组织2014年发布的《全球金融稳定报告》数据,国际资本市场(包括股票、债券、银行资产)的总规模在2013年超过了282.76万亿美元,这个规模远远超过了国际直接投资累计存量。

作为国际投资活动的主体,跨国公司同样实现了前所未有的大发展。据《世界投资报告2016》统计,2010年全球跨国公司母公司数量达到8.2万家,拥有约81万家海外分支机构;截至2015年全球跨国公司实现销售额36.67万亿美元,资产总额达105.78万亿美元,雇员人数达到7 950.5万人。

在国际投资活动快速发展的背景下,中国双向资本流动也取得了举世瞩目的成就。据中国商务部统计,2015年中国对外直接投资流量首次超过了吸收外资流量,中国从资本净输入国一跃成为资本净输出国。无论是资本流入还是资本流出,中国均已成为全球最重要的资本输入目的地和资本输出来源地。

为了及时地反映近年来国际投资活动的发展状况,以更好地指导国际投资实践,我们再版修订了这本《国际投资学》教材。全书在基本保持上一版教材章节框架的基础上,全面更新了全书所用数据,增补了涉及的政策法规,更新和调整了引导案例和课后案例。全书基本上每章都增加了一到两个阅读专栏,为读者进一步提供补充阅读材料。

本书第一版由对外经济贸易大学卢进勇教授、杜奇华教授和杨立强副教授共同编著,卢进勇和杨立强负责总体框架设计。在编写本书过程中,刘辉群、邰志雄、黄珊珊、赵因因、闫实强、李锋、李秀娥、温丽琴、张超、陈静、裴秋蕊、邵海燕、邹赫、卢月、王倩等协助收集了一些案例资料,在此表示诚挚的感谢。本书第二版修订工作由卢进勇教授和杨立强副教授共同完成。限于作者的学术水平和实际经验,书中难免存在不足和错误之处,恳请各位专家和广大读者不吝赐教。

感谢北京大学出版社李娟编辑的中肯建议和大力支持!

作者

2017 年 3 月

21世纪经济与管理规划教材

国际经济与贸易系列

# 第一版前言

伴随着世界经济一体化和经济生活国际化的不断深入,国与国之间的经济联系已从传统的流通领域发展到了生产领域,从简单的商品交换发展到了各种生产要素的移动与重新组合配置。资本要素的国际移动使国际投资成为当今世界最活跃和最引人注目的经济行为,特别是跨国公司(含跨国银行)的发展使国际投资活动变得更具影响力,跨国公司担当着国际投资活动主要承担者的角色。

根据联合国贸易与发展会议《世界投资报告2011》公布的数据,国际直接投资在2007年达到了创纪录的18 330亿美元,但是受全球金融和经济危机的影响,自2008年开始出现下降,2010年全球国际直接投资规模回落到12 437亿美元;截至2010年年底,国际直接投资累计存量达193 838亿美元,全球跨国公司母公司数量为8.2万家,拥有约81万家海外分支机构;2010年全球跨国公司实现销售额32.96万亿美元,资产总额达56.998万亿美元,雇员人数达到6 821.8万人。国际资本移动既包括国际直接投资,也包括国际间接投资,而且国际间接投资是一种规模和影响更大的国际资本移动形式。根据国际货币基金组织2011年发布的《全球金融稳定报告》数据,国际资本市场(包括股票、债券、银行资产)的总规模在2010年超过了250万亿美元,这个规模远远超过了国际直接投资累计存量。

国际投资是国际产业资本和货币资本的跨国界运营,是资本、劳动、技术、管理等生产要素的一揽子跨国流动与配置,国际投资活动的开展增强了国家间的金融、生产、贸易、产业和宏观经济联系;国际投资是当今世界经济发展中最活跃、最引人注目的因素,它把世界各国的经济紧密地联结为一体,使国与国之间更加相互依赖;一个国家参与国际投资的程度及范围,已经成为衡量该国经济发展水平的重要标志。

为了对丰富多彩的国际投资活动进行系统的研究和概括,也为了更好地指导国际投资实践活动,我们编写了这本《国际投资学》教材。全书除导论外共分为基础篇、方式篇、管理篇、政策篇和中国篇五个部分,每个部分均从国际直接投资和国际间接投资入手加以阐述。

　　本书注重理论与实际相结合,在论述基本概念、基本理论和基本方法的同时,也对实用性的操作知识加以介绍。本书的另一大特点是采用了一些生动翔实的经典案例来解释、佐证和检验书中的内容,案例分析不仅使内容更加丰富生动,也使读者在学习的过程中获得大量有价值的最新信息,对于增长知识和开阔视野大有裨益。

　　本书由对外经济贸易大学卢进勇教授、杜奇华教授和杨立强副教授共同编著,卢进勇和杨立强负责总体框架设计。在编写本书过程中,刘辉群、郜志雄、黄珊珊、赵因因、闫实强、李锋、李秀娥、温丽琴、张超、陈静、裴秋蕊、邵海燕、邹赫、卢月、王倩等协助收集了一些案例资料,在此表示诚挚的感谢。

　　本书既可以作为高等院校涉外经济、贸易、金融、投资、管理和法律等专业学生的教科书,也可以成为相关政府部门或企业培训员工时选用的教材,当然也不失为业界同仁的一本参考书。限于作者的知识水平和经验,书中难免存在错误和不足之处,敬请广大读者批评指正,以便今后修订时更改。

作者

2012 年 7 月 10 日

# 目　录

| 第一章　国际投资导论 | 1 |
| 第一节　国际投资概念与内涵 | 1 |
| 第二节　国际投资学的基本范畴 | 8 |
| 第三节　国际投资的分类 | 12 |
| 第四节　国际直接投资的发展状况与影响因素 | 16 |
| 第五节　国际证券投资的特征与发展趋势 | 20 |

## 基 础 篇

| 第二章　国际投资理论 | 27 |
| 第一节　国际直接投资动机与理论 | 27 |
| 第二节　国际资本流动与间接投资理论 | 44 |

| 第三章　国际投资主体 | 50 |
| 第一节　跨国公司概述 | 50 |
| 第二节　服务业跨国公司 | 66 |
| 第三节　跨国公司与国际技术转让 | 69 |

| 第四章　国际投资决策 | 76 |
| 第一节　国际直接投资环境评估 | 76 |
| 第二节　国际证券投资分析 | 85 |

## 方 式 篇

**第五章 国际直接投资方式** ………………………………………… 105
    第一节 国际直接投资的主要方式 ………………………………… 105
    第二节 国际直接投资企业的基本形式与中国利用外商投资
           方式 …………………………………………………………… 110
    第三节 非股权投资方式 …………………………………………… 117

**第六章 国际间接投资方式** ………………………………………… 121
    第一节 国际债券投资 ……………………………………………… 121
    第二节 国际股票投资 ……………………………………………… 130
    第三节 投资基金 …………………………………………………… 135

**第七章 灵活的国际投资方式** ……………………………………… 148
    第一节 国际租赁 …………………………………………………… 148
    第二节 国际工程承包 ……………………………………………… 155
    第三节 国际风险投资 ……………………………………………… 162
    第四节 其他灵活的国际投资方式 ………………………………… 180

## 管 理 篇

**第八章 国际投资资金筹集** ………………………………………… 185
    第一节 国际证券市场与证券交易所 ……………………………… 185
    第二节 国际筹资的中介机构 ……………………………………… 190
    第三节 跨国公司国际筹资方式 …………………………………… 197
    第四节 国际筹资的决策与管理 …………………………………… 201

**第九章 国际投资项目管理** ………………………………………… 208
    第一节 国际投资项目管理概述 …………………………………… 208
    第二节 国际投资项目周期 ………………………………………… 211
    第三节 国际投资项目管理的内容 ………………………………… 213
    第四节 国际投资项目可行性研究 ………………………………… 216

**第十章 国际投资税收筹划** ………………………………………… 224
    第一节 国际税收概述 ……………………………………………… 224
    第二节 国际税收筹划 ……………………………………………… 228

## 政　策　篇

**第十一章　国际投资政策法规** ······································· 239
　　第一节　国际直接投资的政策法律制度 ····························· 239
　　第二节　国际直接投资的自由化趋势 ······························· 245
　　第三节　国际直接投资的便利化趋势 ······························· 253

**第十二章　国际直接投资协调** ······································· 261
　　第一节　国际直接投资协调概述 ···································· 261
　　第二节　双边投资协定与国际直接投资协调 ························ 263
　　第三节　区域投资协定与国际直接投资协调 ························ 268
　　第四节　多边投资协定与国际直接投资协调 ························ 273

## 中　国　篇

**第十三章　国际投资与中国** ········································· 291
　　第一节　中国利用外商直接投资 ···································· 291
　　第二节　中国对外直接投资 ········································ 295
　　第三节　中国证券投资市场 ········································ 304

**专业名词中英文汇编** ··············································· 315
**主要参考书目** ····················································· 317

# 第一章 国际投资导论

【教学目的】

通过本章学习,学生将能够:
1. 认识国际投资的概念、内涵与基本分类。
2. 了解国际投资学的基本范畴与研究意义。
3. 掌握国际直接投资与国际间接投资的概念和区别。
4. 熟悉国际直接投资的发展现状、影响因素与国际证券投资的特征。

【关键术语】

国际投资　资本输出　国际金融机构　国际投资学　国际直接投资　国际间接投资　外国直接投资

【引导案例】

联合国贸易与发展会议(以下简称"联合国贸发会议")发布的《世界投资报告2016》指出,2015年全球外国直接投资(FDI)流动达1.76万亿美元,同比上升38%。其中,跨国并购交易金额达7210亿美元,绿地投资宣布金额达7660亿美元。

2015年发达经济体吸收FDI达9620亿美元,占全球份额从2014年的41%上升至55%,扭转了五年来一直是发展中经济体占主导地位的趋势。亚洲地区2015年吸收FDI超过5000亿美元,维持了全球最大吸收外资区域的地位。但是,同期流向非洲、拉美和加勒比地区的FDI并不稳定,而流向转型经济体的FDI进一步减少。

2015年新出台的投资政策措施之中,投资自由化和促进措施占比为85%,限制性或管制措施占比为15%。在国家、双边、区域、多边等多个层面,国际投资协定改革正以强调可持续发展目标推进,出现了新一代的投资协定。报告指出,推动这一改革进程需要更多的国家加强协调与合作。

资料来源:新浪财经(http://finance.sina.com.cn/roll/2016-06-24/doc-ifxtmses0909969.shtml),略有删节。

## 第一节　国际投资概念与内涵

### 一、资本

资本是投资的源泉,在科学技术飞速发展的今天,生产所依赖的资本形式出现了多样化,除了传统的资金、土地、生产资料以外,对技术、信息和管理形式等资本的依赖程度也在加强。这就使资本的含义更加广泛或者说更难以确定。按目前国际学术界的观点,资本可分为最狭义资本、狭义资本、中义资本和广义资本。最狭义的资本特指企业的注册资本或所有者权益；狭义的资本是指期限在一年以上的金融资产；中间意义上的资本指那些可用货币单位计量且被其所有者或使用者用于增值目的的资源，它们可被分为现金资产和非现金资产两大类；广义的资本则泛指一切被其所有者或使用者用作增进其自身利益之手段的资源，它们可被区分为人力资本和物力资本。其中，人力资本的形成需要消耗一定的物力资本，但人力资本通过其个体的劳动又可以创造出一定的物力资本，即物化了的人力资本。

## 二、投资

### （一）投资的含义

作为人类进行和组织社会生产和再生产的主要行为之一，投资（investment）一般是指投资主体（资源所有者或使用者）为获得预期回报而将资源（货币或其他形式的资产）转化为资本，投入经济活动的行为过程。它的特点主要表现在以下四个方面：

（1）投资是经济主体进行的一种有意识的经济活动。经济主体即投资主体，它可以是自然人，也可以是法人（法人是人格化的经济组织，如政府、企事业单位、国际经济组织等）。因此，投资可以是私人投资，也可以是公共投资。

（2）投资的本质在于这一经济行为的获利性。也就是说，投资者的目的是以投入一定量的货币或其他资产来获得更大量的经济回报，即能够使"资本增值"或得到"经济效益"。

（3）投资是把一定量的收入转换为资产的过程。其中，收入泛指政府的财政收入、企事业单位的利润和个人工资收入等；资产泛指实物资产（机器设备、原材料、厂房用地等）和金融资产（现金及其他货币形式），有形资产和无形资产（专利、商标、技术诀窍等）；所以收入转化为资产可以泛指剩余价值转化为资本，剩余产品转化为积累，消费基金转化为积累基金，储蓄转化为投资等各类情况。

（4）投资的过程存在着风险。由于投资者所期望的收益是在未来获得的，在未来到来之前，或者说在收益得到之前，可能会出现各种难以预料的风险因素及由此造成的损失，这就是与投资行为形影不离的投资风险。也就是说，投资必然同时具备收益性和风险性，而且二者呈正相关关系，即预期收益越大，风险就越大。

### （二）投资与投机

与投资相近的一个概念是投机（speculation）。长期以来，"投机"一词在我国一直被作为贬义词来使用，我国普遍认为投机是非法谋取利益的一种行为。但在西方国家中，"投机"则是中性词，它是指在做出大胆预测的前提下冒较大风险去追求较高利益的行为。

在金融和投资领域中，投机行为大量存在着。国内许多媒体和一些学者倾向于将证券市场中以获取买卖差价为目的的短线操作行为称为投机，而将兼顾资本利得和红利分配的长线操作行为称为投资。从获取收益和承担亏损的角度而言，投资和投机并无实质区别，只是在证券投资领域，经济学者约定俗成地使用投机、套期保值（hedge）和套利（arbitrage）这三个概念来区分三种不同的投资行为。在现实经济生活中，我们也很难把投资与投机行为明确地区分开，因为二者都是为了获得一定的回报，希望回报率越高越好；二者又都要冒一定的风险，并希望风险越小越好。

尽管如此，投资与投机仍然是两个不同的概念，它们在以下几个方面有所不同：

（1）投资活动既有金融投资也有实际投资，其交易多表现为实际的交割；而投机活动基本上只在金融投资领域和期货交易中进行,其交易多表现为买空卖空的信用交易。

(2) 投资者的行为具有长期性,因为他们往往以获取长期而稳定的收益为目标;而投机者的行为具有短期性,这是因为他们往往急功近利,想抓住市场价格短期涨落的机会迅速出击,其目的仅在于谋取短期利益。

(3) 投资者着眼于获取长期的稳定收益,因而所冒的风险相对较小;而投机者由于着眼于短期的厚利,所冒的风险相对较大。

### 三、国际投资

(一) 国际投资的含义

从投资学的角度讲,投资本身是没有国际国内之分的,但由于国家的存在,各国经济制度和经济政策的不同,以及各国政府对外国资本流入或本国资本流出的态度不同,投资收益和风险出现了人为的而非经济本身的因素,进而导致了投资分国内和国际两个概念。许多经济学家根据历史的沿袭,从不同侧面对国际投资进行了探索并给出了不同的定义。如从投资源于储蓄即延期消费的角度,从投资源于不同对象的角度,从投资的收益与风险呈同比例关系的角度等,都可以给出国际投资的定义。但是,从现代国际投资的实践来看,无论在其主体、对象、目标、方式、工具方面,还是其在促进世界经济发展中的地位和作用方面,国际投资都已成了一个非常宽泛的范畴。

所谓国际投资,是指各类具有独立投资决策权,并对投资结果承担责任的投资主体,包括跨国公司、跨国金融机构、官方与半官方机构和居民个人等,将其拥有的货币、实物及其他形式的资产或生产要素,经跨国界流动与配置形成实物资产、无形资产或金融资产,并通过跨国运营以实现价值增值的经济行为。

作为跨国性经济行为,国际投资涉及两类国家,即投资国和东道国。投资国亦称资本流出国或对外投资国,是指从事对外投资活动的经济主体所在的国家。东道国亦称资本流入国、资本接受国或被投资国,是指允许和吸收外国资本在本国进行投资和接受外国资本贷款的国家。因此,国际投资一般由两部分构成:一是向国外投资,对投资国,特别是对发达国家来说,这是为过剩资本寻找出路,以谋求海外高额利润的重要途径;二是向国际筹资,即引进海外资金,对东道国,特别是对发展中国家来说,这是吸引并利用外资、解决国内资金短缺,引进国外先进技术和管理知识,以促进本国的经济发展的重要渠道之一。就一个国家而言,参与国际投资活动可以以两种不同的身份出现,或投资国,或东道国。以投资国的身份出现时,其经济行为表现为对外投资;以东道国的身份出现时,其经济行为表现为引进外资。

但是,在现实经济生活中,就一国而言,往往难以做出明确的投资国与东道国的划分,如根据资本注入的形式来看,几乎所有的东道国都既是生产资本注入国,又是借贷资本流入国。第二次世界大战之后,国际政治经济格局发生了巨大变化,投资国与东道国的性质、数量、结构发生了较大的变化。就国际投资中的某一项投资而言,一国是投资国还是东道国是确定的;但就一国参与国际投资的整体而言,它既可能是投资国,也可能是东道国,而更为普遍的则是兼有投资国与东道国的双重身份,也就是说,该国既发展对外投资,又在一定程度上大力引进外资。

(二) 国际资本流动、资本输出与国际投资

1. 国际资本流动与国际投资

国际资本流动是指资本在国际间的转移、输出或输入,也就是资本的跨国界流动,即资本

从一个国家(或地区)转移到另一个国家(或地区)。国家间为了某种经济目的所进行的经济交易是国际资本流动的产生原因。从广义上理解,国际资本流动包括了国际货币资本、国际商品资本和国际生产资本以及它们不断相互转化的综合流动;从狭义来理解,国际资本流动主要是指国际间接投资的货币资本与国际直接投资的实物资本的流动。

国际资本流动和国际投资都表现为资本在国际间的转移,它们有很多相同之处,但是绝不能把二者完全等同看待。首先,国际资本流动所包含的内容比较广泛,它构成了国际投资的基础;而国际投资是国际资本流动的主要表现形式。也就是说,在观察同一现象时,国际资本流动的角度要比国际投资更广阔一些,包括的范围也更大一些。其次,国际资本流动只是从一国与他国资金往来的角度划分的,它并不完全以营利为目的,其中既包含趋利性的国际投资,也包含带有跨国资金融通性质的非投资内容,比如,一国从另一国得到长期贷款,可能用于进口,但并没有形成国际投资;而国际投资的本质特征在于它的趋利性,现期的投入是为了未来获得更大的产出。

2. 资本输出与国际投资

资本输出(capital export)是资本主义国家或私人资本家为了获取高额利润(或利息)和对外扩张而在国外进行的投资和贷款。从历史上看,资本输出是在民族生产力不断发展的基础上产生和发展而来的,它包括货币、商品、技术、劳务等多种形态,对世界经济的形成和发展具有重要的促进作用。按照资本输出主体的不同,资本输出可以分为私人资本输出和国家资本输出;按照输出资本类型的不同,可以分为借贷资本输出(即对外国政府及私人企业提供贷款)和生产资本输出(即在外国投资开办各类企业)。总之,资本输出是国际投资的最初表现形式,二者既有联系又有区别。

资本输出与国际投资的联系主要表现在:从表现形式来看,二者都是资本从一国或地区流向另一国或地区的经济行为;从目的来看,二者都是为了追求收益的最大化。

但是,资本输出与国际投资又有着本质的区别。首先,二者性质不同:资本输出一般指垄断资本主义国家,将其过剩资本输出到落后殖民地国家,带有明显的不平等性质;而国际投资则泛指国际间的投资活动,更能体现主权国家之间平等互利进行投资以及双向流动等特点。其次,二者所体现的经济关系不同:资本输出所体现的是资本主义国家与殖民地半殖民地国家之间的剥削与被剥削的关系;而国际投资则体现了投资国与东道国之间的平等合作关系。再次,二者的直接目的不同:资本输出的直接目的是追求高额利润;而国际投资的直接目的是带动商品出口、降低产品成本、分散资产风险、引进先进技术和设备等。最后,二者所造成的经济结果不同:资本输出造成的是资本输出国与接受国之间剥削关系的扩大以及加速资本输入国经济发展的双重结果;而国际投资所带来的是增强投资国的国际竞争力,缓解东道国的资本短缺、促进东道国经济发展的双重结果。

(三) 国内投资与国际投资

投资要讲求投入产出,从这一点来看,国际投资与国内投资只是投资活动所涉及的区域划分不同而已,它们的本质都是一致的,最终目标均为利润最大化。但是,国际投资毕竟是资本在主权国家间的流动,其基本特征体现在它的跨国性。从这一点来看,投资主体和投资对象都发生了变化,因此国际投资在实际运作中的关系更加复杂,目标更加多元化,风险也更大。具体来看,国内投资与国际投资的区别主要表现在以下七个方面:

1. 国际投资的领域呈现不完全竞争性

国际投资活动体现出一定的国家利益和民族利益,各主权国家受政治、经济、自然、文化、社会等各方面因素的影响,将世界市场分隔为多个部分。因此,尽管国际投资是涉及双方利益的一致性而发生的,但也必然包含了双方利益的矛盾或冲突。在这种情况下,国家作为社会的主权代表,就必须对国际投资进行干预与协调,以利于它的发展。从这个角度来看,国际投资具有不完全竞争性。

2. 国际投资的目的呈现多样性

国内投资的主要目的是获利和促进本国国民经济的发展,它的直接目标和最终目标是一致的,即追求利润的最大化;而国际投资的目的则比较复杂,其直接目标一般是指开拓和维护出口市场、降低成本、分散资产风险、学习国外先进技术和获得东道国资源等。在实现资本保值、增值的总体目标前提下,有的国际投资活动目的在于建立和改善与东道国的双边或多边经济关系,有的国际投资活动目的在于带动两国间的贸易往来和其他合作项目的开展,还有一些则带有明显的政治目的。总之,国际投资除了获利的目的外,还常常有其他方面的考虑,这与其追求利润最大化的最终目标是不完全一致的。

3. 国际投资的主体呈现双重性

投资主体是指具有独立投资决策并对投资结果负有主要责任的经济法人或自然人。国内投资的主体主要是各级政府、企业和个人,他们之间并不存在国家与国家之间的关系;而国际投资的主体主要是跨国公司和跨国银行,这些投资主体不仅资金实力雄厚,技术先进,管理现代化,拥有独特的运行机制和经营方式,在世界各地设有众多的分支机构,而且就某一项投资而言,无论这一投资主体是国外的官方投资还是私人投资,政府面临的都是与投资主体和投资国的双重关系。

4. 国际投资所使用的货币呈现多元化

国内投资一般是使用本国货币,因此,其评价标准是单一货币;国际投资一般使用的是在国际货币市场上可自由兑换的币种,如英镑、美元、日元、欧元等。由于各国货币管理制度的不同和汇率的变化,投资者的活动常受到不同程度的制约。即使是发行硬通货国家的投资者进行国际投资,也必然会发生投资者所在国(地区)货币与投资对象国(地区)货币的相互兑换,这是因为在投资对象国(地区)中只流通本国(地区)货币。由于各国所使用的货币不同,其货币制度也千差万别,特别是汇率的变动、货币本位的差别等都决定了货币的国际间相对价格具有差异性,这必然又会影响国际投资的规模、流向和形式等。

5. 国际投资的环境呈现差异性

投资环境是指影响投资活动整个过程的各种外部条件,即人力资源、自然资源、经济政策、社会文化等诸多因素的有机统一体。进行国内投资,投资者所面临的投资环境具有单一性,投资者对本国的政治环境比较熟悉,易于了解,对经济环境具有较大的适应性;进行国际投资,投资者所面临的投资环境往往与国内环境相差极大,而且呈多样化和复杂状态。在国际投资中,各国的政治环境不同,经济环境差异较大,法律环境也很复杂,同时还会遇到语言不同、风俗习惯各异等障碍。对这些差异性较大的投资环境能否全面了解并尽快适应,直接影响着投资者的投资效益。

6. 国际投资的运行呈现曲折性

投资本身是一项综合、复杂的事业,涉及经济生活的各个方面。与国内投资相比较,国际投资的运行更为复杂和曲折。一方面,这种曲折性表现在投资前期的准备工作上。比如,要对东道国的投资环境进行全面细致的调查研究,与东道国政府或合作者要进行详尽的商务谈判等。另一方面,这种曲折性还表现在投资项目运行中诸多问题的处理上。比如,资金的调动、产品的销售等常会受到东道国的种种限制,各种经济纠纷的解决也常会受非经济因素的影响而困难重重。

**7. 国际投资的效果呈现风险性**

国内投资的环境单一,投资风险一般也比较小,故进行国内投资仅需要考虑安全性、收益性和变现性这三项基本因素。而国际投资面临的投资环境复杂多变,所以进行国际投资会遇到若干在国内没有的风险因素。例如汇率风险,国际投资必然会涉及不同货币间的兑换问题,因为国际资金市场上的汇率经常变动,常会导致投资者手中的货币出现大幅度贬值,造成投资者的非经营性损失;又如国家政治风险,由于东道国政权更迭而出现对外政策的剧变,由于东道国的民族纠纷和内战而使外资企业的安全性难以得到保障,由于国际社会对东道国的经济封锁而使外资企业的经营难以正常进行,等等,这些都会给投资者造成预期之外的经济损失,也使国际投资的决策变得更加复杂。因此,除了考虑安全性、收益性和变现性以外,进行国际投资还必须考虑国外的国家风险、政治风险、国际汇率、利率波动风险等。

### 四、国际投资的运营与主客体

随着国际投资的发展,国际投资的内容和形式不断丰富,它已不能简单地被视为国内投资在跨国层面上的自然延伸。除了具有一般国内投资的基本特征(盈利性、风险性)以外,国际投资的内涵还应包括以下四个方面:

**(一)国际投资蕴含着对资产的跨国运营过程**

国际投资蕴含着对资产的跨国运营过程,这是国际投资区别于其他国际经济交往方式的重要特征:首先,国际投资不同于国际贸易,因为国际贸易主要是商品的流通与交换;其次,国际投资不同于国际金融,因为国际金融反映的是货币在国际间的运动和转移;最后,国际投资也不完全等同于国际资本流动,因为国际资本流动是广义泛指的资本的跨国界输入或输出,而国际投资则是国际资本最重要的组成部分,它需要将上述投资客体加以整合运营,即还具有经营性、获利性等特征。正是因为国际投资蕴含着对资产的跨国运营过程,所以国际投资又要面对更为复杂叵测的投资环境,从而具有比一般的国内投资更高的风险。

**(二)国际投资的根本目的是实现价值增值**

投资的目的是获取预期回报,国际投资自然也不例外。鉴于国际投资相对于一般投资更具多样化和复杂性的特点,国际投资预期回报的内涵可理解为价值增值,其中包括多重的价值目标,既可能是一般意义上的经济价值,也可能是政治价值、社会价值和公益价值等。但是不管国际投资的直接目标多么复杂,其最终目的仍然是实现价值增值。

**(三)国际投资的主体呈现多元化**

投资主体是指具有独立投资决策权,并对投资结果负有责任的经济法人或自然人。国际投资的主体可以分为以下四大类:

**1. 跨国公司**

跨国公司(transnational corporation)是国际直接投资的主体。本书主要围绕这一投资主体进行分析,所以有关跨国公司的具体内容将在后面章节中详细介绍。

## 2. 国际金融机构

国际金融机构(international financial institution)包括跨国银行及非银行金融机构,它是指由会员国认购股份组成的专门从事某些特殊国际金融业务的金融机构。根据其会员国的组成及其所从事的业务范围的不同,国际金融机构可以大致分为全球性国际金融机构和区域性国际金融机构两大类。它们是参与国际证券投资和金融服务业直接投资的主体,主要从事某些较为特殊的国际信贷业务。

## 3. 官方与半官方机构

官方是指一国政府,半官方是指超国家的国际性组织。这类投资主体包括各国政府部门及各类国际性组织,它们主要承担某些带有国际经济援助性质的基础性、公益性的国际投资,如对东道国政府发放政府贷款(government loan)或称政府优惠贷款(government concession loan)、出口信贷、世界银行贷款等。当然,政府贷款一般要以两国外交关系良好、有合作诚意为前提条件,放贷国政府往往还会给政府贷款附加一些条件。

## 4. 个人投资者

自然人或称个人作为国际投资主体一般参与国际间接投资,参与国际直接投资的个人相对较少。其中,个人参与国际间接投资的方式一般是国际证券投资,适合个人买卖或持有的国际证券投资品种或工具主要有国际投资基金(international investment fund)、外国债券(foreign bonds)和存托凭证(depositary receipts)等品种,买卖这些国际证券投资品种一般并不需要作为投资主体的个人离开自己的母国;而个人参与国际直接投资的方式一般是在东道国设立个人独资企业(individual proprietorship)或者与其他个人或/和企业合作在东道国设立合伙制企业(partnership)或公司制企业(corporation),这就要求投资者不得不离开自己的母国。

### (四)国际投资的客体呈现多样化

投资客体是投资主体加以经营操作以实现投资目标的对象。随着商品经济的高度发展,尤其是科学技术在社会各方面的渗透,可以用来投资的资财已不再是单纯的货币,而包括了多种形式的资产。所以,国际投资的客体也已呈现出多元化趋势,这主要包括:

## 1. 货币性资产

货币性资产(monetary assets)包括现金、银行存款、应收账款、国际债券、国际股票、衍生工具等其他货币形式。其中,股票、企业债券和政府债券等有价证券本身具有资本属性,它们自身没有任何价值,仅代表取得收益的权利,故称为虚拟资本(fictitious capital)。不过,虚拟资本也可以用来进行再投资,比如将债券转换为股票或以一个公司的股票换取另一个公司的股票,等等。

## 2. 实物资产

实物资产(real assets)包括土地、建筑物、机器设备、零部件和原材料等,其中建筑物和机器设备等用于投资的较多,被称为资本货物(capital goods)或生产者货物(producer goods)。货币性资产和实物资产都表现为有形资产(tangible assets)。

## 3. 无形资产

无形资产(intangible assets)包括生产诀窍、管理技术、商标、商誉、专利技术、情报信息、销售渠道等可以带来经济利益的各方面优势。

总之,上述各类资产和劳动力一起构成了生产要素(factors of production),而国际投资所从事的跨国资本交易活动具有带动各种生产要素和产品转化的功能。正是由于国际投资的主体既可能采用一种客体投资形式，又可能同时采用多种客体投资形式，所以国际投资才具备了多样化和复杂性等各种特征。

## 第二节 国际投资学的基本范畴

### 一、国际投资学的研究内容

国际投资学是研究资本在国际间的运动过程及其对世界经济影响的客观规律的学科。由于国际投资活动是整个国际经济活动的一个有机组成部分，毫无疑问，对它的研究不能孤立地进行，而必须同时研究它和其他国际经济活动以及有关国家的国内经济活动的相互关系和影响。

具体地说，国际投资学研究的基本内容主要包括国际投资理论、国际投资主体、国际投资客体以及国际投资管理等。国际投资理论研究主要包括对国际投资的基本概念、国际投资分类、国际投资动机以及国际投资理论问题的研究；对国际投资主体的研究主要是指对跨国公司的发展、组织结构、经营战略以及各类从事国际投资活动的国际机构的研究；对国际投资活动客体的研究主要是指对国际投资方式，其中包括直接投资方式和各种类型的间接投资方式的研究；国际投资管理的研究主要是研究投资环境、投资项目的可行性及投资活动面临的各种风险。

总之，作为一门应用学科，对国际投资活动，特别是国际投资活动的理论和实务方面的研究均是建立在理论与实践相结合、宏观与微观相联系基础之上的。随着世界经济的快速发展和区域经济一体化的不断深入，国际投资学将会面对更多值得研究的问题。

### 二、国际投资学与相关学科的关系

国际投资学作为一门新兴学科，是人类社会实践发展和知识深化的必然结果。长期以来，国际投资学的有关内容包含于相关的学科之中，随着国际投资实践的发展和国际投资理论研究的深入，国际投资学已成为一门独立的经济学科。为了更准确地把握国际投资学的研究对象，我们必须进一步分析国际投资学与相关学科的关系。

#### （一）西方投资学与国际投资学的关系

从本义上说，西方投资学的研究对象是证券投资微观理论，如证券组合理论、金融资产定价模型等。它与国际投资学之间既有联系，又有区别。

首先，二者存在一定的联系，这主要表现在国际间接投资理论是在西方国内证券投资理论基础上发展起来的，它是证券组合理论向国际领域的延伸与发展。其次，二者之间的区别也较为明显，这又体现在以下两方面：第一，国际投资学的研究范围不仅包括证券投资领域，还包括直接投资领域；第二，贯穿于国际投资学的一个核心问题在于"跨国性"的研究，即为什么不在国内而要去境外投资，而西方投资学的核心却并没有体现出这一点。

#### （二）国际贸易学与国际投资学的关系

国际贸易学是研究商品和劳务在国际间的运动过程及其客观规律的学科，它与国际投资学都属于国际经济学的一个分支，二者既有联系又有区别。

1. 国际贸易学与国际投资学的联系

(1) 二者的研究领域都涉及商品和劳务在国际间的流动。国际贸易学研究商品和劳务的跨国界流动;而国际投资学的研究范围则既包含了商品和劳务的跨国界流动,又包含了货币的跨国界流动。

(2) 二者之间存在着相互影响。一方面,国际贸易活动往往是国际投资行为的基础和先导。许多企业通常是首先通过产品出口来开辟国外市场,并进一步了解国外市场的需要,当发现某一产品在国外就地生产、就地销售或向本国返销更为有利可图时,就会把原来向国外出口产品转变为向国外进行投资。这实际上是受成本驱使作用的。另一方面,国际投资又会对国际贸易产生反作用。因为国际投资行为的发生,会引起购买力在国际间的转移,从而带动国际贸易的发展,而当国际直接投资完成,形成生产能力后,又会引起东道国进口的减少。总之,现今的国际贸易大部分是与国际投资有直接或间接关系的,它们之间存在着错综复杂的影响。

2. 国际贸易学与国际投资学的区别

(1) 二者的研究领域不同。国际贸易学的研究范围既包含资本的跨国界流动,又包含非资本的跨国界流动,侧重点是商品和劳务的非资本特性。而国际投资学仅仅研究那些已转化为资本的商品和劳务的跨国界流动,侧重点是商品和劳务的资本特性。

(2) 二者研究的侧重点不同。国际贸易学对商品流动的研究侧重于交换关系方面。从原则上讲,国际贸易活动是在价值相等的基础上实现使用价值的交换,商品最终进入消费领域。而国际投资学则侧重于对商品生产属性方面的研究。从根本上看,国际投资活动是把商品作为生产要素投入生产领域并实现价值增值。

(3) 二者分析问题的角度不同。国际贸易学重在研究一国商品的国际竞争能力,以便获得更大的比较利益;国际投资学重在研究一国参与国际生产的能力,以便创造更大的比较利益。

(4) 二者对经济活动产生的影响不同。当代经济活动实践表明,推动国际经济发展的主要动力,已经由国际贸易转向国际投资,这已从国际投资的增长幅度较长期地快于国际贸易增长幅度这一事实得到体现。另外,国际投资作为国际经济往来的一种形式,不仅在国家之间表现出已超过贸易往来的趋势,而且与国际贸易不同的是,国际投资的互补性体现在要素而不是产品方面,尤其是直接投资具有带动资金、技术设备、管理等要素全面转移的功能。因此,从根本上看,国际投资是体现企业乃至一个国家对国际经济活动深入参与的更高形式。

(三) 国际金融学与国际投资学的关系

国际金融学是研究货币在国际间的运动过程及其客观规律的科学。它与国际投资学同样既有密切联系,又有明显区别。

1. 国际金融学与国际投资学的联系

(1) 二者的研究领域都包括货币资本的国际间转移。国际金融学研究货币的跨国界流动;而国际投资学的研究范围则既包含了货币的跨国界流动,又包含了商品和劳务的跨国界流动。

(2) 二者之间存在着相互影响。一方面,国际金融领域的利率、汇率变动将影响国际证券投资的价格和收益分配,也会影响国际直接投资的利润,从而进一步影响国际投资的流向和规模;另一方面,国际投资的效果好坏,也将制约货币的流向,从而引起国际金融领域利率和汇率的变动。设备、专利等非货币形态生产要素的流动,在用于投资时,虽然不会立即引起货币的回流,但在资本撤回或利润汇回时,最终会转化为货币形态,从而成为国际金融活动的组成部分。因此,国际金融和国际投资在研究中也会共同涉及一些相互制约的因素。

2. 国际金融学与国际投资学的区别

(1) 二者的研究领域不同。国际金融学仅仅研究货币领域;而国际投资学不仅涉及货币要素,还研究各种生产性要素,如设备、原材料、技术、管理、专利等,国际投资对货币资本的研究是将其作为能够带来增值的交易关系的要素之一。

即使在对货币的研究范围方面,二者的重点也不相同。国际金融学还研究各种短期资金的流动以及各种非投资活动引起的货币转移,如国际贸易活动引起的货币转移,国际援助引起的国际间货币转移,以及因利率、汇率变动引起的国际间货币转移等;而国际投资涉及的主要是中长期资本的运动以及资本所能取得的经济收益。

(2) 二者研究的侧重点及行为主体不同。国际金融学着重研究资本运动对国际收支平衡、汇率利率波动及对一国长期经济贸易地位的影响等问题,其行为主体是国家或国际组织;国际投资学着重研究资本运动所能取得的经济收益,其最主要的行为主体是私人投资者,即跨国公司。

(3) 二者分析问题的角度不同。国际金融学主要是分析国际资本运动对国际金融市场、国际货币体系、各国国际收支状况等方面的影响;国际投资学主要是分析国际资本运动对国际竞争、国际贸易以及对投资国和东道国经济发展的影响。

综上所述,国际投资学与西方投资学、国际贸易学和国际金融学尽管有不同的研究内容,但作为一门关于投资的学科,更应注重利用资本要素以实现增值的研究与创新。

### 三、国际投资学的研究方法

科学的研究方法是人们正确认识事物的不可缺少的条件。研究国际投资学,既要重视理论研究的指导原则,又要重视具体的研究方法,要运用马克思主义唯物辩证方法论的原则去分析和研究国际投资活动中的各种矛盾运动,并揭示其内在的规律性。为此,研究国际投资学必须坚持以下基本观点和方法:

(一) 总量分析与个量分析相结合

个量分析就是把复杂的国际投资活动分解为若干简单的要素和方面,以便单独考察它们,认识每个组成要素固有的性质和特征;总量分析就是把分解的各个要素和方面结合成一个整体,把国际投资活动作为统一的整体来认识,以正确反映国际投资各要素和各方面之间的内在联系。

通过个量分析和总量分析,既能认识国际投资活动的各个方面、各种组成要素的性质和特征,又能将国际投资活动的各个组成要素、各个方面综合起来,作为一个有机整体来研究,以全面、正确地认识国际投资活动的运动规律。也就是说,对于国际投资项目,在分析它给投资者带来的微观效益的同时,还要考虑它将给国家的宏观经济总量造成的影响,从而达成最佳的政策协调状态。

(二) 静态分析与动态分析相结合

静态分析就是在承认国际投资相对稳定的前提下,对某一时间点上的国际投资活动的现状进行分析,这种分析的方法可以考察某一时期国际投资活动的发展状况和特点;动态分析就是在承认国际投资总是处在不断运动、变化、发展的前提下,对某一时期国际投资活动所发生的变化进行序列分析,以研究国际投资活动的变化和发展过程,考察其发展的方向和趋势。二者是互为前提、互相补充的。

我们对国际投资的研究,不仅要了解其现状,如投资规模存量、行业结构等,更要分析其发展趋势,如流量、投向变化等,从而及时地调整策略以取得成功。因此,应该把静态分析和动态分析有机地结合起来,这样不仅可以考察国际投资活动的过去,预测其发展的趋势和前景,而且对于揭示国际投资活动的发展规律具有重大意义。

（三）定性分析与定量分析相结合

定性分析就是运用正确的立场、观点来揭示国际投资活动中的各种质的规律性和本质联系;定量分析就是运用数学方法对国际投资活动中的各种数量关系和数量变化进行定量描述,以深化对国际投资从量变到质变的规律性的认识。

对于国际投资活动的现象和结果,不仅需要在总体上给予定性的判断和预测,还需要进行定量的计算和分析。对此,西方长期以来形成了一套现代化管理方法,广泛深入地运用经济数学,如对投资项目进行可行性研究,对投资效果进行投入产出分析,对金融资产设立定价及风险控制模型等,使国际投资活动建立在科学、精确的基础上。

（四）历史分析与逻辑分析相结合

国际投资学是国际投资实践活动的经验总结和理论概括。在国际投资学的研究中,必须运用历史分析的方法,分析国际投资的产生、发展和演变过程,准确描述国际投资发展的客观过程。但是,国际投资的发展不仅表现为一个历史过程,也必须遵循其内在的逻辑次序。运用逻辑分析方法进行分析,有助于寻找出国际投资活动的客观规律。事实上,国际投资活动内在的逻辑次序及其发展的历史进程是一致的。因此,在国际投资学的研究中,必须坚持历史分析与逻辑分析相结合的研究方法。

（五）抽象分析与实证分析相结合

作为一门新兴的应用经济学科,国际投资学必须根据前人揭示的经济学原理,从理论上分析国际投资实践活动,总结国际投资运行的规律。但同时也应看到,国际投资学是在国际投资实践中产生的,而国际投资实践繁杂多样,只有在具体的实证分析的基础上才能进行理论分析,否则,凭空得出的理论是难以解释国际投资实践活动的。当代一些著名的国际投资学流派的理论都是在具体实证分析某一国(或某类国家)对外投资活动的基础上得出的。因此,在国际投资学的研究中,必须坚持抽象分析与实证分析相结合的研究方法。

（六）理论总结与实践操作相结合

只有通过具体的国际投资实践活动,才能探求其内在客观的联系,从而归纳成为理论,再度指导实践过程,并不断修正、发展,形成适合国情的国际投资学。

## 四、学习和研究国际投资学的意义

学习任何一门学科,只有在认识到它的实际作用的基础上,才会产生内在的动力。学习国际投资学的意义就在于:

首先,从宏观层面来看,学习国际投资学是深刻认识世界经济形势的需要。近几十年来世界经济发展的历史和现实表明,国际投资在世界各国对外经济关系和国内经济发展方面的地位和作用越来越重要了。从发展趋势来看,国际投资的增长速度快于国际贸易,这反映了以生产国际化为基础的国际分工日益深化。有不少国家对来自外国的商品进口实行限制,但对来自外国的投资则采取欢迎态度,甚至提供一些优惠措施。国际投资造成了许多国家经济"你中有我,我中有你"的局面,增加了它们之间的相互依存性,成为国际经济合作的强有力的纽带。

其次,学习国际投资学还是我国经济建设和对外开放不断深入发展的需要。过去的三十几年中,我国的改革开放事业有了长足的发展,国民经济持续地快速增长,经济运行正在逐步地进入世界经济运行的总轨道之中。在引进外资方面我们已取得了很大的成就,大量的国际直接投资资本和间接投资资本被我国吸引了进来,有力地促进了我国经济的发展。但是,在对外投资方面,我们还做得远远不够,或者说是刚刚起步。形成这种状况的原因是多方面的,其中对国际投资学不熟悉、对国际资本运动的机制和规律不了解是重要原因之一。因此,为了继续贯彻执行对外开放政策,需要解决怎样利用外资、怎样到国外进行投资等问题,这就要求我们全面、详细地学习和掌握国际投资的理论与实务知识。

最后,从微观层面来看,学习国际投资学是投资者寻求最佳投资方式、获得最好投资效益的需要。国际投资发展到现代,出现了很多新的投资方式。在不同的投资背景、不同的投资对象、不同的投资目的或条件下,投资者应选择不同的投资方式,从而使其在最短的时间里,以最小的代价,获得最好的投资效益。学习国际投资学,正是为了掌握和熟悉各种不同投资方式的特点及其相关利与弊,学习如何规避投资风险,如何寻求最安全、可靠的投资途径,以便使手中的有限资本能在竞争激烈的国际投资领域中得到迅速的增值。

## 第三节 国际投资的分类

鉴于投资主体、投资目标、投资要素、投资方式、投资流向、投入与产出关系等诸多因素的内在统一,国际投资的内容十分丰富,方式也多种多样。由于不同的国际投资方式的特点和功能是不一样的,其所要求的投资环境和条件也不尽相同,因而会对投资者和引进外资者产生不同的经济效益。了解和掌握国际投资方式,对于投资者和引进外资者来说都是十分重要的。按照不同的分类标准,国际投资可以有四种不同的类型。

### 一、按投资对象不同可划分为实业投资和金融投资

西方学者早期把投资行为作为金融活动的一个组成部分来看待,认为投资行为主要是通过购买各种债券或股票来实现的。近代,人们开始从更广泛的角度来看待投资,认为一切为获得未来收益而进行的现期投入都算投资行为,他们已开始把更多的注意力转移到了与物质生产紧密相连的投资行为上来。因此,按照投资对象的不同,国际投资可以分为实业投资(industry investment)和金融投资(financial investment)。

实业投资和金融投资的主要差异在于是否与自然界有密切关系:实业投资不仅涉及人与人之间的金融关系,而且涉及人与自然界的关系,如开办厂矿和开垦农场的行为;而金融投资只涉及人与人之间的财务交易,并不涉及与自然界的关系,如进行一笔借款或贷款,购买或转卖债券或股票、领取股息等行为。尽管有这一区分,但在现代经济社会中,这两类投资之间并不是互斥的,而应该是互补的,如高度发达的金融投资可以使实业投资更为方便迅捷。

## 二、按投资期限不同可划分为长期投资和短期投资

按照投资期限长短的不同,国际投资可以分为长期投资(long-term investment)和短期投资(short-term investment)。

按照国际收支统计分类,投资期限在一年以内的债权称为短期投资,如证券投资者购买股票、债券等国外证券,并在短期内将证券转手出售;与之相对的是,投资期限在一年以上的债权、股票以及实物资产等称为长期投资,如投资者在国外投入资本兴建企业等。但在实践中,无论官方或民间,一般的国际投资项目均以一年以上贷款居多,因此也有另外一种观点,即以投资期限是否超过5年作为划分长期投资和短期投资的依据。

## 三、按投资主体不同可划分为公共投资(官方投资)和私人投资

正是由于财富可能属于私人,也可能属于官方,按照投资主体的不同,或称按照投资资本的来源及用途的不同,国际投资可以分为公共投资和私人投资。

### (一) 公共投资

公共投资(public investment)通常是指由一国政府或国际组织(如世界银行、国际货币基金组织等)用于社会公共利益而做出的投资,这类投资的特点多为项目贷款,如某国政府投资为东道国兴建机场、铁路、体育场所等。

一般情况下,公共投资的流向多是民间资本认为收益低且风险大的国家。这类投资的目的并不仅仅是自身的经济效益,它们可能是为了向国际收支困难的国家提供援助,以避免出现由于一国不景气而造成其他国家经济衰退的连锁反应,也可能是以提供出口信贷的方式促进出口国产业的发展,或是仅以援助借款国经济的恢复及发展为目的。总之,这种投资一般不以营利为主要目的,而是以友好关系为前提并带有一定的国际经济援助的性质。

### (二) 私人投资

私人投资(private investment)一般是指一国的个人或企业以营利为目的而对东道国经济活动进行的投资,如私人或私人企业购买其他国家企业发行的股票或公司债券,或将资本投放到另一个国家兴办企业的行为。私人投资的投资主体多为私有跨国公司。这些跨国公司除在国内从事生产经营活动以外,还在国外从事投资,设立自己的子公司,它们的生产和经营在世界的生产和贸易中占有相当大的比重,对世界经济的发展具有很大的推动作用。因此,私人投资无论是从投资者的数目,还是从投资的总金额来看,都是当前国际投资中最活跃和最主要的部分,因而这类投资也是国际投资学研究中的主要内容。此外,需要指出的是,在国际直接投资的统计中,一国政府或国际组织进行的投资,也归入私人直接投资的范围。

## 四、按投资性质不同可划分为国际直接投资和国际间接投资

按照投资性质(投资主体是否拥有对海外企业的实际经营管理权)的不同,国际投资可以分为国际直接投资和国际间接投资,这也是我们在实务和理论研究中最有意义的划分方法。

### (一) 国际直接投资

国际直接投资(international direct investment)指的是以控制国(境)外企业的经营管理权为核心的对外投资。国际直接投资又称外国直接投资(foreign direct investment, FDI)、对外直接投资、境外直接投资或海外直接投资,是国际投资的主要形式之一。国际货币基金组织也给

国际直接投资下了一个定义:"从事获取投资者所在国之外企业的长期利益的投资活动,投资者的目的是能够对企业的经营管理拥有有效的控制。"这个定义反映了当今国际直接投资的实际情况,具有一定的权威性。根据国际货币基金组织的解释,这种控制权是指投资者拥有一定数量的股份,一般认为在10%及以上,因而能行使表决权并在企业的经营决策和管理中享有发言权。

从这一定义可以看出,国际直接投资是指资本输出国的自然人、法人或其他经济组织依照东道国的有关法规,在东道国单独出资或与其他投资者共同出资创立新企业,或增加资本扩展原有企业,或收购现有企业形成经营性资产,并按照东道国的有关法规和/或与其他投资者所签订的有关投资协议获取该经营性资产的经营收益或承担其经营亏损的行为或过程。也就是说,国际直接投资是投资者以拥有或控制国外企业经营管理权为核心,以获取利润为主要目的而进行的投资,这种投资不单纯是资金的外投,而是资金、技术、经营管理知识等生产要素由投资国的特定产业部门向东道国特定产业部门的转移。

国际直接投资的建立包括到海外创办新企业("绿地投资")、购买外国企业的股票并达到控股水平、利用以前国际直接投资的利润在海外再投资三种形式。此外,从所有权角度划分,国际直接投资主要包括国际合资经营企业、国际合作经营企业和国际独资经营企业三种基本形式。

(二) 国际间接投资

国际间接投资(international indirect investment)是国际资本流动的一种重要形式,也是传统的国际投资形式。19世纪末20世纪初,垄断代替自由竞争后,资本输出的主要形式就是国际间接投资;第二次世界大战后,随着生产国际化和国际直接投资的迅猛发展,国际间接投资在国际投资总额中的比重有所下降;但到了20世纪80年代以后,随着资产证券化的蓬勃发展,国际间接投资又再次成为国际投资的一种重要形式。如今,仅将国际间接投资视为国际证券投资已经是一种狭义的定义;而从广义上来看,除国际直接投资以外的各种国际资本流动形式均可纳入国际间接投资的范畴。

国际间接投资,又称为对外间接投资或国际金融投资,是指一国的个人、企业或政府通过购买外国的公司股票、公司债券、政府债券、衍生证券等金融资产,按期收取股息、利息,或通过买卖这些证券赚取差价收益的投资。

从上述定义可以看出,国际间接投资是一种仅以获取资本增值或实施对外援助与开发,而不以控制经营权为目的,以购买外国公司的股票和其他证券以及提供国际信贷为手段,以取得利息或股息等为形式,以被投资国的证券为对象的跨国投资,它主要包括以下两种投资方式:

1. 国际证券投资

国际证券投资是指一国投资者与另一国融资者之间进行股票、债券以及其他各种衍生金融工具交易的投资方式,它主要包括股本证券投资和债务证券投资,其中债务证券投资又可进一步划分为长期债券、中期债券、货币市场工具和其他衍生金融工具。

2. 国际信贷投资

国际信贷投资是指由一国的政府、银行或由国际金融组织向第三国政府、银行及其他自然人或法人提供借贷资金,后者要按约定时间还本付息的一种资金运动形式或投资形式,它包括政府贷款、国际金融组织贷款和国际商业银行贷款三种形式。

(三) 国际直接投资与国际间接投资的区别

无论是国际直接投资还是国际间接投资,二者的最终目的都是盈利。但是,作为国际投资的两种不同方式,国际直接投资和国际间接投资又有所区别,这主要体现在四个方面。

1. 能否有效地控制国外企业的经营管理权

国际直接投资与国际间接投资的基本区分标志是投资者能否有效地控制作为投资对象的国外企业,即能否掌握对国外企业经营管理的有效控制权。其中,国际直接投资的特点是投资者对所投资的外国企业拥有有效的控制权;而国际间接投资一般是通过国际证券市场进行的,投资者一般不亲自建立企业,也不负责对企业的经营管理,因而不构成对企业经营管理的有效控制。

一般来说,对国外企业实现有效控制的基本途径就是控股。根据国际货币基金组织的解释,这种有效控制权是指投资者拥有企业一定数量的股份,因而能行使表决权并在企业的经营决策和管理中享有发言权。也就是说,股权地位的差别是国际直接投资中投资者拥有不同控制权的直接原因,投资者对企业的控制权与其对此企业股份的拥有权相适应,拥有的股权比例越高,控制权也就越大。这是在理论上区分国际直接投资与国际间接投资的标志。

但在实际运作过程中,这种有效控制权的界限往往又是模糊的,国际直接投资所要求的有效控制权往往并不与股份拥有比例构成确定的数量关系。这是因为按照国际投资实践的通行原则,这种有效控制权是指投资者实际参与企业经营决策的能力和在企业经营管理中的实际地位。目前,国际上还没有形成对于国际直接投资范畴所需拥有的最低股权比例的统一标准,但为了便于统计上的分类,许多国家以及国际组织都相应地规定了在持有国外企业的股票时,划分国际直接投资与国际间接投资的不同的"量的界限",即构成国际直接投资所需拥有的最低股权比例的不同标准。例如,美国商务部1956年规定,如果某国外公司完全受美国公司控制,或者某国外公司50%的股东权益由一群相互无关的美国人掌握,或者某国外公司25%的股东权益由一个有组织的美国人集团拥有,或者某国外公司10%的股东权益是由一个美国人(法人)所拥有,则对该公司的投资即可视为美国的国际直接投资;加拿大政府规定,当一个外国企业的50%或更多的股票股份为加拿大居民所持有,或就外国在加拿大的投资税,当一个加拿大企业的50%或更多的投票股份被外国人持有时,原则上都认为存在控制;日本外汇管理法规定,拥有国外法人发行的股票总数或出资额的10%以上,或者持有10%以上的国外法人证券及超过一年以上的贷款,或者持有10%以下的股票,但通过拥有国外法人的发行证券,或者提供超过一年以上的贷款,而向海外派遣董事长、长期提供原材料或销售产品,提供重要的技术,并为此保持长久关系的投资经营活动,均可视为国际直接投资;相比之下,德国、英国和法国规定的"门槛"则比较高,只有当外国投资者拥有这些国家企业25%(德国)或20%(英国和法国)的股票或债券,才可算是国际直接投资;根据我国国家统计局的定义,如果一个企业全部资本中25%或以上来自外国或地区(包括我国港、澳、台地区)投资者,该企业就被称为外国(商)投资企业。不满足有效控制权标准的国际投资就被视为国际间接投资。由此可见,各国的实际划分标准不尽相同,但确定国际直接投资的最低比例一般是5%—50%。此外,国际货币基金组织编写出版的《国际收支手册》认为,一个紧密结合的集体在其所投资的企业中拥有25%或更多的投票权,可以作为控制所有权的合理标准,一个外国投资者拥有东道国企业10%或更多的股份可以视为国际直接投资。但是,这些只是为了满足统计的需要,国际货币基金组织在具体操作时还允许一定的变通:有时候,尽管某一集体拥有此企业的股份不足25%（或某一外国投资者拥有此企业的股份不足10%），甚或并不拥有此企业的股份，但只要它对这家企业的经营管理拥有有效的发言权，仍可以被视为国际直接投资。在这种情况下，对国外企业的有效控制体现在此投资者通过其所拥有的技术或管理技能对国外企业经营资源的直接支配程度上。

总之，由于不同企业的组织形式和股权结构不同，投资者取得有效控制权所需要的股权比例也有所不同。尽管如此，从当今国际投资的发展趋势来看，投资者为了降低投资风险，更多地采取低股权或非股权的参与方式，所以，对国际直接投资范畴的有效控制权所需的股权比例的要求也相应有所降低。目前，按照国际惯例，超过企业10%股权的外国投资即可被视为国际直接投资。

2. 二者资本移动形式的复杂程度不同

一般来说，国际直接投资比国际间接投资资本移动的形式复杂：国际直接投资是生产资本在国际间的流动或转移，它所体现的不仅是货币资本的国际转移，还有生产资本和商品资本的国际转移以及无形资产的输出，它是企业生产和经营活动向国外的扩展，国际直接投资过程与资本、劳动力、生产设备、技术诀窍和专利、管理技术、自然资源等各类生产要素的跨国界移动紧密联系在一起，它在确认资产作价、谈判以及实际操作过程等各方面都要比国际间接投资复杂一些；而国际间接投资的性质则比较简单，它一般仅仅体现为国际货币资本的流动或转移，其过程也比较简单。

3. 投资者获取收益的具体形式不同

国际直接投资主要是获取利润收益，因此其收益大部分是浮动的，它随投资企业经营状况的变化而变化；而国际间接投资者主要是获取利息收益和股息收益，因而除了购买少量普通股者之外，其收益相对固定。

4. 投资者投资风险的大小不同

国际直接投资的风险一般要大于国际间接投资。这是因为，国际直接投资一般都要参与企业的具体生产经营活动，它们与项目的联系密切，这类项目较长的生产周期必然会导致国际直接投资的周期也较长，再加上国际直接投资的收益多为浮动性的，会受到诸多难以准确预测的经济及社会因素的影响，这些都必然会加大投资者的风险；而国际间接投资的风险相对小得多，一是因为国际间接投资的周期较短，二是因为国际间接投资的收益相对固定。

以上所述为国际直接投资与国际间接投资的主要区别。而事实上，这二者在现实经济活动中是相互影响、相互交融的，它们共同影响着国际收支的平衡。国际直接投资和国际间接投资不仅存在着相互带动的关系，而且还能以股权投资、跨国并购、可转换公司债券、债转股以及风险投资等各种方式相互转化。

## 第四节　国际直接投资的发展状况与影响因素

### 一、国际直接投资的发展状况

20世纪90年代中期以后，国际直接投资的规模不断扩大。根据联合国贸发会议《世界投资报告2016》公布的数据，国际直接投资流入量在2007年出现了创纪录的高水平，达到19 022亿美元。但是，从2008年开始，受全球金融和经济危机的影响，全球国际直接投资规模出现一定幅度的下降，2015年全球国际直接投资流入量为17 622亿美元，流出量为14 742亿美元。

截至2015年年底,国际直接投资累计输入和输出存量已分别达到249 832亿美元和250 499亿美元。一般来讲,国际直接投资的规模会伴随世界经济形势的变化而起伏涨落,也就是说投资增长和经济发展存在周期波动的规律,因而从长远来看国际直接投资仍会呈现出增长的趋势。表1-1反映了1995—2015年期间国际直接投资年度总金额和发达经济体及发展中经济体利用外资金额变化的情况。

表1-1　1995—2015年国际直接投资年度金额　　　　　　单位:亿美元

| 年份 | 全球总额 | 发达经济体 | 发展中经济体 |
| --- | --- | --- | --- |
| 1995 | 3 415.23 | 2 197.64 | 1 177.61 |
| 1996 | 3 887.59 | 2 363.42 | 1 470.78 |
| 1997 | 4 815.01 | 2 862.93 | 1 854.01 |
| 1998 | 6 923.31 | 5 085.30 | 1 766.32 |
| 1999 | 10 763.82 | 8 529.38 | 2 162.90 |
| 2000 | 13 588.20 | 11 205.06 | 2 323.90 |
| 2001 | 6 837.65 | 4 597.14 | 2 157.94 |
| 2002 | 5 898.09 | 4 130.24 | 1 667.39 |
| 2003 | 5 505.89 | 3 371.72 | 1 955.84 |
| 2004 | 6 882.33 | 3 955.18 | 2 637.18 |
| 2005 | 9 501.25 | 5 877.05 | 3 317.52 |
| 2006 | 14 021.26 | 9 403.18 | 4 029.83 |
| 2007 | 19 022.44 | 12 894.94 | 5 255.25 |
| 2008 | 14 977.88 | 8 019.09 | 5 784.82 |
| 2009 | 11 814.12 | 6 543.67 | 4 653.07 |
| 2010 | 13 888.21 | 6 998.89 | 6 253.30 |
| 2011 | 15 668.39 | 8 174.15 | 6 701.49 |
| 2012 | 15 109.18 | 7 873.59 | 6 587.74 |
| 2013 | 14 271.81 | 6 802.75 | 6 624.06 |
| 2014 | 12 769.99 | 5 220.43 | 6 984.94 |
| 2015 | 17 621.55 | 9 624.96 | 7 646.70 |

资料来源:根据 World Investment Report 2016 整理。

近年来,国际直接投资的发展呈现出以下几个特征:第一,国际直接投资规模出现大起大落。从表1-1的数据可见,由于美国"9·11"事件的影响,2001年国际直接投资规模出现急剧下降,两年后恢复增长,2007年又一次达到最高点,然而2008年美国次贷危机爆发导致国际直接投资进入新一轮调整期。第二,发达国家仍是国际直接投资的双重主角,在对外投资方面和吸引外资方面(inflow and outflow)所占的比例都比较高,同时,发展中国家吸收的外资金额有所增加。第三,跨国公司继续扮演国际直接投资的主要角色,其作为世界经济增长强劲发动机的地位获得了进一步增强。第四,各国纷纷采取投资自由化、便利化和规范化(概括为"三化")措施,改善投资环境,以吸引更多的外资进入。第五,跨国并购(cross-border M&As)超过绿地投资(greenfield investment)成为国际直接投资的主要方式。第六,多边投资协定(框架)(MAI/MFI)谈判步履艰难,已经两次搁浅。

## 二、近年来全球跨国并购投资的状况

进入20世纪90年代中期,随着经济全球化的深入发展和各国资本市场的日趋完善,跨国并购活动逐渐增多,并购金额屡创新高,大型跨国并购交易也层出不穷。1995年,全球跨国并购投资金额达到了1 099.38亿美元。此后,全球跨国并购流出额增长速度不断加快,并在2007年创下了10 326.89亿美元的历史纪录,2008年美国金融危机后全球跨国并购额急剧下降,当年并购额不到2007年的60%,2009年和2010年略有回升,分别达到2 876.17亿美元和3 470.94亿美元,2015年达到2008年金融危机以来最高点,并购规模达到7 214.55亿美元(见表1-2)。跨国并购的迅速发展,使其渐渐替代了"绿地投资",成为对外直接投资的一种主要方式。1996年后,跨国并购在国际直接投资中所占的比重持续上升,在2007年达到了54.29%,2008年后有所下降,2015年回升到40%左右。

表1-2 1990—2015年全球跨国并购投资金额　　　　　　单位:亿美元

| 年份 | 全球 | 发达经济体 | 发展中经济体 | 年份 | 全球 | 发达经济体 | 发展中经济体 |
| --- | --- | --- | --- | --- | --- | --- | --- |
| 1990 | 980.50 | 884.79 | 95.71 | 2003 | 1 654.25 | 1 351.16 | 201.30 |
| 1991 | 588.85 | 558.10 | 32.10 | 2004 | 1 985.97 | 1 746.77 | 217.51 |
| 1992 | 469.39 | 410.72 | 57.59 | 2005 | 5 350.35 | 4 723.42 | 677.70 |
| 1993 | 434.96 | 367.23 | 64.64 | 2006 | 6 198.33 | 5 265.33 | 831.98 |
| 1994 | 938.77 | 829.88 | 108.40 | 2007 | 10 326.89 | 9 058.08 | 950.49 |
| 1995 | 1 099.38 | 1 022.41 | 70.94 | 2008 | 6 176.49 | 4 740.67 | 1 177.13 |
| 1996 | 1 411.70 | 1 198.96 | 190.31 | 2009 | 2 876.17 | 2 367.84 | 438.99 |
| 1997 | 1 873.07 | 1 446.97 | 377.46 | 2010 | 3 470.94 | 2 599.26 | 830.72 |
| 1998 | 3 497.28 | 2 885.81 | 607.78 | 2011 | 5 534.42 | 4 369.26 | 835.51 |
| 1999 | 5 595.39 | 4 901.98 | 690.52 | 2012 | 3 282.24 | 2 667.73 | 546.26 |
| 2000 | 9 596.81 | 8 700.99 | 889.71 | 2013 | 2 625.17 | 2 301.22 | 872.39 |
| 2001 | 4 317.57 | 3 662.75 | 636.75 | 2014 | 4 324.80 | 3 011.71 | 1 271.84 |
| 2002 | 2 437.35 | 2 042.89 | 375.95 | 2015 | 7 214.55 | 6 308.53 | 811.81 |

资料来源:根据 World Investment Report 2016 整理。

---

**阅读专栏　　　　　　全球跨境并购的发展趋势**

未来五年全球跨境并购将呈现出以下几个发展趋势:

(一) 受海外投资整体水平影响,并购整体水平基本保持稳定

全球跨境并购整体水平受国际资本流动发展前景影响。实际上,无论是2001年的"9·11"事件还是2008年的美国次贷危机,均对国际资本流动产生了重大影响,同样也极大地影响了全球跨境并购。当前全球经济发展仍然处在缓慢复苏阶段,经济发展存在诸多不确定性。世界经济的相对低迷反映到投资者上就集中表现为投资信心不足,国际投资者在涉及高投入和高风险的跨境并购交易时显得更为审慎和保守。可以预计,在世界经济缓慢复苏的"新常态"下,跨境并购整体水平将基本保持稳定。

(二) 传统并购主力逐渐让位于中国生力军

尽管在未来一段时期内跨境并购整体水平将维持稳定,但跨境并购的主体将继续由传统并购主力向新兴并购主体演变。如前所述,包括买卖双方在内的传统并购主力一直以来都是

发达经济体,而随着发展中经济体和新兴经济体的崛起,来自发展中经济体尤其是中国的并购主体将大大增多。全球跨境并购的主力也将逐渐由以美国、欧洲国家为代表的发达经济体转向以中国、印度、巴西等为代表的发展中经济体或新兴经济体。实际上,进入新世纪以来,中国、巴西已经迅速成长为全球跨境并购的主要目的地,而中国也迅速成为全球跨境并购的主要资本输出国。可以预见,随着中国企业"走出去"战略和"一带一路"战略的加快推进以及中国外资管理体制改革和外资准入的扩大,中国有望成为全球跨境并购的生力军。

(三)中国企业将越来越多地参与和推动大额并购交易

近年来,全球大额跨境并购交易越来越多,其影响力也不断增大。目前大额并购交易仍主要集中于美欧跨国公司之间。不过,以中国为代表的发展中国家跨国公司越来越多地参与和推动大额并购交易。以2014年为例,交易额排名世界第二的跨境并购交易就是由中国中信集团完成的。可以预见,随着中国跨国公司乃至全球公司的崛起,全球范围内由中国跨国公司发起和完成的大额跨境并购交易将越来越多,影响力也将越来越大。

(四)跨境并购向新兴行业和传统行业集中

全球跨境并购已经由以前以制造业为主逐渐转向以服务业为主。可以预见,未来跨境并购将更多地发生在新兴行业和高科技行业上,如互联网、信息技术和通信、装备制造业、新能源等。传统产业也会随着技术突破和竞争压力而加以并购重组。而这恰恰就是中国企业海外并购的两大重要目标。对于中国企业来说,一方面,通过跨境并购迅速进入新兴行业和高科技行业,把握未来产业发展机遇;另一方面,通过跨境并购低成本获得海外资产和技术,完善自身供应链和生产布局,进一步提升自身的国际竞争力。

资料来源:杨立强、卢进勇,"当前全球跨境并购的特点与趋势分析",《国际贸易》,2016年第10期。

## 三、影响国际直接投资发展的主要因素

分析影响国际直接投资的因素不同于分析国际直接投资的动机和理论,对影响因素的分析是从更宏观的层面考察影响国际投资发展的一些条件。客观来讲,有多种国内外因素在影响着国际直接投资的发展,下面对其中几个主要的影响因素进行分析。

(一)国际经济的增长状况

国际直接投资的规模变化总是随着国际经济增长的起伏而变化的,国际经济发展较快时,国际投资的增长一般也较快;反之,国际经济增长低迷,国际投资的增长也必将受到影响。特别是那些对外直接投资数量较多的发达国家,经济增长的状况直接影响其对外投资的状况。

(二)东道国的投资环境与外资政策

投资者进入东道国投资肯定要考虑当地投资环境的优劣,以及东道国外资政策的完备和优惠程度,这两者之间存在着正相关关系。

(三)投资母国的政策

如果母国政府对本国企业和个人的对外投资采取比较自由的政策,则有利于对外投资规模的扩大;如果采取较为严格的限制政策,则对外投资的发展将会缓慢。近年来,绝大多数国家对本国企业的对外直接投资都采取了逐步放宽的政策。母国政府采取什么样的对外投资政策,与母国的经济发展水平、市场经济成熟程度以及该国应对经济全球化的措施直接相关。

### （四）国际直接投资政策的协调程度

政策协调包括双边即两国之间的，也包括区域和多边的。政策协调顺利有助于保障和促进投资的进行。投资政策的协调主要通过签订不同层次的国际投资条约与协定来实现。

### （五）国际产业转移

国际产业转移与商务成本提高、技术进步和产业结构调整相关，国际产业转移的进程对国际分工格局有直接影响。与产业国际转移相伴随的是资本、技术、管理和人员等生产要素的国际移动，是企业的国际迁徙。

### （六）自由贸易区等区域经济一体化组织的发展

区域经济一体化组织包括特惠关税区、自由贸易区（free trade area，FTA）、关税同盟、共同市场和经济同盟。目前，世界上签署了大量的自由贸易区协定，其中一些包含着促进和鼓励成员之间相互投资的内容。如果是签订共同市场或经济同盟的协定，则必然包含加快成员之间资本要素移动的内容。另外，自由贸易区等区域经济一体化组织的发展对区域外国家商品的进入具有一定的限制作用，而对区域内国家的商品而言则基本上实现了自由移动和自由贸易，这也迫使和诱导区域外国家增加对区域内国家的直接投资。由此看来，自由贸易区等区域经济一体化组织的发展也是影响国际投资的一个重要因素。

### （七）跨国公司的发展和跨国化指数的提高

开展对外直接投资的企业有中小型的，也有大型的，同样，跨国公司也是大中小型都有。各种类型的跨国公司是国际直接投资的主要承担者和从事者，跨国公司的发展就意味着国际直接投资的扩大。跨国化指数（the transnationality index，TNI）是根据海外资产占总资产的比率、海外销售额占总销售额的比率和海外雇员占总雇员的比率等三个比率的平均数计算得出的。跨国公司跨国化指数的提高表明其国际化程度的提高，同时也表明其对外投资的增加。近年来，跨国公司的跨国化指数一直在稳步上升。

## 第五节 国际证券投资的特征与发展趋势

### 一、证券投资的特征

证券投资是以获取收益为目的并以信誉为基础的，投资者能否获取收益或收益多少取决于企业的经营状况，证券的持有者还可以将证券在证券市场上进行买卖和转让，这些就决定了证券投资具有投资的收益性、投资行为的风险性、价格的波动性、流通中的变现性和投资者的广泛性等特征。

#### （一）投资的收益性

投资的收益性是指证券的持有者可以凭此获取债息、股息、红利和溢价收益。证券投资的收益分为固定收益和非固定收益两大类：购买债券和优先股的投资者取得的收益是固定的，无论证券发行者的经营效益如何，他们分别获取固定的债息和股息；而购买普通股和基金证券的投资者所获取的收益是非固定的，他们能否获取收益或收益的多少取决于证券发行者经营效益或基金运作的情况，盈利多则收益多，盈利少则收益少，亏损或无盈利则无收益。据统计，美国债券的投资者年平均收益率为8%左右，而股票投资者的年平均收益率则在10%以上。此外,证券的投资者还可以通过贱买贵卖获取溢价收益。

(二) 投资行为的风险性

证券投资者在获取收益的同时还必须承担风险。其风险主要来自四个方面:一是经营风险,即证券的发行企业在经营中,因倒闭使投资者连本带利丧失殆尽,或因亏损在短期内没有收益而给投资者造成损失;二是汇率风险,即由于投资者所用货币贬值,导致债券等的投资者到期所得到的本金和利息不足以弥补货币贬值带来的损失;三是购买力风险,即在投资期内,由于通货膨胀率的原因,货币的实际购买力下降,从而使投资者的实际收益下降;四是市场风险,即投资者往往会因证券市价的跌落而亏损。此外,政治风险往往也是证券投资者不可回避的因素。购买任何证券的投资者都要承担一定的风险,只是承担风险的大小不同而已。股票的风险一般要大于投资基金的风险,而投资于投资基金的风险又大于投资债券的风险,投资于政府债券的风险又要比投资于其他债券的风险小得多。实际上,证券投资的收益越多,投资的风险也就越大。

(三) 价格的波动性

企业往往根据其发行证券的目的、企业的发展规划和发行方式的不同,来决定证券的发行价格,但企业的经济效益、市场、投资者心理和政治等因素的影响,会导致市场的交易价格与票面值或发行价格相偏离,这种偏离会给投资者带来收益或损失。当然,很多投资者都想利用价格的波动来满足其资本增值的欲望。

(四) 流通中的变现性

证券在流通中的变现性指的是证券的让渡性和可兑换性。证券的投资者可以在证券市场上按照法定的程序将证券公开进行买卖和转让,即持有者可以根据自身的需求和市场的具体情况自由地将证券变为现金。变现性的强弱取决于证券期限、收益形式、证券发行者的知名度、证券的信用和市场的发达程度等多种因素。一般说来,证券的信誉越高、期限越长、发行者的知名度越大、市场运行机制越发达,证券在流通中的变现性越强;否则,其流通中的变现性就较差。

(五) 投资者的广泛性

投资者的广泛性主要是指参与证券投资的人多而且面广。证券的投资者既可以是政府和企业,也可以是个人,其中的社会大众是主要的证券投资者。证券投资对投资者的投资数量不做具体限制,投资数量由投资者根据其资金数量的多少和风险的大小自行决定,这就为寻求资本增值的社会大众参与证券投资提供了可能。据统计,美国有 1/3 的人口参与了证券投资,中国近几年出现的"股票热"和"投资基金热"也充分说明了这一点。

## 二、国际证券投资的发展趋势

作为国际投资活动重要组成部分的证券投资,在整个 20 世纪 80 年代和 90 年代的最初几年一直呈迅猛发展的态势。纵观目前国际证券投资的现状,国际证券投资未来将呈以下发展趋势:

(一) 证券交易国际化

证券交易国际化主要表现在四个方面:一是证券发行、上市、交易的国际化,这主要体现在一国的筹资者不仅可以申请在其他国家发行和上市交易有价证券,而且在其他国家发行的证券既可以以本国货币为面值,也可以以东道国或第三国货币为面值;二是股价传递的国际化,即任何一国的股市行情都对其他国家有示范效应;三是多数国家都允许外国证券公司设立分支机构;四是各国政府间及其与国际组织间加强了证券投资合作与协调。

(二) 证券投资基金化

在证券投资活动中,个人投资者数额小而且资金分散,难以参与收益较高但资本额要求也较高的证券投资活动。于是各种投资基金便应运而生。投资基金一般由专家运营,采用投资组合,而且由不同的机构进行运作、管理和监督,这不仅提高了投资者的收益率,也减少了投资风险。

(三) 证券投资波动性加大

20 世纪 90 年代以来,国际证券投资发展明显呈现"W"形趋势,波动性明显加大。据《国际金融统计》数据,全球各国国际证券投资的资产总额由 5.64 亿美元发展到 2015 年的 50.57 万亿美元,资产总额增加了近一万倍,然而其发展轨迹却明显呈现几起几落的"W"形。影响证券投资走势的主要大事件包括 2001 年美国的"9·11"事件,2008 年美国次贷危机引致的全球金融危机,2011 年欧洲债务危机等。其中影响最大的是 2008 年的美国次贷危机,当年国际证券投资资产总额出现近 25% 的下滑,证券投资净增金融资产为负。整体上看,当前世界经济复苏乏力,投资者信心受到一定的影响,国际证券投资波动性相应加大。

(四) 债券在国际金融市场融资中所占的比重日益提高

国际债券融资一直是国际融资的一种方式,而债券融资的地位不断提高。1975 年,在国际金融市场融资总额 585 亿美元中,债券融资仅为 187 亿美元,占融资总额的 32%。而 1994 年债券融资达到 2 939.4 亿美元,占当年国际金融市场融资总额 4 741 亿美元的 62%。1995 年至 2004 年债券融资额一直保持在 5 000 亿美元以上,占国际市场融资额的比重仍维持在 50% 以上。据《国际金融统计》的数据,2008 年国际债券投资的资产额占国际证券投资资产总额的比重达到历史最高点 64.63%。尽管随后几年该比重有所下降,但基本保持在 50% 左右。债券融资占国际金融市场融资比重的提高与各国证券市场的开放、证券市场的统一化和国际化以及交易的多样化有关。

(五) 流向发展中国家的证券资本在不断增加

20 世纪 80 年代以来,国际资本流动的总趋势是流向发展中国家。进入 90 年代以后,流向发展中国家的证券资本也在迅速增加。例如,1993 年,在全球海外股票投资的 1 592 亿美元中,有 525 亿美元流向发展中国家,占股票总投资额的 33%。从 1989 年至 1997 年,流向发展中国家的证券投资平均每年递增 34% 左右,其中主要是流向新加坡、马来西亚、泰国、印度尼西亚、中国等亚洲的新兴市场。1997 年至 2004 年流向发展中国家的股票投资额仍占全球股票投资总额的 1/3 以上。这主要与发达国家的低利率政策以及发展中国家经济发展迅速、市场收益率高、风险较小有关。

## 思考与练习

1. 国际投资的概念与内涵是什么?
2. 国际投资学的基本范畴包括哪些?
3. 什么是国际灵活投资方式?主要包括哪些?

4. 国际直接投资的含义是什么?
5. 影响国际直接投资发展的主要因素有哪些?
6. 国际证券投资的含义是什么?
7. 国际证券投资的特征有哪些?

## 案例分析

### 通用电气公司在中国的直接投资

通用电气公司(General Electric Company,GE)是由始创于1878年(托马斯·爱迪生创建)的爱迪生电气公司在1892年与汤姆森—休斯顿电气公司合并而成。它是全球最大的跨行业经营的科技、制造和服务型企业之一。

在20世纪初,GE就开始了同中国的贸易。1908年,GE在沈阳建立了第一家灯泡厂;1991年,在北京成立了第一家合资企业GE医疗系统有限公司;1994年,GE(中国)有限公司正式成立;2000年,GE在中国科技园成立了全球研发中心(上海)。

在能源方面,GE能源集团早在1921年就为上海杨树浦电厂提供了两台1.8万千瓦的汽轮发电机组,到现在为止,GE已经向中国提供了270多台燃气轮机、70台蒸汽轮机及近千台风机,并颁发了40项气化技术许可。GE还在天然气、煤气层以及其他可再生领域为中国客户服务。2011年,GE能源集团和神华集团达成协议,成立合资企业在中国发展煤气化技术,推动清洁煤解决方案在中国的大规模商业化推广。此外,GE能源集团还与中国华电集团公司达成战略合作,携手开发分布式热电联供项目,该项目将成为目前中国国内对天然气利用效率最高的解决方案。在水处理方面,GE在中国提供行业内最广泛的水处理和工艺处理技术,GE的核心膜技术在中国国内已经有了许多成功的应用案例。GE石油天然气集团在中国的业务发展迅速,参与了大型天然气管线、炼油石化、乙烯、煤化工、工业发电等各个行业的众多大型项目。

在航空方面,GE航空集团是世界领先的飞机喷气发动机及零部件制造商,主要为大中华地区提供飞机发动机。GE航空集团系统公司在中国苏州建立了近3万平方米的工厂,拥有380名员工,制造先进的航空结构件、精密组件和机械系统。系统公司的纳沃斯业务已帮助多家中国的航空公司实施了基于性能的导航系统解决方案。2010年,中国商飞、中航工业和GE公司共同签署合作意向书,确定由GE航空集团和中国航空工业集团成立的合资企业为C919大飞机研制、开发新一代航空电子系统。

在医疗方面,GE医疗于1986年在北京成立了第一个办事处。GE医疗在中国建立了包括独资和合资企业在内的多个经营实体,拥有员工4500多名。GE医疗在中国共拥有七个全球生产基地,其中,在北京的GE(中国)医疗工业园区,占地6万平方米,是GE医疗集团全球最大的生产和研发基地之一。

在交通方面,2002年,GE运输系统集团在北京成立了通用电气运输系统(中国)有限公司,主要是提供研发、制造等服务。2008年GE运输系统集团创建了第一个矿用自卸卡车电动马达生产厂,并成立了通用电气运输系统(沈阳)有限公司。2010年9月9日,GE公司与中国南车旗下的戚墅堰机车有限公司成立的合资企业正式开工奠基,在中国开发、制造GE Evolution(R)系列机车柴油发动机并提供服务,以及向其他新兴市场提供出口。迄今为止,在北京、上海、大同、成都、常州和格尔木等城市都设有办公室。

在金融方面,GE金融在大中华区的业务包括融资租赁、私募股权投资、不良资产收购、结构性融资、贸易融资和消费者金融等。凭借GE在中国百余年的经验,辅以全球网络和精深的行业知识,GE金融服务于医疗设备、生产制造、交通、通信、建筑、能源、航空、基础设施等行业,为大中华区的客户提供本地化的创新金融解决方案,与客户共同发展。目前在上海、北京、香港、台湾等设有9处办公地点,并拥有120多名金融专业人士。

目前,GE公司的6个业务集团(GE基础设施集团、GE工业集团、GE商务金融服务集团、NBC环球、GE医疗集团、GE消费者金融集团)已全部进入中国,投资总额达15亿美元,建立了59个法律实体,在174个城市拥有320多个办公机构。2010年,GE在中国的销售收入达到50亿美元。

【思考与讨论】

1. GE在中国直接投资的产业主要有哪些?是否符合中国现行的《外商投资产业指导目录》的相关规定?

2. GE是如何加强和中国的合作的?每个行业是否采用相同的进入模式?在中国设立的企业的性质是否有区别?分别分析不同进入模式和企业性质的利弊。

# 基 础 篇

本篇包括第二、三、四章共三章内容。

第二章集中阐述了国际直接投资和国际间接投资的流行理论与学说。国际直接投资方面，梳理和讨论了以国际生产折衷理论为主的国际直接投资主要理论，并进一步探讨了服务业和发展中国家相关的理论问题。国际间接投资方面，以国际资本流动模型学说为主探讨了国际间接投资的相关理论框架。

第三章围绕国际投资的主体——跨国公司展开讨论，考察了跨国公司的产生与发展过程，分析了跨国公司的不同类型和组织形式，探讨了跨国公司的主要特征和作用，在此基础上进一步讨论了服务业跨国公司的特殊组织形式和发展特点，以及跨国公司与国际技术转让的密切关系。

第四章从投资决策入手，分别探讨了国际直接投资和间接投资决策的核心问题。就国际直接投资而言，国际直接投资环境的评估是投资决策不可或缺的核心部分。就国际间接投资而言，本章重点讨论了证券投资的常用策略以及证券投资的基本分析和技术分析方法。

# 第二章　国际投资理论

【教学目的】

通过本章学习,学生将能够:
1. 认识国际直接投资的主要动机。
2. 掌握国际直接投资理论。
3. 熟悉国际资本流动与国际间接投资的主要理论。

【关键术语】

国际直接投资动机　垄断优势理论　内部化理论　产品生命周期理论　比较优势理论　国际生产折衷理论　所有权优势　内部化优势　区位优势　小规模技术理论　投资发展周期理论　资本资产定价理论　资产套利定价模型

【引导案例】

2001年,天利集团注意到毛里求斯有两百家服装生产公司,但没有一家专业的纺纱厂,用于织布制衣的纱线都要从国外进口,周期较长,而且毛里求斯当时与欧盟和美国都签署了协议,纺织产品可以免关税和免配额出口到美国和欧盟。基于这些有利条件,天利集团于2002年3月来到毛里求斯投资1 200多万美元开始建设"天利纺纱(毛里求斯)有限公司",当年7月建成投产,成为在毛里求斯注册成立的第一家专业化棉纺企业。天利纺纱董事长兼总经理王在京认为,在毛里求斯开设纺纱厂优势和困难都很突出,"投资环境好,政府廉洁,金融环境好,融资成本很低,我们从毛里求斯巴克莱银行、商业银行(贷款),利息才3%。不足是没有原料,所有原料要从非洲市场进口;没有劳动力,主要劳动力都要从国外进口。"一开始,天利纺纱大部分的纺织女工都是从中国招来的,但是中国人力成本较高,轮换又频繁。从2008年下半年开始,天利纺纱通过毛里求斯劳务公司招聘孟加拉员工,效果不错。而为了解决棉花来源不足的问题,天利与中非基金合作,在马达加斯加种植棉花,目前棉花自给自足率达到50%。

资料来源:节选自《毛里求斯中国纺纱厂的故事:把握机遇、不断创新》,http://news.cri.cn/201621/7d024b63-98ee-df01-4280-d05a34f78574.html。

## 第一节　国际直接投资动机与理论

### 一、国际直接投资的主要动机

国际直接投资的动机也称为国际直接投资的目的,它主要是从必要性的角度阐明投资者在进行投资决策时所考虑的主要因素,即说明投资者为什么要进行某一特定类型的投资。投资者在进行对外投资时既受企业本身特有优势(资金、技术、管理、规模经济、市场技能等)的影响，也受企业所处的客观社会经济环境（自然资源禀赋、国内市场规模、经济发展水平、产业结构、技术水平、劳动力成本、政府政策等）的制约，而这两方面在内容上存在相当大的差异，所以不同企业的对外投资动机以及同一企业的不同投资项目的动机不同。国际直接投资的主要动机有以下五种：

（一）市场导向型动机

这种类型的投资主要以巩固、扩大和开辟市场为目的，具体可分为几种不同的情况：

（1）投资企业本来是出口型企业，它在本国进行生产，通过出口使商品进入国外市场，但由于东道国或区域性经济集团实行了贸易保护政策，影响和阻碍了企业的正常出口，企业转为对外投资，在当地设厂，就地生产就地销售，维持原有的市场或开辟新的市场。有时也会转向没有受到出口限制的第三国投资生产，再出口到原有市场所在国。

（2）企业对国外某一特定市场的开拓已达到一定程度，为了给顾客提供更多的服务，巩固和扩大其市场占有份额，在当地直接投资进行生产和销售，或者在当地投资建立维修服务和零部件供应网点。例如，机电产品在国外某一市场销售达到一定规模后，就有必要加强售后服务，建立一些维修服务和零部件供应网点。又如，食品制造商或汽车制造商在国外有足够规模的生产设施，需要就地取得食品容器或汽车零配件，制造容器或零配件的公司就会根据需要，在国外投资建厂，以便就地供应，以免失去顾客或买主。

（3）企业为了更好地接近目标市场，满足当地消费者的需要而进行对外直接投资。例如，快餐食品、饮料和食品原料等商品不能久储或不耐长途运输，而顾客却分散在世界各地，为了更好地接近或维持国外销售市场，企业就不得不在国外投资设立网点，以便就近提供新鲜食品。至于无形商品服务，因其几乎无法储存与运输，所以要想出口主要就是通过对外投资在国外设立企业，边生产边出售边消费。

（4）企业的产品在国内市场占有比例已接近饱和或是受到其他企业产品的有力竞争，因而企业在国内的进一步发展受到限制，冲破限制的有效办法之一就是对外投资，开发国外市场，寻求新的市场需求。总之，市场方面的考虑在对外投资决策中占据主导地位。

（二）降低成本导向型动机

出于这种动机所进行的投资主要是为了利用国外相对廉价的原材料和各种生产要素等，降低企业的综合生产成本，提高经营效益，保持或提高企业的竞争能力。这一类投资可以分为几种具体情况：

（1）出于自然资源方面的考虑。如果原料来自国外，最终产品又销往原料来源国，那么在原料产地从事生产经营活动可节省与原料进口和产品出口相关的运输费用。还有，企业为了获得稳定的原材料供应，也会在资源丰富的国家投资建立原材料开采生产企业，满足本企业的需要。

**阅读专栏**　　　　中国石油全资收购巴西石油秘鲁子公司

中国石油通过其间接附属的子公司中油勘探控股公司及中油勘探国际控股公司，与巴西国家石油公司（Petrobras）附属的荷兰公司和西班牙公司达成交易，获得了后者间接全资持有的巴西能源秘鲁公司（Petrobras Energia Peru S. A.）的全部股份，并购金额达到26亿美元。

巴西能源秘鲁公司截至2012年年底的总资产约14.2亿美元,净资产约6.6亿美元;2012年度主营业务收入约6亿美元,净利润约1.02亿美元。巴西能源秘鲁公司拥有三个油气区块的权益,包括位于秘鲁西北部的X区块和中部的58区块100%的权益,以及57区块46.16%的权益(西班牙Repsol石油公司秘鲁分公司拥有余下的53.84%权益)。据巴西石油公司发布的信息,X区块从1912年开发至今,已有101年的历史,该区块2012年产量仅为1.6万桶(约合2 177吨);57区块和58区块为天然气和凝析气田,近期获得了重大的勘探发现。

中国石油预计,目前这三个区块的年产量约80万吨油当量,约占2012年中国石油海外油气当量产量(136.9百万桶,约合1 860万吨)的4.3%。此次收购的资产为规模优良石油资产,预期具有良好的经济效益。

资料来源:主要内容整理自http://companies.caixin.com/2013-11-14/100604739.html。

(2)出于利用国外便宜的劳动力和土地等生产要素方面的考虑。对于劳动密集型工业来讲,工业发达国家之所以进行对外投资,主要是想利用发展中国家廉价而有保证的劳动力,以降低生产成本。如果本国土地要素价格偏高,企业就有可能通过对外投资将生产经营转移到价格较低的国家去。

(3)出于汇率变动方面的考虑。汇率的变动会直接导致出口商品价格的变动。当一国的货币升值时,会使其出口商品以外币表示的价格升高,影响其商品在国际市场上的竞争力。在这种情况下,该国企业往往会扩大对外直接投资,以克服本币升值的不利影响。

(4)出于利用各国关税税率的差异来降低生产成本的考虑。如果一个国家的关税税率高,那么其他国家的企业就可能为了降低产品成本而在该国投资进行生产;反之,如果一个国家的关税税率低,国内市场上进口商品竞争力强,则会促使该国企业到生产成本更低的国家投资建厂。

(5)出于利用闲置的设备和工业产权与专有技术等技术资源方面的考虑。以对外投资形式向国外输出闲置的设备与技术资源,可减少在国外的企业的生产与经营成本,并可实现规模生产,提高经营效益。

**阅读专栏** 日本本田公司投资北美的劳动力成本因素

本田公司早在1974年就考虑过在北美建立汽车装配厂,但最初之所以放弃投资是因为北美劳动力的高成本,本田内部的可行性研究报告表明高劳动力成本和低生产效率将导致投资北美无利润可言。为了了解北美劳动力高成本的实际情况,1977年,本田公司宣布在美国俄亥俄州Marysville建立摩托车装配厂。该摩托车装配厂在生产摩托车的同时,为本田公司积累了国际化经营管理经验,这对于本田公司对北美的大规模后续投资是至关重要的。

实际上,尽管美国工人的平均工资比日本高,但是生产效率也高,这样计算出来的单位劳动力成本与日本工人相比增加并不多。据联合国贸易与发展委员会发布的《贸易与发展报告2002》,以1998年的数据为例,美国的平均工资是中国的47.8倍,但考虑到生产效率因素,创造同样多的制造业增加值,美国的劳动力成本只是中国工人的1.3倍,而日本的单位劳动力成本是中国的1.2倍,与美国相比并不低多少。具体见表2-1。

表 2-1　几个国家(或地区)制造业平均工资和单位劳动力成本比较

| 国家/地区 | 平均工资 | 单位劳动力成本 |
| --- | --- | --- |
| 美国 | 47.8 | 1.3 |
| 瑞典 | 35.6 | 1.8 |
| 日本 | 29.9 | 1.2 |
| 新加坡 | 23.4 | 1.3 |
| 中国台湾 | 20.6 | 2.3 |
| 韩国 | 12.9 | 0.8 |
| 智利 | 12.5 | 0.8 |
| 墨西哥 | 7.8 | 0.7 |
| 土耳其 | 7.5 | 0.9 |
| 马来西亚 | 5.2 | 1.1 |
| 菲律宾 | 4.1 | 0.7 |
| 玻利维亚 | 3.7 | 0.6 |
| 埃及 | 2.8 | 1.5 |
| 肯尼亚 | 2.6 | 2.0 |
| 印度尼西亚 | 2.2 | 0.9 |
| 津巴布韦 | 2.2 | 1.2 |
| 印度 | 1.5 | 1.4 |

资料来源：UNCTAD. *Trade and Development Report 2002*. p.158。

注：数据为表中所列国家的平均工资与单位劳动力成本相对于中国大陆相应数据的比率。

本田公司很快也意识到它对美国工人低生产效率的假定是没有根据的。1979 年,本田公司宣布在 Marysville 建造一个汽车装配厂。1982 年 11 月,第一批美国本田汽车开始生产;到 1984 年,该工厂汽车年产量已经达到了 1.5 万辆。

综上所述,劳动力成本因素固然是对外直接投资时要考虑的主要因素之一,但是劳动力成本的实际高低并不能凭空想象,而要在实际了解后才能知道。

（三）技术与管理导向型动机

这种投资主要是为了获取和利用国外先进的技术、生产工艺、新产品设计和先进的管理知识等。有些先进的技术和管理经验不易通过公开购买的方式得到,于是可以通过在国外设立合营企业或兼并与收购当地企业的方式获取。获取和充分利用这些技术和管理经验,可以促进投资企业的发展,提高竞争力。技术与管理导向型投资具有较强的趋向性,一般集中在发达国家和地区。美国全国理事会发表的一份报告说,日本通过与美国公司和大学建立合资项目,获取了美国大量的尖端生物工程技术。

（四）分散投资风险导向型动机

这种投资的目的主要是分散和减少企业所面临的各种风险。投资者在社会稳定的国家投资的目的是寻求政治上的安全感,因为社会稳定的国家一般不会采取没收、干预私有经济等不利于企业的措施,企业在这类国家从事生产经营决策的灵活性较大。再有,这些国家一般不会出现会给企业生产经营活动造成极大影响的国内骚动或市场销售状况的突发性变动。很明显,企业的投资过分集中在某个国家或某个地区或某个产业,一旦遇到风险,就会由于回旋余地不大而出现较大损失。企业所要分散的风险主要是政治风险,同时也包括经济的、自然的和社会文化方面的风险。一般而言,直接投资的这种动机是出于对国际投资风险的考虑,但在某些情况下,也有出于国内风险原因而进行的对外投资。如一家企业在世界各地进行投资生产与经营活动,不仅可以起到扩大销售的积极作用,而且还可以带来原材料、技术、人员以及资金等多元化的供应来源,从而使企业不受一国国内条件的限制。

### (五) 优惠政策导向型动机

投资者进行对外投资的主要目的是利用东道国政府的优惠政策以及母国政府的鼓励性政策。东道国政府为了吸引外来投资常会制定一些对外来投资者的优惠政策,如优惠的税收和金融政策、优惠的土地使用政策以及创造尽可能良好的投资软环境和硬环境等,这些优惠政策尤其是税收上的优惠政策会诱导外国投资者做出投资决策。同样,母国政府对对外投资的鼓励性政策也会刺激和诱发本国企业或个人做出对外投资决策,如鼓励性的税收政策、金融政策、保险政策以及海外企业产品的进口政策等。

除了以上五种主要的国际直接投资动机之外,还有一些不太普遍的动机,如全球战略导向型动机(投资的主要目的是提高企业的知名度,在世界范围内树立良好的企业形象,以实现其全球发展战略)、信息导向型动机(主要目的是获取国际经济贸易方面的最新信息和最新动态)、"随大流"型动机(跟随本企业的竞争对手或本行业的带头企业进行对外投资)、公司决策者个人偏好型动机(因公司决策者对某个国家或地区的某方面事物的偏好而决定进行的投资)、为股东争利导向型动机(进行对外投资的目的是给企业的股东特别是普通股股东争取更多的利益)等。

在分析和理解国际直接投资的动机时应注意如下问题:

第一,国际直接投资的动机比较多的是从必要性的角度分析,对可能性方面的考虑则较少。把必要性与可能性结合起来进行分析的是国际直接投资理论,因此为了加强对国际直接投资动机的理解,还应学习和研究一下国际直接投资的主要理论。

第二,上述各种投资的动机都是国际直接投资的经济动机,并未考虑政治与军事方面的动机。

第三,国际直接投资的根本动机和目的是利润最大化。各种类型国际直接投资都是追求利润最大化的不同途径与方式。在获取利润的问题上,有直接与间接、局部与整体、近期与远期之分,这也导致投资动机呈现多样化。另外,不同企业的内外条件与所处环境之间存在着相当大的差异,这也使不同企业在追求相同的目标时采取了不同的手段。

第四,国际直接投资的动机是可以相互交叉的。一笔对外投资可以有一个动机,也可以有两三个动机。同时并存的动机越多,在投资得以完成之后对投资者的好处就越大。例如,一家美国企业在中国广东省深圳经济特区投资建立了一家劳动密集型企业,其产品90%以上在国内市场销售,这家美国企业的在华投资可能具有这样几个动机:降低成本导向型动机、市场导向型动机和利用中国政府给予外商投资企业的优惠政策导向型动机等。

第五,不同类型国家之间直接投资的主要动机是不相同的。发达国家之间出于市场导向型和分散投资风险导向型动机的相互投资相对较多;发展中国家之间的投资出于市场导向型和降低成本导向型动机多于其他动机;发达国家向发展中国家的投资主要是出于市场的动机和降低成本的动机;发展中国家向发达国家的投资多数考虑的是市场、技术与管理和分散风险。

**二、主要的国际直接投资理论**

第二次世界大战后,尤其是进入20世纪60年代以后,随着各国对外直接投资和跨国公司的迅速发展,西方经济学界对这一领域进行了大量探讨和研究,形成了许多观点各异的理论。这些理论一般统称为国际直接投资理论或对外直接投资理论,因提出的时间较长也被称为传统的国际直接投资理论,有时又因其多涉及跨国公司的对外投资行为而称为跨国公司对外直接投资理论。下面对其中一些有代表性的理论做一简要的介绍。

**(一)垄断优势理论**

垄断优势理论(monopolistic advantage theory)是最早研究对外直接投资的独立理论,它产生于20世纪60年代初,在这以前基本上没有独立的对外直接投资理论。1960年,美国学者海默(Stephen H. Hymer)在他的博士论文《国内企业的国际经营:对外直接投资研究》中首先提出了以垄断优势来解释对外直接投资的理论。此后,海默的导师金德尔伯格(Charles P. Kindleberger)在《对外直接投资的垄断理论》等文中又对该理论进行了补充和系统阐述。由于两人从理论上开创了以国际直接投资为研究对象的新的研究领域,学术界将他们二人并列为这一理论的创立者。后来,又有一些学者对垄断优势理论做了发展和补充。由于该理论主要是以产业组织学说为基础展开分析,也被称为产业组织理论分析法。

海默研究了美国企业对外直接投资的工业部门构成,发现对外直接投资和垄断的工业部门结构有关,他认为,跨国公司拥有的垄断优势是它们开展对外直接投资的决定因素。美国从事对外直接投资的企业主要集中在具有独特优势的少数部门。美国企业走向国际化的主要动机是充分利用自己独占性的生产要素优势,以谋取高额利润。海默认为,其他国家的对外直接投资也与部门的垄断程度较高有关。

垄断优势理论把跨国公司从事对外直接投资所凭借的垄断优势分为以下几类:

(1)来自产品市场不完全的垄断优势,如来自跨国公司拥有的产品差异化能力、商标、销售技术和渠道、其他市场特殊技能以及包括价格联盟在内的各种操纵价格的条件。

(2)来自要素市场不完全的垄断优势,如技术要素(优势可来自专利、技术诀窍等知识产权,技术的专有和垄断既可以使跨国公司的产品与众不同,又可以限制竞争者进入市场;充足的研发费用,加快了大公司的技术创新步伐)、资本要素(跨国公司可凭借其拥有的较高的金融信用等级而在资本市场上以较低的成本较多较快地筹集资金)、管理技能和信息等方面。

(3)来自规模经济的垄断优势。大企业为谋求规模经济而投入的巨额初始资本,对欲加入市场与之竞争的新企业来说无疑是一道难以逾越的门槛,而且伴随着很大的风险;另外,跨国公司可以利用国际专业化生产来合理配置生产经营的区位,避免母国和东道国对公司经营规模的限制,扩大市场占有份额。

(4)来自政府干预的垄断优势。东道国和母国政府可以通过市场准入、关税、利率、税率、外汇及进出口管理等方面的政策法规对跨国公司的直接投资进行干预,跨国公司可以从政府提供的税收减让、补贴、优先贷款等方面的干预措施中获得某种垄断优势。

海默还分析了产品和生产要素市场的不完全竞争性对对外直接投资的影响。在市场完全竞争的情况下,国际贸易是企业参与和进入国际市场或对外扩张的唯一方式,企业将根据比较利益原则从事进出口活动。但在现实生活中,市场是不完全的,这种不完全性是指竞争是不完全的,市场上存在着一些障碍和干扰,如关税和非关税壁垒,少数卖主或买主能够凭借控制产量或购买量来影响市场价格,政府对价格和利润的管制,等等。正是上述障碍和干扰的存在严重阻碍了国际贸易的顺利进行,减少了贸易带来的益处,从而导致企业利用自己所拥有的垄断优势通过对外直接投资参与和进入国际市场。

(二) 内部化理论

内部化理论(the theory of internalization)也称市场内部化理论,它是20世纪70年代以后西方跨国公司研究者为了建立所谓跨国公司一般理论时所提出和形成的理论,是解释对外直接投资的一种比较流行的理论,但不足以称其为"通论"。这一理论主要是由英国学者巴克莱(Peter Buckley)、卡森(Mark Casson)和加拿大学者拉格曼(Allan M. Rugman)共同提出来的。巴克莱和卡森在1976年合著的《多国企业的未来》及1978年合著的《国际经营论》中,对跨国公司的内部化形成过程的基本条件、成本与收益等问题做了明确的阐述,使人们重新审视内部化概念。1979年,卡森在《多国企业的选择》中对内部化概念做了进一步的理论分析。拉格曼在《在多国企业内部》一书中对内部化理论做了更为深入的探讨,扩大了内部化理论的研究范围。

内部化是指在企业内部建立市场的过程,以企业的内部市场代替外部市场,从而解决由于市场不完整而带来的不能保证供需交换正常进行的问题。企业内部的转移价格起着润滑剂的作用,使内部市场能向外部市场一样有效地发挥作用。跨国化是企业内部化超越国界的表现。

内部化理论认为,由于市场存在不完整性和交易成本上升,企业通过外部市场的买卖关系不能保证企业获利,并导致许多附加成本。因此,企业进行对外直接投资,建立企业内部市场,即通过跨国公司内部形成的公司内市场,克服外部市场上的交易障碍,弥补市场机制不完整缺陷所造成的风险与损失。该理论认为,市场不完全并非由于规模经济、寡占或关税壁垒,而是某些市场失效(market failure)、某些产品的特殊性质或垄断势力的存在。

内部化理论建立在三个假设的基础上:一是企业在不完全市场上从事经营是为了追求利润的最大化;二是当生产要素特别是中间产品的市场不完全时,企业就有可能以内部市场取代外部市场,统一管理经营活动;三是内部化超越国界时就产生了跨国公司。

市场内部化的过程取决于四个因素:一是产业特定因素(industry-specific factor),指与产品性质、外部市场结构和规模经济等有关的因素;二是区位特定因素(region-specific factor),指由于区位地理上的距离、文化差异和社会特点等引起交易成本的变动;三是国家特定因素(country-specific factor),指东道国的政治、法律和财经制度对跨国公司业务的影响;四是公司特定因素(firm-specific factor),指不同企业组织内部市场的管理能力。在这几个因素中,产业特定因素是最关键的因素。因为,如果某一产业的生产活动存在着多阶段生产的特点,那么就必然存在中间产品(原材料、零部件、信息、技术、管理技能等),若中间产品的供需在外部市场进行,则供需双方无论如何协调,也难以排除外部市场供需间的摩擦和波动,为了克服中间产品市场的不完全性,就可能出现市场内部化。市场内部化会给企业带来多方面的收益。

(三) 产品生命周期理论

产品生命周期理论(the theory of product life cycle)是美国哈佛大学教授维农(Raymond Vernon)在1966年发表的《产品周期中的国际投资与国际贸易》一文中提出的。在该文中,他十分重视创新的时机、规模经济和不稳定性等因素的重要性。维农认为,美国企业对外直接投资的变动与产品的生命周期有密切的联系,他把国际直接投资同国际贸易和产品的生命周期结合起来,利用产品生命周期的变化,解释美国第二次世界大战后对外直接投资的动机与区位的选择。这一理论既可以用来解释新产品的国际贸易问题,也可以用来解释对外直接投资。

维农把一种产品的生命周期划分为创新、成熟和标准化三个阶段,不同的阶段决定了不同的生产成本和生产区位的选择,决定了公司应该有不同的贸易和投资战略。

在产品创新阶段,由于创新国垄断着新产品的生产技术,尽管价格偏高也有需求,产品的需求价格弹性很低,生产成本的差异对公司生产区位的选择影响不大,这时最有利的安排就是在国内生产。企业主要利用产品差别等竞争手段,或力图垄断技术与产品生产来占领市场。这一阶段,新产品的需求主要在国内,至于其他经济结构和消费水平与美国类似的国家如果对这种新产品有需求,则美国企业主要通过出口而不是直接投资来满足这些国家(如西欧国家)的市场需求。

在产品成熟阶段,产品逐渐标准化,最有效的生产工序已经形成,产品的生产技术基本稳定,市场上出现了仿制品和替代品,在国内市场需求扩大的同时市场竞争也日趋激烈,新产品生产企业的技术垄断地位和寡占市场结构被削弱。此时,产品的需求价格弹性逐步增大,降低成本对提高竞争力的作用增强,如何降低生产成本成为企业考虑的首要因素。为此,企业一方面通过规模经济来降低成本,通过价格竞争来维持和占领国际市场;另一方面,在国内竞争日趋激烈、国内市场日趋饱和以及国外市场对这类产品的需求不断扩大的条件下,创新国企业开始进行对外直接投资,在国外建立子公司进行生产,投资地区一般是那些消费水平与创新国相似,但劳动力成本略低于创新国的地区。到国外投资办厂的另一个好处就是可以避开进口国关税与非关税壁垒。

在产品标准化阶段,产品的生产技术、工艺、规格等都已完全标准化,产品已完全成熟。创新国企业的技术优势已经丧失,企业之间的竞争更加激烈,竞争的焦点和基础是成本和价格,因此,企业将在世界范围内寻找适当的产品生产区位,通过对外直接投资将产品的生产转移到工资最低的国家和地区(一般是发展中国家和地区)以降低生产成本,继续参与市场竞争。最初的创新国将从发展中国家运回最终产品满足国内需求,原来新产品的生产企业也将由于产品生命周期的终结而必须转向另一新产品的研究和开发。

产品生命周期理论的独到之处在于将企业所拥有的优势同该企业所生产产品的生命周期的变化联系起来,为当时的对外直接投资理论增添了时间因素和动态分析的色彩。这一理论把美国的经济结构、美国企业的产品创新取向以及美国跨国公司海外生产的动机和选址三者较好地联系起来,一方面解释了美国跨国公司从事对外直接投资的特点,另一方面也说明了这些公司先向西欧再向发展中国家投资的原因。

(四)比较优势理论

比较优势理论(the theory of comparative advantage)也称为边际产业扩张论,是日本一桥大学小岛清(Kiyoshi Kojima)教授在20世纪70年代提出来的。从第二次世界大战后到20世纪70年代中期,日本理论界接受和流行的对外直接投资理论主要是海默—金德尔伯格的垄断优势理论以及维农的产品生命周期理论。但后来,日本理论界提出了不同的看法,认为上述两个理论只研究了美国跨国公司的对外直接投资问题,没有考虑其他国家对外直接投资的特点,如不能解释日本的对外直接投资问题。因此,应创立符合日本国情的对外直接投资理论,用以说明和指导日本企业的对外直接投资活动。在此背景下,小岛清在其于 1979 年出版的《对外直接投资论》和 1981 年出版的《跨国公司的对外直接投资》及《对外贸易论》等书中提出了新的观点。

小岛清的投资理论有三个基本命题:第一,国际贸易理论中的赫克歇尔—俄林模型(H-O 模型)的基本假定是合理的,即资源禀赋或资本—劳动要素比例的假定是对的,但在运用其分析对外直接投资时可使用比资本更广义的经营资源(managerial resources)的概念来代替资本要素。第二,凡是具有比较成本优势的行业,其比较利润率也较高,建立在比较成本或比较利润率基础上的国际分工原理不仅可以解释国际贸易的发生,也可以说明国际投资的原因。小岛清甚至认为可以将国际贸易和对外直接投资的综合理论建立在比较优势(成本)的基础上。第三,日本式的对外直接投资与美国式的对外直接投资是不同的。

小岛清认为,由于各国的经济状况不同,根据美国对外直接投资状况而推断出来的理论无法解释日本的对外直接投资。日本的对外直接投资与美国相比有四点明显的不同:一是美国的海外企业大多分布在制造业部门,从事海外投资的企业多处于国内具有比较优势的行业或部门;而日本对外直接投资主要分布在自然资源开发和劳动力密集型行业,这些行业是日本已失去或即将失去比较优势的行业,对外投资是按照这些行业比较成本的顺序依次进行的。二是美国从事对外直接投资的多是拥有先进技术的大型企业;而日本的对外直接投资以中小企业为主体,所转让的技术也多为实用技术,比较符合当地的生产要素结构及水平,对当地发展具有比较优势的劳动密集型产业,增加就业和扩大出口等都有积极促进作用。三是美国对外直接投资是贸易替代型的(反贸易导向),由于一些行业对外直接投资的增加而减少了这些行业产品的出口;与此相反,日本的对外直接投资行业是在本国已经处于比较劣势而在东道国正在形成比较优势或具有潜在的比较优势的行业,所以对外直接投资的增加会带来国际贸易量的扩大,这种投资是贸易创造型的(顺贸易导向)。四是美国公司设立的海外企业一般采用独资形式,与当地的联系较少,类似"飞地";而日本的对外直接投资多采用合资形式,注意吸收东道国企业参加,有时还采用非股权安排方式(non-equity arrangement)。

比较优势理论的基本内容是:对外直接投资应该从本国已经处于或即将处于比较劣势的产业(边际产业)依次进行。这些产业是指已处于比较劣势的劳动力密集部门或者某些行业中装配或生产特定部件的劳动力密集的生产环节或工序。即使这些产业在投资国已处于不利地位,但在东道国却拥有比较优势。凡是在本国已趋于比较劣势的生产活动都应通过直接投资依次向国外转移。

小岛清认为,国际贸易是按既定的比较成本进行的,根据上述原则所进行的对外投资也可以扩大两国的比较成本差距,创造出新的比较成本格局。据此,小岛清认为,日本的传统工业部门很容易在海外找到立足点,传统工业部门到国外生产要素和技术水平相适应的地区进行投资,其优势远比在国内投资新行业要大。

(五)国际生产折衷理论

国际生产折衷理论(the eclectic theory of international production)又称国际生产综合理论,是 20 世纪 70 年代由英国里丁大学国际投资和国际企业教授邓宁(John H. Dunning)提出的。邓宁是当代著名的研究跨国公司与国际直接投资的专家,他的代表作是于 1981 年出版的《国际生产和跨国公司》,该书汇集了一系列阐述其折衷理论的论文。

国际生产是指跨国公司对外直接投资所形成的生产活动。邓宁认为,导致其提出这一理论的原因主要是两个：一是第二次世界大战后尤其是20世纪60年代以后国际生产格局的变化。在60年代以前，国际生产格局是比较单一的，以美国为基地的跨国公司在国际生产中占有重要地位，国际生产主要集中在技术密集的制造业部门和资本密集的初级工业部门，投资主要流向西欧、加拿大及拉美国家，海外子公司大多采用独资形式。进入60年代以后，国际生产格局出现复杂化趋势，西欧和日本的跨国公司兴起，发达国家间出现相互交叉投资现象，一些跨国公司开始向新兴工业化国家（地区）和其他发展中国家投资，一些发展中国家的企业也开始加入到对外直接投资的行列之中，合资形式成为海外企业的主要形式。二是缺乏统一的国际生产理论。传统的理论只注重资本流动方面的研究，而缺乏将直接投资、国际贸易和区位选择综合起来加以考虑的研究方法。在邓宁看来，他的理论将企业的特定垄断优势、国家的区位与资源优势结合起来，为国际经济活动提供了一种综合分析的方法，从而弥补了过去的不足，所以他的理论也可称为综合理论。

邓宁认为，自20世纪60年代开始，国际生产理论主要沿着三个方向发展：一是以海默等人的垄断优势理论为代表的产业组织理论；二是以阿利伯的安全通货论和拉格曼的证券投资分散风险论为代表的金融理论；三是以巴克利和卡森等人的内部化理论为代表的厂商理论。但这三种理论对国际生产和投资的解释是片面的，没有把国际生产与贸易或其他资源转让形式结合起来分析，特别是忽视了对区位因素的考虑。国际生产折衷理论吸收了上述三个理论的主要观点，并结合区位理论解释跨国公司从事国际生产的能力和意愿，解释它们为什么在对外直接投资、出口或许可证安排这三个参与国际市场的方式中选择对外直接投资。

国际生产折衷理论认为，一个企业要从事对外直接投资必须同时具有三个优势，即所有权优势、内部化优势和区位优势。

1. 所有权优势

所有权优势（ownership-specific advantages）主要是指企业所拥有的大于外国企业的优势。它主要包括技术优势、企业规模优势、组织管理能力优势、金融和货币优势以及市场销售优势等。邓宁认为，对外直接投资和海外生产必然会引起成本的提高与风险的增加，在这种情况下，跨国公司之所以还愿意并且能够发展海外直接投资，并能够获得利益，是因为跨国公司拥有一种当地竞争者所没有的比较优势，这种比较优势能够克服国外生产所引起的附加成本和政治风险。他把这种比较优势称为所有权优势，这些优势必须是这个公司所特有的、独占的，才能在跨国生产中发挥作用，在公司内部能够自由移动，并且能够跨越一定的距离。这种所有权优势是进行对外直接投资的必要条件。

2. 内部化优势

内部化优势（internalization-specific advantages）是指企业在通过对外直接投资将其资产或所有权内部化过程中所拥有的优势。也就是说，企业将拥有的资产通过内部化转移给国外子公司，可以比通过交易转移给其他企业获得更多的利益。一家企业拥有了所有权优势，还不能说明它必然进行对外投资活动，因为它可以通过其他途径发挥和利用这些优势。一般而言，企业有两个途径发挥利用这些优势：其一，将所有权资产或资产的使用权出售给别国企业，即把资产的使用外部化；其二，企业自己利用这些所有权资产，即把资产的使用内部化。企业到底是选择资产内部化还是资产外部化取决于利益的比较。由于外部市场是不完善的，企业对所拥有的各种优势进行外部化使用有丧失的危险，为了保持垄断优势，企业就存在对其优势进行内部化使用的强大动力。国际直接投资就是企业利用它的所有权优势直接到国外办厂开店，建立企业内部的国际生产和运营体系的过程。

### 3. 区位优势

区位优势(location-specific advantages)是指可供投资的地区在某些方面较国内优越。在邓宁看来,一家企业具备了所有权优势,并有能力将这些优势内部化,还不能完全解释清楚直接投资活动,必须加上区位优势。区位优势包括:劳动力成本、市场需求、地理距离、自然资源、基础设施、运输与通信成本、关税和非关税壁垒、政府对外国投资的政策,因历史、文化、风俗、商业惯例差异而形成的心理距离,等等。区位优势是开展对外直接投资的充分条件。企业进行国际生产时必然受到区位因素的影响,只有国外区位优势大时,企业才可能从事国际生产。

如果一家企业同时具有上述三个优势,那么它就可以进行对外直接投资。这三种优势的不同组合,还决定了企业进入国际市场和从事国际经济活动的不同方式。

国际生产折衷理论的特点和贡献在于:它吸收借鉴了在此之前 20 年中出现的新的国际直接投资理论,采用了折衷和归纳的方法,对各家之长兼容并包,并在区位理论方面做出了独到贡献;它与国际直接投资的所有形式都有联系,涵盖和应用的范围宽。它能够较好地解释企业选择国际经济活动的三种主要形式的原因,即出口贸易、技术转让与对外直接投资;将这一理论同各国经济发展的阶段与结构联系起来进行动态化分析,还提出了"投资发展周期"学说。国际生产折衷理论也被称为 OIL(ownership-internalization-location)模式,因其概括性、综合性和应用性强而获得了对外直接投资"通论"之称。这一理论目前已成为世界上对外直接投资和跨国公司研究中最有影响的理论,并被广泛用来分析跨国公司对外直接投资的动机和优势。

以上我们分析和介绍了西方学者在研究国际直接投资时提出的五种主要的理论。上述五种理论主要是从微观和企业的角度来研究跨国公司从事对外直接投资的决定因素、动机、竞争优势、制约条件及其方式的。

除此之外,还有其他一些国际直接投资理论,如投资诱发要素组合理论、寡占反映理论、产业内双向直接投资理论、纵向一体化直接投资理论、横向一体化直接投资理论、核心资产论、投资与贸易替代论、最佳对外投资课税论、区位论、通货区域论、资本化率理论等。这些理论有的是从微观角度展开研究,有的则是从宏观角度研究和分析国际直接投资现象,力图找到东道国为什么要利用外资、资本为什么要发生国际移动等问题的答案。国际直接投资理论是在 20 世纪 60 年代从国际间接投资(国际证券投资)理论中独立出来的,理论的发展源于实践的发展和丰富,可以相信,随着各国对外直接投资活动的不断开展和跨国公司影响的进一步扩大,有关这方面的理论研究也必将会有所创新和发展。

### 三、服务业国际直接投资理论

#### (一) 传统国际直接投资理论在服务业的适用性

服务业的国际化过程有其特殊性,其发展的内在动力与外部环境都与工业企业有所不同。

第二次世界大战后,对外直接投资的发展和跨国公司的扩张主要发生在制造业部门,因此有关理论研究也一直集中于此,相比而言,对服务业对外直接投资的分析比较少。随着服务业在发达国家国民收入、就业和国际收支平衡等方面发挥的作用不断增强,服务部门的国内和国际地位迅速提高,对服务业跨国生产和经营的研究也逐渐发展起来,其出发点是对传统对外直接投资理论在服务部门适用性的讨论。通过对不同的传统理论观点在服务部门进行适用性检验,越来越多的经济学家相信,制造业对外直接投资理论经过修正,是完全可以用于分析服务业对外直接投资行为的。其中,代表性的研究主要有以下几个:

鲍德温(Boddewyn,1989)试图使用主流理论来解释服务业跨国公司的行为。他发现服务产品的特殊性会引发一些问题,如对理论假设前提的违背、对服务产业特定优势区分的难度等,他认为应该对这些问题进行深入探讨,但不需要做特别的定义和理论解释,只需通过简单的条件限制和详细说明就能容易地运用现有的理论。

邓宁(Dunning,1989)将其在制造业发展起来的国际生产折衷理论扩展到了服务部门。他在《跨国企业和服务增长:一些概念和理论问题》这篇代表性文章中,解释了服务业跨国公司行为的有关概念和理论问题,指出国际生产折衷理论的基本框架是适用于服务业跨国公司的,并对原有的所有权优势、内部化优势和区位优势在服务企业的具体表现进行了阐述,还列举出一些特定服务行业对外直接投资所需要具备的优势。在其分析基础之上,恩德韦克(Enderwick,1989)又分析了该理论模型应用于服务部门时要特别注意的一些问题,譬如服务业很多部门是技术复杂性较低的行业,确定企业特定优势较难;又如,跨国经营的非股权方式,如许可证、管理合同、特许经营等在服务业中的广泛使用,而这些以市场交换为基础的经营方式对于跨国公司理论中的内部化的作用有着重要的含义。

卢格曼(Rugman,1981)以银行业为基点分析了内部化理论的适用性,他认为,按照内部化理论,跨国公司通过创造内部市场来克服世界商品市场和要素市场的不完全性;同样地,跨国银行也可以实现交易内部化,从而克服国际金融市场的不完全性。与其分析基础相似,亚诺普勒斯(Yannopoulos,1983)、格瑞(Gray,1981)、考(Cho,1983)、格鲁伯(Grube,1977)、佩克乔利(Pecchioli,1983)和威尔斯(Wells,1983)等也是以银行业为分析对象,阐明了邓宁的国际生产折衷理论在解释跨国银行业发展方面的合理性。不过,这些分析假定银行的外国子公司在国际金融市场实现运作。格瑞指出,当一个银行选择在超国家的市场,例如欧洲货币市场经营时,不必拥有相同的优势条件,因为在超国家金融市场,没有当地银行,不需要以所有权优势作为补偿优势。这实际上相当于重新定义了区位优势,将其范畴从某一特定国家扩展到了超国家市场,此时,区位优势具有更重要的意义。此外,上述分析指出,在银行业之外的一些服务部门,如国际饭店业、商业服务业、商业服务公司的外国机构等,所有权优势、内部化优势和区位优势也同样适用,只不过是需要根据行业特点做一些限制和详细说明。

弗农对于传统直接投资理论的适用性问题没有做过多说明。他直接指出,既然知识的转移可以代替物品转移,那么有关制造业跨国公司的理论就可以应用于对服务业跨国公司的解释。

(二) 服务业国际直接投资理论

目前涉及服务业对外直接投资的理论已有了一定的发展,比较典型的如巴克利和卡森的内部化理论,他们在原有内部化理论的基础上,说明服务企业也有内部化中间市场的优势。卡森强调,服务消费中买者的不确定性是市场不完善的来源之一,将会导致较高的交易成本,从而使企业的对外直接投资成为一种必要。

作为对外直接投资理论的集大成者,邓宁在服务业对外直接投资方面也有比较系统的论述。他指出,服务业对外直接投资也应同时具备所有权优势、内部化优势和区位优势三个条件。相对而言,该理论体系比较完善,也最具代表性,因此本书将以此为基础,对服务业对外直接投资的基础和动因做出解释。

1. 所有权优势

服务业所有权优势可以理解为企业得以满足当前或潜在顾客需求的能力。一般有三个重要的评判标准：① 服务的特征和范围，如服务的构思、舒适度、实用性、可靠性、专业化程度等；② 服务的价格和成本；③ 有关售前、售中及售后服务。具体来讲，服务业跨国公司的所有权优势主要体现在以下方面：

（1）质量。由于服务一般具有不可存储性、异质性等特点，保证服务质量对企业就尤为重要，特别是随着收入水平的提高和企业之间竞争的加剧，质量日益成为影响消费者服务和生产者服务需求的重要变量，在许多情况下，它是决定服务业跨国公司竞争力的最重要的变量。在一些服务行业中，企业创造和保持一个成功品牌形象的能力，或者在多个地区提供服务时实行质量监控的能力和降低购买者交易成本的能力，是其保持质量形象和占有竞争优势的关键。

（2）范围经济。范围经济指服务提供者可以满足消费者对产品种类和价格的多种不同需求。在运输、商业等服务行业中，都不同程度地存在范围经济。其中，典型的是零售业，零售商储存商品的范围越宽、数量越大，他们在同供应商交易中的议价能力就越强，就越能通过讨价还价以较低价格从供应商处获得商品；同时，供货品种和数量的加大使其有能力降低消费者的交易成本，因为消费者只需在一处就可以买到多种商品；此外，议价能力的提高使零售商能够加强对其买卖的产品和服务质量的控制，也有助于增大其所有权优势。

（3）规模经济。从本质上讲，规模经济和专业化在制造业与一些服务业企业间并无太大区别，比如500个床位的宾馆与30个床位的宾馆提供的住宿服务相比，大医院与小医院提供的医疗服务相比，前者能够通过较大的规模有效降低单位成本。类似的，大型咨询机构和投资银行等可以在机构内部调动人员、资金和信息，实现人事和管理的专业化，从而可以针对不同的经营环境来调整价格以实现利润最大化。此外，大型服务业企业往往容易得到优惠的融资条件和折扣等。至于规模经济和范围经济产生的分散风险优势，在保险、再保险和投资银行表现得更为突出，在这三个行业中，规模是成功进行对外直接投资的前提条件。

（4）技术和信息。在制造业中，衡量生产技术和产品知识成分的指数，通常是研发费用占销售额的比重，专业人员、科技人员和工程人员在总就业中的比重以及取得的专利数量等。服务业中，与上述衡量标准类似的指标是对信息的把握和处理能力。在许多服务业中，以尽可能低的成本对信息进行收集、加工、储存、监控、解释和分析的能力，是关键的无形资产或核心竞争优势。对于证券、咨询这类以数据处理为主要内容的服务行业，情况更是如此。随着知识经济的蔓延，知识密集型服务行业的跨国公司数量增多，信息和技术在竞争中的地位日益重要，它们还能为规模经济、范围经济以及垂直一体化提供机会，特别有利于大型的、经营多样化的跨国公司，但由于数据技术往往需要昂贵的辅助资产、固定成本或基础设施，拥有这两项优势的服务业企业也就占据了竞争中的有利地位。

（5）企业的信誉和商标名称。服务是典型的"经验产品"，其性能只有在消费之后才能得到评价，而且由于服务的主体是人，其性能还往往呈现出多边性，因此信誉和商标这样的非价格因素往往是服务业企业向消费者传递信息的有力手段，也成为企业主要的竞争优势之一。许多成功的服务业跨国公司，如所罗门兄弟、安纳信、贝恩等，其卓越服务和优良品牌的扩散往往成为对外直接投资的先导。

（6）人力资源。服务的施动者和受动者都是人，人力资源素质的提高无疑将使服务的质量和数量大大提升，有利于增大企业的优势。另外，在人力资源的使用过程中还普遍存在着"干中学"和"溢出效应"这样的动态效应，为服务企业优势的创造、保持和发展奠定基础。所以，人力资源对于服务企业来讲尤为重要。

(7) 创新。在许多情况下，创新形成了跨国服务公司的竞争优势，例如美国的沃尔玛、法国的家乐福等跨国零售企业在国外采取了超级市场的新概念，国际医疗服务连锁经营把现代管理方式运用到传统上一直缺乏商品敏感度的领域而取得了竞争利益。把商品和服务结合在一起进行创新，也可以得到竞争利益，例如计算机辅助设计、数据传递、娱乐服务等。不断在生产、经营和管理等方面进行创新，是现代企业保持恒久竞争力的根源。

此外，所有权优势还可以表现在服务业企业利用诸如劳动力、自然资源、金融、数据处理和传送设备等投入的机会，进入产品市场的机会，进入信息、金融、劳动力国际市场的机会和对国际市场的了解程度等方面。

2. 区位优势

区位优势与所有权优势和内部化优势不同，它是东道国所有的特定优势，企业无法自行支配，只能适应和利用这种优势。区位优势主要表现在以下几个方面：

（1）东道国不可移动的要素禀赋所产生的优势，如自然资源丰富、地理位置方便、人口众多等。不同的服务行业对外直接投资对区位优势的要求也不同，比如，旅游业服务点的选址显然与金融业大不相同，前者需要考虑气候、自然风光、名胜古迹等，后者则集中在工商业中心。除了区位约束性服务外，跨国公司东道国的区位选择主要受服务消费者需求支配，因此东道国人口数量、人口素质、习惯性的消费偏好等因素也决定了跨国公司的对外直接投资行为。除此之外，东道国较大的市场规模、优越的资源质量、较为完善的基础设施以及地理相邻、语言相通、文化相近的地缘优势等因素，也构成了重要的区位优势。

（2）东道国的政治体制和政策法规灵活、优惠而形成的有利条件。东道国政府在服务领域的政策干预可能会给投资者创造更好的竞争机会。例如，美国废除了对金融业混业经营的限制，这不仅有利于其境内的金融机构向大规模发展，也有利于外资金融机构扩大其在美经营范围，从而有利于吸引外国投资。又如，我国台湾地区由于逐渐放宽了对服务业的外资限制，成为东南亚地区服务业对外直接投资流向的一个热点。

（3）聚集经济也是一种区位优势。竞争者集中的地方，会产生新的服务机会，这种服务是针对市场发展需求而产生的。例如，国际银行在竞争者集中的大金融中心创立了银行间市场，严重依赖专业信息来源和专门技巧的服务商大多选择同类企业相对集中的领域，而保险和银行业常常会选择主要城市和中心商业区。

区位优势的获得与保持往往是服务业对外直接投资的关键，当企业投资的产业选择与东道国的区位特色相融合时，会强化产业比较优势和区位比较优势，促进对外直接投资的发展；反之，则使两者的优势相互抵消、衰减乃至丧失。但应注意的是，区位因素直接影响跨国公司对外直接投资的选址及其国际化生产体系的布局，只构成对外直接投资的充分条件。

3. 内部化优势

内部化优势是指服务业企业为了克服外部市场的不完全性和不确定性，防止外国竞争对手模仿，将其无形资产使用内部化而形成的特定优势。一般而言，与服务业跨国公司特别有关的内部化优势包括以下方面：

（1）避免寻找交易对象并与其进行谈判而节约的成本。服务业国际贸易的起始点是跨越国境寻求合适的客户资源，这其中必然会产生包括寻租成本、协商成本等在内的一系列交易成本。跨国公司通过将外部交易内部化，可以有效地降低交易成本，尤其是当跨国投资的启动成本低于外部交易成本时，对外直接投资就是有利可图的，企业也能因此获得竞争优势。

（2）弱化或消除要素投入在性质和价值等方面的不确定性。由于服务产品的差异性较大,又具有量身制作的特征,信息的不对称性使买方对产品的了解程度远低于卖方,容易出现服务业的买方出价过低或卖方要价过高的现象。内部化可以克服以上弊端,消除投入方面的不确定因素,对于中间性服务产品尤为重要。

(3) 中间产品或最终产品质量的保证。产品质量控制是服务业企业对外直接投资的主要动力之一,通过将服务交易内部化,服务企业可以用统一的衡量标准,实现在全球范围内对产品质量的监控,使其所有权优势得以保持和发挥。

(4) 避免政府干预。目前,对服务产品跨国交易的严格管制普遍存在,配额、关税、价格管制、税收差异等干预手段层出不穷。相对来讲,外商投资由于其在一国经济发展中所产生的积极影响而易于被东道国接受,因此,通过跨越国境投资设厂可以降低服务业国际交易中的政策性因素干扰,而且能得到东道国的一些优惠性投资待遇,有利于企业在当地市场展开竞争。

邓宁认为,下列几种类型的服务企业具有内部化开发利用优势和从事对外直接投资的强烈倾向:

第一,信息密集型的服务行业,如银行业和商业服务。这类企业以拥有的信息和知识为主要优势,这些知识带有默示性质,生产费用高、复杂且特征性强,但易于复制,只有在企业内部才能得到更好的保护和更有效的运用。

第二,以产品品牌或企业形象而著称的企业,如建筑、汽车租赁、广告和一些商业服务行业。当企业寻求质量保持和商誉维护时,就需要为服务产品建立严格、直接的质量标准,此时就会出现水平一体化,因为内部化比外部市场交易对于质量标准的控制更加有效。

第三,以知识为基础的创新型服务企业。实现生产和消费的垂直一体化有利于新型服务产品的推广,这是因为在创造服务需求和普及服务产品时,需要指导购买者消费服务,而创新者对其产品所具备的知识使其成为最佳引导者。

第四,拥有商标和版权等无形资产的企业。这类企业会在国外建立保护其资产权利的分支机构。

第五,工业跨国公司拥有股权的服务业附属公司。这些公司旨在保证制造业公司以最优条件获得投入物,帮助母公司维持和发展生产、出口及海外市场。

邓宁的内部化优势理论源于巴克利和卡森等人的分析,但他认为,拥有无形资产所有权优势的企业,通过扩大组织和经营活动,将这些优势的使用内部化,可以带来比非股权转让更多的潜在或现实利益;然而,拥有所有权内部化优势的企业也可以扩大国内的规模,并通过出口来获得充分的补偿,并非一定要进行对外直接投资。所以,这两项优势只是企业对外直接投资的必要条件,而非充分条件。

邓宁关于服务业对外直接投资理论的核心是"三优势模型"(OLI Paradigm),他认为所有权优势、区位优势和内部化优势,加之服务和服务业的特性使对外直接投资、跨国经营成为服务业企业的必然选择。但是该理论强调,企业只有同时具有上述三大优势时,才能进行有利的对外直接投资。如果只有所有权优势和内部化优势,而无区位优势,企业就缺乏优越的投资场所,只能将有关优势在国内加以利用,即在国内进行生产,然后出口。如果没有内部化优势和区位优势,仅有所有权优势,企业就难以内部使用其自身拥有的无形资产优势,只能通过特许转让等方式来获取收益。

1993年,索旺(Sauvant)主持的服务业跨国化研究对服务业跨国公司进行了综合实证分析。他用包括不同国家11个部门中最大的210个企业在10年间(1976—1986)的数据进行了回归法检验,以测定影响服务业跨国公司对外直接投资的决定因素。回归分析确定了九个决定服务业对外直接投资的主要因素,即市场规模、东道国的商业存在、文化差距、政府法规、服务业的竞争优势、全球寡头反应、产业集中度、服务业的可贸易性以及企业规模与增长,这一检验结果充分证实了邓宁理论在现实中的解释力。①

### 四、发展中国家国际直接投资理论

20世纪80年代以来,随着发展中国家跨国公司的形成和发展,陆续出现了一些专门用来解释发展中国家企业对外直接投资行为的理论。

#### (一) 小规模技术理论

小规模技术理论是由美国学者威尔斯(L. Wells)针对发展中国家的对外直接投资提出的。该理论注意到发展中投资母国对发展中国家跨国公司的"特定优势"的影响,认为发展中国家跨国公司的技术优势具有十分特殊的性质,是投资母国市场环境的反映。具体来说,发展中国家跨国公司具有如下三点优势:

(1) 小规模技术优势。由于发展中投资母国大多市场规模不大、需求多样化,迫使发展中国家的企业不得不将引进的技术加以改造,使其生产技术更具有灵活性,提供品种繁多的产品,以适应本国小规模、多样化的市场需求,从而具有小规模技术的特征。这些经过改造的小规模技术成为发展中国家跨国公司到类似市场开展对外直接投资的特殊优势之一。

(2) 当地采购和特殊产品优势。威尔斯发现,当发达国家的技术转移到发展中国家后,往往需要对其加以改造,以便适应发展中国家当地的原料供应和零部件配套生产的能力,而这一优势同样成为发展中国家企业对外直接投资的特殊优势之一。另外,发展中国家的对外直接投资往往还带有鲜明的民族特色,能够提供具有民族文化特点的特殊产品,在某些时候甚至可以成为压倒性的经营优势。

(3) 物美价廉优势。发展中国家跨国公司之所以有可能做到这一点,主要原因有二:一是与发达国家相比,发展中国家的劳动力成本普遍较低;二是发展中国家跨国公司的广告支出较少。

威尔斯的小规模技术理论的贡献在于:将发展中国家跨国公司的竞争优势与其投资母国自身的市场特征结合起来,能够解释发展中国家对外直接投资的部分行为。但该理论也存在明显的缺陷,如威尔斯始终将发展中国家在技术上的创新活动局限于对现有技术的继承和使用上,从而限制了该理论的适用范围。

#### (二) 技术地方化理论

拉奥(S. Lall)在对印度跨国公司的竞争优势和投资动机进行了深入研究之后,提出了关于发展中国家跨国公司的技术地方化理论。和小规模技术理论一样,技术地方化理论也是从技术角度来分析发展中国家跨国公司竞争优势的。

所谓技术地方化,是指发展中国家跨国公司可以对外国技术进行消化、改进和创新,从而使得产品更适合自身的经济条件和需求。拉奥强调,发展中国家跨国公司的这种创新过程是企业技术引进的再生过程,而非单纯的被动模仿和复制。所产生的技术在小规模生产条件下具有更高的经济效益,且效果会由于民族或语言等因素而得到加强。另外,拉奥还认为当发展中国家的国内市场较大,存在特殊的市场需求的情况下(如消费者的不同口味和购买力),发

---

① UNCTC, *The Transnationalization of Service Industry*, 1993.

展中国家的跨国公司有可能填补这些市场,从而使其产品具有一定的竞争力。

### (三) 技术创新产业升级理论

英国学者坎特威尔(J. Cantwell)和托兰惕诺(P. E. Tolentino)对发展中国家对外直接投资问题进行了系统的考察,提出了发展中国家技术创新产业升级理论。

技术创新产业升级理论强调技术创新是国家、产业、企业发展的根本动力。与发达国家跨国公司的技术创新活动有所不同,发展中国家跨国公司的技术创新活动具有明显的"学习"特征,换句话说,这种技术创新活动主要利用特有的"学习经验"和组织能力,掌握和开发现有的生产技术。坎特威尔和托兰惕诺认为,不断的技术积累可以促进一国经济的发展和产业结构的升级,而技术能力的不断提高和积累与企业的对外直接投资直接相关,它影响着发展中国家跨国公司对外直接投资的形式和增长速度。

### (四) 投资发展周期理论

英国学者邓宁(J. Dunning)将一国的吸引外资能力和对外投资能力与其经济发展水平结合起来,提出了投资发展周期理论。该理论是其国际生产折衷理论在发展中国家的运用和延伸。邓宁认为,在一定的经济发展条件下,一国的利用外资和对外投资是两个紧密相连的发展过程,并且指出,一国的海外投资地位与其人均GDP呈正比关系,随着人均GDP的逐步提高,一国的对外直接投资先落后于外商对该国的直接投资,而后赶上并超过(见表2-2)。

表2-2 邓宁投资发展四阶段的划分

| 人均GDP | 利用外资和海外投资情况 |
| --- | --- |
| 400美元以下 | 只有少量的外国直接投资,几乎没有对外直接投资 |
| 400—2 500美元 | 利用外资量有所增加,本国对外直接投资量仍较少,净对外直接投资额仍为负值 |
| 2 500—4 000美元 | 在利用外资进一步增长的同时,对外直接投资大幅度增长,其发展速度可能超过引进外国直接投资的速度,但净对外直接投资额仍为负值 |
| 4 000美元以上 | 对外直接投资增长速度高于引进外国直接投资的速度,净对外直接投资额为正值 |

投资发展周期理论是少有的从宏观经济角度分析发展中国家对外直接投资的理论。虽然该理论存在很大的局限性,但它指出了发展中国家对外直接投资发展的一般轨迹,阐明了发展中国家跨国公司发展的可能性。

### (五) 国家利益优先取得论

从国家利益角度看,多数发展中国家企业进行对外直接投资有其特殊性。由于这些国家的企业,尤其是其服务企业,按优势论的标准来衡量,根本不具备跨国经营的条件,但在世界经济一体化浪潮的冲击下,国家会出面支持和鼓励企业进行对外直接投资,寻求和发展自身优势。

这种性质的对外直接投资不仅使投资者能够保持资本所有权,并取得资本收入,还能使投资者保持对资本运行和使用的控制权,从而获得远比货币收益更广泛的综合效益,主要包括以下几个方面:

(1) 资源转换效用。投资国通过对外进行直接投资,可以直接从国外取得低成本的资源供给,享受东道国提供的基础服务,还能吸取和传输国外先进技术成果和管理知识,这是目前发展中国家鼓励和支持企业对外直接投资最根本的动因之一。

(2) 产业结构调整效用。一般而言,东道国向国外进行"一揽子"要素转移的部门,往往是国内发展较为成熟、产品供给相对发达甚至饱和的产业部门。通过直接投资的方式进行生产的跨国界转移,既保证了现有资产的应有价值,又起到了调整和优化国内产业结构的作用。

(3) 市场竞争效用。跨国经营企业数目的增多和规模的扩大,会对国内原有的竞争趋势产生不可忽视的影响。一些率先进行对外直接投资的企业,将会因为在国外取得了新的市场空间,或者取得了稳定的资源供给以及新的技术信息等,大大增强自身竞争实力,给国内竞争对手带来新的压力,迫使其效仿先行企业,或者采取对外直接投资方式,或者改进经营、加强研究与开发、提高服务产品质量等,以应对挑战。这些都会对投资国竞争水平的提高、经济活力的增强产生积极作用。

### (六) 市场控制理论

绝大多数商品经营都需要中间服务,但每一个中间服务者的服务能力有限,他们只愿意为那些利润大风险小的商品经营者服务,因此,如果一个厂商的商品或服务不能给中间商以高额利润,或者该厂商的生产经营风险较大,他就难以从中间商那里得到良好的服务。

厂商往往需要在公众心目中树立其特有的形象,以确定其市场地位,所以它有必要控制、影响中间商或直接与公众接触;而如果中间商不予合作或合作不好,厂商直接与公众接触就成为必要。

在以上两种条件下,只要具有经济、技术、法律上的可行性,只要对企业的总体发展有利,企业直接控制中间服务,把中间服务纳入自己的运行机制中,就成了理性选择。这里的直接成本并不起决定作用,相对优势也不是前提条件,当母公司在发展中国家,中间服务在发达国家时,母公司向发达国家投资,并在发达国家建立其商品服务中间机构——子公司、分公司,发展中国家进行直接投资就无可厚非了。

## 第二节 国际资本流动与间接投资理论

### 一、国际资本流动模型学说

#### (一) 麦克杜格尔—肯普模式

**1. 概述**

麦克杜格尔(C. D. A. MacDogall)于1966年在《对外投资的成本与收益:一种理论分析法》一文中第一次从经济学角度对资本流动的效果进行了出色的研究。1962年,肯普(M. C. Kemp)在《〈对外私人投资的成本—收益〉一文的评论》中,对于对外直接投资问题进行了更精细的分析,这就为研究对外投资的效果奠定了基础。

**2. 主要内容**

他们认为,资本在国际间自由流动之后,将使资本的边际生产率在国际上平均化,从而可以提高世界资源的利用率,增进全世界的生产和各国的福利。

在图2-1中,假设世界由投资国和接受投资国组成。资本流动之前,投资国由于资本丰富,资本的边际生产率低于接受投资国。假定资本是受边际生产率递减法则支配的,同时,假定在两国国内实现完全竞争,资本的价格等于资本的边际生产率。在图2-1中,假定 $O_1$ 为投资国的原点,$O_2$ 为接受投资国的原点,$O_1Q$ 为投资国资本量,$O_2Q$ 为接受投资国资本量,两者之和

$O_1O_2$ 为世界资本总量。$MN$ 线表示资本边际生产率递减的投资国边际生产率曲线,即资本需求曲线,$mn$ 则是接受投资国边际生产率曲线和资本需求曲线。资本流动前,投资国使用 $O_1Q$ 量的资本与一定量的劳动,生产了 $O_1MTQ$ 量的产品;接受投资国生产出 $O_2mUQ$ 量的产品。投资国的边际生产率为 $QT$,接受投资国的边际生产率为 $QU$,由此引起投资国向接受投资国的资本流动,至两国的资本边际生产率均等,即从投资国流出 $SQ$ 量的资本时,这种流动才会停止。这时,$SP = O_1E = O_2e$。

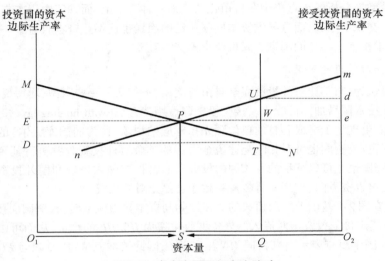

图 2-1 资本在国际间自由流动

资本流动的结果,投资国生产量变化 $O_1MPS$,接受投资国生产量变化为 $O_2mPS$,与资本流动前两国生产总量 $O_1MTQ + O_2mUQ$ 相比,两国总共增加了 $PUT$ 的生产量。对投资国来说,产量减少了 $SPTQ$,但其国民收入没有减少,因为它可得到对外投资量×资本边际生产率 = $SPWQ$ 量的对外投资收益。只要对外投资收入量多于生产的减少量($PWT$),投资国就能获得多于以前的国民收入。另一方面,接受投资国生产增加了 $QUPS$ 量,其中 $QWPS$ 量支付给投资国,所以国民收入净增长了 $PWU$ 量。因此,通过资本流动的自由化,在世界总产量增加的同时,投资国与接受投资国分享了投资的好处。

资本的国际流动对两国的资本和劳动有着不同的影响。投资国的资本收入在资本流动前为 $O_1DTQ$,资本流动后为国内收入 $O_1EPS$ + 国外收入 $SPWQ = O_1EWQ$,即增加了 $DEWT$ 量。劳动收益被再次分配给资本。与此相反,接受投资国的资本收入由 $O_2dUQ$ 减少到 $O_2eWQ$,减少了 $edUW$ 量,劳动收益由 $dmU$ 增至 $emP$,增加了 $edUP$ 量,即产生了有利于劳动而不利于资本的影响。

3. 评价

这一模式对后来的对外投资理论的发展有很大影响。特别是关于对外国投资的收益征收税金问题,引起了人们的重视,以至于发展成为最佳投资课税论。

不过,这一模式也有不少缺点,主要有:

(1) 它是建立在完全竞争假设基础上的,而这一假设不符合现实。

(2) 它只分析了私人资本的国际流动,而没有区分是对外直接投资还是对外间接(证券)投资,而这两者在性质上是不同的。

（3）它仅是一种静态分析，而未考虑技术、价格的变化以及由此所产生的比较优势的变化。

（4）它将货币化的资本国际运动高度简化，两国模型对国际投资现实的解释能力是有限的。如现实中的世界绝非仅由两国构成，这就可能出现投资国资本流向接受投资国，而接受投资国的资本同时又流向其他国家的格局。以此类推，投资国、接受投资国两国及其他国家就可能同时出现既有资本流出又有资本流入的状况。

（5）该模型把分析的重点集中在货币化的资本一种要素上，而现实中资本与劳动、技术等其他要素往往交织在一起，而且导致资本国际移动的因素也远不止资本收益率一个。因此，在现实中，资本丰裕程度接近的国家之间也会出现资本互动。

（二）最佳对外投资课税论

有的学者认为，与其让对外投资完全自由地流动，不如实行一些限制，增加税收，更有利于投资国和接受投资国增加国民收入。接受投资国可用持有税（with holding tax，如工资所得税、利息所得税等，由支付工资或利息的单位预先扣留应纳税款，代为向国库缴纳）的形式对外国投资的利润征税；投资国也可对扣除上述税金之后的其余对外投资收益再行征税。对国内投资的收益，投资国也是可以征税的。该国的投资家们将根据国内投资和国外投资纳税后收益率的比较来决定投资方向，直到两者数量一致才会停止对外投资。

图2-2 是在图2-1 基础上发展而成的。在国际间资本自由流动时，投资国向接受投资国的投资为 $SQ$，现假定接受投资国对流入的外资课收税率为 $HG/HF$ 的税金，从而可以引出一条低于 $mn$ 线的线（图中没有表示出来），同 $MN$ 相交于 $G$，因此资本流量由 $SQ$ 减为 $FQ$。

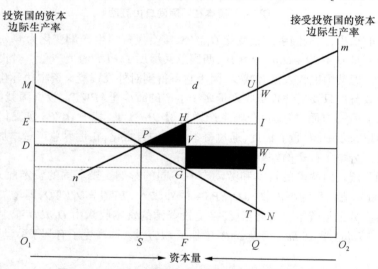

图2-2 对流入外资课税情形下的资本国际间流动

从接受投资国角度看，现在使用外国投资的总生产量为面积 $QUHF$，其中，在资本自由流动条件下应付给外国的面积为 $QWHF$，现在只支付 $QJGF$ 就可以了，所以，国民收入增加了面积 $JWVG$。可是，与资本自由流动时相比，国民总生产减少了面积 $FHPS$，其中面积 $FVPS$ 在资本自由流动时也是要支付给外国的，所以，产量只减少了面积 $VPH$。由此可见，对接受投资国来说，在 $JWVG$ 大于 $VPH$ 的条件下，实行课税限制时的国民收入大于资本自由流动时的国民收入。

换言之,JWVG 是限制了外资之后,把国际资本报酬率由 QW 降至 QJ,减轻了对 FQ 量外资应付利息以及红利负担的那一部分,VPH 是随着外资流入而减少的生产额中该国收入减少的部分,对外资限制较小,JWVG 会大于 VPH;反之,则 VPH 会超过 JWVG,造成国民收入的下降。因此,按理应有一个适中的、能使该国国民收入达到最大限度的"最佳课税率"和与之相应的"最佳资本输入量",即接受投资国对外资进行一定限制以影响国际资本的报酬率是有好处的。同理也可证明投资国通过对对外投资收益征税,给资本输出以一定程度的限制,也是有利的。

该理论虽是麦克杜格尔—肯普模式的一个引申和较好的发展,但它仍局限于一种商品的分析。若把对方的报复考虑进去,对资本流动实行某些限制是否有利,并不能立即做出判断。但是,如果有别的原因,例如国际收支发生困难需要限制对外投资,或从国内的资源、劳动的状况看,外资流入过多只会导致通货膨胀,因而需要加以限制时,最好是按照这种方式考虑最佳的限制。不管怎么说,限制对外投资和接受外资的总量仍是不得已的。同时,还应考虑对外投资和引进外资能缓和经济周期变动,起反危机的作用,并研究出与之相应的政策手段。

### 二、证券组合理论

证券组合理论是由美国学者哈里·马科维茨(Harry M. Markowitz)于 20 世纪 50 年代提出的。该理论引入了统计学上的方差(或标准差)来衡量各资产组合的风险大小,并与风险资产的预期收益率相结合,创造性地以证券投资效用最大化为原则寻找最优证券组合。

该理论的主要特点有:

(1) 将证券投资行为简化为投资者对不同预期收益和风险的证券组合的选择问题。而这一选择要遵循证券投资效用最大化原则,即在既定风险水平下取得最大预期收益率,或者在既定预期收益率水平下承受最小风险。

(2) 创造性地将统计学方法引入该理论。证券组合理论假定收益率符合正态分布,从而可以使用统计学上的期望收益率来表示证券组合的预期收益率,使用度量收益率离散程度的方差(或标准差)来表示证券组合的风险水平。

(3) 引入了证券之间相关性概念。证券组合理论认为在计算证券组合的预期收益和风险时要考虑证券与证券之间的相关程度,而不能简单地将单个证券加权平均。而这种证券之间的相关性分析也就成了合理选择证券组合、分散投资风险的重要考虑因素。

(4) 证券组合理论证明了组合投资能够分散投资风险,对于投资者来说,在风险偏好一定的前提下,理论上存在一个最优证券组合。

### 三、资本资产定价理论

资本资产定价理论(capital assets pricing model,CAPM)是由诺贝尔经济学奖获得者美国学者威廉·夏普(William F. Sharpe)提出的。该理论提出了在资本市场达到均衡时资产价格的决定机制,被视为现代金融市场价格理论的支柱。

资本资产定价理论的主要特点有:

(1) 将投资风险分为市场风险(或系统性风险)和非市场风险(或非系统性风险),允许无风险资产的存在,并且引入了无风险借入和贷出。

(2) 提出市场组合概念。资本资产定价理论认为市场组合由所有证券构成,在该组合中投资于每一种证券的比例等于该证券的相对市值。

（3）反映有效证券组合的预期收益和风险之间关系的资本市场线的斜率,等于市场组合的预期收益率和无风险利率的差除以它们风险的差。换言之,在资本市场线上任一证券组合的预期收益,均由无风险证券的预期收益和风险收益相加而成,习惯上把无风险证券的预期收益称为证券投资的"时间价格",而将风险收益称为证券投资的"风险价格"。

（4）该理论的假设条件严格,如假设证券交易市场完全竞争,没有交易成本,投资者具有相同的预期并被动接受价格等。这些严格的假设条件限制了该理论的实际应用。

### 四、其他国际间接投资理论

除了证券组合理论和资本资产定价理论外,近年来还出现了不少其他国际间接投资理论,如美国斯蒂芬·罗斯(Stephen Ross)于1976年提出的资产套利定价模型(arbitrage pricing theory,APT)、美国学者布莱克(Fischer Black)与斯科尔斯(Myron Scholes)提出的期权定价理论(Black-Scholes option pricing model)、投资行为金融理论等。

## 思考与练习

1. 国际直接投资的主要动机有哪些?试分析你观察到的现实经济生活中各种国际直接投资的具体动机。
2. 垄断优势理论的主要思想是什么?它能够解释所有国家的对外直接投资吗?
3. 内部化理论认为是什么导致了企业进行国际直接投资?你赞同这种观点吗?
4. 国际生产折衷理论认为一个企业从事对外直接投资必须同时具有哪些优势?在分析服务业对外直接投资理论时如何应用这一理论?
5. 发展中国家国际直接投资理论的主要内容是什么?
6. 国际间接投资理论主要有哪些?

## 案例分析

### 美国宝洁公司在中国的投资

宝洁公司始创于1837年,是世界上最大的日用消费品公司之一,总部设在美国辛辛那提市,全球雇员超过11万人,在全球70多个国家设有工厂及分公司,所经营的300多个品牌的产品畅销140多个国家和地区,其中包括洗发、护发、护肤用品、化妆品、婴儿护理产品、妇女卫生用品、医药、食品、饮料、织物、家居护理及个人清洁用品。在2011年美国《财富》杂志公布的年度"全球最受尊敬的公司"榜单中,宝洁位居第五名,并在日化行业中位居榜首,同时在2011年世界500强排名第80名。

宝洁公司在中国的投资进程可以分为如下四个阶段:

第一阶段,进入中国市场阶段(1987—1989年)。1987年,宝洁公司到广州肥皂厂调研,然后选择李嘉诚为合作伙伴。宝洁公司与香港和记黄埔有限公司分别以69.25%和30.75%的股权比例在香港注册P&G-Hutchison Ltd.(宝洁和记黄埔有限公司,简称"宝洁和黄")。1988

年8月,宝洁和黄与广州肥皂厂及广州经济技术开发区建设进出口贸易公司在中国广州组建成立了第一家合资企业——广州宝洁有限公司。这是宝洁公司在中国成立的第一家合资企业,真正开始进入了中国市场。

第二阶段,增资集权阶段(1990—1998年)。1990年,宝洁和黄宣布对广州宝洁增资900万美元,而广州肥皂厂没有经济实力增资,导致其所持有的股份缩减至20%。1994年,宝洁和黄又进行了两次合资,其目的既是为了扩大规模也是为了减少竞争对手。先是与广州浪奇股份有限公司合资组建广州浪奇宝洁有限公司;后与北京日化二厂合资成立北京熊猫宝洁洗涤用品有限公司。宝洁以65%的股份控股合资公司,同时宝洁公司支付给"熊猫"品牌50年的使用费1.4亿元人民币。在两次合资以后,"熊猫"和"浪奇"两个品牌的市场份额逐步萎缩,品牌价值逐步减低,而"宝洁"品牌的地位逐步上升。

第三阶段,独资化阶段(1999—2004年)。1999年,广州浪奇股份有限公司与广州浪奇宝洁有限公司签订协议,以人民币4 749万元购回浪奇宝洁全部股权,利用该厂房继续生产洗衣粉;2001年年初,宝洁和黄将广州浪奇宝洁有限公司60%的股权转让给香港高力公司,宣告宝洁和黄与广州浪奇彻底分手。同时,2000年,北京日化二厂提前终止"熊猫"的使用合同,收回使用长达6年的"熊猫"品牌,"熊猫"拿到了4 000万元的品牌使用费,重新生产洗衣粉。2004年,宝洁公司以18亿美元收购和记黄埔中国所持中国内地合资公司宝洁和黄余下的20%的股份。至此,宝洁与其在中方的最后一个合资伙伴分道扬镳,成为一家彻底的独资公司。而宝洁也在宣布独资后立即增资6亿元扩大生产规模。

第四阶段,稳步发展阶段(2005年至今)。目前,宝洁在中国的总部设立于广州,先后在北京、上海、天津、成都、东莞和南平等地设立了十几家分公司和工厂,员工总数超过7 000人,在华投资总额超过了17亿美元。

目前在中国销售的品牌有:玉兰油、海飞丝、沙宣、伊卡璐、飘柔、潘婷、舒肤佳、激爽、佳洁士、护舒宝、帮宝适、碧浪、汰渍。中国宝洁是宝洁全球业务增长速度最快的区域市场之一。目前,宝洁大中华区的销售量已位居宝洁全球区域市场中的第二位,销售额也已位居第四位。宝洁公司同时注重人才本土化,中国宝洁员工中中国籍的员工占到了98%以上。

【思考与讨论】
1. 请简要分析宝洁公司在中国投资的主要动机。
2. 请分析宝洁公司从合资到独资的原因。
3. 你认为哪种国际直接投资理论能够较好地解释宝洁公司对中国的投资?请用你选定的理论做出解释。

# 第三章 国际投资主体

【教学目的】

通过本章学习,学生将能够:
1. 了解跨国公司产生与发展的过程、概念与类型、组织形式、主要特征与作用。
2. 掌握服务业跨国公司的相关知识。
3. 熟悉跨国公司与国际技术转让的关系。

【关键术语】

跨国公司　归核化　跨国化指数　战略联盟　母公司　分公司　子公司　联络办事处　矩阵式组织结构　非股权投资　人力资本投资

【引导案例】

2016年8月,中国企业联合会公布了2016中国跨国公司100大排名。中国石油天然气集团公司、中国石油化工集团公司、中国海洋石油总公司、中国中信集团有限公司、中国移动通信集团公司、中国远洋海运集团有限公司、中国中化集团公司、中国铝业公司、中国化工集团公司、中国五矿集团公司位列2016中国跨国公司100大前10位,前三位仍由石油和石化企业包揽。

2016中国跨国公司100大海外资产总额达到70 862亿元,比上年提高25.79%,比2012年提高了1.18倍;2016中国跨国公司100大海外营业收入达到47 316亿元,比上年下降8.61%,比2012年提高52.56%;2016中国跨国公司100大海外员工总数达到1 011 817人,比上年提高34.06%,比2011年提高1.40倍;2016中国跨国公司100大入围门槛为41.48亿元,比上年提高55.53%,比2011年提高4.52倍。

资料来源:卢进勇等,《中国跨国公司发展报告2016》,对外经济贸易大学出版社2016年版。

## 第一节　跨国公司概述

### 一、跨国公司的产生与发展

跨国公司(transnational corporations,TNCs)是国际直接投资的主体,世界上绝大部分的国际直接投资都是由跨国公司进行的。仅世界100家最大的跨国公司在国际直接投资的总存量中就占到了1/3的份额。跨国公司的产生与发展主要经历了三个阶段。

(一)第一次世界大战以前的萌芽阶段

跨国公司的发展已有一百多年的历史。在统一的世界市场被逐渐开拓出来以后,为了争夺市场和获得原材料,一些西方国家的公司开始进行对外直接投资,于是产生了现代跨国公司的雏形。其中,比较著名的是美国胜家(Singer)缝纫机公司于1867年在英国建立分厂进行生产,以后陆续扩展到欧洲一些国家,占领欧洲市场。其后,德国的弗里德里克·拜耳公司、美国的爱迪生电灯公司等也纷纷走向海外市场,将其新产品和新技术在国外投资生产和应用。1876年,日本成立了第一家综合商社——三井物产公司。当时对外直接投资主要集中于铁路和采矿业,且多投资于落后地区。总的说来,第一次世界大战以前世界范围内从事跨国经营的企业数量较少,对外直接投资额也不大,跨国公司处于萌芽阶段。

**阅读专栏　　美国历史上第一家跨国公司——胜家缝纫机公司**

"分期付款"、"特许经营",这两个在商界耳熟能详的名词,都源于胜家缝纫机公司。这个曾经辉煌一时的制造业企业,遭遇了美国工业史上时间最长、规模最大的企业衰退,在零售业、石油化工业、汽车制造业、银行服务业等大型跨国公司林立的经济社会里,胜家缝纫机公司作为一家工业制造公司早已淡出人们的视野。但是,正是这样一家公司,为现代企业发展尤其是产品营销领域带来了一次又一次的创新冲击,这些创新不仅赋予胜家公司生命力,也改变了诸多公司的商业运作模式。可以说,胜家缝纫机公司在公司发展史上留下了深深的烙印,其起源和发展过程值得深入挖掘和研究。

(一) 成立起步阶段(1851—1862年)

19世纪中叶,英国正值维多利亚时代,工业革命达到顶峰,制造业领域的发明创造层出不穷、屡见不鲜。1846年,被称为缝纫机之父的伊莱亚斯·豪(Elias Howe)在英国为他发明的缝纫机申请了专利并开启了缝纫机产业,但其商业尝试却一直不成功。1851年,凭借聪明才智和商业眼光,艾萨克·梅利特·胜家(Isaac Merritt Singer)申请了一项缝纫机的专利,并在同年和律师爱德华·克拉克(Edward C. Clark)成立了一家合伙公司——胜家缝纫机公司(I. M. Singer & Company)(以下简称"胜家公司")。1853年,胜家公司在纽约设立了办公室和工厂,开始批量生产缝纫机。

胜家的No.8294专利,改进了缝纫机的动力,迎合了成衣业和皮革业的需求,使得缝纫机得到广泛应用,胜家也成为缝纫机发展史中声名最为显赫的一位。胜家缝纫机的出现,推动工业生产从手工生产飞跃到机械生产,大大提高了劳动生产率,缝纫机的需求市场迅速形成并急速扩张,为胜家公司的发展创造了有力的外部条件。两年时间里,胜家公司在美国各地销售缝纫机,成为缝纫机制造和销售领域的领军者。

这一阶段,胜家公司已经开始尝试参与国际竞争,并将产品销售拓展到美国以外的地区。1855年5月15日,法国举办了巴黎世界工农业和艺术博览会,虽然这次博览会以亏损告终,但胜家公司却通过此次博览会推广了其产品并获得第一个奖项。同年,胜家公司在法国设立了分销机构,之后陆续在英国、巴西、德国等地建立分支机构或者地区总部。1861年,其海外销售首次超过美国本土销售。

1856年,胜家公司提出了影响久远的"分期付款计划"(the hire-purchase plan),使得收入贫瘠的人可以通过这个计划拥有一台胜家缝纫机,他们借助缝纫机提高生产率赚取更多收入,从而改善他们的生活。这种方式一直沿用至今,现在人们在用信用卡支付商品货款后,通过分期付款方式延长支付时间,可以先支付部分货款即可得到产品的所有权和使用权。

(二) 快速发展阶段(1863—1913年)

1863年,胜家的合伙人克拉克建议成立一家有限责任公司来替代原来的合伙制企业,因为胜家有很多孩子,合伙制企业的风险性太大,而有限责任公司可以有效避免公司毁于胜家继承人之间的财产争夺官司,提高公司抗击风险的能力。胜家接受了这个建议,胜家公司实现第一次公司治理模式的转型,从合伙制企业转变为有限责任公司,并更名为胜家制造公司(Singer Manufacturing Company)。

1865 年,胜家公司开创了"特许经营"的分销模式,将熟练机械工和财政支持者培养成代理商,在美国以及海外设立代理机构或者专卖店。同时,胜家公司不仅给有梦想的年轻人也给社会边缘的流亡者提供同样的工作机会,让他们成为胜家公司的推销员,逐步打造出"步兵加军队"即代理商和推销员相结合的营销网络。这个营销网络的力量十分强大,将胜家缝纫机带到其他工业品不曾涉足的偏远地区,连沙漠和北极圈都能看到胜家缝纫机的足迹,而胜家公司的经销商和推销员也创造了一个又一个传奇的商业故事。强大的营销网络帮助胜家公司雄霸美国市场,更帮助其快速拓展海外市场,胜家缝纫机以各种不同寻常的方式走到了世界各个角落,营销网络的全球覆盖程度之高让人瞠目结舌,是很多现代企业都望而生畏且无法实现的。

强大的推销网络为胜家公司创造了更大的市场需求,胜家公司不得不设立更多新工厂来持续提升产量,前后共设立了 12 家工厂,其中包括 5 家美国国内工厂和 7 家海外工厂,欧洲市场很快成为胜家公司的重要销售区域。1867 年,胜家公司在英国苏格兰的格拉斯哥建立了第一家海外工厂,英国地区巨大的产品需求足以支撑起一个工厂的运转,而当地的劳动力成本较低且拥有较为完善的制铁工业,为工厂提供了廉价的劳动力和丰富的原材料。这个阶段,胜家公司海外工厂的选址主要集中在邻国和欧洲地区,在加拿大魁北克省内先后设立两个工厂,在欧洲地区以英国为核心覆盖到奥地利、普鲁士和俄罗斯。这些工厂中,有的只生产部分零部件,有的可以生产所有零部件实现一体化生产,有的还可以为其他工厂提供组装所需的零部件;有些只供应本地的需求,而有些却可以同时供应一个区域的需求,如俄罗斯工厂可以供应中东和亚洲市场的缝纫机需求。

表 3-1　胜家公司早年销售量

| 年份 | 1853 | 1859 | 1867 | 1871 | 1873 | 1876 |
| --- | --- | --- | --- | --- | --- | --- |
| 销售量(台) | 810 | 10 953 | 43 053 | 181 260 | 232 444 | 262 316 |

资料来源:http://www.machine-history.com/THE%20SEWING%20MACHINE,浏览时间:2015 年 5 月 30 日。

相关资料显示,美国的缝纫机产业在 1876 年以后迎来了蓬勃发展,在之后的 14 年里,缝纫机的年平均销量超过 50 万台,1865—1895 年这十年中缝纫机出口总额高达 6 700 万美元。[①] 1896 年以后,美国境内的缝纫机产量下降到六七十万台左右,这极有可能与缝纫机制造商大力拓展海外投资将工厂建设在销售地密切相关。胜家公司正是在这段时间大力拓展海外市场,在美国以外地区设立了诸多制造工厂以供应全球市场。1884 年,胜家公司在英国的工厂进行了大规模的扩建,从原来的格拉斯哥迁至西邓巴顿郡的克莱德班克,在一百万平方英尺的厂房里雇用了近 7 000 名员工,平均每周可以生产 13 000 台缝纫机,成为当时全世界最大的

---

① 数据来源:http://www.machine-history.com/THE%20SEWING%20MACHINE,浏览时间:2015 年 5 月 30 日。缝纫机初始专利的拥有者们在 1856 年达成了缝纫机专利组合,通过确定一个共同的许可费用来保护他们共同的利益。这个专利组合在 1876 年失效。

缝纫机制造工厂。即使是这样的产量，还是无法满足巨大的市场需求。1890年，胜家公司在世界缝纫机市场的占有率高达80%；在1903—1913年这十年中，胜家缝纫机的全球销售量从135万台增长至300万台。

（三）发展停滞阶段（1914—1949年）

在此期间，两次世界大战造成了工业发展的停滞及工厂生产的军事化范式，战争带来的社会动荡，严重影响了各国经济和商业往来的正常发展，导致缝纫机市场需求的严重萎缩。此外，军需品对铁和铝等金属需求的大幅增加，也切断了缝纫机生产的原材料来源。1914年前，胜家公司已经在全球范围铺开了销售网络和生产网络，在英国、法国、德国、意大利、加拿大、奥地利、俄罗斯和巴西等地都设立了销售公司或制造工厂，形成了美国伊丽莎白港和苏格兰克莱德班克两大生产基地，两地工厂的规模都非常庞大，生产线完备且工艺先进，可以实现胜家缝纫机的一体化生产。战争期间，这两大工厂都不得不改建来生产大炮、炮弹和手枪等军需品，只能生产极少量的缝纫机甚至全面停产，其他各地的工厂也不能幸免于难。第二次世界大战期间，胜家公司在德国的工厂还曾经为德国军队生产制服和武器，而英国克莱德班克的工厂更是遭到重创，因为生产军需品成为德军轰炸的目标，一场大火给工厂造成惨重的损失。

这个阶段的胜家公司艰难前行，在战争中求生存，在和平时期求发展。1929年，胜家公司在全世界范围内仅存9家工厂，雇用27 000名员工，通过并购实现规模扩张，并开始尝试多样化生产。1935年，处于两次世界大战间隔期，胜家公司在意大利和法国新设两家工厂，这也是此阶段仅有的两家新建海外机构。

（四）调整恢复阶段（1950—1980年）

第二次世界大战结束后，欧洲资本主义国家经济普遍衰落，美国经济一枝独秀，经济发展进入黄金时代，以计算机技术、空间技术、原子能和生物工程的发明和应用为主要标志的第三次科技革命也兴起于美国。与此同时，美国企业掀起了以混合多元化为特点的并购浪潮，形成了诸多以全球市场为目标的现代跨国公司。在并购浪潮中，胜家公司没能坚守自己的传统领域而选择了随波逐流，在20世纪60年代期间，通过多次收购进入计算机、飞行器、GPS定位、电子系统等多个领域。但是多元化经营并没有给胜家公司带来新的利润点或者新的品牌产品。

在此期间，胜家公司生产能力和销售能力都在逐渐恢复，1958年销售额达到5.07亿美元，比1957年3.59亿美元的年销售额又增长了42%；到1971年，胜家公司在全球的员工数达到12万，年销售额高达21亿美元。销售额的不断攀升，帮助胜家公司实现在伦敦证券交易所上市；1973年，胜家公司成为一家上市公司，当年的销售总额达到25亿美元。

此外，胜家公司海外工厂的区位选择也随着全球经济发展变化而发生转移。在这三十年间，胜家公司一共新设了8家工厂，其中只有2家在美国本土，而1950年在南卡罗来纳州安德森市设立的工厂并没有经营很久，1959年关闭时将相关产品生产全部转入伊丽莎白港的生产基地；在6家海外工厂中，唯一一家欧洲地区的工厂——1958年兴建的德国卡尔斯鲁厄的工厂也在1982年关闭。20世纪60年代，胜家公司关闭了美国伊丽莎白港的生产基地；1980年又关闭了英国克莱德班克的另一个生产基地。两大生产基地的撤销，印证了胜家公司的制造环节在全球范围进行了大迁移，美国本土和欧洲地区的生产优势消失殆尽，而其在亚洲和南美洲的工厂逐渐顶替了美国工厂和欧洲工厂的位置。

表 3-2　胜家工厂发展情况一览表

| 国家 | 地区 | 建成时间 | 关闭时间 |
| --- | --- | --- | --- |
| 英国 | 苏格兰,格拉斯哥 | 1867 | 1884 |
| 美国 | 印第安纳州,南本德市 | 1868 | 不详 |
| 美国 | 新泽西州,伊丽莎白港 | 1872 | 1960's |
| 美国 | 布里奇顿 | 1873 | 不详 |
| 美国 | 伊利诺伊州,开罗市 | 1881 | 不详 |
| 加拿大 | 魁北克,蒙特利尔 | 1882 | 不详 |
| 奥地利 | 维也纳 | 1882 | 不详 |
| 英国 | 西邓巴顿郡,克莱德班克 | 1884 | 1980 |
| 俄罗斯 | 波多利斯克 | 1900 | 不详 |
| 普鲁士 | 威滕伯格 | 1903 | 1991 |
| 加拿大 | 魁北克,圣约翰市 | 1904 | 1960's |
| 美国 | 康涅狄格州,布里奇波特 | 1907 | 不详 |
| 意大利 | 蒙扎 | 1935 | 1968 |
| 法国 | 博尼耶尔 | 1935 | 1968 |
| 美国 | 南卡罗来纳州,安德森市 | 1950 | 1959 |
| 日本 | 宇都宫 | 1954 | 不详 |
| 巴西 | 坎皮纳斯 | 1955 | 不详 |
| 德国 | 卡尔斯鲁厄 | 1958 | 1982 |
| 土耳其 | 伊斯坦布尔 | 1959 | 不详 |
| 澳大利亚 | 新南威尔士,彭里斯 | 1959 | 不详 |
| 巴西 | 因达亚图巴 | 1968 | 不详 |
| 美国 | 康涅狄格州,斯坦福德城 | 1979 | 不详 |

资料来源:www.singermachines.co.uk,www.singer.sh.cn 以及 www.singersewinginfo.co.uk 等网站,浏览时间:2015 年 5 月 25 日。表格内容根据网络信息进行整理,其中有部分信息不够完备,部分工厂关闭时间不详。

(五)归核化发展阶段(1981 年至今)

和很多跨国公司一样,胜家公司在发展过程中也经历了先多元化后回归传统行业的波折。进入 20 世纪以后,胜家公司面临来自日本缝纫机厂商低端产品的激烈竞争,于是从 1929 年开始涉及缝纫机以外的其他行业,60 年代收购了电动及电子测试设备和办公机器领域的几家公司,以期实现多元化经营,但由于经营方向偏离了传统优势行业,胜家公司的经营状况并不是很理想。最终,胜家公司在 80 年代经历了拆分重组、债务危机、破产保护、资本重组等一系列转折点后,还是回归到核心业务缝纫机制造上来。

在 20 世纪 70 年代末,胜家公司进入了自 1900 年以来的又一个研发高潮,1975 年推出全世界第一台电子缝纫机,1978 年又推出全世界第一台电脑控制的缝纫机,随后利用微处理器技术实现缝纫机功能的多样化、个性化和易操作化。胜家公司不断推出特种缝纫机,满足和推动了服饰设计和缝纫的发展需要,实现产品线不断延伸,既有满足专业人士进行艺术设计所需的专业缝纫机,也有满足拼布爱好者所需的家用缝纫机。

20世纪末21世纪初,随着经济的快速发展,中国成为世界的制造工厂;1994年胜家公司在中国上海成立了上海胜家缝纫机有限公司;2004年又在上海建立了研发中心。2006年,胜家公司被美国投资公司 Affiliates of Kohlberg & Company, LLC 收购,与另一家缝纫机行业顶尖公司 VSM Group Holding AB 合并重组,合并后的公司被命名为 SVP Holdings,SVP 是两家公司三个知名缝纫机品牌的缩写。这次并购是行业内的强强联合,SVP 集团将胜家的生产集中在巴西和中国,继续依托胜家公司的营销网络向全球提供高品质的缝纫机产品和客户服务。

资料来源:卢进勇等著,《中外跨国公司发展史》,对外经济贸易大学出版社2016年版。

### (二) 两次世界大战之间的逐渐发展阶段

在这个阶段,对外直接投资有了相当的增长,比一战前增加了两倍,制造业吸引了更多的国际直接投资,制造业的跨国公司发展迅速,越来越多的西方国家的大公司开始在海外建立子公司。据统计,在这个阶段共有1 441家西方国家的公司进行了对外直接投资。在这一时期,美国跨国公司的发展较快,美国在国外直接投资的比重逐渐超过英国而居世界首位。然而,由于战争、经济危机和国家管制,跨国公司虽然有了一定的发展,但整体速度仍然较慢。

### (三) 第二次世界大战以后至今的迅猛发展阶段

第二次世界大战以来,科学技术取得了突飞猛进的发展,世界经济一体化程度不断提高,经济全球化趋势加强,这使得对外直接投资在深度和广度上迅速发展,跨国公司的数量和规模大大增加,对外直接投资的作用和影响已经超过对外间接投资。根据联合国原跨国公司中心的资料,发达国家跨国公司在1968年母公司有727家,子公司有27 300家;到1980年增加到母公司10 727家,子公司98 000家。

自20世纪90年代以来,随着世界经济加速走向市场化、自由化和网络化,跨国公司的全球影响越来越大,作为国际直接投资主要载体的跨国公司是连接发达国家的资金、技术和管理经验与发展中国家的资源、廉价劳动力和广阔市场的一条不可替代的紧密纽带,在世界经济的发展中起着举足轻重的作用。

根据《世界投资报告》的统计,全球跨国公司的数量约为8.2万家,拥有约80万家的国外分支机构。2010年,跨国公司的全球生产带来的增值金额约为16万亿美元,约占全球GDP的1/4。跨国公司外国子公司的产值占全球GDP的10%以上和世界出口总额的1/3。当然,跨国公司所实现的规模如此巨大的国际化生产和经营在全球8.2万家企业中的分布也是不均衡的,2010年全球最大100家跨国公司(约占总数的0.12%以下)的海外销售额、海外资产和海外雇员数分别占所有跨国公司总数的15%、21%和22.7%。2015年全球跨国公司分支机构实现销售额36.67万亿美元,资产总额达到105.78亿美元,雇员总数达到7 950.5万人。

跨国公司规模巨大,仅美国通用汽车公司的年销售额就相当于一个欧洲中等发达国家的GNP。第二次世界大战后,跨国公司的迅猛发展大大推动了资本国际化和生产国际化的进程,促进了各种生产要素在国家间的移动与重新合理组合配制。跨国公司是推动经济全球化和一体化的主要力量之一。

## 二、当前跨国公司发展的新特点和新动向

在经济全球化以及技术变革不断加快的大背景下,全球跨国公司的发展呈现出了一些新的特点与趋势。

1. 跨国公司的发展战略重新出现了回归高度专业化的趋势,即归核化

传统的跨国公司理论认为,多元化经营是跨国公司一种重要的扩张战略,大型的跨国公司都是多种产品、多种技术和多种市场的。20世纪80年代是欧美跨国公司多元化经营的鼎盛时期。而近年来,许多跨国公司纷纷从多元化经营回归专业化经营,集中发展自己的核心产业。所谓归核化(refocusing),其要点是跨国公司把自己的业务集中在最具竞争优势的行业上;把经营重点放在核心行业价值链上自己优势最大的环节上;强调核心竞争力(core competence)的培育、维护和发展;对非核心业务实施战略性外包(outsourcing)。实施归核化战略的主要措施有:出售和撤销、收购及剥离、分拆和战略性外包。美国的通用电气公司和芬兰的诺基亚公司是实行归核化战略获得成功的典型例子。

2. 投资方式多样化,跨国并购成为跨国公司对外投资的主要手段

经济全球化打破了原有的不同国家、不同市场之间的界限,使得跨国公司的经营进入全球性经营战略时代,由此导致的新趋势是跨国公司必须以全球市场为目标争取行业领先地位,在本行业的关键因素上追求全球规模,追求实现全球范围内的最低成本生产和最高价格销售,追求提高全球市场占有率和取得全球利润,以同业跨国战略兼并和强强联合作为追求全球规模经济的主要手段。由于跨国并购方式具有迅速打进国外市场、扩大产品种类、充分利用现有营销渠道、获得目标公司的市场份额等优点,跨国公司在对外直接投资中倾向于更多地采用并购的方式。伴随着大规模跨国并购活动的进行,跨国公司也更加重视股市融资,重视提高本企业的市场资本价值。

3. 跨国公司的当地化战略成为重要的趋势

"当地化"战略的实质是跨国公司将从产品制造、产品品牌、人力资源到营销方式、资本运作、研究与开发、公司风格和经营管理等各个环节全方位融入东道国经济的过程。这种"入乡随俗"的经营方式有助于跨国公司树立良好的公司形象,减少东道国国内对外来资本的抵触情绪,灵活应对市场变化,更好地满足消费者需求,同时还能够降低综合生产成本从而增强盈利性。进入20世纪90年代以来,随着经济全球化和国际竞争的白热化,为了维持并扩大其在东道国的市场份额,这种强调企业生产经营活动与东道国社会经济环境的融合的战略也为越来越多的跨国公司所推崇。

以摩托罗拉公司在中国市场的运营为例。该公司于20世纪80年代进入中国市场以来,一直坚持向中国转让世界领先的技术并且积极推动技术研究与开发的当地化,开发研制符合中国人消费需求的各种产品;同时,在中国国内建立了一支稳定的供应商队伍,不断推进零配件当地化进程,其产品的国产化率在2007年就已达到68%;人才当地化是摩托罗拉在中国"本土化"战略的中心环节,而实现人才当地化的关键是通过完备而有效的培训体制开发当地人才;摩托罗拉中国电子有限公司提出了"管理当地化"的明确目标,为了实现该目标,公司投入巨资设计建立了一个特殊的"中国强化管理培训计划",为摩托罗拉培养了大批当地化的中层管理骨干。可以说,正是由于"当地化"战略的有效实行,才有了摩托罗拉在中国市场上的巨大成功。

4. 跨国公司的跨国化程度不断提高

跨国化程度由跨国公司在国外的资产值与其总资产值之比、国外销售额与总销售额之比以及国外雇员数与总雇员数之比这三个比例的算术平均值来衡量。进入20世纪90年代以后,跨国公司进一步向全球性公司发展。所谓"全球性",是指跨国公司不再拘泥于其母国身份,而是从全球着眼,将生产区位和市场化分为若干区域并设立地区总部,下设多个子公司,在

全世界范围内进行资源的优化配置。根据联合国《世界投资报告2016》的数据,2015年全球最大的100家跨国公司,其平均"跨国化指数"已经达到61.67%。而100家最大的发展中国家跨国公司,由于其起步时间晚,建立时间短,跨国程度低于世界平均水平,但2014年其平均"跨国化指数"仍达到了38.3%。跨国化程度的不断提高使得跨国公司的领导层日益国际化。

**5. 战略联盟成为跨国公司的重要发展模式**

所谓战略联盟,是指两个或两个以上的跨国公司在共同投入、互补优势资源的基础上,在某些方面(如研发、生产、开拓市场等方面)形成协力运作的战略合作伙伴关系。目前跨国公司战略联盟主要有三种形态:一是合作式联盟,这是两个以上的跨国公司出于对整个国际市场的预期目标和公司自身总体经营目标的要求,采取一种长期性合作与联盟的跨国投资方式;二是互补式联盟,通常是将各自优势方面结合起来,既充分发挥各自的优势,又与联盟伙伴密切配合,以便共同对付其他竞争对手;三是项目式联盟,这种联盟通常是跨国公司为获取高附加值及高科技领域发展而采取单个项目或多个项目合作的形式,以便分摊巨额的项目研究开发费用,并从中分享战略利益。

20世纪80年代中期以后,随着新技术革命步伐的加快和国际市场竞争的加剧,世界各国尤其是西方发达国家的跨国公司越来越多地采用缔结战略联盟的方式来保持和扩大自身的生存空间。这种现象在高科技领域尤为突出,在跨国公司战略联盟中研究与开发型占了80%。自80年代以来,大约60%的跨国公司已经建立了战略联盟。如摩托罗拉公司、索尼公司、三菱公司和加拿大贝尔公司签订联合协议,共同开发新一代芯片;美国波音公司和欧盟空中客车公司共同投资40亿美元联合开发研制新型科技项目等。

目前,跨国公司战略联盟涉及的领域十分广泛,主要集中于国际竞争异常激烈的半导体、信息技术、电子、生物工程、汽车制造、仪器、食品饮料、航运和银行等资本技术密集型行业,并且其战略合作领域覆盖从科研开发到生产、销售、服务的全过程。跨国公司战略联盟所形成的新寡头垄断,正在改变着世界产业格局,并在世界范围内将各国资源进行重新配置。

**6. 跨国公司的直接投资加速向第三产业和高附加值的技术密集型行业倾斜**

全球对现代化服务需求增长很快,服务业能在生产、就业、贸易和消费等方面产生良性效应,在整个国民经济中发挥着积极作用,同时第三产业由于其投资普及面广、影响范围大,比制造业更有利于获得高的投资收益。许多发展中国家也调整利用外资的政策,扩大市场准入,鼓励跨国公司进入商业、金融、保险、房地产等行业,加之90年代以来信息技术突飞猛进,互联网络迅速延伸和扩展,服务活动的贸易性不断提高,这都在一定程度上增加了跨国公司在发展中国家服务业的投资比重,促进了对外直接投资向第三产业和技术密集型行业倾斜。近年来,制造业跨国公司服务化已成趋势。

**7. 互联网等现代技术的出现,促使跨国公司开始采用新型的管理体制和组织结构**

技术、经济和文化等方面的巨大变化以及跨国公司在全球的迅猛发展,使得传统的金字塔形的管理体制无力应付许多新问题,例如多层次等级结构和各自为政的管理体系导致无法有效利用重要而密集的信息资源,层级过多、半径过长所引起的机械僵化和效率低下等问题还可能使企业被市场无情地淘汰。90年代以来,基于互联网和现代信息技术的新型管理体制与组织结构在许多大公司中开始得到应用,新型管理体制以扁平化、分权化和管理总部小型化为特征,可称之为"网络化"。"网络化"具体包括两个方面:

首先,跨国公司管理结构向扁平化和多元化发展。跨国公司的母公司或总部逐渐由传统的决策中心转化为支持性机构,专门负责整个企业系统的目标设定和战略规划及企业产权变动等重大决策,而子公司的具体生产经营决策,对市场变化的应对措施等都放权给子公司自身独立负责,子公司的独立性和自主性因此得到较大发展。跨国公司母公司或总部和子公司之间的关系由"命令—执行"式转化为"协商—交易"式。

其次,跨国公司组织结构的内部市场化。许多跨国公司开始注重建立企业内部市场化机制,以强化下级组织的企业家意识。随着子公司与母公司之间的"命令—执行"关系被讨价还价关系和激励刺激关系取代,子公司之间也出现了竞争关系,这就使得跨国公司系统内部的关系具有市场关系的色彩。

"网络化"的管理体制与组织结构允许人力资源、信息等在跨国公司母公司及其设在全球的子公司网络内跨国界、跨行业自由流动,它强调信息的开发与共享,使同量的信息为更多的子公司所共有,大大减少了子公司独立开发信息的成本。跨国公司对互联网的发展采取了积极的欢迎态度,并且纷纷"触电上网",制定并实施本企业的网络发展战略。

8. 跨国公司是当代国际技术转让的主体

跨国公司进行的技术转让,客观上推动了先进技术在全球范围内的扩散,不仅有利于世界总体科技水平的提高,也在一定范围内推动了各国的经济发展。跨国公司在技术创新活动和技术成果方面的垄断地位决定了它在国际技术转让中占据着十分重要的地位,跨国公司是当代国际技术开发和技术转让的主体与主要组织形式。跨国公司在国际技术转让中的作用,主要表现在其通过对外直接投资而进行的技术转让之中。对于技术水平较低的发展中国家而言,通过引进外资,执行"以市场换技术"的策略,利用跨国公司的"技术外溢"(spillover)效应,能够提高本国的技术水平,缩短与发达国家的技术差距。在当前的国际技术贸易中,发达国家的大型跨国公司垄断了大部分份额,西方发达国家 500 家最大的跨国公司集中控制了世界 90% 左右的生产技术和 75% 左右的技术贸易。美、日、欧之间的技术贸易额占全球的 80%,跨国公司在国际技术转让中获得了相当可观的技术收入。

9. 跨国公司的研究与开发更趋国际化

跨国公司一改以往以母国为技术研究和开发中心的传统布局,根据不同东道国在人才、科技实力以及科研基础设施上的比较优势,在全球范围内有组织地安排科研机构,以从事新技术、新产品的研究与开发工作,从而促使跨国公司的研究与开发活动朝着国际化、全球化方向发展。研究与开发的国际化从另一个角度看也就是研究与开发在东道国的当地化。目前的研发对外直接投资主要集中在欧、美、日等发达国家的跨国公司。日本丰田汽车制造公司在日本、英国、美国、德国等地建立了跨国联网的研究与开发体系,在每一次新产品研制时,由美国负责车型设计、德国负责内部设计、英国负责传动系统设计,而丰田公司总部除了进行诸如动力装置的设计外,还负责协调各研究与开发部门的关系。爱立信公司的 40 个研究中心分布在 20 个国家,其拥有的 1.7 万名工程师通过网络联为一体。技术创新网络的建立大大提高了跨国公司创新资源的利用效率。

10. 跨国公司越来越重视履行企业社会责任

近二十多年来,企业社会责任受到了越来越广泛的关注。当前全球尚未出现一个统一的企业社会责任标准,比较有影响的标准包括 2000 年发布的《联合国全球契约》、最早于 1977 年发布的《国际劳工组织公约》以及经济合作与发展组织(以下简称"经合组织")最早于 1976 年发布的《跨国公司指南》。以《联合国全球契约》为例,企业社会责任包含了人权、劳工标准、环保、反腐败等领域的十大准则。尽管目前还没有一个统一的企业社会责任标准,但越来越多的跨国公司已经注意到该问题。据《世界投资报告》估计,来自发达经济体和发展中经济体的近

90%的大型跨国公司都提出过企业社会责任相关的理念和原则,跨国公司发布的履行企业社会责任报告数量也快速增多。不仅如此,不少大型跨国公司还将履行企业社会责任要求通过供应链传递给供应商,从而带来更大的影响。以占据全球 1/3 运动服装市场的耐克公司为例,据联合国贸发会议估计,其供应商行为准则影响到了分布在 45 个国家的 700 多座工厂,涉及约 80 万供应商员工。可以说,履行企业社会责任已经成为跨国公司运营和发展的必不可少的基础和条件。

### 三、跨国公司的概念与类型

(一)跨国公司的概念

国际上对跨国公司有许多叫法,如全球公司、国际公司、多国公司、宇宙公司等,各种机构和学者根据不同的标准对跨国公司下了各种各样的定义。现将给跨国公司下定义的三种主要标准简单介绍如下:

1. 结构标准

在结构标准体系下,跨国公司应该满足下面几个条件中的至少一个:
(1) 在两个以上的国家经营业务;
(2) 公司的所有权为两个以上国籍的人所拥有;
(3) 公司的高级经理人员来自两个以上的国家;
(4) 公司的组织形式以全球性地区和全球性产品为基础。

2. 业绩标准

业绩标准是指跨国公司在国外的生产值、销售额、利润额、资产额或雇员人数必须要达到某一个百分比以上。百分比具体应为多少目前并无统一的认识,实践中采用 25% 作为衡量标准的情况较多。

3. 行为标准

行为标准是指跨国公司应该具有全球战略目标和动机,以全球范围内的整体利益最大化为原则,用一视同仁的态度对待世界各地的商业机会和分支机构。

综合各种观点,可以认为,跨国公司是指这样一种企业,它在两个或两个以上的国家从事经营活动,有一个统一的中央决策体系和全球战略目标,其遍布全球的各个实体分享资源和信息并分担相应的责任。

(二)跨国公司的类型

从不同的角度,跨国公司可以被划分成不同的类型:

(1) 按法律形式划分,跨国公司可以分为母分公司型和母子公司型。母分公司型的组织模式适用于银行与保险等金融企业的跨国经营;母子公司型的组织模式则比较适合于工业企业。

(2) 按经营项目的重点划分,跨国公司可以分为资源开发型、加工制造型和服务型。资源开发型的跨国公司主要以采矿业、石油开发业和种植业为主;加工制造型跨国公司主要从事最终产品和中间产品的制造,如金属制品、钢材、机械、运输设备和电信设备等;服务型跨国公司是指从事非物质产品生产,在贸易、金融、运输、通信、旅游、房地产、保险、广告、管理咨询、会计法律服务、信息等行业和领域内从事经营活动,提供各种服务的跨国公司。

（3）按决策机构的策略取向划分，跨国公司可以分为民族中心型、民族多元型、全球战略型。民族中心型跨国公司的所有决策主要考虑母公司的权益；民族多元型跨国公司的决策以众多子公司的权益为主；全球战略型跨国公司的决策以公司的全球利益为主，这种类型的决策较为合理，目前为大多数跨国公司所采用。

（4）按公司内部的经营结构划分，跨国公司分为横向型、垂直型和混合型。横向型多数是产品单一的专业性跨国公司，在该类型公司内部没有多少专业分工，母子公司基本上都制造同类型的产品或经营同类型的业务；垂直型是指公司内部母公司和子公司之间以及子公司相互之间分别制造同一产品的不同零部件，或从事不同工序的生产，通过公司内部产品转移，将整个生产过程相互衔接起来的跨国公司；混合型一般是指经营产品多样化的跨国公司，根据各产品的生产特点，母公司与子公司、子公司与子公司之间有的是垂直型分工，有的是横向型分工。

（5）按跨国公司生产经营的空间分布范围划分，可以分为区域型和全球型。区域型跨国公司的活动范围主要局限在特定区域；而全球型跨国公司则是以整个世界市场作为其生产经营活动的空间。

### 四、跨国公司的组织形式

跨国公司的组织形式有两层含义：一是法律结构，即法律组织形式，主要涉及母公司与国外各分支机构的法律和所有权关系、分支机构在国外的法律地位、财务税收的管理等方面；二是组织结构，即行政或管理组织形式，主要职能是如何提高企业的经营管理效率，优化企业资源的配置，以求取得最佳的经济效益。下面分别简要介绍跨国公司的法律组织形式和管理组织形式。

（一）法律组织形式

跨国公司的法律组织形式有母公司、分公司、子公司以及联络办事处。

1. 母公司

母公司（parent company）又称总公司，通常是指掌握其他公司的股份，从而实际上控制其他公司业务活动并使它们成为自己的附属公司的公司。从上面的定义来看，母公司实际上是一种控股公司。但严格来讲，母公司并不等同于只掌握股权而不从事业务经营的纯控股公司，许多实力雄厚的母公司本身也经营业务，是独立的法人，有自己的管理体系，因而应属于混合控股公司（控股兼营业公司）。母公司通过制定大的方针、政策、战略等对其世界各地的分支机构进行管理。

2. 分公司

分公司（branch）是母公司的一个分支机构或附属机构，在法律上和经济上没有独立性，不是法人。分公司没有自己独立的公司名称和公司章程，只能使用母公司的名称和章程；它的全部资产都属于母公司，没有自己独立的财产权，所以母公司对分公司的债务承担无限责任；分公司的业务活动由母公司主宰，它只是以母公司的名义并根据它的委托开展业务。分公司一般包括生产型与销售型两种类型。

设立分公司的有利之处在于：

（1）设立手续比较简单。只需缴纳少量登记费就可以取得所在国的营业执照。

（2）可享受税收优惠。由于分公司不是独立核算的法人，与母公司同属一个法律实体，分公司在国外的纳税一般少于子公司。另外,许多国家税法规定,如果国外分公司发生亏损,其亏损额可在母公司税前利润中扣除,而且外国分公司汇出的利润一般不作为红利而缴纳利润汇出税。

(3) 便于管理。母公司通过控制分公司的管理人员而全面直接地领导和控制分公司的经营活动。

(4) 在某些方面受东道国管制较少。东道国对分公司在该国以外的财产没有法律上的管辖权,因此,分公司在东道国之外转移财产比较方便。

设立分公司的不利之处有:

(1) 对于母公司的不利影响。分公司在登记注册时须披露母公司的全部业务活动和财务收支状况,给母公司的业务保密带来损害。而且,母公司要对分公司的债务承担无限责任。分公司在终止或撤离时只能出售其资产,而不能出售其股份,也不能与其他公司合并,这对母公司来说也是不利的。

(2) 对分公司的不利影响。分公司在业务上总是受到母公司的支配,难以发挥创造性。分公司在东道国被当成"外国公司"看待,没有东道国股东,因此在当地开展业务有一定困难。

(3) 对母国的不利影响。设立国外分公司常会引起母国税收的减少,所以母国对分公司的法律保护也较少。

3. 子公司

子公司(subsidiary)是指按当地法律登记注册成立,由母公司控制但在法律上是一个独立的法律实体的企业机构。子公司自身就是一个完整的公司。其独立性及法人资格主要表现在以下几个方面:子公司有自己独立的公司名称、章程和行政管理机构;子公司有能独立支配的财产,有自己的财务报表,独立核算,自负盈亏;子公司可以以自己的名义开展业务,进行各种民事法律活动,包括起诉和应诉。

设立子公司的有利之处在于:

(1) 有利于开展业务。因为子公司在东道国是以一个"本国"公司的身份开展业务,所以受到的限制比较少,比分公司更能开拓当地市场。

(2) 融资比较便利。子公司可以独立地在东道国银行贷款,可以在当地的证券市场上融资,其偿债责任只限于子公司的资产。

(3) 有利于进行创造性的经营管理。由于有较大的自主权,子公司在经营管理上可以发挥其创造性。

(4) 有利于收回投资。子公司在东道国终止营业时,可灵活选择采用出售其股份、与其他公司合并或变卖其资产的方式回收投资。

(5) 有利于进行国际避税。如果在国际避税地设立避税地子公司则有利于母公司开展避税活动。

设立子公司的不利之处在于:

(1) 手续比较复杂。因为子公司在东道国是一个独立法人,所以设立手续比较复杂,费用较高。

(2) 行政管理费用较高。在国外设立子公司必须建立起东道国公司法所规定的行政管理机构,还必须对东道国大量的法律法规进行研究,这增加了子公司的行政管理费用。

(3) 经营管理方面存在一定困难。子公司需要公开自己的财务状况,这必然会增加子公司的竞争压力。对于与当地合资的子公司,其在东道国的经营活动常会受到当地股东的制约,因为发达国家的公司法比较注重保护少数股东的利益,而发展中国家的法律有时会硬性规定当地股权的最低比例以及当地董事的最低人数。

**4. 联络办事处**

联络办事处(liaison office)是母公司在海外建立企业的初级形式,是为进一步打开海外市场而设立的一个非法律实体性的机构,它不构成企业。联络办事处一般只从事一些收集信息、联络客户、推销产品之类的工作,开展这些活动并不意味着联络办事处在东道国正式"开展业务"。联络办事处不能在东道国从事投资生产、接受贷款、谈判签约及履约之类的业务。同分公司相同的是,联络办事处不是独立的法人,登记注册手续简单;同分公司不同的是,它不能直接在东道国开展业务,不必向所在国政府缴纳所得税。

分公司、子公司和联络办事处作为母公司在国外直接投资的组织形式各有其特点,也各有利弊。投资者应当把它们的长处和短处同自己在东道国所要开展的业务活动的性质、所要达到的目标、本企业的经营管理能力与特色以及东道国的投资环境和税收政策等方面结合起来考虑,选择对推动本企业海外业务发展较为有利的对外直接投资形式。

(二) 管理组织形式

跨国公司规模大,经营地区广,分支机构众多,产品多种多样,业务内容丰富,这就要求跨国公司建立一套高效率的管理组织形式,以提高行政效率,充分利用公司资源,取得全球范围内的利益最大化。

跨国公司通常采用的管理组织形式有国际业务部、全球性产品结构、全球性地区结构、全球性职能结构、全球性混合结构和矩阵式组织结构。下面分别加以简要介绍。

**1. 国际业务部**

随着产品出口、技术转让、国际投资等国际业务的扩大,跨国公司开始设立专门的国际业务部(international division)。国际业务部拥有全面的专有权,负责公司在母国以外的一切业务。有些跨国公司设立的国际总部或世界贸易公司也是属于国际业务部性质的。国际业务部作为隶属于母公司的独资子公司,其总裁一般由母公司的副总裁兼任。

设立国际业务部的优点是:加强对国际业务的管理;树立体现全球战略意图的国际市场的意识,并提高职员的国际业务水平。它的缺点主要是人为地将国内业务和国际业务割裂开来,造成两个部门在内销外销、技术支持等方面的对立,不利于公司有限资源的优化配置;在国际业务部发展到一定阶段时其他部门难以与之匹配,影响经营效率。

**2. 全球性产品结构**

全球性产品结构(global product structure)是指跨国公司在全球范围内设立各种产品部,全权负责其产品的全球性计划、管理和控制。

全球性产品结构的优点是:在强调产品制造和市场销售的全球性规划的前提下加强了产品在技术、生产和信息等方面的统一管理,最大限度地减少了国内和国外业务的差别。它的缺点在于:容易向"分权化"倾斜,各产品部自成体系,不利于公司对全局性问题的集中统一管理;削弱了地区性功能,并易造成机构设置重叠,资源浪费。

**3. 全球性地区结构**

全球性地区结构(global regional structure)是指跨国公司以地区为单位,设立地区分部从事经营,每个地区都对公司总裁负责。这种结构又可分为两类:地区—职能式和地区—产品式。

全球性地区结构的优点是：由于强化了各地区分部作为地区营利中心和独立实体的地位，有利于制定出地区针对性强的产品营销策略，适应不同市场的要求，发挥各地区分支机构的积极性、创造性。它的缺点在于容易形成"区位主义"观念，重视地区业绩而忽视公司的全球战略目标和总体利益；忽视产品多样化和难以开展跨地区的新产品的研究与开发。

4. 全球性职能结构

全球性职能结构（global functional structure）是指跨国公司的一切业务活动都围绕着公司的生产、销售、研究与开发、财务等主要职能展开，设立职能部门，各个部门都负责该项职能的全球性业务，分管职能部门的副总裁向总裁负责。例如，财务部门对财务收支、税收安排、报表编制负有全球性的责任。

全球性职能结构的优点是：通过专业化的分工明确了职责，提高了效率；易于实行严格的规章制度；有利于统一成本核算和利润考核。它的主要缺点是难以开展多种经营和实现产品多样化，并给地区间协作造成很大困难。

5. 全球性混合结构

全球性混合结构（global mixed structure）是根据扬长避短的原则，在兼顾不同职能部门、不同地理区域以及不同产品类别之间的相互依存关系的基础上，将以上两种或三种组织结构结合起来设置分部而形成的组织结构。当跨国公司经营规模不断扩大、建立了众多产品线、经营多种业务时，或公司是由两家组织结构不同的公司合并后形成的时，通常采用混合式组织结构。

全球性混合结构的优点是：有利于企业根据特殊需要和业务重点，选择或采用不同的组织结构，且灵活性强。其缺点是：组织机构不规范，容易造成管理上的脱节和冲突，且所设各部门之间业务差异大，不利于合作与协调。

6. 矩阵式组织结构

近年来随着跨国公司的规模越来越大，一些跨国公司在明确责权关系的前提下，对公司业务实行交叉管理和控制，即将职能主线和产品/地区主线结合起来，纵横交错，构成矩阵形，故称矩阵式结构（matrix structure）。这意味着地区管理和产品管理同时并存，一个基层经理可能同时接受产品副总裁和地区副总裁的领导。

矩阵式组织结构的优点是各部门各层次密切合作，将各种因素综合起来，增强了公司的整体实力；增强了各子公司的应变能力，可以应付复杂多变的国际业务环境，同时又保持了母公司职能部门对各子公司的有效控制。它的缺点是冲破了传统的统一管理的原则，管理层之间容易发生冲突；而且组织结构较复杂，各层次的利益关系不易协调。

以上提到的五种管理组织结构各有其特点和利弊。跨国公司在决定其管理组织结构时应充分考虑到自身的情况，如规模、经营的产品、地区等，选择适合自己公司的组织结构。国际业务部往往是一家公司从单纯出口走向国际经营的中间步骤，有利于收集信息、探索经验、培养人才，为进一步全球性经营打下基础。对于产品品种已经实现多样化、系列化，产品类别之间生产技术差异明显，自成体系的企业，采用全球性产品结构比较合适。相反，如果产品品种并不很多，产品的规格、质量、包装、生产技术比较统一，同时销售市场分布广泛（如饮料、石油、医药等行业），那么跨国公司则应选择全球性地区结构。全球性职能结构则主要适用于产品系列比较简单，市场经营环境比较稳定的跨国公司。当跨国公司的规模已十分庞大，产品种类繁多，业务内容丰富，经营地区广泛时，矩阵式组织结构就成为一种理想的选择。

### 五、跨国公司的特征

世界上的跨国公司多种多样,有从事制造业的跨国公司,也有从事服务业的跨国公司;有规模巨大的跨国公司,也有数以万计的中小型跨国公司;有发达国家的跨国公司,也有发展中国家的跨国公司。但无论什么类型的跨国公司,与国内企业相比,由于赖以存在的条件和环境等方面的差异,它们一般都具有以下几个特征:

(一) 国际化经营战略

跨国公司不同于国内企业,首先就是其战略的全球性。虽然跨国公司开始时都是在母国立足,将其作为向国外扩张的基础,但跨国公司的最终目标市场绝不限于母国市场。跨国公司的战略是以整个世界为目标市场的。跨国公司为了获取资源、占领市场、保持垄断优势等种种原因,在世界各地投资设立分支机构,进行国际化的经营。国内外投资与经营环境的差异会给企业的生产经营活动带来不同的影响和风险,企业要运用自己所拥有的各种资源,主动地应对各种环境变化,以实现企业跨国经营的目标。实际上,国际化经营就是企业与国际环境相互作用的过程。国际化经营是跨国公司的最主要特征,如果没有国际化经营,尤其是如果没有作为国际化经营第二层次的国际直接投资,跨国公司也就名不符实了。

(二) 在全球战略指导下的集中管理

跨国公司虽然分支机构众多,遍布全球,但诸如价格制定、生产计划、投资计划、研究与开发计划和利润分配等重大决策均由母(总)公司制定,各分支机构执行。而指导总公司做出决策的是跨国公司的全球战略,即将所有的分公司、子公司视为一个整体,以全球的观点而不是地区观点来考虑问题。因此,跨国公司在全球范围内整体长远利益的最大化是其制定政策的出发点和归宿。一切业务经营主要根据整个公司在全球范围内获得最大利益、市场情况和总的发展做出决策,所考虑的不是一时一地的得失,而是整个公司在全球的最大利益。跨国公司将自己视为一个全球公司,而不再是某个国家的公司。这种高度集中的一体化管理,保证了生产经营网点的合理分布以及资源的合理配置,避免了重复生产和销售中的自相竞争,减少了资源浪费。

(三) 明显的内部化优势

跨国公司在多个国家设有分支机构,在宏观管理上又采用集中领导,因此各个分支机构之间、母公司与分支机构之间关系密切,相互协作,互相配合。这突出地体现在制定内部划拨价格、优先转让先进技术和信息资源共享上,这些做法使得跨国公司具有国内企业所不具备的独特的竞争优势。这也部分地解释了为什么一国企业达到一定规模后就要向外扩张,向跨国公司方向发展。交易成本和市场失效的存在,促使跨国公司将交易内部化,即建立内部市场来取代外部市场。实际上,也只有通过这种内部交易,跨国公司才能作为一个国际化生产体系而正常运转。跨国公司内部交易在国际贸易中占有相当大的比重。

(四) 以直接投资为基础的经营手段

以对外直接投资为基础开展生产经营活动是跨国公司与传统国内企业相区别的最根本特征。一般来说,跨国公司向国外市场渗透可以有三种方式,即商品输出、无形资产转让(如技术贸易、合同制造等)和对外直接投资。随着竞争的加剧,向外输出商品为主的做法已满足不了世界市场的需要,跨国公司已越来越多地利用对外直接投资代替传统的商品输出。与出口相比,海外直接生产更符合跨国公司全球战略的需要和最大限度地扩大盈利的目的。当然,跨国公司以对外直接投资为其经营发展的基础,并不意味着对外直接投资是跨国公司唯一的经营活动方式,进出口贸易、技术转让、间接投资等也都是跨国公司经营活动的内容。

### 六、跨国公司的作用

跨国公司作为当今世界经济的一个重要力量,对国别经济和全球经济的发展发挥了巨大作用,这些作用以积极的方面为主。当然,在一些国家的一些方面,有时跨国公司也产生了一些消极作用。下面主要分析跨国公司的积极作用。

(一)跨国公司是世界经济增长的引擎

以对外直接投资为基本经营手段的跨国公司已发展成为世界经济增长的引擎;跨国公司通过对研究与开发的巨大投入推动了现代科技的迅猛发展;跨国公司的内部化市场促进了全球市场的扩展,跨国公司在传统的外部市场之外,又创造出了跨越国界的地区或全球联网的新市场——内部化市场;跨国公司的发展加速了世界经济集中化倾向;跨国公司在产值、投资、就业、出口、技术转让等方面均在世界上占有重要的地位。

(二)跨国公司优化了资源配置

跨国公司通过进行一体化国际生产和公司间贸易,可以形成配置和交换各国不同生产要素的最佳途径,并利用世界市场作为组织社会化大生产、优化资源配置的重要手段。以价值增值链为纽带的跨国生产体系的建立和公司间内部贸易的进行已成为跨国公司提高资源使用效率的有效方法。对于整个世界经济而言,跨国公司的发展推动了各种生产要素在国际间的移动与重新组合配置,扩大了国际直接投资、国际贸易和国际技术转让的规模,促进了世界经济一体化的进程和国与国之间经济合作活动的开展,使各个国家的经济越来越紧密地结合在一起,为国际经济的不断发展和繁荣做出了贡献。

(三)跨国公司对资金的跨国流动起了促进作用

一方面,跨国公司的对外直接投资促进资金跨国流动。在国外建立的全资或控股的子公司与母公司有大量的经常的资金往来,比如,子公司向母公司上缴利润、母公司向子公司追加投资等。另一方面,跨国公司的对外间接投资也会促进资金的跨国流动。跨国公司拥有大量的股票及债券等金融资产,随着计算机和通信技术的快速发展,这些金融资产的流动速度与以前相比明显加快。除此之外,跨国公司业务的发展还推动了银行的国际化经营,跨国公司需要其母国的银行在其子公司所在的国家开展业务,并为其子公司提供各种金融服务,这就会使该银行的国外业务量迅速增加。

(四)跨国公司推动了国际贸易规模的扩大和贸易结构的转变

跨国公司对国际贸易的促进作用主要反映在两个方面:一是外资企业对东道国出口的直接贡献;二是由国际直接投资进入所引起的当地企业的产品出口努力,包括当地企业在外资企业的竞争压力下所采取的产品出口努力,跨国公司的当地采购和零部件分包安排等。跨国公司不仅通过外部市场促进贸易的自由化,更通过内部市场促进贸易自由化。内部贸易构成了跨国公司超越一般国内企业对当代世界贸易的突出贡献。据联合国的统计,目前约三分之一的世界贸易为跨国公司的内部贸易。内部贸易的发展不仅改变了国际贸易的原有范畴,而且使得当今的国际贸易进一步向中间投入品和知识产品推进。也就是说,跨国公司不仅促进了国际贸易量的扩大,而且促进了国际贸易结构的改变。

(五)跨国公司对母国和东道国的发展发挥了积极作用

对于跨国公司母国来说,通过跨国公司的对外直接投资,扩大了资本输出、技术输出、产品输出和劳务输出,增加了国民财富,同时在一定程度上也增强了对投资东道国的影响。对于接受跨国公司投资的东道国来说,引进跨国公司的同时也引进了发展经济所必需的资本、先进的技术和管理理念,增加了就业机会,扩大了出口,提升和优化了产业结构,繁荣了经济。

(六)跨国公司的发展加快了经济全球化的进程

跨国公司国际化的投资、生产、销售、研究与开发等跨国经营活动,有利于国际贸易的自由化、资金流动的加速化、资源配置的最优化,促进了经济的全球化。第二次世界大战以来,跨国公司的壮大和世界经济的发展相伴而行,相互促进。随着经济全球化和一体化趋势的不断增强,跨国公司必将在其中扮演一个更加重要的角色。

# 第二节 服务业跨国公司

跨国公司是当前服务业对外直接投资的主体和主要载体,一方面制造业和服务业企业为了扩展国际市场、实现生产的一体化,或者分享服务业迅速发展的利益,在服务领域进行了大量的对外直接投资,使得一大批服务业跨国公司应运而生;另一方面,服务业跨国公司逐渐摆脱了为制造业企业全球扩张提供支持的单一目标,积极进行对外直接投资,日益呈现出经营国际化、业务多样化等特征,成为近年来世界经济中的活跃力量。

## 一、服务业跨国公司的组织形式

一般来说,大多数服务业跨国公司,特别是大型跨国公司,与制造业跨国公司一样,会采取股权和非股权安排的组织形式,具体来讲主要包括以下几种:

(一)非股权投资

非股权投资也称非股权安排。非股权合作形式是指在一般不涉及股权或企业产权的条件下,通过契约转让一项或几项无形资产而进入目标国市场。非股权合作形式具体可分为特许经营、管理合同、许可证协议、战略合伙等方式,其中在服务业运用最为成功的是特许经营。

在特许经营方式下,特许方将自己所拥有的商标、商号、产品、专利和专有技术、经营模式等以特许经营合同的形式授予受许人使用,受许人按合同规定,在特许人统一的业务模式下从事经营活动,并向特许人支付相应费用。

特许经营的一般前提是,潜在的特许人拥有较知名的商品、商标、技术、计划与管理能力,潜在的受许人缺乏上述无形资产优势,但有资金。其具体运作模式可以麦当劳为例来加以说明。麦当劳已经在全球拥有3.1万多家分店,年营业额200多亿美元,雇员42万人,大约每隔15小时,它就要开一家新的分店。对于每一家分店,麦当劳都自行派员选择地址,组织安排店铺的建筑、设备安装和内外装潢。麦当劳特许合同的期限为20年,受许人一旦与公司签订合同,必须先付首期特许费2.25万美元,其中一半现金支付,另一半以后上交。此后,每年交一笔特许权使用费和房产租金,前者为年销售额的3%,后者为8.5%。

特许经营可以使特许人以较少的投入开展国际经营,又可以使受许人在较短的时间内引入对方成熟的品牌、专利、经营管理经验等,且不必冒太大风险。特许经营的优势使其得到了包括麦当劳、肯德基、屈臣氏等国际著名品牌的广泛认可,也使其渗透到了包括餐饮、零售、人力中介、商业服务、建筑装修服务、汽车租赁、娱乐业等在内的几乎所有服务行业。

(二)股权投资

股权投资也称股权安排,股权投资形式大体可分为新设和并购两种方式,是指服务业对外直接投资者通过全部或部分参股在目标国展开经营,其经营实体一般包括海外分支机构、海外附属企业和办事处等。相对于非股权安排,股权合作形式的劣势在于直接投资成本较大,但其优势是通过跨国公司体系内的信息与资源共享,实现了无形资产的交易内部化,这可以将信息不对称所导致的市场失灵降到最低,解决了非股权安排中对于品牌、管理等难定价的问题,也避免了由于机密泄漏等带来的损失,有利于投资者实现资产所有权受益;另一方面,非股权安排一般都有一定期限,投资者在将自己的经验和技术进行全球传授的同时,也为自己树立了众多潜在的竞争对手,而股权投资形式所产生的分支机构隶属于跨国公司,在其全球战略下统一行动,不会对投资者造成巨大的威胁。

在制造业中,对新设和并购两种方式的选择往往取决于相应成本的比较,而服务业中,许多行业如法律、会计、咨询等所需要的起始资本只不过是固定的办公场所和一定的现代办公设备,对资本金投入的要求不大,所以对具体投资方式的选择往往取决于政府政策之类影响市场准入的因素。

现实中,服务企业跨国直接投资采取的具体形式取决于各种因素的权衡比较。首先,是各种形式的相对成本和收益的比较。股权投资成本主要包括进行股权投资所需的资本和失去该资本的风险,管理、协调和监控国外股权投资的风险,以及放弃从前向专业生产和高效率供应商购买而得到的收益;非股权安排成本主要是交易性质的,包括与交易本身相关的成本(如寻找合适的契约伙伴的搜寻成本和谈判成本)、与契约有关的成本(如价格、对所提供服务的详细说明、对所提供服务用途的控制、交货的次数和时间)、监督成本特别是质量管理和检验持续方面的成本、与契约条款能否被遵守和这些条款受到破坏的有关成本,以及由于实行市场交易内部化而放弃的收益。成本与收益的对比会影响组织形式的选择,因为跨国公司在海外扩张过程中会尽可能降低成本,最大化利润空间。其次,是政府干预的程度和类型,包括直接行政干预以及财政、税收、关税和非关税等政策措施的施行。服务企业所采取的组织形式受政府政策导向的影响:在一些对服务业外资严格管制的国家,跨国公司多采取办事处之类的非股权安排形式;而在服务业管制相对宽松的国家,股权投资是一种有益的投资方式。

从当前情况来看,非股权安排是当前服务业跨国公司使用最为广泛的一种组织形式。为数不多的大型服务业跨国公司控制了全球大部分对外直接投资活动,它们的组织形式灵活多样,既有股权投资形式,也有许可证协议、管理合同等非股权安排形式。众多服务业中小型跨国公司是当今国际经济领域颇为活跃的另一支力量,它们更多的是寻求与大企业的合作,以保证资金来源、分担金融风险,或者是分享信息与技术共有的利益,非股权安排是其主要的对外直接投资形式。而参与数据服务业活动的制造业跨国公司大多是推行了技术服务协议、管理合同和专利等非股权安排的投资形式。

二、服务业跨国公司发展的特点

服务业跨国公司自 20 世纪 80 年代以来迅速成长,成为国际贸易、国际投资的中坚力量,它们在供给资金、转移技术、创造就业及推动贸易等方面都发挥了重要的作用。在其全球化经

营过程中,服务业跨国公司日益呈现出以下特点:

（一）服务业跨国公司的主导战略由追随型转为主动型

从跨国公司发展的历史来看,服务业一般是跟随在制造业之后推行其跨国活动的。20世纪70年代以前,制造业跨国公司主要以利用东道国的资源及廉价劳动力为动机,曾带动了铁路、公用设施和基建等劳动密集型服务业企业的海外延伸,然而,从投资规模和对东道国经济的影响上来看,服务业只是作为制造业的补充而落后于制造业。自70年代起,一方面,制造业跨国公司不断成熟,对外投资结构升级、形式多样,为发达国家经济地位日趋上升的服务业的对外发展奠定了基础;另一方面,产品及技术的国际贸易发展蓬勃,对为工商贸易提供服务的全球发展要求日增。80年代以后,服务业企业已不再单纯尾随在制造业企业之后走向海外,企业跨国化形成的国际竞争环境极大地促进了服务业企业寻求在全球范围内设立分支网络、渗入世界主要市场、谋取利润的跨国战略意识的加强。特别是90年代以来,各国放松了对历来限制甚严的电信、金融等服务部门的管制,这成为服务业跨国公司迅速向海外扩张的契机,它们逐渐摆脱了纯粹提供中间性生产投入的传统角色,开始参与制造业活动,如跨国银行接受跨国公司委托,承办并直接参与为跨国公司所需要的银团、企业组建和变动等有关活动。但服务业跨国公司更多的是向同行业其他部类的服务领域扩展,这种多样化扩展主要强调相互衔接的一条龙服务。如跨国银行及其分支机构不仅为工业跨国公司提供资金,而且经办公司体系内的资金调拨、周转和结算,或为制造业跨国公司的外汇、资金、市场行情、企业变动和生产经营提供咨询意见;零售业公司兼营保险和信用卡业务;数据处理公司同时经营软件和电信业服务;会计师事务所除审计外,又将管理咨询、市场调研和公关等部门的服务集于一身。

（二）服务业跨国公司的实力大大提升

美国《财富》杂志每年一度的"全球500强"评比是对跨国公司实力的一个综合考察,由近年来的数据可以看出,500强中的服务业公司在绝对数量和相对比重上都有了较大的增长,其所占的比重已超过所有其他行业跨国公司的份额加总。从绝对数量上看,最近十年来,500强中有50%以上属于服务业企业。

服务业跨国公司实力的提升还体现在其居高不下的营业收益率上。从最近这些年来选出的500强中营业收益率最高的行业排序可以看出,在收益率最高的10个行业中,服务业所占的比例已经超过一半,像计算机服务和软件、多种经营财务公司、证券行业、网络通信、饮食服务和电信行业等都是保持多年的高收益率行业。由此可见,服务业跨国公司在全球迅速发展,其发展速度和增长规模使其在世界经济中占据越来越重要的地位,产生了越来越大的影响和作用。

（三）服务业跨国公司并购活动频繁

随着各国对外商投资的限制放松,跨国并购可以充分发挥其投资迅捷和有效避税的优势,逐渐成为对外直接投资的主要方式。跨国并购在服务业对外直接投资中也发挥了主要的作用。近年来,服务业一直是跨国并购非常活跃的部门。从具体行业来讲,近年来全球并购市场的热点是金融服务业、电信业和传媒业。

（四）服务业跨国公司通过对外直接投资带动技术扩散

跨国公司因为拥有雄厚的资金实力在世界各地安排生产,已成为现代技术的发源地、散播者和推动器。与制造业相比,服务业跨国公司用于硬技术研究和开发的投资并不多,而以软技术优势见长，而且由于服务业产品的生产和消费难以分隔，从母公司生产中分离出技能相对低的那部分服务的可能性很小，因而服务业跨国公司向海外分支机构转移的技术更安全，更接近母公司的水平。日趋发达的跨国界信息流动降低了服务业海外活动的成本，跨国的计算机网络和通信系统使服务业跨国公司的海外分支机构成为母公司全球战略的重要组成，母公司能够更有效地组织其全球范围的活动，通过海外分支机构向发展中国家输出当地并不具备的现代服务，而在发达国家则提供价格更低廉、质量更优异的服务。会计、保险、租赁、跨国银行、数据处理和信息传递等现代服务领域的跨国公司对东道国，乃至世界经济发展都产生了重大影响。

## 第三节　跨国公司与国际技术转让

### 一、跨国公司参与国际技术转让的原因分析

（一）国际技术转让是跨国公司实施全球化战略的重要手段

跨国公司全球化战略的主要特征是，以世界市场为目标，着眼整体利益和长远利益，通过在全球范围的资源配置，实现跨国公司全球利益最大化。跨国公司全球化战略的最核心部分，就是跨国公司的技术创新、技术垄断和技术竞争的策略。这不仅是不断推出新的产品，维持或扩大其市场份额的需要，更重要的是跨国公司争夺或保持其在该领域的垄断优势的需要，是为了生存和发展的需要。在20世纪90年代后半期，新的技术革命在微电子技术、信息工程、生物工程技术、新材料技术、新能源和太空制造技术等方面，均取得了不同程度的突破，并迅速应用于生产，导致世界性投资和生产的快速发展。同历史上几次技术革命相比较，这次新技术革命不是仅出现一个个单项新技术，而是涌现出多学科、跨领域和整系列的新技术群。这些新的技术发展迅速，同生产领域具有密切联系，而且开发周期和应用周期比以前大大缩短，使得新的技术群迅速形成产业群。一些发达国家的经济，正是依赖这些新技术群的迅速产业化而获得发展的。

在这样的背景之下，跨国公司想在全球获得成功，被全球的客户接受，必须积极从世界各地吸收各种技术信息和科研成果，才能不断地进行技术开发和技术创新，以保持自身的技术优势和领先地位。从理论上说，跨国公司所面临的国际市场常常是不完全的市场。跨国公司要想在一个陌生的国度获得发展，无法像东道国的企业那样依靠当地的各种优势，而只能依靠自身的垄断优势。跨国公司的技术优势常常是战胜各种竞争对手的制胜武器。几乎在所有的领域，哪家跨国公司最先采用新技术，或者采用最多的新技术，哪家跨国公司就能成为赢家。

（二）技术的生命周期不断缩短，技术更新加快

由于高科技产品的生命周期日益缩短，新产品的研究开发成本昂贵，风险较大，如不抓紧利用已发展的技术，这些技术很快就会被新的技术取代而丧失其价值。技术转让是跨国公司重要的利润来源之一，为了延长技术的使用寿命，在具体进行技术转让时，跨国公司往往根据技术生命周期的不同阶段，通过贸易或投资等方式将技术转让到发展中国家，从而提高技术利用的经济效益，实现利润的最大化。

（三）扩大商贸机会，抢先占领东道国市场

发展中国家对引进外国的先进技术，弥补本国技术空白往往持鼓励态度，并制定了多种政策鼓励跨国公司的技术出口和技术投资行为。相应地，为了增加在吸引跨国公司技术出口

和技术投资方面的竞争力,许多发展中国家制定了"以市场换技术"的政策,这有利于跨国公司迅速进入东道国市场,并进一步促进跨国公司的技术转让。20世纪90年代以来,随着全球高新技术产业的发展,投资于发展中国家高新技术产业的跨国公司越来越受到东道国政府和企业的欢迎,拥有先进技术的跨国公司往往能够借助技术之便,迅速在东道国某一行业占据较大的市场份额。

(四)利用所在国资源,增强竞争力,实现对技术的控制

许多发展中国家也拥有比较完整的科研机构和研发体系,在某些基础科学领域具有一定的竞争优势。跨国公司通过将次新技术,即处于技术生命周期成熟阶段的技术转让给发展中国家,将当地的科技人员资源、自然资源和次新技术相结合,开发出适合当地需求的产品,从而延长技术赚取利润的时间周期,增强其竞争力;同时,还可以按照其全球战略的安排,控制技术转移的时间,实现对技术的控制。

(五)实现产品本地化

按照国际营销理论,一个企业在国内经营和在国外经营的最大不同是其经营的环境。在影响经营环境的所有因素中,最为重要的是文化环境(包括语言、教育、宗教、社会组织、美学观念、价值观念等),东道国的文化环境与跨国公司的母国存在巨大的差异。文化环境形成了跨国公司进入投资东道国的一条必须跨越的鸿沟,也是跨国公司国际投资的最大障碍。从表面上看,跨国公司的国际技术转移与国际营销的文化环境关系不是很大。其实,任何一项技术成果或创新产品,都会被打上深深的文化烙印。有时跨国公司的产品在技术上是先进的,但是却不一定适合东道国的消费习惯。本地企业的产品,就具有文化上的认同感,容易被当地消费者接受。实际上,这也是当地企业具有的最大优势。在这种情况下,跨国公司在东道国建立各种研发机构,并且与东道国的有关企业建立各种联系,便于缩小跨国经营中文化上的差异,实现产品本地化的目的。

## 二、跨国公司的技术转让策略和技术保护形式

(一)技术转让策略

跨国公司的技术转让策略主要体现在跨国公司母公司向子公司或分支机构转让技术的策略上,主要有:

(1)转让时机策略。跨国公司对处在寿命周期不同阶段的技术采取不同的转让策略。当技术处于创新阶段时不予转让;在技术发展阶段,处于优势、有利地位的跨国公司也不予以转让;对成熟阶段的技术,大多数跨国公司会予以转让;当技术处于衰退阶段时,跨国公司会千方百计地寻找买主。跨国公司所采取的这种策略旨在延长技术的生命周期。

(2)国家类型策略。跨国公司一般首先向发达国家转让技术,若干年之后再将同一技术向新兴工业化国家转让,最后才向其他发展中国家转让。

(3)转让方式策略。跨国公司在向发达国家转让技术时,常常采取联合研究与开发或技术互换等方式,而对发展中国家则以技术投资居多,并且往往转让的是成熟或衰退的技术。

(4)股权差别策略。跨国公司可以向全资子公司转让处于任何生命周期的技术,而向合资企业和非附属企业只转让一般性技术。

(5)以技术换市场策略。跨国公司以技术投资同东道国企业合资经营时,东道国允许跨国公司占有的市场份额越多,它就越愿意转让比较先进的技术。

## （二）技术保护形式

长期维持技术优势是跨国公司开展跨国经营的基础。跨国公司对于新技术的保护形式主要有专利、企业内部保护和商标三种方法。

1. 专利

专利是法律授予的并且可以依法行使的一种权利,其实质是专利权利人将其发明向公众进行充分的公开以换取对发明拥有一定期限的垄断权,保护范围限于所申请的国家和地区,专利期限一般为 15—20 年。自 19 世纪工业革命以来,专利保护得到了普遍和高度的评价,大多数发明人和企业都是采取这种保护方式来保护其发明成果。目前这种形式仍是跨国公司维护技术优势的主要方法。

在现阶段跨国公司世界性的技术管理方式下,跨国公司实行具有以下特点的专利政策:① 组建世界性的专利网,跨国公司从全局高度对其所拥有的专利进行国际性控制;② 先以基本专利(basic patent)的形式将"核心"技术的扩散控制在跨国公司母公司之手,然后通过拥有增补专利、改进专利和登记专利,将有关使用方法、应用技术和改良的"外围"技术等组成的专利网在国际上布置起来;③ 跨国公司母公司对本公司一切海外单位研制出来的各项相互关联密切的专利加以集中控制;④ 把维持公司的国际技术垄断所导致的利益与维持公司的竞争优势结合在一起,越是技术密集型的产业,这种结合越是紧密。

2. 企业内部保护

企业内部保护是指对新技术发明通过在企业内部保密的办法来进行垄断,它是一种民间保护形式,不像专利那样具有法律效力,这种保护形式具有任意性、广泛性和长久性的特征。

3. 商标

商标是一种特殊标志,用以区别某一组织的商品和服务与其他相同组织的相同或类似的商品和服务。商标通常是法律授予的永久性所有权,可以长期维护商标使用者的产品信誉和影响力。

### 三、跨国公司的对外投资是技术转让的重要方式

跨国公司的发展直接推动了国际技术交流,表现为跨国公司的对外直接投资构成了当今国际技术转让的主渠道。外商直接投资为东道国带来的效益之一是技术转让,这是许多发展中国家对外商直接投资态度转变的原因之一。通过对外直接投资,跨国公司将资金、设备连同专利和专有技术等一起投向国外子公司,所转让的技术既包括生产技术,也包括组织、管理和市场营销技能等。跨国公司通过对外投资参与国际技术转让主要有以下几种具体形式:

（一）对独资或控股子公司的内部技术转让

技术转让与跨国公司的对外直接投资安排相结合,是跨国公司技术转让中最主要的一种方式。跨国公司技术转让的先进程度往往视股权和投资而定。一般而言,跨国公司在国外投资越多,在股份企业中所占的股权比例越大,提供的技术先进程度就越高,技术限制性约束就越少;反之,如果跨国公司在国外投资较少,在股份企业中所占的股权比例较小,提供的技术先进程度就越低,技术限制性约束就越多。特别是关键技术,必须在严格限定的条件下使用,并防止技术扩散。

跨国公司在东道国设立独资企业,其主要动机就是严格垄断和控制技术,增强保密性,防止技术泄密。独资企业一般按跨国公司的技术体系和经营管理方法建立,其技术创新与改造

仅与母公司发生联系,较少与东道国同行业发生横向联系。由于跨国公司全资拥有或对子公司控股,这种转让实际上是跨国公司体系内的转让,称为技术转让的内部化,它有别于以贸易方式进行的外部化转让。内部化技术转让可以采取买卖交易的形式,也可以采取技术折价入股的形式。通过向全部或多数持股的子公司或分支机构转让技术,跨国公司能够较好地控制技术的独家使用,并获取技术所能带来的综合效益,避免向不相关企业转让技术时所产生的较高的交易成本和风险。尽管控股子公司属于合资企业,但由于处于控股地位,在开发出最新技术后,跨国公司也愿意将最新技术转让给其子公司,以增强子公司在东道国的竞争力。但由于这种方式对技术实行垄断控制,严格限制技术的传播和外溢,它对发展中国家技术进步的直接作用不如合资企业。

(二) 对非控股合资企业的技术入股和技术转让

跨国公司通过将技术和设备资本化,即以工业产权、专有技术等在东道国的合资企业中投资入股来转让技术,这种技术出资方式称为技术资本化(技术折价入股)。当然,在具体合资经营时,跨国公司既可以把工业产权或专有技术等作价投资分取利润,也可以把技术与投资分开,合资各方另行签订技术转让协议,跨国公司获取技术使用费或提成费。跨国公司对合资企业还转让管理经验、组织方法和营销技能等方面的技术。

兴办合资企业,东道国人员能够接触到企业产品具体的生产过程,生产技术的外溢和传播作用比外资独资企业更为明显。但跨国公司一般只有在技术较成熟或专有程度较低,因而丧失技术控制权代价不甚高,以及能通过严格的协议限制其他企业接近技术的情况下,才会表现出兴办合资企业的较大意愿。同时,对东道国来说,跨国公司以技术资本化方式投资兴办合资企业,其最大问题就是技术的老化问题。由于当代技术革新日新月异,技术和产品的老化周期在加快,时间越长,技术的价值越低。如果跨国公司对合资企业拥有控股权,则技术老化问题容易解决,但若不具有控股权,跨国公司对已落后技术的革新愿望相对就要低一些。

(三) 在东道国进行的研究与开发投资

跨国公司的研究与开发投资,是指跨国公司进行的,着眼于从基础性研究一直到科研进入应用领域,实现产品开发和商业化的整个过程中任何一个环节的投资行为。由于一定规模的研究与开发投资是跨国公司生存的基本要求,是跨国公司发展和盈利的根本保证,同时研究与开发投资所产生的技术创新能力也是跨国公司竞争力的源泉,因此,大型跨国公司都十分重视研究与开发投资。

20世纪80年代以前,跨国公司开发技术主要是在其母国进行的,子公司一般是将来自母公司的研究与开发成果加以应用,至多也就是加以改造或革新。但近年来跨国公司的研发活动呈现出日益国际化的趋势,一些跨国公司已经着手建立一体化的全球研发系统,发达国家、新兴工业化国家和一些发展中大国成为跨国公司研究与开发投资的热点。跨国公司对外进行研究与开发投资的主要目的是获取先进技术,借用东道国廉价的技术人员等研发资源,建立全球研发网络,占领当地市场,实现其在全球范围内的系统化投资战略。与一般生产性直接投资所不同的是,跨国公司进行的以技术创新为主要目标的研究与开发投资更多考虑的是东道国的科研环境和高新技术产品的市场销售前景问题。

跨国公司的海外研究开发机构主要有以下两种形式:① 海外子公司设立研究开发机构。例如,菲利浦公司在各个不同国家的子公司都拥有规模不一的由子公司自己管理和支配的研究开发机构。IBM公司利用海外子公司与当地的研究机构建立研究中心达300多个。② 母公司在其他国家专门设立研究开发实验中心、技术研究所、技术开发公司等机构。例如,荷兰皇家壳牌集团公司的12个实验中心就分布在8个国家。

(四) 对海外企业的人力资源投资

人力资源投资也可以理解为人力资本投资,具体是指跨国公司对海外企业雇员的技术和管理培训。由于广义的技术概念还包括管理技能和组织技巧,跨国公司在海外的人力资源投资也是一种技术转让的方式。工业经济时代,资本要素长期处于相对稀缺的优势地位,经济增长的关键在于资本的积累和扩张,知识经济时代增值的动力核心已转移到知识的创新。人是知识的载体,人力资本是一种隐性知识资本,具有取之不尽、用之不竭的创新潜能,知识经济时代跨国公司的竞争说到底是人才的竞争。因此,跨国公司对人力资源的管理程度日益加深,多数公司都实施全球性的人力资源开发战略,以期在全球建立知识、人才优势。

人力资本投资既是积累创造性资产的一种主要形式,又是创造其他类型的资产的一种手段,人力资源的开发是企业提高国际竞争力的重要因素。大多数跨国公司都会为其雇员制订培训计划并提供培训设施。瑞士最有声望的两所商学院——国际管理学院(IMI)和国际经济管理与发展学院(IMEDE)——最初都是作为公司培训中心(分别是雀巢公司和埃尔肯公司)建立起来的。

为海外企业雇员提供技术与管理培训是跨国公司对东道国人力资源开发所做出的重要贡献之一,由培训所带来的人员素质的提高和管理技能的增加促进了东道国整体技术水平的提高。跨国公司拥有国际性的设施与专业知识网络,其在培训方面拥有独特的优势。随着大量在外资企业受过培训的东道国技术工人和管理层人员流向本国企业,先进技术被传播和外溢,有经验和经过训练的人才的流动是技术外溢效应的重要源泉。

(五) 非股权安排(投资)等其他形式

非股权安排是指在东道国企业中没有股权投资,而是通过与东道国企业签订有关管理、技术或销售等合同取得对东道国企业的控制权。非股权安排也是跨国公司开展对外直接投资的一种重要形式,其中包含着向东道国企业的技术转让。当前,中国广泛存在的合作经营企业就具有这种类型投资的特性。向东道国的高科技企业进行风险投资以及在东道国的高科技产业直接设立企业也是跨国公司依靠投资进行技术转让的途径。此外,将东道国企业(当地客户和供应商)纳入跨国公司产品价值链也可实现技术转移。

### 四、通过对外直接投资转让技术的特点

1. 通过对外直接投资转让技术是成本最低、效率最高的一种技术转让方式

通过对外直接投资进行内部转让,跨国公司能够控制技术的独家使用。由于内部转让双方的根本利益一致,遵守相同的或类似的管理准则和操作规程,并可进行充分有效的信息和人员交流,因而通过投资进行的技术转让成本低且速度快,而且还可以避免外部市场的影响,节约各种市场交易成本。

2. 转让的技术多为核心技术,能够提高东道国子公司的竞争力

对于次新或处于生命周期成熟阶段的技术,跨国公司多通过许可证贸易转让给发展中国家,以获取使用费收入。而对于核心技术,由于研发投入大,风险较高,跨国公司只愿意转让给海外的全资子公司或控股公司。拥有最新技术的跨国公司海外子公司能够借助技术的优势,提高自己在东道国的竞争力。

3. 转让的技术实用,适合当地消费者需要

跨国公司通过投资转让技术,会考虑到东道国原有的技术水平和技术消化与吸收能力。只有那些适应东道国消费需求水平和需求层次的技术转让,才对东道国具有吸引力。

4. 将技术在内部无偿(或以优惠价格)转让,以支持子公司发展

跨国公司通过投资形式将技术转让给子公司,是出于在全球战略角度上的通盘考虑,是为了获取全球利润的最大化。通过将基础性研发成果转让给子公司,有利于子公司研发机构迅速实现技术的商业化,将技术转化为产品,从而支持子公司的发展。

5. 以技术换市场

与单纯的技术转让只获取技术使用费不同,结合投资行为的技术转让往往采取资本化的形式投资入股,能够绕开东道国的技术进口限制,有时还能获得东道国"以市场换技术"的外资政策的支持,扩大在东道国的市场份额,实现"以技术换市场"。

## 思考与练习

1. 简述跨国公司发展呈现出的一些新趋势。
2. 简述跨国公司的概念、类型与主要特征。
3. 分公司和子公司各有什么法律特征?设立分公司和子公司的利弊分别是什么?
4. 跨国公司的管理组织形式主要有哪几种?试分析它们各自的优缺点。
5. 简述服务业跨国公司的组织形式。
6. 简述跨国公司通过对外投资参与国际技术转让的主要形式。
7. 跨国金融机构的主要特点有哪些?

## 案例分析

### 瑞典伊莱克斯电器公司在亚洲和东欧的投资

(一) 基本情况

伊莱克斯是世界最大的电器生产商,也是世界最大的工业公司之一。伊莱克斯员工逾10万人,是全球雇员最多的私有企业之一。

伊莱克斯的历史可以追溯到吸尘器的生产、冰箱的发明以及市场开发的天才——爱尔克·温尔格林。伊莱克斯电器公司的前身之一是1901年在斯德哥尔摩成立的Lux有限公司,该公司生产一种户外的Lux牌煤油灯,此灯后来应用于世界各地的灯塔上;另一个前身是于1910年在斯德哥尔摩成立的Elektromekaniska有限公司,该公司于1912年发明了世界上第一台家用吸尘器——伊莱克斯一号,并开始在瑞典销售。1919年,Elektromekaniska有限公司与Lux有限公司进行了合并,成立了现在的伊莱克斯(Electrolux)公司。在以后的70多年里,伊莱克斯收购和兼并了近400家家电厂商和品牌,涉及饮食服务设施、园林设备并成为专业家电制造商。

在90多年的发展历史中,伊莱克斯始终追求科技领先,从世界第一台吸尘器、世界第一台吸收式冰箱、世界第一台家用洗衣机,到全自动吸尘器、可上网冰箱、自选冰箱、离子洗衣机、变

频角形空调……伊莱克斯无不走在家电科技的前列。目前,伊莱克斯在全球建立了四个跨国研发中心,基于全球合作的研发体系,在保证技术领先的同时,最大限度地降低研发费用,从而使伊莱克斯产品具有竞争力,在技术开拓市场的新经济时代占领先机。

伊莱克斯的目标是在其所有产品领域的2/3领域中成为世界第一或第二。实际上,这个目标伊莱克斯已经实现了,这样的领域已经达到90%。目前,伊莱克斯是美国最大的空调生产商、巴西第一大空调销售商。在欧洲,伊莱克斯空调也具有强大的竞争实力。在中国,伊莱克斯冰箱、洗衣机均有出色表现,冰箱已进入行业销量排行榜的第二位,证明伊莱克斯所代表的优质生活品质正在为越来越多的中国消费者所接受,伊莱克斯具有强大的品牌感召力。

目前,伊莱克斯已经成为世界上最大的厨房、清洁、户外用具制造商之一,拥有10万名雇员,每年向全世界150多个国家销售近5000万件产品(包括冰箱、厨具、洗衣机、真空吸尘器、链锯以及割草机等),金额超过140亿美元。全球近3.5亿个家庭拥有或使用着伊莱克斯的家电产品。

(二) 以购并为主的扩张策略

伊莱克斯之所以能在短期内如此迅速地发展壮大,其原因主要是其以购并为主的扩张策略。可以说,多年来伊莱克斯主要是通过收购其他公司而成长起来的。在过去的20年里,伊莱克斯共收购兼并了约400家企业,甚至可以说创造了一项购并的世界纪录。

通过频繁的跨国购并活动,伊莱克斯迅速扩大生产规模,增加新的产品线,涉足新的经营领域。① 伊莱克斯通过购并活动可以获得品牌。其现有品牌绝大部分是通过购并活动获得的,如Eureka、AEG、Zanussi、Frigidaire和Husqvarna等;② 伊莱克斯通过购并活动可以迅速占领一国市场。例如,伊莱克斯购并巴西最大的家电制造企业Refripar后,几乎占领整个南美家电市场。再如,伊莱克斯在1991年首次进入东欧,并在当年收购了匈牙利最大的家用设备制造商Lehel,从而在东欧站稳脚跟;③ 伊莱克斯通过购并活动可以迅速、低成本地进入新的领域。例如,伊莱克斯购并Husqvarna公司后,迅速增加链锯生产线,并进入该领域。

(三) 除了购并方式外,伊莱克斯也采取新建和合资等形式建立海外企业

为了占领新兴市场,伊莱克斯建立海外企业并不局限于购并方式,尤其是在亚洲,更需要适应当地情况。例如,在印度和中国,关于外资控股权的限制实际上迫使伊莱克斯同当地合作者兴办合资企业。

伊莱克斯于1987年进入中国。十年后,伊莱克斯已在中国建立了6家合资公司,覆盖压缩机、吸尘器、净水器、冰箱、空调器、洗衣机等领域。

综上所述,伊莱克斯开展对外直接投资时以购并方式为主,但也根据不同地区和国家的实际情况采取不同的进入方式。

【分析与思考】
1. 伊莱克斯以购并为主的海外扩张模式有哪些优势?是否适用于大多数企业?
2. 伊莱克斯为什么在中国主要采取新建和合资方式进入市场?

# 第四章　国际投资决策

**【教学目的】**

通过本章学习,学生将能够:
1. 熟悉国际直接投资环境的主要内容与评估方法。
2. 了解从事证券投资应把握什么策略,以及如何进行证券投资的基本分析与技术分析。
3. 把握证券投资分析常用的理论。

**【关键术语】**

投资环境　硬环境　软环境　加权等级评分法　平滑异同移动平均线　道氏理论　艾略特波浪理论

**【引导案例】**

《2014—2016年世界投资前景调查报告》显示,根据跨国公司高管提供的对全球投资前景的调查问卷,世界最具吸引力的投资目的地中,中国位居第一,是跨国公司首选的投资目的地。这份报告是联合国贸发会议根据对全球跨国公司、投资促进机构和国际投资专家进行的年度调查问卷结果撰写的,共有164家全球最大的跨国公司和80个国家的投资促进机构对联合国贸发会议的调查问卷进行了回复。

报告对2016年前改善外国直接投资环境的看法以及投资领域出现的新的主导趋势进行了重点分析。调查发现,发展中国家和转型经济体在吸收外国直接投资过程中发挥着愈发重要的作用,在世界前15个最具吸引力的投资目的地中,有8个是发展中国家和转型经济体,中国位居第一,是跨国公司首选的投资目的地;另外,"金砖四国"中的巴西、俄罗斯和印度都位居前十位。

资料来源:联合国贸发会议《2014—2016年世界投资前景调查报告》。

## 第一节　国际直接投资环境评估

### 一、国际直接投资环境的主要内容

(一)国际直接投资环境的概念

投资环境,顾名思义,是指投资者进行生产投资时所面临的各种外部条件和因素,其英文是investment climates,直译应为"投资气候"。投资是一种冒险,如同自然界的气候一样,投资气候也会因各种因素的影响而变幻莫测,令人难以捉摸,从而影响投资者的投资行为。国际直接投资环境是指一国的投资者进行国际直接投资活动时所面对的各种外部条件和因素,它既包括经济方面的,也包括自然、政治、法律、社会、文化和科技方面的。投资环境是各种条件和因素的综合体。

（二）国际直接投资环境的分类

从不同的角度可以把国际直接投资环境分为不同的类型：

（1）从各种环境因素所具有的物质和非物质性来看，可以把投资环境分为硬环境和软环境两个方面。硬环境和软环境有时又被称为物质环境和人际环境，或有形环境与无形环境。所谓硬环境，是指能够影响国际直接投资的外部物质条件，如能源供应、交通和通信、自然资源以及社会生活服务设施等。所谓软环境，是指能够影响国际直接投资的各种非物质因素，如经济发展水平和市场规模、贸易与关税政策、财政与金融政策、外资政策、经济法规、经济管理水平、职工技术熟练程度以及社会文化传统等。

（2）从各因素的稳定性来看，可将国际直接投资的环境因素归为自然因素、人为自然因素和人为因素（见表4-1）。

表4-1　国际投资环境因素稳定性分类

| A：自然因素 | B：人为自然因素 | C：人为因素 |
| --- | --- | --- |
| 自然资源<br>人力资源<br>地理条件<br>…… | 实际增长率<br>经济结构<br>劳动生产率<br>…… | 开放进程<br>投资刺激<br>政策连续性<br>…… |
| 相对稳定 | 中期可变 | 短期可变 |

（3）从国际直接投资环境所包含的内容和因素的多寡来看，可以分为狭义的投资环境和广义的投资环境。狭义的投资环境是指投资的经济环境，即一国经济发展水平、经济体制、产业结构、外汇管制和货币稳定状况等。广义的投资环境除经济环境外，还包括自然、政治、社会文化和法律等对投资可能发生影响的所有外部因素。

（三）国际直接投资环境的主要内容

1. 投资环境主要内容的变化

国际直接投资环境的内容随着时间的推移而变化，并且在不断丰富。最初，人们关注的重点是投资硬环境，俗称"七通一平"，即通水、通电、通气、通邮、通路、通商、通航及平整场地等有形环境；后来，人们发现软环境（包括办事效率、教育文化、风俗习惯、政策法规、投资优惠等）也非常重要，尽管它无形，但对投资决策的做出和投资项目的运营有很大影响；现在，人们不仅关注硬的和软的环境，还开始重视产业配套环境（如产业配套能力、零部件与原材料供应的便利程度、产业链投资、企业集群布局等），并将其视为构成直接投资环境的一项新的内容。

2. 投资环境的具体内容

（1）政治环境。主要包括政治制度、政权稳定性、政策的连续性、政策措施、行政体制和行政效率、行政对经济干预的程度、政府对外来投资的态度、政府与他国的关系等。

（2）法制环境。主要指法律秩序、法律规范、法律制度和司法实践，特别是涉外法制的完备性、稳定性和连续性，以及民众的法治观念和法律意识等。

（3）经济环境。主要包括经济的稳定性、经济发展阶段、经济发展战略、经济增长率、劳动生产率，财政、货币、金融、信贷体制及其政策，对外经济贸易体制与政策、地区开发政策、外汇管理制度、国际收支情况、商品和生产要素市场的状况与开放程度、人口状况和人均收入水平等。

(4) 社会环境。主要指社会安定性、社会风气、社会秩序、社会对企业的态度,教育、科研机关与企业的关系、社会服务等。

(5) 文化环境。主要包括民族意识、开放意识、价值观念、语言、教育、宗教等。

(6) 自然环境。自然地理环境优良与否,也关系到能否吸引投资。地理环境包括面积、地形、气候、雨量、地质、自然风光、与海洋的接近程度、自然资源状况等。

(7) 基础设施状况。基础设施是吸引外资的重要物质条件,包括城市和工业基础设施两个方面,具体如交通运输、港口码头、厂房设备、供水供电设备、能源和原辅材料供应、通信信息设备、城市生活设施、文教设施及其他社会服务设施等。

(8) 产业配套环境。这是近年来跨国投资者比较关注的一个问题,其内容包括工业和服务业的配套能力、采购原材料与零部件半成品的方便程度、产业链投资与产业集聚、企业集群布局等。也有的学者将产业配套环境称为企业生态环境。

上面的第一到第五点属于投资软环境,第六和第七点属于投资硬环境,第八点属于产业配套环境。

## 二、国际直接投资环境的评估方法

投资环境的好坏直接影响国际直接投资决策以及国际直接投资的风险和收益,因此,在做出投资决策之前要对国外投资环境进行综合评估。对国际直接投资环境进行评估,大都是将众多的投资环境因素分解为若干具体指标,然后综合评价。目前,国际上常用的比较典型的评估方法主要有以下几种:投资障碍分析法、国别冷热比较法、投资环境等级评分法、动态分析法、加权等级评分法、抽样评估法和体制评估法等。下面分别做简要介绍。

### (一) 投资障碍分析法

投资障碍分析法是依据潜在的阻碍国际投资运行因素的多寡与程度来评价投资环境优劣的一种方法。这是一种简单易行的、以定性分析为主的国际投资环境评估方法。其要点是,列出外国投资环境中阻碍投资的主要因素,并在所有潜在的东道国中进行对照比较,以投资环境中障碍因素的多与少来断定其坏与好。

阻碍国际投资顺利进行的障碍因素主要包括以下十类:

(1) 政治障碍——东道国政治制度与母国不同;政治动荡(包括政治选举变动、国内骚乱、内战、民族纠纷等)。

(2) 经济障碍——经济停滞或增长缓慢;国际收支赤字增大、外汇短缺、劳动力成本高;通货膨胀和货币贬值;基础设施不良;原材料等基础产业薄弱。

(3) 资金融通障碍——资本数量有限;没有完善的资本市场;融通的限制较多。

(4) 技术人员和熟练工人短缺。

(5) 实施国有化政策与没收政策。

(6) 对外国投资者实施歧视性政策——禁止外资进入某些产业;对当地的股权比例要求过高;要求有当地人参与企业管理;要求雇用当地人员,限制外国雇员的数量。

(7) 东道国政府对企业干预过多——实行物价管制;规定使用本地原材料的比例;国有企业参与竞争。

(8) 普遍实行进口限制——限制工业品和生产资料的进口。

(9) 实行外汇管理和限制投资本金、利润等的汇回。

(10) 法律、行政体制不完善——包括外国投资法规在内的国内法规不健全；缺乏完善的仲裁制度；行政效率低；贪污受贿行为严重。

投资障碍分析法的优点在于能够迅速、便捷地对投资环境做出判断，并减少评估过程中的工作量和费用，但它仅根据个别关键因素就做出判断，有时会使公司对投资环境的评估失之准确，从而丢失一些好的投资机会。

## （二）国别冷热比较法

国别冷热比较法又称冷热国对比分析法或冷热法，它是以"冷"、"热"因素表示投资环境优劣的一种评估方法，热因素多的国家为热国，即投资环境优良的国家；反之，冷因素多的国家为冷国，即投资环境差的国家。这一方法是美国学者伊西·利特瓦克和彼得·拜延于20世纪60年代末提出的，他们根据美国250家企业对海外投资的调查资料，将各种环境因素综合起来分析，归纳出影响海外投资环境"冷"、"热"的7大基本因素，59个子因素，并评估了100个国家的投资环境。所谓"热国"或"热环境"，是指该国政治稳定、市场机会大、经济增长较快且稳定、文化相近、法律限制少、自然条件有利、地理文化差距不大；反之，即为"冷国"或"冷环境"；不"冷"不"热"者，则居"中"。现以其中10国为例分析比较其投资环境的"冷"、"热"程度（见表4-2）。在表4-2所列的七大因素中，前四种的程度大就称为"热"环境，后三种的程度大则称为"冷"环境，中为不大也不小，即不"冷"不"热"的环境。由此看来，一国投资环境的七个因素中，前四种越小，后三种越大，其投资环境就越坏，即为越"冷"的投资目标国。表4-2所列的10个国家从前到后的顺序就反映了这10个国家当时的投资环境由"热"到"冷"的顺序。

表4-2 美国观点中的十国投资环境的冷热比较

| 国别 | | 政治稳定性 | 市场机会 | 经济发展与成就 | 文化一元化 | 法令障碍 | 实质障碍 | 地理文化差距 |
|---|---|---|---|---|---|---|---|---|
| 加拿大 | 热 | 大 | 大 | 大 | | 小 | | 小 |
| | | | | | 中 | | 中 | |
| | 冷 | | | | | | | |
| 英国 | 热 | 大 | | | 大 | 小 | 小 | 小 |
| | | | 中 | 中 | | | | |
| | 冷 | | | | | | | |
| 德国 | 热 | 大 | 大 | 大 | 大 | 小 | | |
| | | | | | | | 中 | 中 |
| | 冷 | | | | | | | |
| 日本 | 热 | 大 | 大 | 大 | 大 | | | |
| | | | | | | | 中 | |
| | 冷 | | | | | | 大 | 大 |
| 希腊 | 热 | | | | 小 | | | |
| | | | 中 | 中 | 中 | | | |
| | 冷 | 小 | | | | | 大 | 大 |
| 西班牙 | 热 | | | | | | | |
| | | | 中 | 中 | 中 | 中 | | |
| | 冷 | 小 | | | | | 大 | 大 |

(续表)

| 国别 | | 政治稳定性 | 市场机会 | 经济发展与成就 | 文化一元化 | 法令障碍 | 实质障碍 | 地理文化差距 |
|---|---|---|---|---|---|---|---|---|
| 巴西 | 热 | | | | | | | |
| | | | 中 | | 中 | | | |
| | 冷 | 小 | | 小 | | 大 | 大 | 大 |
| 南非 | 热 | | | | | | | |
| | | | 中 | 中 | | 中 | | |
| | 冷 | 小 | | | 小 | | 大 | 大 |
| 印度 | 热 | | | | | | | |
| | | 中 | 中 | | 中 | | | |
| | 冷 | | | 小 | | 大 | 大 | 大 |
| 埃及 | 热 | | | | | | | |
| | | | | | 中 | | | |
| | 冷 | 小 | 小 | 小 | | 大 | 大 | 大 |

在这项研究中,学者们还计算了美国250家企业在上述东道国的投资进入模式的分布频率。结果表明,随着目标市场由热类国家转向冷类国家,企业将越来越多地采用出口进入模式,越来越少地采用投资进入模式。在一般热类国家,出口进入模式占所有进入模式的47.2%,在当地设厂生产的投资进入模式占28.5%,技术许可合同和混合模式占24.3%。与此形成鲜明对照的是,在一般冷类国家,出口进入模式占所有进入模式的82.6%,投资进入模式仅占2.9%,技术许可合同和混合模式占14.5%。一般中间类国家的进入模式介于上述两类国家之间。

(三) 投资环境等级评分法

投资环境等级评分法又称多因素等级评分法,它是美国经济学家罗伯特·斯托包夫于1969年提出的。等级评分法的特点是,首先将直接影响投资环境的重要因素分为八项,然后再根据八个关键项目所起的作用和影响程度的不同确定其不同的等级分数,按每一个因素中的有利或不利的程度给予不同的评分,最后把各因素的等级得分进行加总作为对其投资环境的总体评价,总分越高表示其投资环境越好,越低则表示其投资环境越差(见表4-3)。

表4-3 投资环境等级评分标准表

| 投资环境因素 | 等级评分标准 | 投资环境因素 | 等级评分标准 |
|---|---|---|---|
| 一、资本抽回 | 0—12 分 | 五、政治稳定性 | 0—12 分 |
| 无限制 | 12 | 长期稳定 | 12 |
| 只有时间上的限制 | 8 | 稳定,但取决于关键人物 | 10 |
| 对资本有限制 | 6 | 政府稳定,但内部有分歧 | 8 |
| 对资本和红利都有限制 | 4 | 各种压力常左右政府的政策 | 4 |
| 限制十分严格 | 2 | 有政变的可能 | 2 |
| 禁止资本抽回 | 0 | 不稳定,政变极可能 | 0 |

(续表)

| 投资环境因素 | 等级评分标准 | 投资环境因素 | 等级评分标准 |
| --- | --- | --- | --- |
| 二、外商股权 | 0—12 分 | | |
| 准许并欢迎全部外资股权 | 12 | 六、关税保护程度 | 2—8 分 |
| 准许全部外资股权但不欢迎 | 10 | 给予充分保护 | 8 |
| 准许外资占大部分股权 | 8 | 给予相当保护但以新工业为主 | 6 |
| 外资最多不得超过股权半数 | 6 | 给予少数保护但以新工业为主 | 4 |
| 只准外资占小部分股权 | 4 | 很少或不予保护 | 2 |
| 外资不得超过股权3成 | 2 | | |
| 不准外资控制任何股权 | 0 | | |
| 三、对外商的歧视和管制程度 | 0—12 分 | 七、当地资金的可供性 | 0—10 分 |
| 外商与本国企业一视同仁 | 12 | 完善的资本市场,有公开的证券交易所 | 10 |
| 对外商略有限制但无管制 | 10 | | |
| 对外商有少许管制 | 8 | 有少量当地资本,有投机性证券交易所 | 8 |
| 对外商有限制并有管制 | 6 | | |
| 对外商有限制并严加管制 | 4 | 当地资本少,外来资本不多 | 6 |
| 对外商严格限制并严加管制 | 2 | 短期资本极其有限 | 4 |
| 禁止外商投资 | 0 | 资本管制很严 | 2 |
| | | 高度的资本外流 | 0 |
| 四、货币稳定性 | 4—20 分 | 八、近五年的通货膨胀率 | 2—14 分 |
| 完全自由兑换 | 20 | 低于1% | 14 |
| 黑市与官价差距小于1成 | 18 | 1%—3% | 12 |
| 黑市与官价差距在1—4成 | 14 | 3%—7% | 10 |
| 黑市与官价差距在4成—1倍 | 8 | 7%—10% | 8 |
| 黑市与官价差距在1倍以上 | 4 | 10%—15% | 6 |
| | | 15%—30% | 4 |
| | | 高于30% | 2 |
| | | 总分 | 8—100 分 |

从斯托色夫提出的投资环境等级评分法的表格中可以看出,其所选取的因素都是对投资环境有直接影响的、为投资决策者最关心的因素,同时又都具有较为具体的内容,评价时所需的资料易于取得又易于比较。在对具体环境的评价上,采用了简单累加计分的方法,使定性分析具有一定数量化的内容,同时又不需要高深的数理知识,比较直观,简便易行,一般的投资者都可以采用。在各项因素的分值确定方面,采取了区别对待的原则,在一定程度上体现出了不同因素对投资环境作用的差异,反映了投资者对投资环境的一般看法。这种投资环境评估方法有利于使投资环境的评估规范化。但是,这种评估方法也存在三个缺陷:一是对投资环境的等级评分带有一定的主观性;二是标准化的等级评分法不能如实反映环境因素对不同的投资项目所产生的不同影响;三是所考虑的因素不够全面,特别是忽视了某些投资硬环境方面的因素,如东道国交通和通信设施的状况等。

(四) 动态分析法

投资环境不仅因国别而异,在同一国家内也会因不同时期而发生变化。因此,在评估投资环境时,不仅要考虑投资环境的过去和现在,还要预测环境因素今后可能出现的变化及其结果。这对企业进行对外直接投资来说是十分重要的,因为这种投资短则 5 年或 10 年,长则 15 年或 20 年以上,有的甚至是无期限。这就需要从动态的、发展变化的角度去分析和评估投资目标国的投资环境。美国道氏化学公司从这一角度出发制定并采用了动态分析法评估投资环境(见表 4-4)。

表 4-4 投资环境动态分析法

| 1. 企业现有业务条件 | 2. 可能引起变化的主要原因 | 3. 有利因素和假设的汇总 | 4. 预测方案 |
|---|---|---|---|
| 评价以下因素:<br>(1) 经济实际增长率<br>(2) 能否获得当地资产<br>(3) 价格控制<br>(4) 基础设施<br>(5) 利润汇出规定<br>(6) 再投资的自由<br>(7) 劳动力技术水平<br>(8) 劳动力稳定性<br>(9) 投资优惠<br>(10) 对外国人的态度<br>⋮ | 评价以下因素:<br>(1) 国际收支结构及趋势<br>(2) 被外界冲击时易受损害的程度<br>(3) 经济增长相当于预期目标的差距<br>(4) 舆论界和领袖观点的变化<br>(5) 领导层的确定性<br>(6) 与邻国的关系<br>(7) 恐怖主义的骚扰<br>(8) 经济和社会进步的平衡<br>(9) 人口构成和人口变动趋势<br>(10) 对外国人和外国投资的态度<br>⋮ | 对前两项进行评价后,从中挑选出 8—10 个在某国某项目能获得成功的关键因素(这些关键因素将成为持续跟踪评估的指数或继续作为投资环境评价的基础) | 提出 4 套国家或项目预测方案<br>(1) 未来 7 年中关键因素造成的"最可能"方案<br>(2) 若情况比预期的好,会好多少?<br>(3) 若情况比预期的糟,会如何糟?<br>(4) 会使公司"遭难"的方案 |

　　道氏公司认为其在国外投资所面临的风险可分为两类:第一类是"正常企业风险",或称"竞争风险"。例如,竞争对手也许会生产出一种性能更好或价格更低的产品。这类风险存在于任何基本稳定的企业环境中,它们是商品经济运行的必然结果。第二类是"环境风险",即某些可以使企业环境本身发生变化的政治、经济及社会因素。这类因素往往会改变企业经营所必然遵循的规则和采取的方式,对投资者来说这些变化的影响往往是不确定的,它可能是有利的,也可能是不利的。这样,道氏化学公司把影响投资环境的诸因素按其形成的时间及作用范围的不同分为两部分:一是企业现有的业务条件;二是有可能引起这些条件变化的主要原因。这两部分又分别包括 40 项因素。在对这两部分因素做出评价后,提出投资项目的预测方案并进行比较,从而选择出具有良好投资环境的投资场所,在此投资经营将会获得较高的投资利润。表 4-4 中第一栏是企业现有业务条件,主要对投资环境因素的实际情况进行评价;第二栏是可能引起变化的主要原因,主要考察社会、政治、经济事件今后可能引起的投资环境变化;第三栏是有利因素和假设的汇总,即在对前两项评价的基础上,找出 8—10 个使投资项目获得成功的关键因素,以便对其连续地进行观察和评价;第四栏是预测方案,即根据对未来 7 年中的环境变化的评估结果提出 4 套预测方案供企业经营决策时参考。道氏化学公司的动态分析以未来 7 年为时间长度,这是因为该公司预计投资项目投产后的第 7 年是盈利高峰年。

动态分析法有优点也有缺点,它的优点是充分考虑了未来环境因素的变化及其结果,从而有助于公司减少或避免投资风险,保证投资项目获得预期的收益;它的缺点是过于复杂,工作量大,而且常常带有较大的主观性。

(五)加权等级评分法

加权等级评分法是前面介绍的投资环境等级评分法的演进,该方法由美国学者威廉·戴姆赞于1972年提出。企业在运用这种评估方法时大体上分三个步骤:第一步,对各个环境因素的重要性进行排列,并给出相应的重要性权数;第二步,根据各环境因素对投资产生不利影响或有利影响的程度进行等级评分,每个因素的评分范围都是从0(完全不利的影响)到100(完全有利的影响);第三步,将各个环境因素的等级评分得分乘上相应的重要性权数,然后进行加总。表4-5就是采用加权等级评分法对甲、乙两国投资环境进行评估和比较的情况。按照总分的高低,可供选择的投资目标国被分为以下五类:① 投资环境最佳的国家;② 投资环境较好的国家;③ 投资环境一般的国家;④ 投资环境较差的国家;⑤ 投资环境恶劣的国家。

表4-5 投资环境加权等级评分法

| 按其重要性排列的环境因素 | 甲国 重要性权数 (1) | 甲国 等级评分 0—100 (2) | 甲国 加权等级评分 (3)=(1)×(2) | 乙国 重要性权数 (1) | 乙国 等级评分 0—100 (2) | 乙国 加权等级评分 (3)=(1)×(2) |
|---|---|---|---|---|---|---|
| 1. 国家风险(财产被没收的可能性) | 10 | 90 | 900 | 10 | 55 | 550 |
| 2. 动乱或战争造成损失的可能性 | 9 | 80 | 720 | 9 | 50 | 450 |
| 3. 本金返回 | 8 | 70 | 560 | 8 | 50 | 400 |
| 4. 政府的歧视性限制 | 8 | 70 | 560 | 8 | 60 | 480 |
| 5. 在当地以合理成本获得资本的可能性 | 7 | 50 | 350 | 7 | 90 | 630 |
| 6. 政治经济稳定性 | 7 | 80 | 560 | 7 | 50 | 350 |
| 7. 资本收益的返回率 | 7 | 80 | 560 | 7 | 60 | 420 |
| 8. 货币稳定性 | 6 | 70 | 420 | 6 | 30 | 180 |
| 9. 价格稳定性 | 5 | 40 | 200 | 5 | 30 | 150 |
| 10. 税收水平 | 4 | 80 | 320 | 4 | 90 | 360 |
| 11. 劳资关系 | 3 | 70 | 210 | 3 | 80 | 240 |
| 12. 政府对外来投资的优惠待遇 | 2 | 0 | 0 | 2 | 90 | 180 |
| 加权等级总分 | | | 5 360(最高7 600分) | | | 4 390(最差0分) |

表中甲国的加权等级总分为5 360分,大于乙国的4 390,这意味着甲国的投资环境优于乙国的投资环境。如果公司要在甲、乙两国之间选择投资场所,则甲国是比较理想的选择。

(六)抽样评估法

抽样评估法是指对东道国的外商投资企业进行抽样调查,了解它们对东道国投资环境的一般看法。其基本步骤是:① 选定或随机抽取不同类型的外商投资企业,列出投资环境评估要素;② 由外商投资企业的高级管理人员进行口头或书面评估,评估通常采取回答调查问卷的形式。

国际投资者可以通过这种方法了解和把握东道国的投资环境;同时,东道国政府也可采取这种方式来了解本国投资环境对外国投资的吸引力,以便调整吸收外资的政策、法律和法规,改善本国的投资环境。组织抽样评估的单位通常是欲从事国际投资活动的企业或国际咨询公司,也可以是东道国政府的有关部门或其委托的单位。

抽样评估法的最大优点是能使调查人得到第一手信息资料,它的结论对潜在的投资者来说具有直接的参考价值;缺点是评估项目的因素往往不可能列举得很多,因而可能不够全面。

（七）体制评估法

体制评估法是香港中文大学闵建蜀教授于1987年提出的。这种方法不局限于各种投资优惠措施的比较,而是着重分析政治体制、经济体制和法律体制对外国投资的政治风险、商业风险和财务风险所可能产生的直接影响,并指出企业的投资利润率不仅仅取决于市场、成本和原材料供应等因素,而且取决于政治、经济和法律体制的运行效率。

在体制评估法中,闵建蜀确立了五项评价标准,即稳定性、灵活性、经济性、公平性和安全性。这些标准反映了一个国家政治与行政体制、经济体制和司法体制的运行效率,它对外国投资的政治风险、商业风险和财务风险将产生直接的影响,从而关系到外资企业能否实现其投资的利润目标。

**阅读专栏** 《2016营商环境报告》概要和重点内容

概要

《2016营商环境报告:衡量监管质量和有效性》:世界银行的旗舰性出版物,作为每年出版一次的第13期的报告,旨在衡量监管法规是有助于推动或是会限制商业活动。《营商环境报告》应用量化的指数分析了189个经济体,从阿富汗到津巴布韦的商业监管法规和财产保护。

《营商环境报告》衡量影响一项商业经营的11个领域的法规。今年的营商难易程度排名涵盖了10个领域:开办企业,办理许可,获得电力,财产登记,获得贷款,保护少数投资者,纳税,跨境贸易,合同履行和办理破产。《营商环境报告》也衡量劳动市场法规,但今年的排名不以其为依据。

《2016营商环境报告》的数据搜集止于2015年6月1日。指数被应用于分析经济后果并且指出什么样的商业法规改革发生了作用,在什么地方以及为什么发生了作用。今年的《营商环境报告》继续其2年计划的对10项《营商环境报告》指数中的8项指数的提升,以配合完善其强调法规的有效性并重点关注法规的质量。

重点内容

《2016营商环境报告:衡量监管质量和有效性》发现:在去年,有122个经济体的创业者发现了其各自当地监管系统的提升。自2014年6月至2015年6月,该报告衡量全球范围189个经济体,记录了231项商业改革。在为了减少监管过程的复杂性和花费的2014/2015改革中,最普遍的发生于开办企业领域,与前一年相同;次之的是在纳税、获得电力和财产登记领域。

在2014/2015年,在《营商环境报告》关注的领域中提升最多的经济体是:哥斯达黎加、乌干达、塞浦路斯、毛里塔尼亚、乌兹别克斯坦、哈萨克斯坦、牙买加、塞内加尔和贝宁。这10个提高最多的经济体共推行了39项使营商更容易的改革。

撒哈拉以南非洲在2014/2015所推动的使营商更为容易的法规改革占到了所有法规改革的30%。欧洲和中非紧随其后。促进非洲商业法律统一化组织的成员国突出地活跃：去年一年17个经济体中的14个施行了商业法规改革，总共有29项改革。其中，24项改革降低了监管程序的复杂性和花费，另外5项加强了法律机构。

本年度的报告在4个指标中新增了质量指标：财产登记、建筑许可证、获得电力供应和执行合同。另外，跨国界贸易指标得到了修正以提高其相关性。相关的案例研究侧重分析各个经济体的首要出口产品，以普遍的制造产品（汽车配件）作为进口产品，并且以各经济体的最大贸易伙伴作为进出口对应方。

该报告包含了总共7例案例研究：5例侧重在今年新引进的或扩展了的法律和监管方面的指数，包含范围有建筑许可证、获得电力供应、财产登记、跨境贸易和执行合同。另两例分析其他相关方面的历史数据。

资料来源：http://chinese.doingbusiness.org/reports/global-reports/doing-business-2016。

## 第二节 国际证券投资分析

### 一、证券投资策略

(一) 投资对象的选择

选择证券投资对象是一项非常复杂的工作。选择投资股票还是债券；如果选择投资股票，应选择哪一类股票，优先股还是普通股；如果选择投资债券，应选择哪一类债券，政府债券还是公司债券或金融债券等。选择正确的投资对象是证券投资者能否获取收益的关键一环。为了使投资者做出正确的投资选择，投资者在选择投资对象时应遵循以下四个原则：

(1) 安全性，即确保投资本金的安全。投资的收益与风险是成正比的，投资者应尽量将风险降到最低限度。

(2) 收益性，即投资者能得到的预期收益。获取收益是投资者的投资动机，投资者所选择的投资对象，必须能使预期的收益达到最低限度。

(3) 增值的潜在性，即增值性。投资者应投资于能使自己的资本不断增值的证券。

(4) 变现性，即投资者应选择变现性强的证券，以利于投资者在市场或所购买的证券本金出现不测的情况下随时将其购买的证券脱手变现。

基于上述四个原则，投资者在选择投资对象时，还应考虑以下十个因素：① 发行证券企业的历史背景和发展前景；② 发行证券企业的生产能力和管理水平；③ 发行证券企业经营的多元性；④ 发行证券企业的规模及在同行业中的地位；⑤ 发行证券企业的研究与发展规划；⑥ 发行证券企业的专利产品和商标的知名度；⑦ 发行证券企业的产品受国际贸易的影响；⑧ 发行证券企业的产品在市场上的竞争情况与价格变动的趋势；⑨ 发行证券企业的盈利状况；⑩ 发行证券企业的所在国政府对该企业所经营业务的态度。

(二) 投资时机的选择

证券投资，尤其是股票投资，对时机的选择极为重要。所谓时机，并不是一个点的概念，而是一个阶段或期间的概念，因为股市的走势是连续的，日复一日，永不停止。选择投资时机最基本的原则是"低价进、高价出",即在证券价格较低时买进,价格较高时卖出,以取得买卖差价的收益。这一原则从理论上看是正确的,但在实际操作中很难准确地做到恰到好处地"低进高出"。

在不断变化的证券市场上,什么时候算是某种证券的最低价,什么时候是某种证券的最高价,是很难进行判断的。因为证券尤其是股票的价格变化无常,有时股价虽已涨到很高的位置,但可能还会连续上涨,有时股价跌到很低的点位时可能还会继续下跌。实际上,投资者在选择投资时机时,并不一定在最高价时卖出、在最低价时买进,而只是在接近最高价时卖出,在接近最低价时买进。其具体做法是,投资者只求选定一个理想的价格时机,在某种证券跌到某一约定的价格时买入该种证券,在升到某一约定的价格时卖出该种证券,便可以获得长期持股的最佳收益。

(三) 证券投资策略

在证券投资中,投资者要承担一定的风险,这就需要投资者运用适当的投资策略来避免或减少这些风险。证券投资的策略方法很多,下面将介绍最常见的几种。

1. 固定比例投资法

固定比例投资法是指投资者使其持有的固定收入的证券(债券或优先股)与收益不固定的证券(普通股)保持一个固定的比例。这种做法实际上是把证券分为两个部分,即固定收益的证券和非固定收益的证券。投资者可以根据自己的偏好和动机来确定投资于这两部分证券的比例。如果投资者思想保守且怕担风险,可将用于投资固定收益证券的比例定高些;如果投资者勇于冒险并图大利,便可将投资于非固定收益证券的比例定高些。在采用这种投资策略时,如果投资者所持有的股票市价总额超过了计划金额的比例,可以卖出超出部分的股票,买进债券;如果投资者所持有的股票市价总额低于计划金额的比例,应买进股票,卖出债券,以维持固定的投资比例。这种做法适用于投资数额较大的投资者。

2. 变动比例投资法

变动比例投资法是指投资者对投资固定收益的证券和非固定收益的证券的比例不加以固定,而是随着市场的变动对上述两类证券的投资比例不断进行调整。其具体做法是,投资者首先确定代表股价波动长期趋势的中心价格,在短期股票买卖中,当股价高于中心价格时,卖出股票,买进债券,即加大债券的投资比例,减少股票的投资比例;当股价低于所确定的中心价格时,则应买进股票,卖出债券,即加大股票的投资比例,减少债券的投资比例。这种做法可以稳定和增加投资者的投资收益。

3. 降低成本投资法

降低成本投资法亦称"拨档子"投资法。所谓"拨档子",是指投资者先卖出自己的持股,等价位下降后再补进。其具体做法有两种:一种是投资者在行情上涨一段后卖出股票,等股价回降后再买回来,其目的是以多头来推动股价行市上涨。见价位上涨或遇到沉重的压力时就卖出股票,即挺升行进间拨档,以便股价回跌时再买进。另一种是在股价行市刚下跌时,趁价位高卖出股票,即滑降间拨档,等价位跌到一定程度后再补进,其目的是以空头促进其股价下滑,以便价低时买进。"拨档子"的间隔时间一般不会很长,最短的只有一两天,最长也不过一两个月。股票投资的大户常常采用"拨档子"策略。投资者在采用这一做法时应见好就收,否则会压低行情,使他人渔利。

4. 顺势投资法

顺势投资法就是投资者顺着股市的走势进行买卖。当整个股市走势向上时,应买进股票;当股市走势向下时,应卖出股票。实践证明,采用顺势投资法的效果大都较好。在采用该种投资法的时候,一定要把握股市走势的阶段,以防对股市趋势的判断错误,如在判断股市趋升以后大量买进股票,但实际上在买进时,股市已升到了回头的边缘,导致被多头套住;在判断股市趋跌后,大量卖出股票,但这时实际上已降到回升的边缘,结果被空头套住。这种方法只适用于小本经营的投资者。

5. 等级投资法

等级投资法的具体做法是,首先按价格确定股票的等级,如确定股价上升1元、2元或3元等为一个等级,当股价每上升一个等级时,就买进一定数量的股票。如某投资者把等级的幅度确定为2元,在股价为每股20元时购得1 000股,待每股降到18元时购得1 000股,待每股继续降到16元时又购得1 000股,即平均每股的买进价为18元。此后股价可能开始回升,当每股升至18元时卖出1 000股,待每股升到20元时又卖出1 000股,待每股升到22元时将最后的1 000股卖出,即每股平均卖出价为20元,因此该投资者每股赚2元,共赚6 000元。这种做法可以避免一次性出售而损失较大的既得利益。采用这种做法的投资者也可不必过虑时机的选择,这种做法只适用于价格波动不定的股票,不适合持续上升或持续下降的股票。

6. 以静制动投资法

以静制动投资法的做法是,在股市行情起伏不定时,投资者应选择购买涨幅较小的股票,如果投资者觉得对此难以准确判断,便可利用撒网的方法进行投资,即买进市场上挂牌而且每天均有成交的所有或多数股票,每种只买一个单位或几个单位。如果投资者感到资金不足,可以在每个行业中选择一种购买一个单位。此后,将涨到一定程度的股票卖出,把跌到一定程度的股票买进,投资者便可由此获利,即使出现亏损,也不会亏得很多。采用这种方法的投资者只有在股价有升有降时,获利的可能性才较大。因此,采用这种策略的投资者要注意不要购买过分冷门的股票。必须排除外界干扰并有不赚不卖的决心,而且只有在经济较为景气、股市行情虽有波动但总趋势为上升的情况下才能采用这种方法。

## 二、证券投资基本分析

证券投资的基本分析包括经济分析、行业分析和公司分析。在证券市场中,不同的投资主体有不同的目的和行为方式。作为证券投资者,在投资前,应试图找出证券的"价值",并通过证券价格与"价值"对比,来决定交易策略。作为证券供给者的政府和企业,应主要考虑如何提供信用高、效益好、风险低的债券和股票;作为证券经营者,应主要考虑如何更好地为投资者买卖证券服务;作为证券管理者,应主要考虑如何保证证券投资活动中的公平、公正与高效,防止一切不正当交易,维护市场秩序,保护投资者的利益;作为证券投资者,应着重考虑如何选择最有利的时机进行证券投资活动,提高预期证券收益,并尽可能降低投资风险。基本分析的第一步就是判断投资的经济环境,包括国内外的经济状况及前景,其目的在于选择适当的投资机会并确定投资种类,如高风险投资还是低风险投资。

经济状况对证券投资有极大影响。一般来说,当经济稳步增长、发展前景看好时,投资于普通股较理想;而当经济前景暗淡时,投资于固定收入的债券则较安全。无论是发行人、管理人,还是投资人,除了要具备证券市场的丰富知识和经验以外,还应当对整个宏观经济和经济周期有一个较全面的了解。

基本分析的功能在于确定证券投资的"大气候"。但大气候并不排除小气候和每天天气的状况,这就说明了基本分析中的宏观经济分析不能代替行业分析和公司分析等微观分析。对宏观经济形势有一个正确的认识与预测,证券投资活动就等于取得了一半的成功。所以了解证券市场与整个国民经济之间的相关性,对于投资者而言是相当重要的。因此,分析证券市场与整体经济的关联性,对未来经济走势和周期的预测研究,是从事证券投资尤其是股票投资的必备条件。

(一) 宏观经济分析

1. 宏观经济状况分析

就分析和预测证券市场的前景来说,宏观经济状况分析是不可缺少的,因为一国的国民经济是一个有机的整体,不同部门、行业之间相互制约,它们的发展速度取决于国民经济的状况和政府的财政金融政策。证券市场也同样受到宏观经济和政府政策的制约。分析宏观经济状况,主要应分析 GNP、GDP、货币政策和财政政策。

(1) 经济指标分析

分析国民经济状况最主要的指标是国民生产总值(gross national product,GNP)。GNP 是一国在一定时期内生产的最终产品(包括商品和劳务)的市场价值的总和。GNP 有名义价值和实际价值之分。而在通货膨胀情况下,名义价值大于实际价值。为了反映 GNP 的实际增长情况,各国常用不变价格来衡量真实 GNP 的增长情况。如果 GNP 的真实价值持续增长,投资普通股的股东收益率将大大提高;如果名义 GNP 不断增长,而真实价值不变甚至下降,则说明国民经济步入滞胀,此时的投资者不宜投资普通股。

GNP 被认为是综合反映一个国家经济活动的最概括、最主要的指标,其内容是综合反映一国在一定时期(一般是一年)内以市场价格表示的所生产的产品和服务的总量。这个指标的内涵是指明在一定时期内所生产的总值如何在国民经济各部门间分配和使用的,所以 GNP 可以从三个方面来计算。第一种是生产法,即从生产方面来计算 GNP。计算的方法就是把各个企业(或部门)在一年内所生产的产品或所提供的劳务的价值相加,从中减去所消耗的产品和劳务的价值,其余额就是企业(或部门)在一年内所增加的价值。然后把所有企业(或部门)新增加的价值加总,即求得一国在一年中所生产的 GNP。这种计算方法显示了整个国民经济在一年内所增加的产品和劳务的价值总和。第二种是收入法,就是从分配角度计算 GNP。计算的方法是将生产要素所有者和政府所获得的收入相加。具体的计算方式是把在生产产品或提供劳务过程中所产生的雇用人员的报酬、非公司企业的业主收入、公司利润、净利息、租金收入、固定资产折旧和间接税相加,求得 GNP。收入法亦可称为成本法,因为一个国家如果把生产所需的全部支出相加,同样可以求得 GNP。第三种是支出法,即从使用方面来计算 GNP。计算的方法是把个人、企业、组织和政府一年内购买社会最终产品和劳务的支出相加,所得出的数据就是 GNP。目前发达国家计算 GNP 多采用支出法。GNP 的预测需要大量数据和信息,因此,单个投资者无法进行。但各国都有专门机构预测 GNP 的变动情况,投资者可直接利用它们的预测结果。GNP 按支出划分,可分为私人消费、私人投资、净出口、政策购买。私人消费包括购买耐用消费品、非耐用消费品和劳务支出。例如,如果投资者发现造纸原料紧俏,那么投资者应预测出造纸企业的股价可能会上涨。私人投资包括固定资产和存货投资,投资者可从它们出现的周期性波动中得到有用的信息。例如,抑制通货膨胀的有效做法就是压缩基础建设项目。因此,在通货膨胀日益恶化的情况下,投资者就可以预测到建材和基础设施板块的股票可能会下跌。相反,在经济稳步增长时期,这些行业的股票往往会上涨。

国内生产总值(gross domestic product,GDP)是了解国家宏观经济的另一指标。GDP 是指在国内一年所生产的产品和劳务的价值,它包括了本国或外国企业在东道国创造的产值。在国外生产本国消耗掉的不计算在内,而在国内生产但输出到国外的则包括在内。一国的 GDP 实际上是在一国的领土范围内,本国居民和外国居民在一定时期内所生产的,以市场价格表示的产品和劳务的总值。也就是在一国的 GNP 中,减去"国外要素收入净额"以后的社会最终产值(或增加值)以及劳务价值的总和。一个国家 GDP 的高低直接关系到经济的状况,如果一国的 GDP 较高,尤其外资所占的产值比例较大,说明该国的投资环境好,外资涌入较多,预示着未来一段时间经济增长能够保持较高的水平,失业率也会较低。经济的繁荣必然会导致未来股价的上涨。

(2) 货币金融政策分析

货币金融政策是各国政府调控国民经济的重要手段之一。货币政策的变化直接影响着国民经济结构、发展速度、企业规模和效益、居民收入、通货膨胀、利率以及市场运行等各个方面,自然对证券市场也会产生直接的影响。尤其是在向市场经济转变的过程中,货币金融政策的影响力远远大于财政政策。如紧缩时期,由于银根普遍抽紧,资金普遍紧张,进入股市的资金明显减少,减轻了股市的竞购压力,使股市长时期处于低迷状态。可以预见,随着改革开放的深入,社会主义市场经济体制的建立和运行,我国货币金融形势对股市将会产生更深刻的影响。具体可从以下几个方面来观察:

**货币供应量**　货币供应量充溢,必然引发股价上涨;货币供应量减少,则必然导致股价下跌。当然,货币供给量的过度增加又会引发通货膨胀,而通货膨胀经常是造成股市混乱的根源。这主要表现在通货膨胀除了会促使人们为了避免损失而竞购股票,并导致股价上涨以外,还会使企业生产成本相对增加,经营恶化;而政府实行货币紧缩政策时,又会使企业资金周转出现困难,进而导致一些公司倒闭,股价随之下跌。

**利率**　利率是影响股市走势最敏感的因素之一,其具体表现在以下几个方面:

第一,当利率上升时,公司的借款成本增加,公司可能会减少生产,未来预期的利润将下滑,股票价格也将下降;当利率下降时,公司的借款成本下降,生产规模也将会随之扩大,未来预期的利润将会上升,股票价格也会随之上升。

第二,利率调高以后,投资者会将一部分资金从证券市场转向银行,导致股票下跌。如果将利率调低,投资者又会将证券市场转出的资金或新增资金从银行转入证券市场,使股价上升。

第三,利率上升时,投资者评估股票价值所用的折现率也会抬高,股票价格会因此下降;反之,则使股价上升。

总之,利率对股票价格的影响不仅是明显的,而且反应非常迅速。因此,要把握股票价格的走势,首先要对利率政策的变化进行全面的分析。影响利率变动的主要因素有货币供应量、中央银行贴现率和存款准备金比率。

**汇率**　汇率变动也是影响股票价格走势的一个重要因素。汇率也是各国政府调控宏观经济的一种手段,即使实施浮动汇率制度的国家,其政府也常根据国内外经济的实际情况的变化对汇率进行必要的调整。在一般情况下,本国货币升值,不仅抑制了出口,还促进了进口。这实际上导致本国企业的国际竞争力下降,失业增加,从而引发股市下跌;如果本国货币贬值,会刺激出口,抑制进口,降低了本国企业的生产成本,进而使股价大幅度上升。

（3）财政政策分析

财政政策同货币政策一样，都是市场经济中最重要的宏观调控手段。虽然财政政策对证券市场的影响小于货币政策，但其影响的长期性和广泛性是不可小视的，这种影响也必然会反映到证券市场上来。因此，财政政策已成为证券投资者进行证券投资分析的主要工具之一。对投资者来说，影响股市变化的因素有以下几种：

**调控经济总量** 20世纪30年代以后，西方发达国家采用凯恩斯的财政政策作为调控经济的手段，重点运用政府支出和税收手段调节经济总收入和总产出，以此来达到实现高度就业及防止通货膨胀的目的。发达国家严格控制国民经济总量，政府、企业和消费者个人的总收入额应等于这三个部门的最终产品支出额。而企业和消费者个人的收入额和支出额在很大程度上取决于政府的财政政策。在政府采取紧缩的财政政策时，税收增加、开支减少，全社会的收入也会随之减少；而采用扩张性的财政政策时，税收减少、财政支出增加，全社会的可支配收入也相应增加。所以财政收支规模和结构对国民收入总量有着重要影响，而且根据乘数原理，增加一笔投资会带来大于增加额数倍的国民收入增加额，这种作用是倍数累积发生的。采取不同的财政政策，会导致经济增长、通货膨胀、就业状况的变化。上述的变化都会影响股市的运行方向。

**公共工程投资政策** 发达国家政府经常运用公共工程项目的投资来调控经济。当经济出现萧条时，政府会增加公共工程的投资，以解决有效需求不足的问题。当经济过热时，政府为防止通货膨胀，会减少公共基础设施的投资。这种做法对相关的产业和企业影响巨大，对经济的发展速度也有较大影响。这些政策的变化都会反映在股票行情中。因此，准确预测政府财政政策的走向对准确做出投资决策是非常重要的。

**公债政策** 公债政策是政府弥补财政赤字和调节宏观经济的主要手段，发行公债，增加或减少发行公债的数量都会对股市造成直接的影响。在货币发行总量一定的条件下，公债发行的数量、期限、利率及其流动性都将直接影响证券市场。政府的公债发行量过大，会造成证券市场上的资金相对短缺，公债利率的调高会把更多的投资资金转移到银行，债券流动性的增强也会吸引很多资金。资金面的变化，也会反映在证券市场的股价上。

**税收政策** 税收政策也是政府调控宏观经济的最有效的财政手段之一。税收政策在以下两个层面上对证券市场产生影响：一是通过增加或减免税收来调节经济总量，促使经济扩张或紧缩，从而影响股市动态；二是通过提高或降低证券交易的印花税来调控证券市场，印花税提高，会刺激股市的上扬，印花税降低，又会造成股市的下跌。

2. 经济周期分析

证券市场素有"经济晴雨表"之称。因为经济的运行过程是呈现周期性变化的，这些变化主要由各种因素的影响导致。通常我们把经济周期分成四个阶段：上升期、高涨期、下降期和停滞期。在某一段时期内，如果生产、销售和就业率的上升致使各项经济指标都较高，则说明经济处于经济周期的繁荣阶段；在经历了经济繁荣之后，必然会出现生产过剩，从而导致生产下降、销售额大幅度减少和失业率上升，经济便进入衰退阶段；此后的生产、销售和就业率均维持在较低的水平，并同时出现企业大量倒闭的现象；在经历了一段萧条之后，产量和销售额均开始回升，失业率也开始减少，经济进入复苏阶段；复苏之后经济又重新进入高涨阶段，从此开始了新一轮的经济周期。

经济周期对证券市场的影响是巨大的。当经济进入繁荣时期时，投资者对企业的前景预期看好，开始大量买入股票，股价因此迅速上涨，尤其是产品消费弹性大的企业的股票上涨得更为迅猛,此时场外资金开始大量进入股市,股价的快速上涨当然也是经济过热的反映,当股价涨至大大超出了公司实际价值时,过热的经济也开始被众多的投资者认识,于是他们又开始在高位大量抛售股票,从而造成股价狂跌,实际上股价的这种狂跌也是对经济陷入衰退的一种预示,在经济萧条阶段股价处于低位,成交低迷,股市陷于"熊市"。在经济进入复苏阶段以后,股价慢慢盘升,成交逐渐活跃,这也意味着"牛市"的来临。经济周期对各行业的影响是不一样的,有些行业(如耐用消费品行业)周期性特征很明显,而有些行业(如公用事业、生活必需品行业)的周期性特征不太明显,这也必然反映在股价的走势上。因此,投资者应做好经济周期预测,以便在经济走向繁荣时及早并准确地做出投资决策。

3. 指标分析

预测经济的走势,必须根据宏观经济和经济周期来判断,而判断宏观经济和经济周期又必须依据一些能反映未来经济走势的指标。这些指标主要包括以下几种:

(1) 反映经济发展速度的指标,主要包括 GNP、国民收入、工业产值、经济效益、投资规模、增长速度等。上述指标逐月或逐年处于上升态势,说明经济会进入复苏或高涨,这时投资者应考虑买入股票;如果上述指标逐月或逐年处于下降态势,说明经济将会进入萧条,这时投资者应考虑卖出股票。

(2) 反映投资规模和投资效益的指标。投资的对象分公共部门和非公共部门两大类。对公共部门的投资一般是由中央政府与地方政府出资,主要领域是交通、能源等公共设施领域,这仅意味着某一投资区域环境的改善,并对该区域经济发展的影响较大,对股市和整个国民经济的影响有限。这类投资增长,尤其在某一行业或某一地区这类投资的增加,意味着该部门和该地区投资环境将得到较快改善,则该部门和该地区的相关股票价格一般会看涨。对非公共部门即产业与工商企业的投资一般都是企业所为。这类投资规模的加大,对整个国民经济的影响较大,这也意味着经济将迎来快速的发展时期,股票价格一般会随之上扬。

(3) 政府购买力指标。政府购买力指标一定要与政府的中短期目标和预算相联系。政府财政支出增长,赤字加大,社会购买力会上升,社会公共消费额会增加,经济会随之走向繁荣;政府削减财政支出,并减少赤字,社会购买力会下降,社会公共消费额会减少,经济会随之出现下滑。

(4) 个人消费指标。个人消费指标主要体现在个人消费水平和消费结构的变化上,社会商品、消费额的增加和消费档次的提高都是经济进入繁荣时期的重要标志。

(5) 失业率指标。政府调节宏观经济政策的主要目标是保持充分就业。物价稳定、生产上升和经济增长是保持充分就业的前提,但它们之间也有一定的冲突,失业率的下降会增加社会购买力,社会购买力的增加又会促使物价上升,而物价的上升又会使社会购买力下降,生产减少,工厂倒闭,从而使经济陷入萧条。当然,经济周期正是通过这些经济指标的相互作用而引发的。

(6) 商品价格指数。商品价格指数除影响着宏观经济以外,对证券市场的影响最为直接。物价上涨会使投资者消费支出增加,股票投资资金减少,造成证券市场资金相对短缺,股价也会随之走低。

上述经济指标并非同时体现出来的,不同的指标反映经济状况的速度是不同的,如果按照时间的迟早来划分,可分为先行指标、同步指标和落后指标三类。

先行指标是指在总体经济活动变化之前就先行发生变化的那些指标,如货币政策、财政政策、劳动生产率、消费支出、住宅建设、周工时,以及建筑业许可证的发放数量、商品订单等指标,这些指标可用于预测经济周期的波动趋向。

同步指标是指跟总体经济活动同时发生变化的那些指标。同步指标主要有 GNP、公司利润率、工业生产指数、失业率等。这些指标可用于了解经济所处阶段的时间。

落后指标是指在总体经济活动变动之后才发生变化的那些指标。落后指标主要包括存贷款利率、存货水平、资本支出、商品零售额等。

在西方国家,很多政府以及经济预测机构都编制并公布各类综合经济指数,如经合组织的《月刊统计资料》、美国的《现代商业概览》和《美国总统经济报告》,这些资料均可作为投资者预测世界经济的依据。此外,西方一些国家的大学、学术机构、银行和证券机构等也都定期发表它们的预测结果,如麻省理工学院、密歇根大学、芝加哥大学、宾夕法尼亚大学、花旗银行、大通银行、摩根保证信托银行、美林证券公司等。它们的预测结果对投资者预测经济的走势有很高的参考价值。

(二)行业分析

国民经济是一个统一的整体,也可以说它是由各个行业组成的,在宏观经济分析的基础上,还可以通过行业分析找出理想行业上市公司的股票进行投资。行业分析就是通过对各行业市场结构、行业生命周期、政府干预等特征的分析和预测,选择风险小、有发展前景的行业作为投资对象。

1. 行业的概念和分类

所谓行业,是指产品在生产和性能上彼此相互关联,而且很大程度上可以相互替代并区别于其他产业的一种产业群体。国民经济的发展与各产业的景气度有直接的联系,在国民经济的发展中,有的行业与国民经济的发展同步,有的行业增长速度超过国民经济的发展速度,而有的行业则落后于国民经济的增长速度。因此,对行业进行分类更有利于投资者对投资品种的选择。

世界各国为了研究国民经济的结构,便于统计资料的搜集和整理,都对国民经济进行分类。由于各国的社会制度和国情有所不同,分类方法也各异。因研究的目的和要求不同,可以根据不同的分类标准,分成多种多样的类别。我们在此仅就最基本的分类方法做简要的介绍。

(1)道·琼斯分类法。道·琼斯分类法是各证券指数所采用的最为广泛的一种分类方法,是从纽约证券交易所选取有代表性的股票,制定道·琼斯股价指数而采用的一种分类方法。这种分类方法最早将纽约证券交易所上市公司分为工业和运输业两类,工业主要是指采掘业、制造业和商业,运输业主要包括航空、铁路、汽车运输和航运业。后来又划分出了公用事业,包括电话业、煤气业和电力行业。这种三类行业的分法一直沿用至今,并被很多机构在编制股票价格指数时采用。

(2)摩迪证券等公司的分类法。摩迪证券公司把行业划分为银行和金融业、工商业、交通运输业和公共事业四个行业,比道·琼斯多一个行业。司登达玻尔公司的划分,与 GNP 的组成部分结合起来,并与 GNP 的情况相互配合进行分析,该公司门类的划分是:Ⅰ 消费类;Ⅱ 投资类;Ⅲ 出口;Ⅳ 进口;Ⅴ 政府五类。每类中又分大类,例如消费类分为:A. 耐用品;B. 非耐用品;C. 服务业。大类中又分中类,例如耐用品又分为:① 机动车和部件;② 家具和器具;③ 其他耐用品——玩具。机动车和部件再分为若干小类,如:汽车;汽车部件;卡车及部件;轮胎和橡胶产品等。每项小类后面都分别列有该公司编制 500 种普通股票指数的 500 个公司的名称,使投资者对其拟投资在哪一类别中的哪一个公司的股票一目了然。

(3) 标准行业分类法。美国政府制定有标准行业分类,它是根据各行业从事的主要活动划分为 10 个门类:① 农、牧、渔业和林业;② 采矿业;③ 建筑业;④ 制造业;⑤ 运输、交通、电力、煤气和环卫服务业;⑥ 批发和零售商业;⑦ 金融、保险和房地产业;⑧ 服务业;⑨ 政府;⑩ 不分类机构。各个门类也按四级分类法,分成大类、中类和小类。农、牧、渔业代码为 01—09;采矿业代码为 10—14;建筑业代码为 15—17;制造业代码为 19—39……不分类机构为 99。食品和同质产品代码为 20,在这大类中肉类产品代码为 201,在这中类中肉类罐头业代码为 2011 等,各类类别分得很细。美国统计局每年公布的《制造业调查报告》中,发表了有关每个具体行业和部门的企业数量、生产规模和雇员数量等。这些都是投资者进行行业预测可供使用的资料。

(4) 国际标准分类。联合国经济和社会事务部统计局,为了便于汇总各国的统计资料进行对比,曾制定了一个《全部经济活动国际标准行业分类》,简称《国际标准行业分类》,建议各国采用。它的分类方法与美国政府的分类方法类似,也把国民经济划分为 10 个门类:① 农业、畜牧狩猎业、林业和渔业;② 采矿业及土、石采掘业;③ 制造业;④ 电、煤气和水;⑤ 建筑业;⑥ 批发和零售商业、饮食和旅馆业;⑦ 运输、仓储和邮电通信业;⑧ 金融、保险、房地产和工商服务业;⑨ 政府、社会和个人服务业;⑩ 其他。对每个门类再划分为大类、中类、小类。例如,制造业分为食品、饮料和烟草制造业等 9 个大类;食品、饮料和烟草制造业又分为食品业、饮料工业和烟草加工业 3 个中类;食品业中再分为屠宰、肉类加工和保藏业,水果、蔬菜罐头制作和保藏业等 11 个小类,各个类目都进行编码,各个门类用一个数字代表,如制造业为 3,各个大类用 2 个数字代表,如食品、饮料和烟草制造业为 31。各个中类用 3 个数字代表,如食品业为 311—312(因食品业有 11 个小类,第三位数不够用,所以占了两个代码)。各个小类用 4 个数字代表,如屠宰、肉类加工和保藏业为 3111。根据上述编码原则,在表示某小类的四位数代码中,第一位数字表示该小类所属的门类,第一和第二位数字合起来表示所属大类,前三位数字表示所属中类,全部四个数字就表示某小类本身。

(5) 我国对国民经济各行业的划分方法

**两大领域的划分** 国民经济各个部门按其活动成果的性质,划分为物质生产领域和非物质生产领域两大部门集团。一是物质生产部门,即从事生产劳动的部门,即工、农、建筑业、货运业、邮电业和商业;二是非物质生产部门,即满足居民个人和社会集体需要的服务部门,如住房公用事业、文教卫生事业、科学研究和技术服务、金融机构和政府机关等部门。

**三个产业的划分** 按国民经济各个部门发展阶段,划分为第一产业、第二产业和第三产业。第一产业是农业,包括林业、牧业、渔业等;第二产业为工业和建筑业,包括采掘业、制造业、自来水、电子、蒸气、热水、煤气;第三产业主要是指除上述第一、第二产业以外的其他各业。第三产业包括的行业多、范围广,根据我国的实际情况,第三产业可分为两个部分:一是流通部门,二是服务部门。这两个部分可具体分为四个层次。第一层次:流通部门,包括交通运输业、邮电通信业、商业、饮食业、物资供销和仓储业;第二层次:生产和生活服务的部门,包括金融业、保险业、地质普查业、房地产、公用事业、居民服务业、旅游业、咨询信息服务业和各类技术服务业等;第三层次:为提高科学文化水平和居民素质服务的部门,包括教育、文化、广播电视事业、科学研究事业、卫生、体育和社会福利事业等;第四层次:为社会公共需要服务的部门,包括国家机关、党政机关、社会团体以及军队和警察等。

**参照国际标准分类** 为了和国际标准接轨,并结合我国的实际情况,我国于 1984 年颁布了国家标准,即《国民经济行业分类和代码》,把国民经济划分为 13 个部门(门类):a. 农、林、牧、渔、水利业;b. 工业;c. 地质普查和勘探业;d. 建筑业;e. 交通运输、邮电通信业;f. 商业、公共饮食业、物资供销和仓储业;g. 房地产管理、公用事业、居民服务和咨询服务业;h. 卫生、体育和社会福利事业;i. 教育、文化艺术和广播电视事业;j. 科学研究和综合技术服务事业;k. 金融、保险业;l. 国家机关、党政机关和社会团体;m. 其他行业。对每一个部门再进一步划分为大类、中类和小类,与国际上一致,也采用四级分类法。后来又公布了《中华人民共和国国家标准(GB/T4754-94)》,对我国的国民经济行业分类进行了详细的划分。将社会经济活动分为门类、大类、中类和小类四级。门类采用了字母顺序编码法,即用 ABC…表示门类;大中小类依据等级和同质性原则,形成三层四位数字码的产业分类识别系统。但大类在参与层次编码的同时,又采用了数字顺序的编码法,即代码前两位表示大类,代码的前三位和前四位分别表示中类和小类。大的门类从 A 到 P 共 16 类,即 A. 农、林、牧、渔业;B. 采掘业;C. 制造业;D. 电力、煤气及水的生产和供应业;E. 建筑业;F. 地质勘查业、水利管理业;G. 交通运输业、仓储及邮电通信业;H. 批发和零售贸易、餐饮业;I. 金融保险业;J. 房地产业;K. 社会服务业;L. 卫生、体育和社会福利业;M. 教育、文化艺术及广播业;N. 科学研究和综合技术服务业;O. 国家机关、党政机关;P. 其他行业。

**中国证券市场对行业的分类** 我国的证券市场处于起步阶段,其分类还有很多不完善之处,上海证券交易所与深圳证券交易所对上市公司的分类也有所不同,上海证券交易所在编制成分指数时,把上市公司分为工业、商业、地产业、公用事业和综合类五类;而深圳证券交易所则把上市公司分为工业、商业、金融业、地产业、公用事业和综合类六大类。

2. 市场结构分析

根据各行业中生产企业的数量、产品性质、厂商对价格的控制能力、新企业进入该行业的难易程度,以及该行业是否存在非价格竞争等因素,各行业的市场结构分为完全竞争、垄断竞争、寡头垄断、完全垄断四种。

(1) 完全竞争。在完全竞争的市场结构下,该行业的生产企业较多,生产资料可以完全自由流通,企业产品质量差距不大,企业无法控制产品的价格,价格竞争是主要的竞争手段,新的企业能够很容易地进入该行业的市场。例如,农业就属于这种市场结构。

(2) 垄断竞争。在垄断竞争的市场结构下,生产资料可以完全自由流动,该行业的生产企业不一定比完全垄断市场结构下少多少,各企业产品质量差距也不大,企业对产品的价格有一定的控制力但很小,价格竞争虽然还是主要的竞争手段,但各企业同时也会采用非价格竞争,新的企业能够很容易地进入该行业的市场。服装和鞋帽等轻工业品就属于这种市场结构。

(3) 寡头垄断。在寡头垄断的市场结构下,该行业的生产企业为数很少,生产资料难以完全自由流通,各企业产品质量有一定的差距,少数企业在一定程度上控制了该行业产品的价格,非价格竞争是主要的竞争手段,新的企业很难进入该行业的市场。例如,钢铁和汽车等重工业以及资本密集型和技术密集型的产业就属于这种市场结构。

(4) 完全垄断。在完全垄断的市场结构下,该行业的生产企业极少,甚至只有一家,其产品有绝对的不可替代性,新的企业不可能进入该行业,企业通过严格限制产量来调控价格。公用事业、稀有金属的采掘、拥有专利、专有技术等行业则属于这种市场结构。

从竞争程度看,这四种市场结构是依次递减的。一般说来,竞争程度较高的行业,企业倒闭的可能性较大,其产品价格和企业利润受供求关系的影响也较大,因此该行业的证券投资的风险也较大。

3. 行业生命周期分析

任何一种产品都要经历初创、成长、成熟和衰退四个周期,行业也会随着产品生命周期而进入相应的周期。所不同的是,替代产品的出现和高科技的作用可能会使行业周期延长,但随着科学技术的发展,老的行业必然会走向衰退甚至消失。

(1)初创阶段。社会需求层次的提高以及新技术的出现,必然会创造出新的行业,替代传统行业。在某一行业发展之初,即初创阶段,由于开发成本高,技术风险大,市场又狭小,此时从事该行业投资的企业一般利润很低。但随着技术的不断改进和日渐成熟,该行业的市场也逐渐加大,企业利润也逐渐提高,可能会吸引更多的投资者进入该行业,该行业从此进入成长阶段。该阶段的企业风险虽大,但却具有较高的成长性,应该说处于初创期的企业是那些较激进的投资者理想的投资品种。

(2)成长阶段。在成长阶段的初期,某些企业在技术上还具有某种垄断性,只有极少数企业从事该行业的投资和生产,高度垄断所形成的高价给从事该行业投资的企业带来了丰厚的利润,而随着这一阶段后期技术垄断的消失,丰厚的利润会吸引越来越多的企业加入该行业。随着该行业厂商数量的迅速增加,该行业产品的消费需求也开始呈上升趋势。与此同时,随着企业数量的增加和竞争的加剧,经过优胜劣汰,剩下的几乎都是竞争力较强的企业,该行业开始进入稳定期,这一阶段的产量、销售量、利润水平都是持续稳定增长,这一阶段该行业的各项指标的增长率一般会高于整个国民经济的平均水平,因此这一阶段正是企业的低风险高收益阶段,处于这个时期的企业是股票投资者的理想选择。

(3)成熟阶段。一个行业经过相当一段时间的成长期后,随着社会需求层次的进一步提高,以及科学技术的不断进步,可能会出现新的或替代行业。该行业企业的增加,以及社会对该行业产品的需求的日益减少,致使该行业产品出现供大于求,该行业的企业也开始使用价格手段来开拓市场。需求的减少,价格的大幅度下降,利润的逐级降低,投资该行业的企业也开始出现倒闭现象,从而使该行业逐渐走向衰退。此时,该行业的各类经济指标低于国民经济发展的总体指标,由于风险加大,该行业上市公司的股票正在逐渐失去投资价值。

(4)衰退阶段。处在衰退阶段的行业,其市场极度萎缩,生产企业的数量急剧减少,各企业采用包括价格手段在内的所有非价格手段来争取市场份额,该行业可能会走入低谷或逐渐消失,被其他行业取代。从事该行业经营的企业要么宣布破产,要么被购并,要么通过转产其他行业的产品来获取新生。处于该阶段行业企业的股票此时已没有任何投资价值。

在经济景气时选择周期性特征明显的行业进行投资,而在经济衰退时选择周期性特征不明显的行业进行投资。

(三)公司分析

投资者确定了理想的投资行业后,应着手选择目标投资公司,在选择目标投资公司时,主要是通过对目标行业的各上市公司的竞争能力、盈利能力、管理水平、财务状况进行分析,以发现最有价值或最具成长性的投资目标。

1. 公司竞争能力分析

分析目标上市公司竞争能力的强弱主要是分析其在该行业中所占的市场份额,而市场份额则可以通过对公司的销售额、销售额增长率及其销售额前景的分析来判断。

(1)销售额与市场份额。公司销售额及市场份额体现了公司在该行业中的地位,也就是说,公司产品的销售额越大,表明其所占市场份额越大,它在本行业中的地位就越高,对市场的影响力就越大。在一些发达国家,销售额在本行业前几名的公司通常被称为主导公司。主导公司一般在生产规模、生产技术、资本和市场等方面都有一定的优势。

(2)销售额的增长率。如果销售额和市场份额可以体现公司地位和影响力,那么销售额的增长率则可反映公司所处的发展阶段。如果公司的销售额增长率超过全行业平均增长率,而且是连续增长,则说明该公司处于成长期,它的销售额占市场的份额还会继续增加,在市场上的影响力会继续增大。应该说该公司有很大的发展潜力和很好的发展前景,是理想的投资目标。

(3)销售额前景的预测。一般说来,销售额的前景主要从两个方面进行分析:一是企业规模扩张潜力。如果企业资金雄厚、技术实力强,又有加大投资的愿望和举措,则该公司的销售额会有较大幅度的增长。二是该行业在市场上所处的生命周期。如果处于成长期,企业的销售额就会有较大的增长潜力;如果处在成熟期或衰退期,即使该企业雄心勃勃,其销售额也难以有增长的可能性。

2. 公司盈利能力的分析

公司盈利能力的大小是衡量公司未来业绩及好坏的重要指标,其主要可以通过以下几个指标来判断。

(1)毛利率。毛利率是指公司营业利润与营业收入或销售收入的比率。营业利润是指销售收入或营业收入扣除营业费用或商品成本后的余额,其计算公式为:

$$毛利率 = \frac{营业利润}{销售收入(或营业收入)} \times 100\%$$

(2)资产周转率。资产周转率只是衡量公司经济效率的指标。其计算公式为:

$$资产周转率 = \frac{销售收入(或营业收入)}{平均资产总额} \times 100\%$$

其中:

$$平均资产总额 = \frac{期初资产总值 + 期末资产总值}{2}$$

(3)资产报酬率。资产报酬率是指公司平均资产总值所能获得的税后净收益,它可以显示公司的获利能力。其计算公式为:

$$资产报酬率 = \frac{税后净收益}{平均资产总额} \times 100\%$$

(4)销售利润率或营业利润率。销售利润率或营业利润率是衡量公司盈利能力的重要指标,其计算公式为:

$$销售利润率 = \frac{税后净收益}{销售收入} \times 100\%$$

$$营业利润率 = \frac{税后净收益}{营业收入} \times 100\%$$

(5)净资产收益率。它是指税后净收益与股东权益的比率。净资产收益率是股东最为关心的比率。其计算公式为:

$$净资产收益率 = \frac{税后净收益}{股东权益} \times 100\%$$

(6)每股税后利润。每股税后利润用来衡量公司发行在外的每一普通股的平均盈利能力,其计算公式为:

$$\text{每股税后利润} = \frac{\text{税后净收益}}{\text{普通股股数}}$$

上述指标的高低直接决定了公司的盈利能力,盈利能力高的企业,风险相对较小,它们是投资者做出投资决策的重要依据。

3. 公司的管理水平分析

在当今激烈的商业竞争中,公司的管理水平对企业的生存和发展至关重要,特别是公司决策层的经营管理理念和经营能力对公司的发展起决定作用。因此,投资者必须对各公司的管理水平做出分析,以选择具有较好管理水平的公司。公司管理水平的高低可通过下列指标来衡量:

(1) 现任决策层的能力。决策层的能力直接关系到公司今后的前途。例如,美国著名企业家艾柯卡在1978年11月担任克莱斯勒汽车公司总裁的第一天,就使濒临倒闭的该公司的股价比前一天上涨了37.7%,最后该公司的股价从1980年的3美元升至1983年的35美元。这不仅说明了投资者对能力强的领导人抱有很好的预期,还说明了有能力的领导人对公司发展所能起到的作用。

(2) 保持本公司竞争领先优势的能力。如果公司管理部门能使本公司的销售不断增长,并持续高于本行业其他公司,并使其市场份额日益扩大,则说明本公司有较强的管理能力。

(3) 扩张能力。企业的发展过程就是不断壮大的过程,公司如果有足够的资金,就可以通过并购等达到扩张的目的,通过扩张来壮大自己,以保持或扩大原有的市场份额。

(4) 融资能力。融资是公司生存和发展壮大的保证。公司的收益、净资产、净资产收益率和信誉等级等都是公司再融资的基本条件,只有上述指标都达到了要求,才能在证券市场进行股票和债券融资,以确保企业发展所需的资金。

(5) 经营方式。公司是单一经营还是多种经营也是判断公司抗风险能力的指标,在一般情况下,多种经营的风险要小于从事单一经营的企业,而且发展潜力较大。

(6) 管理手段。一个好的企业一定采用了世界上最先进的管理手段,及时地把现代科学技术即计算机、成本管理、质量管理等手段运用到经营管理中。运用现代化的管理手段,会大大地提高管理效率,也反映出领导层的文化层次。

4. 科技开发能力分析

在当今的企业竞争中,企业的发展一般靠科研开发,科学技术开发能力标志着公司的竞争能力和发展潜力。科技开发的具体成果就是确立公司本身的"拳头产品"。不断地推出"拳头产品"就是企业生存和发展的保障,也是企业在国际市场上久负盛名的基础。

5. 公司财务状况分析

(1) 公司短期财务状况分析。公司短期财务状况分析的目的是判断公司支付到期债务的能力,它要求公司保持适度的流动性。公司的流动性既不宜过多,也不宜过低。过多的流动性会使公司的盈利水平偏低,过少的流动性则可能使公司因无法偿还到期债务而破产。其衡量的具体指标是流动比率和速动比率。

流动比率是指流动资产与流动负债的比率,它是衡量公司偿还短期债务能力的重要指标。其计算公式为:

$$\text{流动比率} = \frac{\text{流动资产(净)}}{\text{流动负债}}$$

流动比率是衡量短期偿债能力最概括、最通用的比率。式中，流动资产包括现金、应收账款、有价证券和存货，流动负债包括应付账款、应付票据、短期债务、应付税款和其他短期应付费用。流动比率越高，说明公司支付流动负债(即短期负债)的能力越强。但流动比率太高会影响公司的盈利水平。一般说来，2:1的流动比率较为适当。但我们也应注意不同行业的企业应有不同的标准。

速动比率，又称酸性试验比率，是用以补充说明流动比率的指标。其计算公式为：

$$速动比率 = \frac{速动资产}{流动负债}$$

速动比率一般被认为比流动比率更能表明企业的短期偿债能力。速动资产是指几乎可以立即用来偿付流动负债的那部分流动资产，一般由现金、有价证券和应收账款组成。存货是流动性较差的资产，所以不包括在速动资产中。一般认为速动比率为1:1较好，但在实际应用上，在投资者无法知道公司呆账多少的情况下，速动比率略大于1较为合适。

(2) 长期财务状况分析。分析公司长期财务状况的主要依据是各类财务报表，上市公司向公众提供的财务报表一般主要有资产负债表、收益表、财务状况变动表三种。

资产负债表反映公司在某一特定时期(通常为月、季或年)的财务状况。资产负债表由资产、负债和股东权益组成。资产表示公司所拥有或掌握的，以及其他公司所欠的各种资源或财产；负债表示公司所应支付的所有债务；股东权益表示公司的资产净值，即在清偿各种债务之后，公司股东所拥有的资产价值。三者的关系是：资产＝负债＋股东权益。资产主要包括流动资产、固定资产、长期投资和无形资产四种。流动资产主要是现金、适销证券、应收账款、存货、预付款，期限常在一年以内。固定资产包括公司的财产、厂房、机器设备、仓库、运输工具等，它们是企业用来生产商品与劳务的资本商品，使用期限一般在一年以上。无形资产包括投入商标、专利和商誉等。负债分为流动负债和长期负债。股东权益表示除去债务后的公司净值，反映股东所拥有的资产净值情况。股东权益分缴入资本和留存收益两部分。

收益表反映公司在某一财政年度的盈亏情况。这种盈利或亏损是通过营业收入和营业费用的对比来体现的。如果说资产负债表是公司财务状况的瞬间写照，那么收益表就是公司财务状况的一段录像。因为它反映了两个资产负债表编制日之间公司财务的变动情况。收益表由三个主要部分组成：第一部分是营业收入或销售额，第二部分是与营业收入有关的生产性费用和其他费用，第三部分是利润和利润在股息与留存收益之间的分配。

财务状况变动表简称资金表。它用于反映两张资产负债表编制日之间公司的经营结果，即留存收益的情况。所不同的是，收益表只说明了留存收益这一项目的变化，而资金表则说明了资金来源和运用平衡表上所有资产、负债和股东权益项目的变化情况。总之，资金表体现了公司会计期间运用资金的变动及其原因。

长期财务状况分析的目的是判断公司偿还长期债务的能力。通过借款，增加营运资本和扩大再生产有利于提高公司的盈利水平。但过多的长期债务有可能在外部环境不好或公司经营不善时导致公司破产。因此，公司管理系统应保持适当的长期负债水平。

证券市场的走势综合了人们对经济形势的预期，这种预期较全面地反映了有关经济发展过程中表现出来的有关信息。

## 思考与练习

1. 国际直接投资环境包括哪些主要内容?
2. 国际直接投资环境评估方法有哪几种?你认为哪种评估方法最能够准确反映出投资环境的优劣?
3. 请选取一种评估方法对我国某个城市或开发区的投资环境进行评估分析。
4. 什么是证券投资基本分析?

## 案例分析

### 德国大众公司对华投资环境分析

德国大众汽车公司是中国实行改革开放后最早与中国开展合作的跨国集团之一。其与中国的接触始于1978年。当时,大众汽车公司就敏感地意识到了中国市场的重要性。在随后的1979年到1980年,大众汽车公司与中国汽车工业界就在中国年产15万辆轿车的可行性方案展开磋商。1984年上海汽车厂组装桑塔纳轿车成功,1985年中德合资经营的上海大众汽车有限公司正式成立。1988年中国第一汽车制造厂(中国一汽)以许可证转让方式生产奥迪100轿车取得成功。1991年一汽—大众汽车有限公司正式成立,1995年该项目改为合资形式。

一般来说,东道国的投资环境分析大致可以从市场需求状况(即市场潜力)、竞争对手状况(包括其他国外竞争对手和当地的竞争对手)及政策法律环境等方面入手。20世纪70年代末80年代初,大众汽车公司面临的中国投资环境又是怎样的呢?

1. 中国市场需求状况

中国汽车工业发展较晚,轿车市场潜力巨大。不过,当时中国刚刚实行改革开放政策不久,中国汽车工业界就中国是否应当发展轿车工业还在争论不休,全国私人汽车保有量几乎为0。当时的德国大众汽车公司正是看到了中国轿车工业的发展前景才决定在中国投资的,应该说这是一个非常有远见、有魄力的决定。

事实证明,当年大众汽车公司对中国轿车工业发展前景的估计是正确的。在世界主要的汽车消费市场中,北美、欧洲、日本已达到饱和状态,大约平均每2人一辆车,东欧和南美则接近于饱和状态(东欧大约每4—5人一辆,南美每8—10人一辆),只有中国是每80人一辆。中国的人均收入不断增加,已逐渐达到消费汽车的水平。毋庸置疑,中国汽车市场的潜力非常巨大。根据国际汽车制造商协会的最新估计,中国已成为世界第四大汽车市场。对于国际汽车巨头们来说,中国这一市场是绝不容忽略的。

2. 中国向周边国家的市场辐射作用

中国市场不仅潜力巨大,而且还具有向周边国家进行市场辐射的作用,尤其是东南亚地区。大众汽车公司投资中国的目的之一就是要避免在东南亚与早已盘踞在那里的日、美汽车巨头展开国际竞争。

3. 政策法律环境的分析

这一因素对于外国投资者进入中国汽车行业来说是至关重要的,不得不认真分析。

当时,中国汽车生产企业的技术大大落后于世界水平,从中国政府领导层到国内汽车企业均急切地想迅速改变中国汽车业落后的局面,赶上世界汽车业发展的步伐。因此,中国国内企业希望同外国汽车公司合资,以取得先进的汽车制造技术;中国政府领导层也希望借用外国企业的技术优势加快中国汽车行业的产业结构升级,技术更新换代。这为外资进入中国汽车行业创造了条件。不过,当时中国实行改革开放政策不久,中国人对外资还未完全接受,仍然存在着较大的投资风险。况且大众汽车公司所投资的汽车行业属于特殊行业。中国政府对汽车行业实行政策保护,在外资市场准入、国产化率、股权比例、技术水平、外销比例、行政审批等各方面有严格的规定或限制。对于外国投资者来说,这些都是不利的因素。下表列示了1994年中国出台的《汽车工业产业政策》中的投资限制措施。

《汽车工业产业政策》中的投资限制措施一览表

| 投资限制 | 政策内容 |
| --- | --- |
| 合资、合作企业数量限制 | 外国(或地区)企业同一类整车产品不得在中国建立两家以上的合资、合作企业 |
| 出资比例要求 | 生产汽车、摩托车整车和发动机产品的中外合资、合作企业的中方所占股份比例不得低于50% |
| 国产化率 | 汽车工业企业在引进产品制造技术后,必须进行产品国产化工作;引进技术产品的国产化进度,作为国家支持其发展第二车型的条件之一;汽车工业企业不得以半散件(SKD)和全散件(CKD)方式进口散件组装生产;国家根据汽车工业产品的国产化率,制定进口关税的优惠税率 |
| 出口要求以及外汇平衡要求 | 合资企业应以本企业生产的产品出口为主要途径,自行解决外汇平衡 |
| 零部件选购 | 合资企业在选用零部件时,国产零部件应同等优先 |
| 审批要求 | 新建、扩建、改造中外合资、合作及技术引进的轿车、轻型车整车及发动机项目的承办单位,必须是符合产业政策要求的国家重点支持的企业,其项目一律由国家审批立项,其余整车、发动机项目根据国家有关审批权限的规定按程序审批;各地区、各部门审批的项目一律报国家计委、国家经贸委、机械工业部备案 |
| 技术及研发要求 | 生产具有国际20世纪90年代技术水平的产品,且企业内部建立技术研究开发机构,该机构具备换代产品主要开发能力 |

**4. 竞争对手的情况**

大众汽车公司的竞争对手,主要是日本汽车公司。20世纪80年代中期,中国汽车工业曾派出代表团访问日本,提出与日本合作在中国生产汽车,日本未予理睬。当时,日本汽车企业凭借对中国市场的了解,采取的主要是建立销售代理网络的出口打入方式,而迟迟不对华投资。与此同时,日本为了保持在亚洲的技术优势地位,表示要在技术上保持平均超过中国15年。再加上其他一些因素,十多年来,中国汽车行业对日本企业的不信任感不断加深,结果间接地导致中国汽车企业向欧洲倾斜。

日本企业的决策失误给了大众汽车公司一个绝好的机会。大众汽车公司以优厚的合作条件战胜了通用、丰田和雷诺等竞争对手,于1985年和上海汽车工业公司合资组建了上海大众,德国提供桑塔纳轿车技术支持及部分资金,首期规模为年产3万辆桑塔纳轿车。

综上所述,对中国投资环境的分析结果是:虽然存在投资限制,但市场潜力巨大,且由于竞争对手的决策失误,大众汽车有可能成为中国市场的先行者,并因此获得税收等政策优惠。这一优势的好处还在于,在1994年7月中国实施《汽车工业产业政策》以前,对新立项目的限制实际上都无形地对大众汽车公司起到了保护的作用。

而大众汽车公司投资中国的关键在于获得中国政府的认可和支持。大众汽车公司依靠向中方转让技术,支持合资企业提高国产化率等方式做到了这一点。应该说,大众汽车公司在华投资战略是成功的。

【分析与思考】
1. 大众汽车公司进军中国市场的主要动机是什么?
2. 大众汽车公司如何看待当时的中国汽车市场?今天的中国汽车市场呢?

# 方 式 篇

21世纪经济与管理规划教材
国际经济与贸易系列

本篇包括第五、六、七章共三章内容。

第五章重点讨论了国际直接投资的各种方式,包括企业设立方式和所有权方式等。本章首先比较分析了国际直接投资的两种企业设立方式——新建和并购,然后讨论和比较了包括独资、合资、合作在内的国际直接投资企业的基本形式,并进一步梳理了中国利用外商直接投资的各种方式。除了上述股权方式外,本章还探讨了非股权投资方式的概念、类型与利弊。

第六章首先分别探讨了国际债券投资、国际股票投资等国际间接投资的主要投资方式。就国际债券投资而言,讨论了债券的概念、特征、分类、发行、清算以及债券投资收益及收益曲线等;就国际股票投资而言,探讨了股票的概念、性质、种类、价值与收益及其交易方式。最后,本章还考察了当前流行的投资基金的概念、性质、种类,及其设立、运作和管理。

除国际直接投资和间接投资外,国际投资还存在不少灵活的投资方式。第七章重点分析了国际租赁、国际工程承包、国际风险投资、补偿贸易和加工装配贸易等灵活的国际投资方式,分别探讨了以上各种灵活投资方式的概念、特征、分类及各种方式的运作与特点。

# 第五章　国际直接投资方式

**【教学目的】**

通过本章学习,学生将能够:
1. 认识国际直接投资的主要方式。
2. 了解国际直接投资企业的基本形式与中国利用外商投资的方式。
3. 掌握非股权投资方式的概念、类型与利弊。

**【关键术语】**

绿地投资　并购　国际合资企业　国际合作企业　国际独资企业　中外合作经营企业　中外合资经营企业　中外合作开发　外(独)资企业　外商投资股份有限公司　合同制造与服务外包　特许经营

**【引导案例】**

秘鲁时间2014年7月31日,由中国五矿集团公司所属五矿资源有限公司(MMG)牵头、国新国际投资有限公司和中信金属有限公司共同参与的联合体(以下简称"中国五矿联合体")完成拉斯邦巴斯铜矿项目(以下简称"邦巴斯项目")股权交割,这标志着中国五矿联合体正式接手位于秘鲁的邦巴斯项目。

当天,MMG首席执行官米安卓(Andrew Michelmore)出现在秘鲁邦巴斯现场,并见证交割过程。"邦巴斯项目的成功收购是MMG发展史上的一个重要里程碑,这将彻底改变MMG,并有助于MMG早日进入全球中级矿业公司前三位的行列。"米安卓说。

该项目的最终交割支付金额为70.05亿美元(包括股权收购对价和2014年截至目前已发生资本投入),由中国五矿联合体股本出资及银行债务融资组成。

收购邦巴斯项目是中国金属矿业史上迄今实施的最大的境外并购。中国五矿集团公司总裁周中枢对此表示:"邦巴斯项目是中国五矿资源战略所取得的又一重大成果,不仅大大提升了中国五矿的资产质量和行业影响力,同时也将进一步推动中国企业国际化的总体进程。"

考虑到邦巴斯项目是目前全球最大的在建铜矿,其投产后前五年平均每年可生产约45万吨铜精矿(含铜量),超过目前中国五矿铜产量的两倍。中国五矿也将借此成为全球最大铜生产商之一。

资料来源:整理自 http://finance.sina.com.cn/chanjing/b/20140801/142219887689.shtml。

## 第一节　国际直接投资的主要方式

国际直接投资的主要方式包括新建投资和并购投资两种。

## 一、新建投资的概念与分类

### (一)新建投资的概念

新建投资又称绿地投资(green-field investment),是国际直接投资的两种主要方式之一,指某一个外国投资主体,包括自然人和法人,依照东道国的法律或相关政策,在东道国设立的全部或部分资产所有权归该外国投资主体的方式。新建海外企业可以是由外国投资者投入全部资本,在东道国设立一个拥有全部控制权的企业,也可以是由外国投资者与东道国的投资者共同出资,在东道国设立一个合资企业,但是它们都是在原来没有的基础上新建的企业。尽管新建投资所占的比重没有并购投资大,但新建投资仍然是国际直接投资的主要方式之一。

### (二)新建投资的分类

按照经营方式划分,新建投资主要包括两种类型:一种是独资经营方式,另一种是合资经营方式,两种方式在投资主体、经营管理方式和利润分配形式等方面有所不同,也各有千秋。按照新建企业产品或产业联系划分,新建投资可划分为横向新建投资、纵向新建投资和混合新建投资。横向新建投资又称水平新建投资或产业内新建投资,是指跨国公司在东道国新建的企业生产或销售母公司同一行业领域内相同或相似产品。大部分的新建投资都属于此类。比如,福耀玻璃公司在俄罗斯新建独资子公司,主营汽车安全玻璃的生产和销售。纵向新建投资又称垂直新建投资,是指跨国公司在东道国新建同一产品处于不同生产阶段的企业。例如,万向集团在美国设立的万向美国公司。再如,华为公司在印度设立的华为印度研究所。混合新建投资是指跨国公司在东道国新建属于不同行业的企业。例如,以制药为主的华立集团在印度尼西亚投资设立的华立生物能源(印度尼西亚)有限公司。

## 二、并购的概念、类型与动因

### (一)并购的概念

并购(mergers and acquisitions,M&A)是收购与兼并的简称,有时也称为购并,是指一个企业将另一个正在运营中的企业纳入自己的企业之中或实现对其控制的行为。在并购活动中,出资并购的企业称并购企业(公司),被并购的企业称目标企业(公司)。跨国并购是指外国投资者通过一定的法律程序取得东道国某企业的全部或部分所有权的投资行为。跨国并购在国际直接投资中发挥着重要的作用,现在已发展成为设立海外企业的一种主要的方式。跨国并购行为有投资者单独出资进行的,也有联合出资进行的。

通过分析可以发现,收购与兼并既有相同之处也有区别。两者的相同之处主要表现在:第一,基本动因相似,或者为扩大企业市场占有率,或者为扩大经营规模、实现规模效益,或者为拓宽企业经营范围、实现分散经营或综合化经营。总之,都是增强企业实力的外部扩张策略或途径。第二,都以企业产权为交易对象。两者的区别主要在于:第一,在兼并中,被兼并企业作为法人实体将不复存在;而在收购中,被收购企业仍可以法人实体的形式存在,其产权可以是部分转让。第二,在兼并后,兼并企业成为被兼并企业新的所有者和债权债务的承担者,是资产、债权、债务的一同转换;而在收购后,收购企业是被收购企业的新股东,以收购出资的股本为限承担被收购企业的风险并享有相应的权益。第三,兼并活动一般发生在被兼并企业财务状况不佳、生产经营陷于停滞或半停滞之时,兼并后一般需调整其生产经营,重新组合其资产;而收购活动多数出现在企业的生产经营处于正常状态之时,产权转让后对企业运营的影响是逐步释放的。

并购与合并(分新设合并与吸收合并)也是两个既有区别又有联系的概念。并购一般是以并购企业为主,目标企业处于被动地位,而合并时(主要指新设合并)两个企业的地位则相对平等;并购后,并购企业的名称仍然保持,目标企业的名称有的不复存在,有的则被保留,但合并后(主要指新设合并)合并双方原有的名称一般都不复存在了,而是出现了一个全新的名称,通常是合并双方名称的合二为一。当然,并购过程中有时也伴随着合并,对于吸收合并而言,其结果与并购的结果有相似之处。

(二) 并购的类型

企业并购的形式多种多样,按照不同的分类标准可划分为不同的类型。

1. 按并购双方产品或产业的联系划分

依照并购双方产品与产业的关系,可以将并购划分为横向并购(同一行业领域内生产或销售相同或相似产品企业间的并购,如一家汽车制造厂并购另一家汽车制造厂)、纵向并购(处于生产同一产品不同生产阶段的企业间的并购,分向后并购和向前并购,如一家钢铁厂并购一家矿山或一家钢材贸易公司)和混合并购(既非竞争对手又非现实中或潜在的客户或供应商的企业间的并购,分产品扩张型并购、市场扩张型并购和纯粹型并购,如一家家电企业并购一家石化企业或一家银行)。

2. 按并购的出资方式划分

按并购的出资方式划分,并购可分为出资购买资产式并购(并购方筹集足额的现金购买被并购方全部资产)、出资购买股票式并购(并购方以现金通过市场、柜台或协商购买目标公司的股票)、出资承担债务式并购(并购方以承担被并购方全部或部分债务为条件取得被并购方的资产所有权或经营权)、以股票换取资产式并购(并购公司向目标公司发行自己公司的股票以换取目标公司的资产)和以股票换取股票式并购(并购公司向目标公司的股东发行自己公司的股票以换取目标公司的大部分或全部股票)。

3. 按涉及被并购企业的范围划分

按并购涉及被并购企业的范围划分,并购可以分为整体并购(指资产和产权的整体转让)和部分并购(将企业的资产和产权分割为若干部分进行交易,有三种形式:对企业部分实物资产进行收购;将产权划分为若干份等额价值进行产权交易;将经营权分为几个部分进行产权转让)。

4. 按并购是否取得目标公司的同意划分

根据并购是否取得目标公司的同意划分,并购分为友好式并购(并购公司事先与目标公司协商,征得其同意并通过谈判达成收购条件的一致意见而完成收购活动)和敌意式并购(在收购目标公司股权时虽然遭到目标公司的抗拒,仍然强行收购,或者并购公司事先并不与目标公司进行协商,而突然直接向目标公司股东开出价格或收购要约)。

5. 按并购交易是否通过交易所划分

按并购交易是否通过交易所划分,并购分为要约收购(并购公司通过证券交易所的证券交易持有一个上市公司已发行股份的30%时,依法向该公司所有股东发出公开收购要约,按符合法律的价格以货币付款方式购买股票获得目标公司股权)和协议收购(并购公司不通过证券交易所,直接与目标公司取得联系,通过协商、谈判达成共同协议,从而实现对目标公司股权的收购)。

6. 按并购公司收购目标公司股份是否受到法律规范强制划分

依是否受到法律规范强制划分,可以将并购分为强制并购(证券法规定当并购公司持有目标公司股份达到一定比例时,并购公司即负有对目标公司所有股东发出收购要约,以特定出价购买股东手中持有的目标公司股份的强制性义务)和自由并购(在证券法规定有强制并购的国家和地区,并购公司在法定的持股比例之下收购目标公司的股份)。

7. 按并购公司与目标公司是否同属于一国企业划分

按是否同属于一国企业划分,并购分为国内并购(并购企业与目标企业为同一个国家或地区的企业)和跨国并购(并购企业与目标企业分别属于不同国家或地区)。

(三) 并购的动因

在市场经济环境下,企业作为独立的经济主体,其一切经济行为都受到利益动机的驱使,并购行为的根本动机就是实现企业的财务目标即股东权益的最大化。当然,并购的具体动因多种多样,主要有:扩大生产经营规模,实现规模经济,追求更高的利润回报;消灭竞争对手,减轻竞争压力,增加产品或服务的市场占有份额;迅速进入新的行业领域,实现企业的多元化和综合化经营;将被并购企业出售或包装上市,谋取更多的利益;着眼于企业的长远发展和成长,谋划和落实企业的未来发展战略等。

(四) 当前跨境并购的特点

1. 当前全球跨境并购发展突出表现出徘徊和小幅波动特征

随着冷战的结束和经济全球化的发展,20 世纪 90 年代以来企业并购进入了全球跨境并购的新时代。跨境并购也逐渐成为跨境资本流动的最主要方式之一。1990 年以来,跨境并购分别在 2000 年和 2007 年出现了两次高潮。2014 年全球跨境并购金额达到 3 988.99 亿美元,跨境并购项目数达到 9 696 个,跨境并购金额占全球外资流入和流出总额的比重分别为 32.48% 和 29.46%。当前全球跨境并购发展突出表现出徘徊和小幅波动特征,反映了全球投资者对未来世界经济形势发展的观望和审慎态度。

2. 发达国家和地区在境外并购中扮演主角,新兴经济体发展迅速

从并购资金来源来看,全球跨境并购资本输出主体始终是发达国家或地区,其中最大的跨境并购资本输出国包括美国、法国、英国等。发展中经济体尤其是新兴经济体逐渐崭露头角,其中表现最为突出的是中国。避税地依然是重要的并购资金来源地。百慕大群岛、中国香港、卢森堡等避税地仍然是跨境并购的重要资金来源地。从并购目的地来看,1990 年以来,除了 2004、2005 和 2014 年外,美国一直是全球跨境并购的最大资金目的地。尽管 2014 年吸收并购资金占并购总额的比重略有下降,但美国作为全球跨境并购首选目的地的地位依然稳固。欧洲核心国家英国、法国、德国吸收跨境并购资金规模仅次于美国,成为并购资金主要流入地。新兴经济体逐渐成为全球跨境并购的主要目的地。

3. "新常态"下全球跨境并购将整体保持稳定,但结构逐渐调整

在世界经济缓慢复苏的"新常态"下,跨境并购整体水平将基本保持稳定。随着中国企业"走出去"战略和"一带一路"战略的加快推进以及中国外资管理体制改革和外资准入的扩大,中国有望成为全球跨境并购的生力军。以中国为代表的发展中国家跨国公司越来越多地参与和推动大额并购交易。未来跨境并购将更多地发生在新兴行业和高科技行业,如互联网、信息技术和通信、装备制造业、新能源等。传统产业也会随着技术突破和竞争压力而加以并购重组。而这恰恰就是中国企业海外并购的两大重要目标。

### 三、国际直接投资企业两种建立方式的比较

国际直接投资企业的建立可以采取两种基本方式:在东道国创(新)建一个新的企业和并购东道国已经存在的企业。投资者需要根据不同的情况对这两种企业设立方式进行比较分析,然后决定采用哪种方式建立海外企业。

国际直接投资企业的建立方式与前面所讲的国际直接投资的基本形式是不同的,前者考虑的主要是如何在国外建立起一个企业,而后者则主要考虑在国外所建立企业的所有权与控制战略。因此,不应当把两者混为一谈,特别是不能把并购东道国企业作为国际直接投资的一种基本形式。当然,这两者之间也有一定的联系,因为建立海外企业时要考虑到底采用哪种企业形式建立。

下面对国际直接投资企业的两种建立方式进行比较分析。

（一）并购东道国企业

目前,并购已经成为设立海外企业的一种主要方式,这种方式是指对东道国已有的企业进行并购。

并购海外企业方式的优点是:

(1) 可以利用目标企业现有的生产设备、技术人员和熟练工人,获得对并购企业发展非常有用的技术、专利和商标等无形资产,同时还可以大大缩短项目的建设周期。

(2) 可以利用目标企业原有的销售渠道,较快地进入当地以及他国市场,不必经过艰难的市场开拓阶段。

(3) 可以通过跨行业的并购活动,迅速扩大经营范围和经营地点,增加经营方式,促进产品的多样化和生产规模的扩大。

(4) 可以减少市场上的竞争对手。

(5) 可以通过并购后再次出售目标公司的股票或资产,使并购公司获得更多利润。

并购海外企业方式的缺点是:

(1) 由于被并购企业所在国的会计准则与财务制度往往与投资者所在国存在差异,有时难以准确评估被并购企业的真实情况,导致并购目标企业的实际投资金额提高。

(2) 东道国反托拉斯法的存在,以及对外来资本股权和被并购企业行业的限制,是并购行为在法律和政策上的限制因素。

(3) 当对一国企业的并购数量和并购金额较大时,常会受到当地舆论的抵制。

(4) 被并购企业原有契约或传统关系的存在,会成为对其进行改造的障碍,如被并购企业剩余人员的安置问题。

（二）在东道国创建新企业

创建海外企业可以是由外国投资者投入全部资本,在东道国设立一个拥有全部控制权的企业,也可以是由外国投资者与东道国的投资者共同出资,在东道国设立一个合资企业,但它们都是在原来没有的基础上新建的企业。

创建海外企业方式的优点是:

(1) 创建新的海外企业不易受到东道国法律和政策上的限制,也不易受到当地舆论的抵制。

(2) 在多数国家,创建海外企业比收购海外企业的手续要简单。

（3）在东道国创建新的企业，尤其是合资企业，常会享受到东道国的优惠政策。

（4）对创建海外企业所需要的资金一般能做出准确的估价，不会像收购海外当地企业那样遇到烦琐的后续工作。

创建海外企业方式的缺点是：

（1）创建海外企业常常需要一段时间的项目营建期，所以投产开业比较慢。

（2）创建海外企业不像收购海外企业那样可以利用原有企业的销售渠道，不利于迅速进入东道国以及其他国家市场。

（3）不利于迅速进行跨行业经营和实现产品与服务的多样化。

**阅读专栏**　　　　　　　　**三一重工并购德国普茨迈斯特**

2012年1月，三一重工宣布：公司旗下三一德国有限公司联合中信基金收购了德国工程机械巨头普茨迈斯特100%股权，其中三一德国收购90%，中信基金收购10%。三一德国的出资额为3.24亿欧元（折合人民币26.54亿元）。

三一集团董事局主席梁稳根在新闻发布会上表示，"三一重工与普茨迈斯特在全球商业活动的地理布局有很强的互补性，此次合并完成后毫无疑问将创造一个新的混凝土泵车全球制造业巨头"。

三一重工的此次收购被市场喻为"蛇吞象"的壮举，但也因为收购的巨额资金而被市场质疑资金是否充足。对外界揣测资金链和现金流紧张一说，三一重工总裁向文波回应称："三一重工目前仍有200亿元的现金，而负债率只有50%，收购'大象'全部使用的是自有资金。三一重工的资金从来就没有紧张过。"

向文波谈到，当时"三一重工董事会认为，即使200亿元，我们也要拿下普茨迈斯特"。"200亿元是三一混凝土两年的利润，但收购普茨迈斯特为三一国际化进程缩短了5—10年时间。而且减少了一个竞争对手。要知道，几个月前我们还在印度争业务。"向文波补充道。

并购完成后，德国普茨迈斯特目前的总部将成为三一海外混凝土机械的新总部，完整保留包括管理层在内的原有团队，普茨迈斯特将保持高度独立的日常管理与运营。

资料来源：整理自 http://finance.sina.com.cn/stock/t/20120206/023911316673.shtml。

# 第二节　国际直接投资企业的基本形式与中国利用外商投资方式

## 一、国际直接投资企业的基本形式

（一）国际合资企业

国际合资企业（international equity joint ventures）是指外国投资者和东道国投资者为了一个共同的投资项目，联合出资，按东道国有关法律在东道国境内建立的企业。

国际合资企业是股权式合营企业，它的特点是各方共同投资、共同经营、共担风险、共享利润。国际合资企业是当前国际直接投资中最常用的形式。建立国际合资企业的优点主要是：可以充分发挥各投资方在资金、技术、原材料、销售等方面的优势，形成组合优势；不易受到东道国民族意识的抵制，容易取得优惠待遇，减少投资风险；在经营上较少受到各种限制，有助于打入新的市场。但是由于投资各方的出发点不尽相同,短期和长期利益不尽一致,在共同的经营管理中有时也会产生分歧和冲突,影响企业的正常运转。

（二）国际合作企业

国际合作企业(international contractual joint ventures)是指外国投资者和东道国投资者在签订合同的基础上依照东道国法律共同设立的企业。它的最大特点是合作各方的权利、义务均由各方通过磋商在合作合同中订明,是典型的契约式合营企业。

总的说来,国际合作企业与国际合资企业在利弊上大体相似,只是合作企业以合同规定作为各方合作的基础,所以在企业形式、利润分配、资本回收等方面可以采用比较灵活的方式,适应合作各方不同的需要。

（三）国际独资企业

国际独资企业(wholly foreign-invested enterprises)是指外国投资者依照东道国法律在东道国设立的全部资本为外国投资者所有的企业。作为单独的出资者,外国投资者独立承担风险,单独经营管理独资企业,独享经营利润。

由于享有企业完全的所有权和经营管理权,建立独资企业的方式为跨国公司尤其是大型跨国公司所偏爱,它们有时宁愿放弃投资机会也不愿以合资方式进行直接投资。建立国际独资企业虽然可以做到垄断技术,避免泄露企业秘密,但是经营上往往受到东道国比较严格的限制,容易受到当地民族意识的抵制,经营风险较大。

## 二、中国利用外商直接投资的基本方式

（一）中外合资经营企业

1. 合资企业的概念与作用

中外合资经营企业是指外国公司、企业和其他经济组织或个人依据《中华人民共和国中外合资经营企业法》,同中国的公司、企业或其他经济组织在中国境内共同投资举办的企业。

举办中外合资经营企业有利于引进先进的设备、技术和科学管理知识,有利于培训人才,能够带进一些通过一般的技术引进方式难以获得的先进技术,甚至取得动态技术。与外资企业相比,中外合资经营企业有利于中国大量老企业的技术改造,可以借助对方的销售网络,扩大产品出口。中国法律法规对外商投资举办合资企业在投资领域上限制较少,国家鼓励和允许投资的项目还可以不限制经营期限。

2. 合资企业的特点

合资企业的基本特点是合资各方共同投资,共同经营,按各自的出资比例共担风险、共负盈亏。合资各方可以用现金出资,也可以用建筑物、厂房、机器设备、场地使用权、工业产权、专有技术出资。各方出资均折算成一定的比例,外国合营者的投资比例一般不得少于注册资本的25%。中外合资经营企业的组织方式为有限责任公司,具有中国法人地位,董事会为最高权力机构。

3. 合资企业的法律特征

合资企业具有以下法律特征:

（1）合资经营企业是中国经营者与外国经营者共同设立的企业,是一种由合营双方共同投资、共同经营、共担风险、共负盈亏的企业方式。共同投资是指中外合营各方均应以一定的方式向企业投资,投资方式可以是货币、实物、工业产权和专有技术、场地使用权等。共同经营

是指中外合资各方均有参加企业经营管理的权利。共担风险、共负盈亏是指合资企业如盈利由合资各方按出资比例分享；如发生风险、亏损，合资各方应尽力协助企业扭转亏损局面，并承担亏损风险。

（2）合资企业的组织方式为有限责任公司。"有限责任"实质上有两层含义：一是企业以其全部资产为限对外承担债务责任；二是企业合营各方以其出资额为限对企业承担责任。

（3）合资企业必须经中国政府批准，领取批准证书。在工商行政管理部门注册登记，领取营业执照，取得中国法人地位，并作为纳税义务人按照中国税法的规定按期纳税。

（4）合资企业享有自主经营的权利。《合资法实施条例》第7条规定：在中国法律、法规和合营企业协议、合同、章程规定的范围内，合营企业有权自主进行经营管理。有关部门应给予支持和帮助。外国投资者分得的利润和其他合法权益，可以汇出境外，也可以在境内再投资。

（5）合资各方不论以何种方式出资，均要以同一种货币计算各自的股权，即合资各方的出资，无论是现金、机器设备、技术还是场地使用权，都必须用统一的一种货币方式来表示，如美元或人民币等。

（6）合资企业的经营期限有的行业要求约定，有的行业不要求约定。合资企业中属于国家鼓励和允许投资的项目，可以约定也可以不约定经营期限；属于国家限制发展的项目，一般要求在合营合同中约定经营期限。约定经营期限的合资企业，合资各方同意延长经营期限的，应在距经营期满6个月前向审批机关提出申请，取得批准。未申请和未经批准延长经营期限的，经营期满时，企业终止。

（二）中外合作经营企业

1. 合作企业的概念与作用

中外合作经营企业是指外国公司、企业和其他经济组织或个人依据《中华人民共和国中外合作经营企业法》，同中国的公司、企业或其他经济组织在中国境内根据中外方提供的合作条件共同举办的企业。

中外合作企业经营者的投资或者提供的合作条件可以是现金、实物、土地使用权、工业产权、非专利技术和其他财产权利。中外合作企业一般由外国合作者提供全部或大部分资金、技术、关键设备等，中方提供土地使用权、厂房、可利用的设备设施，有的也提供一定量的资金。如果中外合作者在合同中约定合作期满时企业的全部资产归中方合作者所有，则外方合作者可以在合作期限内先行回收投资。这一做法，一方面可以解决国内企业缺乏投资来源问题，另一方面，对许多急于回收投资的外国投资者具有很大的吸引力。

2. 合作企业的特点

合作企业的特点是合作方式较为灵活，它与中外合资经营企业最大的不同在于，中外各方的投资一般不折算成出资比例，利润也不按出资比例分配。各方的权利和义务，包括投资或提供合作条件、利润或产品的分配、风险和亏损的分担、经营管理的方式和合同终止时财产的归属等项，都在合作各方签订的合同中确定。

3. 合作企业的法律特征

（1）组织方式和合作条件。合作企业可以组成具有法人资格的实体，即有限责任公司；也可以组成非法人的经济实体，即合作各方共同出资或提供合作条件，按照合作企业合同的约定经营管理企业，合作各方对企业的债务承担无限连带责任，企业不具有法人资格。非法人合作企业合作各方提供的合作条件或投资可由合作各方分别所有,也可以共有,由合作企业统一管理和使用,任何一方不得擅自处理。

具有法人资格的合作企业设立董事会及经营管理机构,董事会是最高权力机构,决定企业的一切重大问题。不具有法人资格的合作企业设立联合管理委员会,由合作各方派代表组成,代表合作各方共同管理企业。另外,合作企业成立后,经董事会或联合管理委员会一致同意,报原审批机关批准,还可以委托合作一方或第三方经营管理企业。

(2) 收益分配和风险承担。作为契约式合作企业,合作各方以各种方式投资,不一定要求作价,也不一定按各自的出资比例分配收益和承担风险。合作各方可以协商确定各方的出资方式、责任、权利和收益分配等,并将其具体写在合同中。在企业成立后的经营过程中,合作企业有盈余或发生亏损,各方应得的权利和应负的责任均按合同的约定执行。合作企业可采用分配利润、分配产品或合作各方共同商定的其他方式,按合作各方共同商定的分配比例分配收益。

(3) 投资回收与合作(经营)期限。《中外合作经营企业法》规定:中外合作者在合作企业合同中约定合作期满时,合作企业的全部固定资产归中方合作者所有的,可以在合作企业合同中约定外方合作者在合作期限内先行回收投资的办法。

外国合作者在合作期限内可按下列方式提前回收投资:① 中外合作者在合作企业合同中约定分配比例时,扩大外国合作者的初期分配比例;② 经财政税务机关审查批准,外国合作者可以在合作企业缴纳所得税前回收投资;③ 经财政税务机关审查批准的其他回收投资方式。

国家对合作企业合营期限方面的规定基本上同合资企业。合作企业的合作期限由中外合作者协商确定,并在合作合同中定明,报审批机关批准。如果合作各方要求延长合作期限,应在距合作期满180天前向原审批机关提出申请,说明合作合同执行情况、延长期限的原因和目的。

4. 中外合资经营企业与中外合作经营企业的区别

(1) 投资方式不同。合资企业是股权式合营企业,各方的投资物都要折价计算投资比例;而合作企业是契约式合营企业,各方的投资物一般不折价计算投资比例。

(2) 法律依据和法人地位不同。合资企业的法律依据是《中外合资经营企业法》及其实施条例,合资企业是中国独立的企业法人;合作企业的法律依据是《中外合作经营企业法》及其实施细则,合作企业可以成为中国独立的企业法人,也可以不成为独立法人。

(3) 组织方式和管理方式不同。合资企业的组织方式是建立董事会作为企业的最高权力机构,董事会任命总经理等高级管理人员,中外双方共同管理;合作企业的组织方式不尽相同,法人式的一般成立董事会,非法人式的一般成立联合管理委员会,在管理方面,一般是以一方为主,另一方协助,或者是委托第三方管理。

(4) 收益分配方式不同。合资企业按注册资本的比例分配利润和承担亏损与风险;合作企业按合同规定的比例分配利润或产品以及分担风险和亏损。

(5) 合营期满资产处理方式不同。合资企业期满后按注册资本比例分配资产净值;合作企业期满后资产净值按合同的规定处理,如果外方在合作期限内已先行回收投资,则资产净值一般无偿归中方所有。

### (三) 外(独)资企业

**1. 外资企业的概念**

外资企业即外商独资经营企业,是指外国的公司、企业、其他经济组织或个人依据《中华人民共和国外资企业法》,在中国境内设立的全部资本由外国投资者投资的企业。外国投资者的出资可以是自由兑换的外币,也可以是机器设备、工业产权或专有技术等。设立外资企业应采用国际先进技术和设备,应有利于中国国民经济的发展。

**2. 外资企业的特点**

外资企业具有如下三个基本特点:

(1) 外资企业是依中国法律在中国境内设立的。因此,外资企业与外国企业是两个不同的概念,外国企业是指依照外国法律在国外设立并在该国从事经营活动的企业,它是外国的企业,具有外国的国籍。

(2) 外资企业的全部资本归外国投资者所有,因而与中外合资企业和中外合作企业不同,外资企业相当于外国跨国公司在东道国设立的拥有全部股权的子公司。

(3) 外资企业是一个独立的实体,它由外国投资者独自投资,独立经营,并成为独立核算、独立承担法律责任的经济组织。因而,外资企业不同于外国企业的分支机构,后者是外国企业(如母公司或总公司)在东道国经许可后设立的一个附属机构,不是一个独立的法律实体,只能以母公司或总公司的名义从事活动,并由母公司或总公司承担法律责任。

**3. 外资企业的法律特征**

外资企业的全部资本由外国投资者投资,没有中国投资者的资金参与。外资企业的组织形式为有限责任公司,外资企业的财产全部归外国投资者所有,经营管理权为外国投资者所掌握,外国投资者享有企业全部利润并独自承担经营风险和亏损。这是外资企业与中外合资经营企业、中外合作经营企业的主要区别。

外国投资者在中国境内的投资、获得的利润和其他合法权益,受中国法律保护。

外资企业的经营期限根据不同行业和企业的具体情况,由外国投资者在设立外资企业的申请书中拟定,经审批机关批准。外资企业需要延长经营期限的,应在距经营期满180天前向审批机关提出延长期限的申请,审批机关在接到申请之日起30天内决定批准或不批准。经批准的,向工商行政管理机关办理变更登记手续。

另外,《外资企业法》及其实施细则对外国投资者的资格、外资企业的设立、出资方式、财务、外汇、税务、劳动管理、企业终止与清算等都做了明确规定。

### 三、中国利用外商直接投资的其他方式

#### (一) 国际合作开发

国际合作开发是指东道国公司与东道国以外的公司通过订立风险合同,对海上和陆上石油以及矿产资源进行合作勘探开发。合作开发是目前国际上在自然资源领域广泛采用的一种经济合作方式,其最大的特点是高风险、高投入、高收益。合作开发一般分为三个阶段,即勘探、开发和生产阶段。中国在石油资源开采领域的对外合作中一般采用这种方式。截至2015年年底,中国总共批准中外合作开发项目191个,实际使用外资金额75.07亿美元。目前已有一些合作开发的油田投入商业性开发。

中国于2001年9月23日公布并施行了经过修改的《中华人民共和国对外合作开采陆上

石油资源条例》(以下简称《陆上石油资源条例》)和《中华人民共和国对外合作开采海洋石油资源条例》(以下简称《海洋石油资源条例》)。经过修改并颁布实行的《陆上石油资源条例》规定,中华人民共和国境内的石油资源属于国家所有,中国政府依法保护参加合作开采陆上石油资源的外国企业的合作开采活动及其投资、利润和其他合法权益。国务院指定的部门负责在国务院批准的合作区域内,划分合作区块,确定合作方式,组织制定有关规划和政策,审批对外合作油(气)田总体开发方案。中国石油天然气集团公司和中国石油化工集团公司负责对外合作开采陆上石油资源的经营业务;负责与外国企业谈判、签订、执行合作开采陆上石油资源的合同;在国务院批准的对外合作开采陆上石油资源的区域内享有与外国企业合作进行石油勘探、开发和生产的专营权。

经过修改并颁布实行的《海洋石油资源条例》规定中华人民共和国的内海、领海、大陆架及其他属于中国海洋资源管辖领域的石油资源,都属于国家所有。中国政府依法保护参与海洋石油资源合作开采的外国企业的合法权益与合作开采活动。中国对外合作开采海洋石油资源的业务,由中国海洋石油总公司全面负责。中国海洋石油总公司是具有法人资格的国家公司,享有在对外合作海区内进行石油勘探、开发、生产和销售的专营权。

(二) 外商投资股份有限公司

外商投资股份有限公司又称外商投资股份制企业,是指外国公司、企业和其他经济组织或个人同中国的公司、企业或其他经济组织按照平等互利的原则,通过认购一定比例的股份,在中国境内共同举办的公司。外商投资股份有限公司全部资本由等额股份构成,股东以其所认购的股份对公司承担责任,公司以全部财产对公司债务承担责任,中外股东共同持有公司股份,外国股东购买并持有的股份需占公司注册资本 25% 以上。外国投资者还可依照有关法规对中国的 A 股上市公司进行中长期战略性并购投资,取得该公司的 A 股股份。外商投资股份有限公司是外商投资企业的一种形式,适用国家法律法规对于外商投资企业的有关规定。截至 2015 年年底,在华设立的外商投资股份有限公司为 591 家,实际使用外资金额 186.48 亿美元。

外商投资股份有限公司是近年来出现的一种新的利用外商直接投资的方式,它是在中国证券市场不断扩大和企业股份制改造日趋深入的背景下产生的。外商投资股份有限公司与中外合资企业、中外合作企业和外资企业的相同点是它们都是有限责任性质的企业,并且都是我国利用外商直接投资的有效方式;它们之间的不同点表现在许多方面,如设立方式不同、最低注册资本额要求不同、股权转让不同和公开性要求不同等。

国家规范和管理外商投资股份有限公司的政策法规主要有:原对外贸易经济合作部于 1995 年发布施行的《关于设立外商投资股份有限公司若干问题的暂行规定》;商务部、中国证券监督管理委员会、国家税务总局、国家工商行政管理总局和国家外汇管理局于 2005 年年底发布并于 2006 年年初施行的《外国投资者对上市公司战略投资管理办法》等。

(三) 投资性公司

投资性公司是指外国投资者在中国境内以独资或与中方投资者合资的形式设立的从事直接投资的公司,其形式一般为有限责任公司。

投资性公司投资设立企业,按外商投资企业的审批权限及审批程序另行报批。投资性公司设立分支机构应报商务部批准,且需符合一定的条件。符合条件的投资性公司可申请被认定为跨国公司地区总部,并依法办理变更手续。投资性公司在中国境内的投资活动不受公司注册地点的限制。经中国政府批准设立的投资性公司被赋予较其他外商投资企业更为广泛的经营范围,以鼓励跨国公司在中国开展系列性的投资活动。

为了更好地规范和促进投资性公司的发展,完善投资性公司的功能,进一步鼓励外国投资者来华投资,商务部于2004年11月17日公布了经过修订的《关于外商投资举办投资性公司的规定》,并于2006年5月26日公布了《关于外商投资举办投资性公司的补充规定》。

### (四) 创业投资企业

外商投资创业投资企业(以下简称创投企业)是指外国投资者或外国投资者与根据中国法律注册成立的公司、企业或其他经济组织在中国境内设立的以创业投资为经营活动的外商投资企业。创投企业是指主要向未上市高新技术企业进行股权投资,并为之提供创业管理服务,以期获取资本增值收益的投资方式。创投企业可以采取非法人制组织形式,也可以采取公司制组织形式。采取非法人制组织形式的创投企业的投资者对创投企业的债务承担连带责任。非法人制创投企业的投资者也可以在创投企业合同中约定在非法人制创投企业资产不足以清偿该债务时由以创业投资为主营业务的必备投资者承担连带责任,其他投资者以其认缴的出资额为限承担责任。采用公司制组织形式的创投企业的投资者以其各自认缴的出资额为限对创投企业承担责任。

设立创投企业应具备下列主要条件:① 投资者人数在2—50人,应至少拥有一个以创业投资为主营业务的且符合其他条件的必备投资者。② 非法人制创投企业投资者认缴出资总额的最低限额为1 000万美元;公司制创投企业投资者认缴资本总额的最低限额为500万美元。除必备投资者外,其他每个投资者的最低认缴出资额不得低于100万美元。外国投资者以可自由兑换的货币出资,中国投资者以人民币出资。③ 有明确的组织形式。④ 有明确合法的投资方向。⑤ 除了将本企业经营活动授予一家创业投资管理公司进行管理的情形外,创投企业应有3名以上具备创业投资从业经验的专业人员。

创投企业可以经营以下主要业务:以全部自有资金进行股权投资,具体投资方式包括新设企业、向已设立企业投资、接受已设立企业投资者股权转让以及国家法律法规允许的其他方式;提供创业投资咨询;为所投资企业提供管理咨询等。创投企业资金应主要用于向所投资企业进行股权投资。

为鼓励外国投资者来华从事创业投资,建立和完善中国的创业投资机制,商务部和科技部等五个部门于2003年1月30日公布了《外商投资创业投资企业管理规定》,并于当年3月1日开始施行。

### (五) 其他外商直接投资方式

其他外商直接投资方式包括外国公司、金融机构在华设立从事经营活动的分支机构(如分公司、分行)等。外国公司或金融机构经批准可在中国境内设立分支机构,从事生产经营活动。外国公司或金融机构属于外国法人,其在中国境内设立的分支机构不具有中国企业法人资格。外国公司或金融机构对其分支机构在中国境内进行经营活动承担民事责任。外国公司或金融机构的分支机构应当在其名称中标明该外国公司的国籍及责任方式,并应在本机构中置备该外国公司或金融机构的章程。外国公司或金融机构在中国境内设立分支机构,必须在中国境内指定负责该分支机构的代表人或者代理人,并向该分支机构拨付与其所从事的经营活动相适应的营运资金。分公司或分行的经营范围不得超出母公司或母行的经营范围。

## 第三节 非股权投资方式

### 一、非股权投资方式的概念

非股权投资方式(non-equity mode,NEMs)又称非股权安排(non-equity arrangement)、合同参与或合同安排,是指某投资主体并不是通过获取东道国企业的股份来获取利润或控制该企业,而是通过与东道国企业签订有关技术、服务或工程承包等方面的合约,以获取利润或取得对该东道国企业的某种管理控制权。据联合国跨国公司中心报告,这种投资方式自20世纪90年代以来成为国际企业合作经营的主要形式。

### 二、非股权投资方式的类型

根据《世界投资报告2011》,非股权投资方式具体包括合同制造、服务外包、订单农业、特许与许可以及其他的各种契约关系。以下将进一步进行阐述。

#### (一)合同制造与服务外包

根据联合国贸发会议的定义:"由一家国际企业将其全球价值链中的生产、服务或者工艺流程,甚至包括产品开发的某些方面,以合同的方式包给东道国企业而形成的一种契约关系,通常称之为'外包'。服务外包通常体现了支持流程的外部化,包括IT、商务以及知识功能。"服务制造和服务外包在汽车零配件、消费电子、IT和业务流程服务等行业的总贸易额中占了很大的比重,是全球价值链中的一个主要环节。

#### (二)订单农业

订单农业又称为合同农业或契约农业,联合国贸发会议将其定义为国际采购商与东道国农民或农民协会之间的契约关系,该契约规定了养殖业以及农产品市场的条件。所谓订单农业,就是一些跨国公司或者中介机构和农户或者某个乡村组织之间签订农业产品订单的产销模式。如雀巢公司拥有来自80多个发展中国家与转型经济体的超过60万的签约农户。在我国如中粮集团与新疆、甘肃、内蒙古、宁夏等地的155万农户签订了订单农业合同。

#### (三)许可经营

根据联合国贸发会议的定义,许可经营是指一家国际企业(即授权人)赋予一家东道国企业(即被授权人)以相应的权利来使用一种知识产权(包括专利、商标、版权、工业设计、商业秘密等),并以此收取一定的费用而形成的一种契约关系。许可经营也称为许可贸易或许可证贸易,就是一家跨国公司作为许可方允许被许可方在一定的期限内在一定地域使用该公司所拥有的专利权、商标权、版权或者专有技术等,被许可方支付一定的许可费用的方式。

#### (四)特许经营

特许经营(franchising)一词来源于法文,但特许经营方式最早起源于美国。联合国贸发会议对特许经营的定义是,由一家国际企业(即特许人)允许一家东道国企业(加盟商)按照特许人建立起的系统模式进行经营,以此换取一定费用或在特许人所提供的商品或服务上打上其标记的一种契约关系。目前世界上对于特许经营的定义很多,具体来说特许经营是授权方(特许者)同被授权方(被特许者)签订合同,将自己拥有的商标、专利、专有技术和经营模式等系统地授予被授权方使用,被授权方按特许者统一的业务模式从事经营活动并向特许者支付一定费用的契约模式。目前,特许经营在世界不同国家发展情况不一样,在发达国家已经有 100 多年的实践,特许经营在美国是发展最快和渗透性最高的商业模式,但在一些发展中国家发展得较晚,特许经营的销售额也很少。目前特许经营已经应用于各种行业,包括制造业和服务业,在中国已经覆盖了 13 大类别,但主要还是服务业。特许经营是 21 世纪主流的经营模式,比如,2004 年美国希尔顿国际公司的特许经营比例已经超过了 70%,其他成功的案例还有可口可乐、麦当劳、迪士尼乐园、7-11 便利店等。

（五）管理合同

根据联合国贸发会议的定义,在管理合同(management contract)下,东道国某种资产的经营控制权归属于一家国际企业,即承包商,它管理该项资产并获得管理费用作为回报。例如,美国希尔顿国际公司同各国大酒店签订管理合约,专门为各国大宾馆派送总经理,提供管理服务。

（六）特许权

根据联合国贸发会议的定义,特许权关系是指东道国某项资产的经营控制权掌握在一家国际企业,即特许权获得者手中。该企业管理此资产并取得该资产收益的一部分作为回报。国际 BOT(build-operate-transfer)即建立—经营—转让就是特许权的一种。

（七）战略联盟合作经营

根据联合国贸发会议的定义,战略联盟合作经营是指两家或两家以上的企业为了达成一个共同的商业目标而形成的契约关系,参与者可以向该联盟提供产品、分销渠道、生产能力、资本装备、知识、专业技能及知识产权等。本书的定义是,跨国战略联盟合作经营是指两个或两个以上的跨国公司,为了达到共同拥有市场、优化生产要素配置、降低经营风险等目的,通过签订契约而形成的自发的、非强制性的组织形式。跨国战略联盟合作经营模式始于 20 世纪 60 年代,但直到最近 20 年才迅速发展。目前,这种模式多用于通信、航空航天、汽车等行业,主要是高技术产业。

### 三、非股权投资方式的利弊

非股权投资方式实质上是跨国公司缺乏 OIL 优势的一种或两种优势的情况下做出的选择。在过去十年间,跨国公司利用非股权投资方式进行国际生产获得了快速发展。具体来说,非股权投资方式有以下优缺点:

（一）主要优点

(1) 成本低。非股权投资方式不用像新建投资方式那样需要购买土地、新建厂房和招聘人员,也不用像跨国并购那样需要大笔的投资,进行资产评估和资产重组,节约了直接并购成本和整合成本,也节约了中介费用。

(2) 风险低。非股权投资方式规避了跨国并购的财务风险和营运风险,涉及的政治、文化和经营风险都比较低。

(3) 方式灵活。在适应商业周期与市场变化方面灵活性很高。比如,在企业预见到商业周期冲击时,可以通过合同制造商来调节生产水平,或通过许可经营或特许经营等模式将市场风险转移给合作伙伴。

(4) 可以提高企业的经营效率。跨国公司将其非核心活动交给具有更低成本或更高效率的运营商进行经营,跨国公司可以专心经营本企业的核心产品,提高核心业务的经营效率,增强其竞争优势,提高国际竞争力。

(二) 主要缺点

(1) 授权方的知识产权保护受到一定的威胁。由于股权方式的投资,其技术、商标等的转移是在企业内部进行,相对容易控制风险,而如果将专利、商标、商业秘密通过契约形式投资,就会面临知识产权受到侵犯的风险。

(2) 失去非核心业务及其相关的收益。如果将企业非核心业务转给外部的运营商,就会减少该企业从事该业务所获得的相关收益。

(3) 信息交易成本增加。将业务外部化,存在着信息不对称的风险,使得企业的交易成本增加。

(4) 可能培养潜在的竞争对手。如果采用许可经营的方式,被许可方可能会在协议期结束后进行技术改进和发展,推出新产品并销往自己已占有或即将进入的市场,从而对许可方构成威胁。

## 思考与练习

1. 简述跨国并购的概念、类型和动因。
2. 简述近年来跨国并购的特点。
3. 简述通过并购或新建方式设立海外企业的利弊。
4. 简述中外合资经营企业和中外合作经营企业的异同点。

## 案例分析

### 美国通用电气公司并购美国霍尼韦尔公司

通用电气公司(General Electric Co.)是美国最大的公司之一,通过一系列的兼并之后,业务已经涵盖航天、家电、媒体、金融、医疗等领域。该公司市值高达5 000多亿美元,是世界上年度盈利最多的企业;在全球100多个国家开展业务,全球员工近30万人。2010年通用电气公司的销售收入达到1 516.28亿美元。霍尼韦尔公司(Honeywell Inc.)也是一家历史悠久的老牌公司,在多元化技术和制造业方面居领导地位。其业务涉及航空产品及服务,住宅及楼宇控制和工业控制技术,自动化产品,特种化学、纤维、塑料以及电子和先进材料等领域。霍尼韦尔公司在全球95个国家拥有10.8万名员工。

2000年10月,通用电气公司提出按每1股霍尼韦尔公司股票换1.055股通用电气公司股票的办法收购霍尼韦尔公司,以当时的股票价格计算,合同金额高达450亿美元。霍尼韦尔公司董事会很快就同意了通用电气公司的条件并正式批准了合并案。美国政府审查此案后,认为该项并购案无论是从长远还是从整体来看对美国都是利大于弊,因此仅仅要求通用电气公司剥离2亿美元的资产就开了绿灯放行。

因为这两家公司都在欧盟国家设有企业,所以通用电气公司于2001年2月5日向欧盟委员会提出并购申报。3月1日,欧盟委员会决定进行深入调查。2001年6月14日,通用电气公司提出补救措施,但欧盟委员会认为不足以消除并购对市场的不良影响。6月28日,通用电气公司再次提出补救措施,但终究未能说服欧盟委员会。经过详细审查,2001年7月3日欧盟委员会20名委员一致做出决定,认为该项并购将导致通用电气公司垄断欧洲飞机发动机市场,而且通用电气公司两次提出的补救措施均未能使欧盟委员会打消这些顾虑,因此最终否决了美国通用电气公司收购霍尼韦尔公司的提案。该案也成为自1990年欧盟委员会开始处理并购案以来第15个被禁止的并购案。

虽然美国政府同意了此项并购,但欧盟对此提出了不同的意见。根据欧盟的有关并购法规,凡是合并各方总的年销售额在50亿欧元(折合为42.4亿美元)以上,且在欧洲的销售额超过2.5亿欧元(折合为1.7亿美元)的企业并购案,都必须得到该委员会的批准。而在审查通用电气公司收购霍尼韦尔公司的提案时,该委员会认为,这起合并案显然会进一步加强通用电气公司在大型喷气式飞机发动机方面的优势地位,从而有可能构成不公平竞争;特别是通用电气公司有可能将两家公司的产品捆绑销售,从而给竞争对手造成沉重打击。欧盟还担心,合并后的通用电气公司将成为航空业务领域难以控制的巨无霸,会通过其强大的飞机融资和租赁部门——资本航空服务公司来操纵飞机市场行情(资本航空服务公司是全球第二大飞机买主,它将购买的飞机转租给航空公司使用)。

【分析与思考】

这是历史上第一次出现两家美国公司的合并得到美国反垄断当局批准却因遭到欧盟委员会反对而中止的案例。此案突出反映了欧盟并购法规的域外效力。在此案中,并购双方均是美国公司。但是欧盟并购法规并未就并购企业的国籍进行限定,其标准是效果原则。如1995年韩国三星公司并购美国 AST 公司时,由于三星公司未能及时将并购向欧盟委员会申报,遭到罚款处罚。不过,这也不是欧盟并购法规的专利,实际上,美国的并购法规和欧盟有类似的规定。此案也说明了目前世界各国的反垄断行动的步调很不一致,亟须制定一套国际通用的反垄断(并购)规则。对于一个准备开展海外并购(甚至是一国内部并购)的企业来说,它需要考虑是否要向诸如欧盟、美国等地的反垄断当局进行申报,并争取获得其批准。只要有一方未获通过,并购就有可能流产。因此,随着越来越多的国家制定类似的具有域外效力的法律规定,企业的跨国并购活动将会受到更多的制约和监管。请问你如何看待域外效力的实施问题?因域外效力引起的各国国内法律效力孰高孰低的争议如何解决?

# 第六章　国际间接投资方式

【教学目的】

通过本章学习,学生将能够:
1. 了解国际债券投资的相关知识。
2. 认识国际股票投资的概念、性质、种类与交易方式。
3. 掌握投资基金的特点、分类、设立与运作、管理等内容。

【关键术语】

外国债券　欧洲债券　全球债券　优先股　投资基金

【引导案例】

中国领先的民营投资银行易凯资本有限公司 2016 年 10 月 18 日宣布,公司已与美国 Siemer & Associates(下称"S&A")签署了全资收购后者的最终法律协议。

此次通过收购 S&A 获得美国证券业务牌照意味着易凯资本开始深度涉足美国资本市场业务,也标志着易凯推进国际化战略、布局跨境交易的全面提速。

S&A 是一家专注于在美国、欧洲和亚洲之间从事跨境交易的精品投行。公司核心团队曾经完成了超过 70 亿美元的并购交易和 15 亿美元的私募融资。除了美国本土业务之外,S&A 还在悉尼与澳大利亚投资机构 Right Click Capital 拥有一家合资公司。

交易完成后,易凯资本将充分借助其在中国市场上日益丰满的投行网络和平台,在传媒娱乐、科技、消费和健康等领域为渴望进军中国市场、获取中国资本和战略资源支持的美国公司提供更加独特高效的私募融资和并购等投行服务。同时,随着 S&A 原有投行团队的加盟,易凯在为希望进入美国市场或收购美国优质资产的中国公司提供跨境投行服务方面也将拥有更加完善和强大的本地服务能力。

本次收购正在等待美国金融监管局(FINRA)的审批。

资料来源:整理自 http://finance.ifeng.com/a/20161018/14944666_0.shtml。

## 第一节　国际债券投资

### 一、债券的概念及其性质

债券是一种按照法定程序发行的,并在规定的期限内还本付息的有价证券,债券所表明的是一种债务和债权的关系。债券是由国家、地方政府、金融机构和企事业单位为筹集资金而发行的一种借款凭证。债券实际上是把债务和债权之间的关系转化为一种有价证券,债券是以法律和信用为基础的借款凭证,是发行人对其借款承担还本付息义务所开具的凭证。债券对发行者来说是一种筹资手段，表明了它对持有者所欠的债务；债券对购买者来说是一种投资工具，表明了它对发行者所享有的债权。人们购买债券的行为就是债券投资，如果投资者购买的是国际债券，那就是国际债券投资。国际债券投资具有收益性、安全性和流动性等特点。债券的性质跟借款收据是一样的，但是，债券通常有固定的格式，较为规范，因此持券人可以在债券到期前随时把债券出售给第三者，而借款收据就不能做到这一点。

## 二、债券的特征

债券作为有价证券中的一种，既具有有价证券的共同点，也有其自身的特征。

**1. 收益性**

债券投资者的收益来自两个方面：一是固定的债息，这部分的收入是稳定的；二是低买高卖的买卖差价，债券的利率通常介于存款和贷款利率之间，比存款、储蓄、信托贷款等间接利息率要高。由于债券融资是直接融资，中间费用较少，债券发行者直接得到长期稳定的资金，因此，债券既受投资者的欢迎，又是债务人最愿意采用的融资工具。

**2. 收益的有限性**

由于债券的利息是固定的，其持有者的收益与企业的业绩无关，即使在二级市场上博取买卖差价，固定的利息也决定了其差价不可能很大，再加上不计复利，这使得投资者的收入相当有限。

**3. 安全性**

与其他证券相比，债券的风险远比股票要小，安全性略低于银行存款。这主要体现在以下几个方面：一是发债者如果是各国的中央政府、地方政府等各级政府，一般不存在不能按时还债的风险；如果发债者是企业，各国对发行者的信用、抵押、担保额、减债制度等有严密的资信审查制度，因此发债者一般都有较高的信誉度和偿债能力。二是债券的面额、利息率和支付利息方式都是事先确定好的，并载于票面上，不受市场利率变动的影响，因此，投资者的本金与利息是受法律保护的。三是债券是债务的凭证，即使企业出现亏损甚至倒闭，债券的投资者也可优先于股东获得赔偿。

**4. 流动性**

债券是高度流动性的有价证券，其变现能力仅次于银行存款。在二级市场较为发达的情况下，债券持有者若临时需要资金，可随时在市场上出售债券。

总之，债券具有收益性、安全性、流动性等特点，所以它是稳健的投资者的最佳选择。

## 三、债券的种类

债券种类的划分方法很多，下面将介绍几种最常见的分类方法。

**1. 按债券发行主体分类**

（1）政府债券。政府债券包括国家债券和地方债券。国家债券是中央政府为维持其财政平衡所发行的债券，而地方债券是地方政府为解决其财政开支所发行的债券。

（2）公司债券。公司债券是由股份公司为筹集资金而发行的债券。

（3）金融债券。金融债券是由金融机构为筹集资金而发行的债券。

**2. 按债券是否记名分类**

（1）记名债券。记名债券是指在债券上标有投资者姓名，转让时须办理过户手续的债券。

（2）无记名债券。无记名债券是指在债券上没有投资者的印鉴，转让时无须办理过户手续的债券。

3. 按债券是否有抵押或担保分类

（1）抵押债券。抵押债券是债券的发行者以其所有的不动产和动产为抵押而发行的债券。

（2）无抵押债券。无抵押债券是指债券的发行者不以自己的任何物品做抵押，而是以自己的信誉为担保的债券。

（3）收入债券。收入债券是地方政府以某些项目的收入为担保而发行的债券。

（4）普通债务债券。普通债务债券是国家政府以其信誉及税收等为担保而发行的债券。

4. 按债券形态分类

（1）剪息债券。剪息债券指的是券面上附有息票、定期到指定地点凭息票取息的债券。

（2）贴现债券。贴现债券是指以低于债券面额发行、到期按债券面额偿还、其差额为投资者利息的债券。

5. 按债券的偿还期限分类

（1）短期债券。短期债券一般是指偿还期限在一年以内的债券。

（2）中期债券。中期债券一般是指偿还期限在2—5年的债券。

（3）长期债券。长期债券一般是指偿还期限在5年以上的债券。

6. 按债券募集方式分类

（1）公募债券。公募债券是公开向社会募集的债券。

（2）私募债券。私募债券是指向少数特定人募集的债券。

7. 按债券发行的地域分类

（1）国内债券。国内债券是由本国政府、银行、企业等机构在国内发行的并以本国货币计价的债券。

（2）国际债券。国际债券是指由一国政府、金融机构、企业在国外发行的并以某种货币计价的债券。

### 四、国际债券的分类与具体形式

国际债券是由一国政府、金融机构、企业或国际组织，为筹措资金而在外国证券市场上发行的、以某种货币为面值的债券。随着世界各国对外国投资者限制的放松和国际证券市场的迅速发展，国际债券的发行量在20世纪80年代初超过了银团贷款的数量，从而出现了国际借贷证券化的趋势。

（一）国际债券的分类

国际债券大致可分为三大类，第一类是外国债券，第二类是欧洲债券，第三类是全球债券。

1. 外国债券

外国债券是借款国在外国证券市场上发行的，以市场所在国货币为面值的债券。如某国在美国证券市场上发行的美元债券，在英国证券市场上发行的英镑债券等。习惯上人们把外国人在美国发行的美元债券称为"扬基债券"，在英国发行的英镑债券叫"哈巴狗债券"，在日本发行的日元债券叫"武士债券"，在中国发行的人民币债券叫"熊猫债券"。外国债券的发行一般均由市场所在国的金融机构承保。中国曾在日本、美国、欧洲等地的证券市场上发行过外国债券。外国债券实际上是一种传统的国际债券。

### 2. 欧洲债券

欧洲债券是指以某一种或某几种货币为面额，由国际辛迪加承销，同时在面额货币以外的若干个国家发行的债券。如美国在法国证券市场发行的英镑债券就叫欧洲债券。按习惯，面值为美元的欧洲债券一般被称为欧洲美元债券，面值为日元的欧洲债券被称为欧洲日元债券，其他面值的欧洲债券可以以此类推。在日本东京发行的外币债券，通常称为将军债券。总之，欧洲债券的发行者、面值货币和发行地点分属于不同的国家。

欧洲债券既有期限为1—2年的短期债券，也有5—10年的中长期债券，还有无偿还期的永久性债券。欧洲债券往往采取无担保的不记名形式发行，投资欧洲债券的收益是免缴收入所得税的。除瑞士法郎市场以外，欧洲债券可以不受各国法规的约束，进行自由流通。欧洲债券往往通过国际辛迪加发行，并可在一个或几个国家的证券交易所同时挂牌。欧洲债券具有发行成本低、发行自由、投资安全、市场容量大等特点。

欧洲债券的发行者主要是公司和国际组织，近年来，一些国家的政府也开始涉足这一市场，而欧洲债券的投资者主要是公司和个人。欧洲债券的币种以美元、日元、瑞士法郎居多。欧洲债券于1961年2月1日首先在卢森堡发行，卢森堡和伦敦是目前欧洲债券市场的中心。

### 3. 全球债券

全球债券是指在国际金融市场上同时发行，并可在世界各国众多的证券交易所同时上市，24小时均可进行交易的债券。全球债券最初的发行者是世界银行，后来被欧美以及一些发展中国家效仿。全球债券先后采用过美元、加元、澳元、日元等货币发行。全球债券采取记名形式发行，在美国证券交易所登记。全球债券具有发行成本低、发行规模大、流动性强等特点。全球债券是一种新兴的债券，它的发行规则和程序还有待完善。

**阅读专栏**　　　　　　　　**全球首笔外国金融机构熊猫债券成功发行**

2016年11月2日，加拿大国民银行在中国银行间债券市场成功发行35亿元熊猫债券。作为全球首笔外国金融机构熊猫债券，该笔债券期限3年，票面利率3.05%，中国银行是其联席主承销商、联席簿记行及境内资金专户清算银行。据了解，该笔债券是中国银行继为加拿大大不列颠哥伦比亚省发行熊猫债券后，又一次协助加拿大机构成功发行熊猫债券。

加拿大国民银行是加拿大六家国内系统重要性银行之一，是业务领先的金融集团。作为首家获得中国人民银行批准在中国境内发行人民币债券的外国金融机构，加拿大国民银行此次成功发行熊猫债券，将在加拿大乃至全球市场产生良好的示范效应，彰显了外国金融机构对中国资本市场以及人民币作为投融资货币的信心，对中国债券市场的对外开放与深化发展具有积极意义。

本次债券发行是中国银行继协助国际开发机构、境外主权机构、工商企业和香港地区金融机构发行熊猫债券后，进一步协助外国金融机构开拓人民币投融资市场。2015年以来，中国银行共协助15家境外发行人在银行间市场发行熊猫债券，在市场保持领先地位，在推进人民币国际化和中国债券市场对外开放方面发挥了积极和重要的作用。

资料来源：http://finance.sina.com.cn/roll/2016-11-04/doc-ifxxnffr6744966.shtml。

(二) 国际债券的类型

(1) 一般欧洲债券。一般欧洲债券是一种期限和利率均固定不变的债券。它属于传统的欧洲债券,目前这种债券的发行量在不断减少。

(2) 浮动利率债券。浮动利率债券是一种以银行间的拆借利率为基准,再加一定的加息率,每3个月或6个月调整一次利率的债券。这种债券始于20世纪70年代初期。

(3) 锁定利率债券。锁定利率债券是一种可由浮动利率转为固定利率的债券,即债券发行时,只确定一个基础利率,待债券发行之后,如果市场利率降到预先确定的水平,则将债券利率锁定在一定的利率水平上,成为固定利率,直到债券到期时止。锁定利率债券于20世纪70年代中期才开始发行。

(4) 授权债券。授权债券是指在债券发行时附有授权证,债券的持有人可按确定的价格,在未来某一时间内购买指定的债券或股票。

(5) 复合欧洲债券。复合欧洲债券是指以一揽子货币为面值发行的债券。到目前为止,发行这种债券已采用过的货币单位有欧洲记账单位、欧洲货币单位、特别提款权、欧洲货币合成单位。复合欧洲债券的利率固定而且水平较高。

## 五、国际债券的发行

(一) 国际债券市场对发行者的要求

国际债券市场一般有严格的管理制度,但也有一些国家债券市场相当自由。管理较严的国家一般对发行者有如下要求:

(1) 必须经过正式申请和登记,并由专门的评审机构对发行者进行审查。

(2) 发行者必须公布其财政收支状况和资产负债情况。

(3) 在发行期间,每年应向投资人报告资产负债及盈亏情况。

(4) 债券发行获得批准后,必须根据市场容量,统一安排发行的先后次序。

(5) 债券的发行与销售一般只允许证券公司或投资银行经营,一般银行只能办理登记及还本、付息、转让等业务。

(6) 一般须由发行者国家政府或中央银行进行担保,担保必须是无条件的和不可撤销的。

(二) 国际债券的发行程序

国际债券的发行分公募发行和私募发行。公募发行是通过中介机构的承包包销,公开向社会募集资金;而私募发行则是在中介机构的协助下,向有限的特定投资者募集资金。其具体发行程序大致可分为以下几个步骤:

(1) 发行企业选任一家金融公司作为此债券发行的组织者,即主干事银行或主干事证券公司。双方就此债券的形式、发行市场、发行数量、币种、利率、价格、期限以及发行的报酬和费用等进行磋商。

(2) 向当地外汇管理部门提出发行债券申请,经该部门审查并提出意见后,报经该国政府有关管理部门批准。

(3) 向国外有关资信评审机构申请评级。申请评级以前,需先向国内的审查管理机构提出书面申请,并提供评级机构名称和用于评级的资料等。发行者应在得到评级结果的三日内向审批管理部门报告评级结果。

（4）向拟发行证券的市场所在国政府提出申请，征得市场所在国政府的许可。

（5）发行者在得到发行许可后，委托主干事银行组织承销团，由其负责债券的发行与包销。

### 六、国际债券清算机构与清算程序

#### （一）国际债券清算机构

目前，国际上有两大债券清算机构，即欧洲清算系统和塞德尔国际清算机构。欧洲清算系统成立于1968年，总部在布鲁塞尔，主要从事债券的清算、保管、出租、借用，并提供清算场所等业务。2015年，该系统共拥有15个分支机构，全年交易总额达到675万亿欧元，客户遍布90多个国家，连接46个主要市场，涉及51种清算货币。塞德尔国际清算机构也是一个股份制机构，成立于1970年，总部设在卢森堡，它与欧洲很多国家的银行建立了清算代理关系，其业务范围与欧洲清算系统大致相同。上述两家清算机构均有各种现代化的设施，目前，国际债券交易的清算，绝大部分是通过这两个机构进行的，它们已发展成为当今世界两家最大的清算机构。

#### （二）国际债券清算程序

国际债券的清算大致经由以下几个程序：

（1）开立债券清算账户和货币清算账户。申请加入清算系统的银行或证券公司必须开立债券清算账户和货币清算账户。债券清算账户是用于债券面额的转账，而货币清算账户是用于买卖债券时，按市场价格和生息后计算出的总额转账。因为国际债券交易既转移所有权，也要按市场价格计算出的等值货币支付。

（2）发送债券清算指示。债券买卖成交以后，买卖双方分别向其清算机构发送清算指示。清算指示主要包括清算机构名称、买入或卖出债券的种类、买入或卖出对象、成交日期、结算日期、债券的面额和币种、成交价格、生息与否、货币总额、结算路线、清算指示的发送者名称和发送日期等。

（3）核对清算机构发回的有关交易细节的报告，以便及时纠正。

（4）在结算日进行内部账务处理。

（5）核对清算机构的对账单，如有不符，可立即向对方和清算机构查询，如无异议，便应制作对账平衡表。

### 七、国际债券投资收益

债券投资收益是指投资者在一定时期内所获取的利润。债券投资收益通常是用收益率来表示的，而收益率指的是债券投资的收益占最初投资额的比例。针对每位债券投资者的不同情况，可选用以下几种收益率作为衡量投资者收益的标准。

#### （一）名义收益率

名义收益率是指根据债券每年的固定利息与债券面额之比，计算出来的投资者每年的收益率，其计算公式为：

$$名义收益率 = \frac{债券年利息}{债券面额} \times 100\%$$

例如,一张面额为 100 元、年利息为 15% 的债券,其持有者的名义收益率为:

$$\frac{15}{100} \times 100\% = 15\%$$

### (二) 本期收益率

本期收益率是债券每年的固定利息与债券本期市场价格之比。投资者可以通过对市场上各证券本期收益率的计算和比较,来做出投资哪种证券的决定。本期收益率的计算公式为:

$$本期收益率 = \frac{债券年利息}{本期市场价格} \times 100\%$$

例如,一张面额为 100 元、利率为 15%、期限为 5 年的债券,该债券发行时最初的认购者在购买后的第 3 年初以 90 元卖出,那么,该债券新的购买者的本期收益率为:

$$\frac{15}{90} \times 100\% \approx 16.67\%$$

### (三) 持有期收益率

债券的持有期收益率是指投资者从买入债券到卖出债券期间所得的实际收入。其计算公式为:

$$持有期收益率 = \frac{卖出价 - 买入价}{买入价} \times \frac{360}{持有期限} \times 100\%$$

例如,某人在证券市场上以 100 元买了一张刚发行的、利率为 15%、期限为 5 年的债券,两年之后又以 120 元的价格卖出,其持有期的收益率为:

$$\frac{120 - 100}{100} \times \frac{360}{720} \times 100\% = 10\%$$

### (四) 到期收益率

债券的到期收益率是指投资者从买入债券到债券到期时止的收益率,其计算公式为:

$$到期收益率 = \frac{债券到期后的本金和利息总额 - 买入价}{买入价 \times 待偿还的期限} \times 100\%$$

例如,某人以 120 元购买了一张面值为 100 元、利率为 15%、期限为 5 年的债券,由于该投资者买入这张债券时,该债券已发行了 3 年,那么该投资者待 2 年后债券到期时的收益率为:

$$\frac{100 + (15 \times 5) - 120}{120 \times 2} \times 100\% \approx 22.92\%$$

## 八、债券的收益曲线

### (一) 收益曲线

债券的收益曲线也称债券的收益率曲线,它反映的是在一定的时点上不同期限的债券与到期期限之间的关系。债券的收益取决于市场利率、价格、期限长短的相互作用。在不同的时期和阶段,这些因素对债券价格影响的大小是不同的,债券的收益曲线实际上是一种时点图,假设上述三种因素对债券价格的影响力都相同,在考察债券的到期收益时间对到期收益的影响时,我们可以看到不同的到期时间具有不同的收益,通过计算不同到期时间的债券收益,并分别将计算出的到期收益以点的形式标在纵轴上,用横轴表示时间,然后将各点连接起来就形成了一条收益曲线。

债券的收益曲线表示的就是债券利率的期限结构,而利率期限结构就是债券的到期收益率与到期期限之间的关系。债券的收益率曲线体现出的仅仅是利率在一定时点上与不同到期时间的关系,但不能反映债券的质量,只有在假设质量相等的情况下,才能对利率进行对比,并形成收益曲线。

(二) 收益曲线的种类

收益曲线大致有以下四种:

1. 正常收益曲线

正常收益曲线显示(见图6-1),在正常情况下,近期利率低于远期利率,时间越长,不确定因素越多,风险也不断加大。因此,需要较高的利率来补偿。

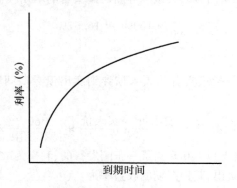

图 6-1　正常收益曲线

2. 负坡度收益曲线

负坡度收益曲线也称反方向收益曲线。该曲线显示(见图6-2),短期利率高,而远期利率在降低,这种情况一般发生在银根紧缩时期。

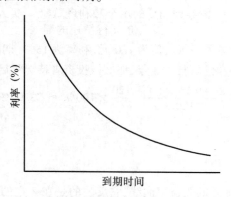

图 6-2　负坡度收益曲线

3. 驼背收益曲线

驼背收益曲线显示(见图6-3),在货币紧缩的时候,短期利率不断飙升,过了一段时间短期利率又开始下降,长期利率又开始上升。

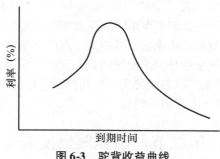

图 6-3 驼背收益曲线

4. 水平收益曲线

水平收益曲线表明（见图 6-4），短期利率与长期利率水平差不多，总体波动很小。

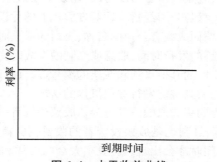

图 6-4 水平收益曲线

(三) 收益曲线的理论解释

1. 市场预期理论

市场预期理论认为，利率的期限结构取决于投资者对未来市场利率一致的预期，如果投资者预期利率将会上升，则短期利率会比长期利率低，利率期限结构会呈上升趋势；如果投资者预期未来的债券收益会下降，则短期利率会比长期利率高，利率期限结构会呈下降趋势。在某些情况下，投资者都预期中长期债券的利率是一致的，说明市场是均衡的。按预期理论，投资者对债券的到期时间并不在乎，而债券短、中、长期利率的高低取决于投资者对未来的预期。

2. 流动性偏好理论

流动性偏好理论认为，投资者更愿意接受收益较低而到期时间较短的债券，而不是收益较高而到期时间较长的债券，这是因为到期时间较长的债券会有很多的不确定性，投资者为此要承担流动性风险。要想让投资者接受长期债券，必须加上一些流动性补偿，期限越长补偿越多，补偿主要体现在长期债券的利率要高于短期债券利率。按照该理论的观点，由于流动性溢价的存在，如果预期利率上升较大，其利率期限结构应该是向上倾斜的；如果投资者预期利率是下降的，利率期限结构应该是向下倾斜的或者是水平的。由此可见，该理论认为，远期利率不再是对未来即期利率的无偏估计，还包括了一种流动性溢价，收益曲线的形状也是由对未来利率预期和延长偿还期所必需的流动性溢价共同决定的。

3. 市场分割理论

市场分割理论认为，投资者对长期和短期债券有不同的爱好，他们不可能自由地在利率预期的基础上从债券的一个偿还期部分转移到另一个偿还期部分，在市场分割的情况下，投资者的偏好受到了法律和投资期限习惯的制约,很难从一个市场转到另一个市场,结果市场分成短期和长期两部分资金市场。利率期限结构在市场分割理论下,取决于短期资金市场供求曲线交叉点的利率与长期资金市场供求曲线的交叉点的利率对比,如果短期资金市场供求曲线交叉点的利率高于长期资金市场供求曲线的交叉点的利率,则利率期限结构是呈现向下倾斜的趋势;如果短期资金市场供求曲线交叉点的利率低于长期资金市场供求曲线交叉点的利率,则利率期限结构是呈现向上倾斜的趋势。

## 第二节 国际股票投资

### 一、股票投资的概念

股票是有价证券的一种,它是股份公司发行的,用以证明股票持有人对公司拥有所有权,并可以分享公司股息或红利,参与公司经营管理等方面权益的凭证。股票属于要式证券,必须依据法定格式制成。股票的票面应载有公司的名称、公司的成立时间、发行股份总数及每股金额、本次发行的股份总数、股票的发行时间、股息或红利的发放时间与地点、股票的种类及其他差别的规定、公司认为应当说明的其他事项和股票的编号等。此外,股票还必须有三名以上董事的签名盖章,并经主管机构或其核定发行登记机构的认证。

股票投资是企业、个人等购买股票的一种行为。股票投资者一般享有以下三项基本权利:① 公司盈利时的分红要求权,红利也是股票投资者的收益;② 剩余财产的分配权,剩余财产的分配权限于公司解散或倒闭时才会出现;③ 股东大会的参加和表决权,股东的表决权也意味着股东对公司的间接经营管理权。股东的上述权益说明,股票投资属于间接投资,具有收益性、风险性、变现性、决策的参与性、价格的波动性等特征。

### 二、股票的性质

#### (一) 股票是一种证权证券

股票只是一种表明已发生股权转移的证券,股票只起一个权利证书的作用。股票的发行以股份的存在为前提条件。股票的作用是证明股东的权利,而不是创造股东的权利。所以股票不像一般的票据,它不是物权证券,也不是债权证券。

#### (二) 股票是要式证券

股票必须按法律的要求记载一定事项,股票须由三个以上的董事签名盖章并经由主管机关或其核定发行登记机构批准后才可以发行。其内容一般包括公司的名称和地址,公司设立登记核心股发行的批准文号、公司的股份总额、每股金额、本次发行的份数、发行时间等,如缺少上述要件,股票即告失败。

#### (三) 股票是有价证券

股票与其代表的股东权利有不可分离的关系。这就是说,股票代表着对公司资产的权利,这种资产是有一定价值的,否则其权利也就失去了意义。此外,股东权利的转让应与股票占有的转移同时进行,二者缺一不可。这点与有价证券在法理上的性质是一致的。

#### (四) 股票不是物权及债权证券

股东虽然是企业部分财产的所有人,享有种种权利,但对于公司的财产不能直接支配处理,对财产的直接支配处理是物权证券的特征,但股东可以通过其红利权、出席股东大会和表决权、转让权和公司解散时剩余资产的分配权来达到获利的目的。同时,股东也不是公司的债权人,但对企业的债务承担有限的债务责任,当投资者购买股票时,他随即变成公司部分财产的所有人,是公司内部的股东,因此股票也不是债权证券。

（五）股票是一种可转让的证券

股票是一种能带来收益的转让证书,其价格的基础是其资产的价值,作为金融资产的股票和其他有价证券一样,既可以在金融市场上买卖,也可以用于赠予、抵押和继承。

（六）股票是一种虚拟资本

股票的运动与真实资本的运行既相互联系又相互独立,说其相互独立是因为股票在证券市场上进行各种形式的交易都不会引起公司资本的增减,说其相互联系是因为公司的业绩直接影响着股票在二级市场上的走势。

### 三、股票的种类

企业往往根据不同的需要发行不同种类的股票,而股票种类的不同也决定了投资者享有的权利和义务的不同。因此,股票的投资者根据股市行情的变化,选择不同种类的股票对获取投资的最佳收益是十分有益的。股票的种类和分类方法很多,按股东承担的风险和享有的权益,可分为普通股和优先股;按股票是否记名,可分为记名股票和无记名股票;按股票有无面额,可分为面额股票和无面额股票。

（一）普通股和优先股

1. 普通股

普通股是股份公司必须发行的一种基本股票,是股份公司资本构成中最重要、最基本的部分。购买了普通股就等于购买了企业的资产,购买得越多,占有公司资产的比重就越大。普通股是股票中最普遍的形式。普通股的股东一般享有以下几项权利:

(1) 收益的分享权。在公司有盈利时,普通股的股东有权分享公司的盈利,但盈利的分享必须是在满足了优先股股东的股息之后。普通股股东的红利是不固定的,它取决于公司的盈利多寡,盈利多则多分,盈利少则少分,没有盈利则不分。

(2) 剩余资产的分配权。在公司破产时,普通股股东有分得公司剩余资产的权利,但剩余资产的分配必须在清偿了公司的债务及优先股股东收回了最初投资和分得了股利之后进行。

(3) 决策权。股东有权参加或委托代理人参加一年一度的股东大会,并行使其表决权,从而使股东间接参与公司的经营管理。

(4) 新股认购权。股东有优先认购公司所发新股的权利,以维持股东在公司原有的权益比例。股东在认购新股时,可以以低于市价的股价购买一定比例的新股,因此,新股认购权也是有价值的,如股东不想认购新股,可将其新股认购权按一定的价格进行转让。新股认购权一般被称为认股特权,认股特权价格的计算公式为:

$$P = \frac{P_0 \times R}{1 + R}$$

式中,$P$ 代表认股特权价格,$P_0$ 代表股票市价与面值的差额,$R$ 代表新股与旧股的认购比例。

例如,某公司发行的旧股面值为 20 元,其市价每股 30 元,每拥有 8 股旧股可认购 1 股新股,其每股的认股特权价格为:

$$\frac{(30-20)\times\frac{1}{8}}{1+\frac{1}{8}}=1.11(元)$$

(5) 股份的转让权。除公司发起人的股份必须在达到规定的期限以后才能转让以外,其他股东的股份可以随意转让。

2. 优先股

优先股是指股东在公司盈利或在公司破产清算时,享有优先于普通股股东分配股利或资产权利的股份。优先股是相对于普通股而言的,具体地讲,优先股股东的优先权主要表现在两个方面:① 公司盈利分配的优先权,即在公司盈利时,在优先股股东的股息得到满足之后,普通股股东才能分得红利;② 索债优先权,即在公司破产时,在优先股股东按面值得以清偿之后,如有剩余,普通股股东才能得到清偿。

优先股与普通股相比,还具有以下三个特点:① 表决权受到限制。优先股股东一般没有表决权,只有在涉及直接关系到优先股股东利益的问题时,才能行使表决权。实际上,优先股股东没有参与公司经营管理的权利。② 股息固定。优先股股息是事先规定的,一般按面值的一定比例计算,不能随公司盈利的多寡而增减。③ 具有可赎回性。近年来,许多公司发行的优先股均订有偿还条款,发行优先股的公司一般在发行一年后可以以高于面值赎回或购回已发行的优先股。鉴于优先股股息固定,而且股东又没有表决权,人们常常将优先股称为介于债券和股票之间的混合证券。

优先股本身的种类也很多,常见的主要有以下几种:

(1) 累积优先股。它是指在公司某一时期内的盈利不足以分派给股东固定的股息情况下,股东有权在公司盈利丰厚时要求公司补足以前所欠股息积累起来的数额。

(2) 非累积优先股。它是指由于公司盈利较少,当年未能向股东发放或未如数发放固定的股息,在日后公司盈利后,股东不具有要求公司补发以前所欠股息的权利。但非累积优先股的股息一般高于累积优先股。

(3) 可调换优先股。它是指股东在一定时期内,可以以一定的比例将优先股换成该公司的普通股,否则属于不可调换的优先股。在公司经营状况好而且普通股股价高时,投资者愿意将优先股调换成普通股。

(4) 累积可调换优先股。它是一种兼具累积优先股和可调换优先股性质的优先股。

(5) 股息率可调整优先股。它是指股息率不固定,而是随着其他证券或利率变化而调整的优先股。这种优先股股息率的变化与公司的盈利状况无关。

(6) 参与分红优先股。它是指股东除收取固定的股息以外,还可与普通股一起分享红利的股票。

(二) 记名股票和无记名股票

1. 记名股票

记名股票是指在股票上载有股东的姓名,并将该股东的姓名和地址记载在公司股东名册上的一种可以挂失的股票。记名股票必须经卖方背书和盖章才可转让。转让时需要办理过户手续。发放股息或红利,须由公司书面通知股东。

2. 无记名股票

无记名股票是指在股票上不载有股东的姓名并且不能挂失的股票。无记名股票可以在证券市场上随意转让,不需办理过户手续。公司在发放股利时,也不必向股东发出书面通知,而是凭票取息。这种股票发行手续简便,转让方便,但公司不易掌握股东的情况。很多国家将无记名股票发行的数额占股票发行总额的比例限制在一定范围之内。

(三) 面额股票和无面额股票

1. 面额股票

面额股票是指在股票上标明一定金额的股票。股票面额能使股东了解每一股所代表股权的比例,以确定对公司所有权的大小。面额股票既可以使公司在出售股票时取得公正的价格,也可以防止公司内部人员以低价获得新股,并为股票的交易价格提供了参考依据。股票的面额并不代表公司资产的全部价值,面额股票的发行公司一般不能以低于面额发行。

2. 无面额股票

无面额股票是指股票上不标有一定的金额,只标有总股数的股票。无面额股票可以促使投资者在购买股票时,注意计算股票的实际价值,而不至于被面额迷惑,而且其发行价格也不受限制。

### 四、股票的价值与收益

(一) 股票的价值

股票本身没有价值,但股票是股东对企业所有权的凭证,它代表了一定量的资本,所以股票又有价值。

(1) 股票面值,指股票上标明的金额,股票面值的作用在于说明每股股份对企业拥有权的比例。随着企业的发展和市场上各种因素的变化,股票的市场价格往往背离股票面值。

(2) 股票账面价值,也称股票净值。它是根据公司的财务报表计算得出的,表明每股代表的公司实际资产的价值。账面价值是公司的真正资产,也是公司债权债务相抵后所剩的余额。其计算公式为:

$$账面价值 = \frac{公司净资产 - 优先股总额}{普通股总股数}$$

(3) 股票市值,指股票的市场价格,即股票市场上的买卖价格。股票市场价格是随着股市行情的变化而经常波动的,影响股票市值变化的因素很多,其中利率和股息是最主要的因素,股票市值与股息成正比,与利率成反比。其计算公式为:

$$股票市值 = \frac{股票面额 \times 预期股利收益率}{市场利率}$$

(4) 股票内值,指经济学家对企业的财务状况、未来收益和其他影响企业收入的因素进行分析之后,得出的股票所代表的真正价值。实际上,股票内值的高低,取决于股票未来预期的收入。股票未来预期收入高,股票的内值就高;否则,其内值就低。投资者都在寻求购买内值高于市值的股票。计算股票内值一般都把未来的收入折成现值进行计算,其计算公式为:

$$未来收入的现值 = \frac{未来预期收入}{(1+贴现率)^{未来年数}}$$

(二) 股票投资收益

股票投资收益是指投资者购买股票所获取的利润。股票投资收益主要来源于股息、红利和股票的溢价,收益的大小一般用权益率来表示。

#### 1. 股息、红利和溢价

股息是优先股股东定期得到的固定收益。由于优先股股东的股息是固定的，一般按年计算，所以它不与公司经营状况的好坏相联系。

红利是普通股股东获取的投资收益。普通股股东的红利是不固定的，红利的多少取决于公司的盈利情况，盈利多则红利多，盈利少则红利少，无盈利或亏损则无红利。

股票溢价是指股东以高于买进股票的价格卖出股票所赚取的买卖差价。在证券市场上，一般把为赚取买卖差价而买入股票的行为叫投机，而把以获取股息或红利为目的买入股票的行为称为投资。

#### 2. 股票投资收益率

股票投资收益率指的是购买股票所得的收入占购买股票所用金额的比例。一般来说，优先股股东的收益率是相对稳定的，而普通股股东的收益率是不稳定的。股票投资收益率有两种计算方法，即本期股票收益率和持有期股票收益率。

（1）本期股票收益率。本期股票收益率就是本期（年）股利占本期股票价格的比例，其计算公式为：

$$本期股票收益率 = \frac{本期股利}{本期股票价格} \times 100\%$$

例如，某公司 2016 年 1 月 1 日发行股票，股票的购买者以 50 元/股购入，2017 年 1 月 1 日，购买者每股分得红利 10 元，本期股票收益率为：

$$\frac{10}{50} \times 100\% = 20\%$$

（2）持有期股票收益率。持有期股票收益率指的是投资者从购买股票开始到卖出股票时止的收益率。其计算公式为：

$$持有期股票收益率 = \frac{出售价格 - 购入价格 + 现金股利}{购买价格} \times 100\%$$

例如，某人购买了 100 元股票，一年后以 104 元卖出，一年中所得红利为 8 元，其持有期收益率为：

$$\frac{104 - 100 + 8}{100} \times 100\% = 12\%$$

### 五、股票的交易方式

#### （一）现货交易

股票的现货交易亦称现金交易，是指股票的买卖双方达成交易以后，在短期内完成交割的一种买卖方式。现货交易的交割时间一般为成交的当天，但也可以是当地股票交易市场的习惯日，如美国纽约股票交易所现货交易的交割时间为成交后的第五个营业日，东京股票交易所是成交后的第四个营业日。股票的现货交易是属于一手交钱一手交货的实物交易，即买方付出价款，卖方交付股票。

#### （二）期货交易

股票的期货交易是指股票的买卖双方成交以后，交割和清算可以按契约所规定的价格在未来某一时间进行，即股票期货交易的双方在签订交易合同之后，买方不用立即付款，卖方也不须即时交出股票，而是在双方约定的未来某一时间进行。这样可以使买方在手中资金不足时购买股票,卖方可以在没有股票的情况下出售股票,买卖双方便可以利用这一机会,按照预期的价格变动进行买卖远期股票,以从中谋取买卖差价。在实际操作中,股票的买卖双方往往都以相反的合同进行冲抵,只清算买卖价差。买入期货合同,以图在交割前股价上涨,这种行为一般被称为多头;卖出期货合同,以图在交割前股价下跌,这种行为一般被称为空头。此外,投资者进行期货交易的另一个目的是套期保值,以避免价格变动的风险。

(三) 保证金交易

保证金交易又称信用交易或垫头交易,是指客户买卖股票时,向经纪人支付一定数量的现款或股票,即保证金,其差额由经纪人或银行贷款进行交易的一种方式。如果经纪人为交易者垫付的是部分款项,应称为融资;如果经纪人借给交易者的是股票,则称为融券。保证金交易也是从事证券投资活动的一种手段,从事该种交易的交易者是想利用股票价格在短期内的变动牟取暴利,即投资者在预测某种股价将要上涨时,便以保证金的形式购买股票,以待股价上涨后再卖出。保证金交易属于多头或买空交易,它要求交易者必须有足够的信誉和实力,以凭此开设保证金账户。在交易的过程中,投资者用保证金购买的股票全部用于抵押,客户还要向经纪人支付垫款利息。

(四) 期权交易

股票期权交易实际上是一种股票权利的买卖,即某种股票期权的购买者和出售者,可以在规定期限内的任何时候,不管股票市价的升降程度,分别向其股票的出售者和购买者,以期权合同规定好的价格购买和出售一定数量的某种股票。期权一般有两种:一种是看涨期权,即投资者按协议价格购买一定数量的某种股票的权利;另一种是看跌期权,即投资者以协议价格卖出一定数量的某种股票的权利。在股价看涨时,投资者愿意购买看涨期权;当股价趋跌时,投资者往往愿意购买看跌期权。在期权的买者认为行使期权对自己不利时,可以放弃期权,但期权的购买费不予退还,期权合同一般随着有效期的结束而失效。期权交易一般对买卖双方均有好处,买方可以利用期权保值或赚取股票的买卖差价,而卖方则可以赚得期权的出售费。

(五) 股价指数期货交易

股价指数期货交易是投资者以股票价格指数为依据进行的期货交易。在股价指数期货交易中,买进和卖出均为股票期货合同。股价指数期货价格是由点来表示的,股价的升降以点数计算,点数代表一定数量的标准金额。

在股票交易中,投资者的风险很大,尤其是对股票发行者的经营状况和股市的急剧变化难以把握和预测,而股价指数期货交易为投资者减少了上述一些风险。投资者在了解国民经济的发展状况、金融市场利率和某些主要行业的发展前景后,就可以预测股价指数的走势,股价指数的变动代表了股价总水平的变动。因此,在对股价指数的升降进行准确的预测之后,投资者就可买进或卖出期货合同。

## 第三节 投 资 基 金

### 一、投资基金的概念

世界各国对投资基金(investment fund)的称谓有所不同,美国叫共同基金(mutual fund)或互惠基金,英国叫单位信托基金(unit trust)。按国务院批准颁布的《证券投资基金管理暂行办法》的解释,投资基金是"指一种利益共享、风险共担的集合证券投资方式,即通过发行基金单位,集中投资者的资金,由基金托管人托管,基金管理人管理和运用资金,从事股票、债券等金融工具投资"。投资基金属于间接投资,而且也是证券投资的一种形式。它实际是证券投资基金的募集人受投资者的委托,以向投资者发行基金凭证的方式,把分散的投资者的资金汇集起来,由具有专业知识和投资经验的专家按组合投资的原理分别投资于各种金融工具,以使投资者在承担较小风险的前提下获取最大的投资收益。

投资基金是一种大众化的信托投资工具,而股票、债券、期货、黄金等金融工具又是投资基金的主要投资对象。投资基金源于100年前的英国,它是在西方国家证券投资盛行、市场操纵和市场欺诈严重、股灾遍布的背景下产生的,投资基金迎合了投资者的安全心理和对海外金融投资的普遍需求。后来,随着美国金融业的迅速崛起,投资基金在美国得到不断的发展和完善。

投资基金是建立在金融市场充分发展和日益完善的基础之上的,金融市场充分发展的一个重要表现是融资方式多样化,而投资基金的出现与发展正是金融市场深入发展的重要体现。金融业的充分发展扩大了投资基金的投资领域,投资基金的发展也无疑是对金融市场进一步发展的推动。现代投资基金代表了一种新的投资方式,它已从最初的债券和股票投资逐步发展成为各种货币市场工具投资。进入20世纪80年代以后,随着投资基金制度的日益完善、投资基金品种的不断增多以及投资基金运作技术的创新,货币市场基金每年都以成倍的速度增长,带动了整个投资基金业的发展。据美国投资公司研究所(ICI)的统计,截至2016年第三季度,不包括母基金(Fund of Funds)在内的全球投资基金约有10.93万家,基金净资产总额达到40.85万亿美元,而美国以2.57万家投资基金却拥有20.94万亿美元的净资产,占全球总额的一半。投资基金的迅速发展使目前竞争日趋激烈的金融市场体系,呈现出银行业、保险业、投资基金业三足鼎立的局面。

**二、投资基金的特点**

投资基金是一种证券信托投资方式,也是以金融资产为经营对象,并以金融资产的保值或增值为目的的投资工具。作为投资工具,投资基金与其他投资工具相比具有以下几个特点:

1. 专家理财

投资基金是一种投资工具,投资于投资基金就等于聘请了一位具有专业知识和丰富经验的专家来进行投资决策和运作。他们的投资决策一般是在对随时了解到的有关经济形势、国内外市场的最新发展动态、上市公司的经营状况等信息进行认真分析,以及对证券市场总体走势进行预测后做出的,因此能为投资者带来较高的回报。而个人投资者往往缺乏专业知识、投资经验不足,信息不灵,只能随风炒作,难有收益。

2. 风险较小

投资基金的运作人为了减少风险,进行组合投资。投资组合一般是指债券与股票等有价证券的组合,它们主要包括上市或未上市公司的股票、股权凭证、新股认购权证、政府债券、地方债券、公司债券、金融债券等,个别国家也允许利用少部分资金用于房地产业的投资。即使投资股票,也不能将全部基金只用于购买一种股票。理想的投资组合一般是选择15—25种证券,购买各种证券的数量也有适当的比例,这就大大降低了投资风险,增加了投资的安全系数。

3. 管理和运作法制化

目前,世界各国都颁布了有关投资基金的管理和运作的法规,对投资基金的设立、管理和运作做了严格的限定。按多数国家的规定,投资基金的经营机构由基金公司、基金管理公司和基金托管公司组成;必须委托银行作为托管人托管基金资产,委托基金管理公司作为基金管理人管理基金资产和进行投资运作;基金资产独立于基金托管人和基金管理人的资产,基金托管人与基金管理人在行政上和财务上相互独立,其高级管理人员不得在对方兼任任何职务。此外,还规定了每个基金投资于股票和债券的比例,一个基金持有一家上市公司的股票占基金资产净值的最高比例,同一基金管理人管理的全部基金持有一家公司证券占该公司发行证券总数的最高比例,一个基金投资国家债券的最低比例等。管理和运作的法制化有利于保护投资者的利益。

4. 选择性强,适合各类投资者

在发达的西方国家证券市场上,投资基金的种类众多并涉及一切投资领域。因此,投资者对投资基金有很大的选择性,投资基金的品种也适合各类投资者。对于不愿冒大风险的稳健型投资者来说,可选择购买债券基金、货币基金、优先股基金或蓝筹股基金等。对敢冒风险追求高额利润的投资者来说,可选择购买期货基金、杠杆基金或认股权证基金等。与此同时,不管是力图降低风险还是寻求高额利润的投资者,为实现他们各自的目标,并根据国内外经济和市场形势,既可选择国家基金,也可通过本国的基金管理公司购买国际基金和海外基金。此外,投资基金是以基金单位为基金的认购单位,认购多少应视投资者的自身实力而定,因此投资基金既适合资金雄厚的大投资者,也适合资金较少的中小投资者。

5. 交易成本低

在当前国际基金市场竞争日趋激烈的情况下,基金公司除了必须加强管理和服务之外,还在不断降低其所收取的管理费和购买手续费,而且很多国家投资基金的买卖还免交印花税。基金的管理费一般是每年交纳基金净资产的 $1\%—1.5\%$ ,购买费一般一次性交纳 $3\%—5\%$ ,持有基金的第一年交纳 $6.5\%$ ,从第二年开始每年只需交 $1\%—1.5\%$ 。而如果购买股票,一年之内只要交易 5—6 次的费用就会达到或超过基金投资者第一年所交纳的 $6.5\%$ 的费用,如果交易 2 次就可能超过基金投资者第一年之后每年交纳的费用,这样算起来购买投资基金所需的费用要比购买股票低得多。

从投资基金的上述特点来看,投资基金确实是一种风险较小、收益一般会高于储蓄和购买债券的投资方式。它也并非是十全十美的,因为它在实际运作中采用组合投资虽然降低了风险,但也限制了投资者的收益。而且由于一次性交纳购买费,这就使投资基金只适合长线投资,不适合短线炒作,投资者若频繁买卖基金,成本会很高,收益会低于其他投资方式。此外,投资基金也并非没有风险,它采用的组合投资虽然将风险降低到最小,但其也面对风云变幻的市场风险,以及情报与预测是否准确和管理是否严谨的经营风险。投资基金也与其他投资方式一样,是一种收益与风险并存的投资方式。

### 三、投资基金的分类

世界各国发行的投资基金种类繁多,形式多样,这也正是投资基金在当今世界得以迅速发展的原因之一。但是国际上投资基金众多也给其进行统一分类带来一定的难度,从目前的投资基金分类情况看,已被国际上认可的分类方法有以下几种:

### (一) 公司型投资基金与契约型投资基金

**1. 公司型投资基金**

公司型投资基金就是美国所称的共同基金，它是以营利为目的，并依据公司法的规定而不是依据信托契约而设立，受基金投资者的委托通过发行股票来筹集资金并从事各种有价证券投资的股份有限公司。公司型投资基金涉及五个当事人，即投资者、基金公司、管理公司、托管公司和承销商。基金的投资者是基金的股东，是基金资产的实际持有人，其以所持有公司股份的份额分享投资收益和承担风险，并通过股东大会及其所拥有的投票权来选举董事会；基金公司是基金本身，也是基金资产的名义持有人，其主要职责是根据章程做出投资决策；基金的管理公司是一个独立于基金公司并由专家组成的，执行基金公司决策的机构，即负责进行投资组合和进行投资运作，基金管理公司根据与基金公司签署的管理协议行使权利、履行义务并收取管理费；托管公司也是一个独立的机构，它主要负责保管基金资产、进行资产核算、配发股息及办理过户手续、监督基金管理公司的投资运作，托管公司一般由银行和信托机构承担，它也是根据与基金公司签署的保管协议行使权利、履行义务并收取托管费；承销商是管理公司的代理机构，主要负责基金受益凭证的销售、股息的发放及基金的赎回等。公司型投资基金的设立必须在工商管理部门和证券交易委员会注册，并同时在股票发行和交易的所在地登记。公司型投资基金已被世界各国广泛采用。

**2. 契约型投资基金**

契约型投资基金又称信托投资基金，是指通过发行受益凭证筹资，由基金管理公司、托管公司、投资者以签订信托契约的形式组建的一种投资基金。契约型投资基金不仅涉及基金的管理公司和托管公司，也涉及投资者。基金管理公司作为受托者是基金的发起人，负责设定基金的类型，发行受益凭证，依据信托契约进行投资运作，并指定基金的托管机构；托管公司作为基金的受托人主要负责基金的有价证券和现金的管理，以及其他有关代理业务和会计核算业务，托管公司一般是银行或信托公司；基金的投资者也称受益人，它是以购买受益凭证的方式成为信托契约的当事人的，并以此享有基金收益的分配权。契约型投资基金是一种历史最为悠久并被广泛采用的投资基金，英国、日本、韩国、新加坡等国家以及中国香港和台湾地区设立的投资基金多属于这一类。

### (二) 开放型投资基金和封闭型投资基金

**1. 开放型投资基金**

开放型投资基金是指投资基金发行的资本总额和份数不是固定不变的，而是根据基金自身的需要及金融市场供求关系的不断变化，随时增发新的基金份额或发行已被投资者赎回的投资基金。开放型投资基金的资本总额是不封顶的，基金公司可以根据其经营策略和金融市场的变化发行新的基金份额，因此它也被称为追加型投资基金。开放型投资基金的投资者不仅可以随时购买基金份额，还可以根据行市的变化在基金首次发行一段时间以后，将所购买的投资基金的全部或部分在基金管理公司设定的内部交易日，通过内部交易柜台再卖给基金管理公司，即赎回现金。若被赎回的基金数额过大并超过了基金正常的现金储备，基金公司还可以重新发售已赎回的受益凭证。开放型投资基金的买卖价格是由基金的净资产价值加一定的手续费决定的，当然开放型投资基金的买卖价格也反映了投资基金所投资的股票、债券等有价证券的价值及基金的收益情况。

2. 封闭型投资基金

封闭型投资基金指的是基金在设立时规定一个基金发行的固定数额,并在规定的时间内不再追加发行,投资者也不能赎回现金。封闭型投资基金的资本总额是固定的,因此在基金资本数额达到了计划要求时便进行封闭,在规定的时间内基金公司既不能增发基金,投资者也不能赎回现金。封闭型投资基金虽然不能赎回,但却可以像普通股一样在二级市场上通过经纪人进行买卖。封闭型投资基金的交易价格虽然也以基金的净资产为基础,但却更能反映经济形势和金融市场的状况。

(三) 固定型投资基金与管理型投资基金

固定型投资基金是指基金的经营者只能投资于预先确定的证券,在整个信托期间,原则上既不允许变更投资方向,也不允许转卖证券。管理型投资基金又称自由型或融通型投资基金,是英国的一种传统的投资基金,管理型投资基金允许经营者根据证券市场状况,对已购进的证券进行自由买卖,不断调整投资组合;半固定型投资基金是一种介于固定型和管理型之间的投资基金,在日本非常流行,即在一定的条件和范围内,可以变更投资方向和内容。

(四) 单位型投资基金与追加型投资基金

单位型投资基金是契约型投资基金的一种,是以某一特定的货币总额单位为限筹集设立的一种基金,每次新募集的基金组成一个单独的基金管理公司,分别作为单独的信托财产运用和管理。单位型投资基金往往规定一定的期限,在规定的信托期限届满之前不得追加新的资金。信托期限有3年、5年、7年、10年、15年、20年等数种,信托契约终止后,退回本金和收益,中途既不能退回本金,也不得追加投资。在一般情况下,单位型投资基金多属于封闭型和半封闭型,或属于固定型与半固定型。此外,也有少数单位型投资基金在信托期间可以解约,即相当于单位开放型,有些基金规定经过一段时间后允许解约,这类基金也被称为单位半封闭型投资基金。

与单位型相对的是追加型。追加型投资基金是指在投资基金设立后,经营者可以视基金单位的售出情况或市场状况,随时以当时的市场价格追加发行新的基金单位的一种基金。追加型投资基金大都没有期限,中途可以解约,即可以要求发行机构赎回,所以追加型投资基金多数是属于开放型。也有极少数是封闭型的,即中途是不可以解约的。

(五) 股权式投资基金与有价证券式投资基金

股权式投资基金就是基金的经营者以股权方式投向某一产业或某类企业公开发行或上市的股份或股票,或以参股或合资的方式进行投资。这种方式的主要目的是以获得投资收益为主,可以参与企业经营,但不以控制企业为目的。有价证券式投资基金是基金的管理者以投资于公开发行和公开上市的股票和债券为主,即主要参与二级市场中的证券买卖。

(六) 综合型投资基金与单项型投资基金

综合型投资基金是指基金投资的业务种类可以是多样的,既可以进行直接投资,也可以进行贷款、租赁、证券买卖、拆借融资等业务。在一般情况下,这类基金在很多国家受到严格的限制或被禁止,因为这类基金从事的业务不能体现金融分工的要求,在某种程度上等同于综合性金融公司,既有银行业务,又有信托业务,不能体现基金的特色与独特功能。与此相对应的是单项型投资基金。单项型投资基金从事的业务是单一的,要么仅从事股权式投资,要么只从事有价证券式的投资业务。

### (七) 本币投资基金与外币投资基金

本币投资基金是指投资基金公司向本国的投资者并以本国货币为面值募集的基金。本币投资基金的管理者仅在本国从事股权式或有价证券式投资活动。外币投资基金有三个含义，一是以向国外投资者募集国际上可自由兑换的任意一种外币为面值设立的投资基金，这种基金主要用于国内投资，并在对象国或国际上某一交易场所交易流通，分红也是以外币进行；二是向国内投资者募集外币资金的一种投资基金，这种基金投资于国内可以进行外币投资的企业股权、股票和债券，分红或转让也用外币进行；三是用任一种形式向国内投资者募集外币资金，并用于在海外进行股权收购或买卖外国有价证券的一种投资基金。

### (八) 货币型投资基金、债券型投资基金和股票型投资基金

货币型投资基金是指基金的投资组合由货币存款构成，它一般可以分成两类，一类是管理货币基金，即投资在以各种货币发行的短期金融商品上的基金；另一类是货币市场基金，即投资在以一种货币发行的金融商品上的基金。货币基金的主要业务是在金融市场上进行一系列的长期和短期的存款和贷款。货币基金的基金单位一般是固定的，经营无限期延续，投资成本也较低。

债券型投资基金可分为很多种，一种是政府公债型基金，只能投资于政府发行的公债，或由政府担保的基金，这种基金主要是存在利率风险，期限越长风险越大；第二种是公用债券基金，也叫市政公债基金，主要投资于地方政府发行的基金，即利息是可以免税的；第三种是公司债券基金，它是一种特殊的收入基金，该基金的管理者将其基金的 60% 以上用于公司债券。投资于公司债券基金虽然风险比前两种基金大，但获利也较前两种基金高。

股票型投资基金是经营者以股票为主要投资对象的一种投资基金。从理论上说，股票型投资基金投资的对象为股票，债券型投资基金的投资对象为债券。但这样划分也不是绝对的，在欧美国家，只要投资对象以债券为主，即使投资一些股票，也属于债券型投资基金；而以股票投资为主要对象的基金，投资适当比例的债券，也属于股票型投资基金。

### (九) 资本市场投资基金与货币市场投资基金

资本市场投资基金是将所发行的基金投向资本市场或流动性较好的证券市场、衍生产品市场等做中长期投资，以发挥资金作为资本的作用。这类基金主要包括股票基金、国债基金、公司债券基金、创业基金、认股权证基金、期货基金等。货币市场投资基金是由小额存款集合成为大额存款的投资基金，主要投资指向为短期金融市场。它最初产生于美国，即由于大额存款和大量债券购买具有优惠条件而引发的。这种基金主要是购买大额可转让存单、各类商业票据、银行票据，进行证券回购、短期融资等。在基金市场上，货币市场基金属于低风险的安全基金。该类基金又可分为两类，一类是投资在以各种货币发行的短期金融商品上的管理货币基金；另一类是投资在以一种货币发行的短期金融商品上的单一货币基金。

### (十) 成长型基金、收入型基金、成长收入型基金、积极成长型基金、平衡型基金和新兴成长型基金

成长型基金是以追求长期的资本利得为主要目的而设立的投资基金。该基金的投资对象多为企业信誉好、长期保持盈利、有良好的发展前景、股价长期稳定增值的绩优蓝筹股。这种基金的投资一般属于长期投资。

收入型投资基金主要投资于可以带来当期收入的有价证券，该种基金一般有两种：一种

是主要投资于股票和债券的固定收入的投资基金；另一种是以投资股票为主要收入的股票收入型基金，其一般成长潜力大，但风险也大。

成长收入型基金是一种以利用投资于能带来收入的证券及有成长潜力的股票来达到既有收入又会成长的目的的基金。这种类型的基金要比成长型基金保守。

积极成长型基金亦称高成长型基金、资本增值型基金或最大成长基金。该类型基金主要以赚取在二级市场上的股票买卖差价为收入的主要来源，其目的就是追求利润最大化。该类基金主要投资于具有高成长潜能的股票或其他有价证券。

平衡型基金既追求资金的长期成长，又要赚取当期的收入。它既投资于股票，也投资于证券，该基金在被限定一定的比例投资于债券和绩优股之外，其余的一般投资于普通股。

新兴成长型基金与积极成长型基金一样，追求的是成长而不是收入，投资的重点对象是新行业中有成长潜力或高成长潜力的小公司或新公司，只将极少数资金投资于信誉好的大公司。

（十一）国内基金、国际基金、海外基金和国家基金

国内基金是指面向国内投资者发行的并用于在国内金融市场上进行投资活动的投资基金。国内基金虽然在大多数国家仍占主导地位，但其筹资范围的局限性、投资机会选择的有限性和收益的有限性已表现得非常明显。

国际基金是指面向国内投资者发行的，用于在国际金融市场上进行投资运作的投资基金。由于国际基金是到境外金融市场上进行投资运作，这不仅为本国的投资者带来了更多的投资机会，增加了投资收益和分散了投资风险，还可使本国的投资者及有关投资机构和金融机构了解、认识和熟悉国际金融市场，并为其开辟了投资国际金融市场的手段。

海外基金又称离岸基金，是指面向基金公司所在国以外的投资者发行的，并投资于境外金融市场的投资基金。海外基金的发行范围广，投资的地域宽，投资组合的选择性强。发行海外基金对一国的国内投资机构或金融机构来说是一种熟悉国际金融市场、了解国际金融市场法规、成为跨国经营企业的重要途径。

国家基金是指面向境外投资者发行的，用于在国内金融市场投资运作，并在基金发行完毕后收益凭证在境外证券市场上市交易的投资基金。国家基金是一种不仅基金公司的所在国没有还本付息的债务压力，而且操作简便、成本较低、风险较小的投资基金。国家基金是一个国家利用外资、解决本国发展资金不足的重要手段。

**四、投资基金的设立与运作**

投资基金的设立与运作指的是从发起设立基金、提交基金设立申请、发布基金招募说明书、发行基金证券到基金上市的全部过程。

（一）基金发起人发起设立基金

基金发起人是投资基金的发起者及最终设立者。基金发起人是一个法律的概念，它一般指具有法人地位的机构。在金融体制非常完善的国家，基金发起人必须符合规定的条件，如对发起人资本的要求、财务状况的要求、组织机构的要求、业绩的要求、营业场所的要求、认购基金股份或认购基金单位的要求等。基金发起人一般为经国家有关部门批准设立的证券公司、信托投资公司或基金管理公司等。基金发起人的主要职责是制定有关设立基金的具体工作方案，确定拟设立基金的类型，起草申请基金设立报告和信托凭证，募集设立基金所需的费用，

并对由于自身的过失给投资者造成的任何损失承担连带的赔偿责任。如果有两个或两个以上发起人,还应签订发起人协议书,以明确各发起人之间的权利和义务。

（二）向投资基金的主管部门提交设立投资基金的申请

基金的发起人在完成了设立基金所需的各项准备工作之后便可向国家有关投资基金的主管机构提出设立基金的申请。在向主管机构提出设立基金的申请时,除了提交能说明设立基金的必要性和可行性的基金设立申请报告以外,还应同时提交能体现发起人权利和义务的发起人协议及能反映基金性质和管理等情况的招募说明书,并附带有委托管理协议、委托保管协议、基金公司章程、信托契约、每个基金发起人最近三年的财务报告以及会计师、律师、经纪人、投资顾问接受委任的信件等文件。

（三）发布基金招募说明书

基金招募说明书是向所有的基金投资者发布的,用以说明基金性质、基金当事人权利和义务,以及基金从发起、运作到终止全过程的法律性文件。其主要内容包括基金的设立背景、种类、规模、发行价格、发行原则、发行对象、投资者应支付的费用、交易的方式和条件、投资的策略和范围、派息和纳税的时间与方式、财会和报告制度以及当事人权利与义务等。基金招募说明书的编写应以"公开、公正、公平"为原则,力求简洁和通俗易懂,并保持相对的稳定,以确保广大投资者的利益。基金招募说明书一般发布在规定的报刊上。

（四）发行基金证券

基金证券亦称基金券或受益凭证,它既是基金管理公司或信托投资机构签发给投资者的一种确认其投资份额的证书,也是投资者参与分红及出让份额的凭证。基金证券的发行是在设立基金的申请获得国家有关主管部门批准后进行,基金证券的发行方法与股票、债券的发行方法类似,大致有两种发行方式,即定向发行和公开发行。在一般情况下,如果基金的发行数额较大,一般采用公开发行;如果数额较小,一般采用定向发行。基金证券既可由基金管理公司或信托投资机构自行发行,也可通过承销机构代为发行。基金的发行价格可以采用以面值为准的平价、高于面值的溢价或低于面值的折价。基金的个人和机构投资者按照规定的程序并凭规定的证件,通过购买基金证券来实现其投资。投资者的多寡及其购买基金单位数量的大小则是基金发行能否成功的关键。

（五）基金的上市

基金发行成功之后,基金管理公司依法向有关证券交易所或证券交易中心提出上市申请,经审查并符合交易所或证券交易中心规定的上市条件后,便可获准在交易所挂牌交易。从不同性质基金的特点来看,封闭型投资基金可以上市进行交易,而开放型投资基金只是通过内部的交易柜台购回或赎回,但在目前发达国家的证券市场上,开放型投资基金也可上市流通。上市基金的交易规则与股票和债券的交易规则大致相同。基金的上市不仅满足了基金投资者的变现要求,还加强了基金的透明度和市场监督,同时也扩大了基金的影响。

### 五、投资基金的管理

（一）投资基金管理的主要依据

投资基金管理的主要依据包括投资基金章程、信托契约、委托管理协议、委托保管协议和招募说明书等。

1. 投资基金章程

投资基金章程是基金的发起人在设立基金时所制定的纲领性文件。其主要内容包括总则(基金的名称、地址、法人代表、类型、宗旨、管理人、托管人及制定该章程的依据)、基金证券的有关规定、基金的发行与转让(发行对象、规模、方式、认购的最低额、期限及存续期)、基金持有人的权利与义务、投资目标、投资政策、投资范围、投资限制、有关当事人的职责、资产评估与经营情况的报告时间和方式、基金运作所需的各项费用及其计算、会计与税收、终止与清算、公司董事会的产生办法和权限以及附则等。投资基金章程是对基金管理的主要法律依据,也是投资者或债权人了解基金的重要文件。

2. 信托契约

信托契约是基金管理人与托管人在设立基金时,为明确双方的权利和义务而制定的一种核心性文件。它的主要内容包括当事人的名称和地址、基金的名称和期限、基金的规模(发行总额、单位面额、受益凭证单位总数)、基金设立的目标、投资政策、投资限制、派息政策、基金资产净值的计算和报告方法、基金的发行与认购方法、基金所有当事人(包括管理人、托管人、投资顾问、投资者、律师等)的权利与义务、信托费用种类与标准、信托契约的修改与终止等。信托契约与基金章程一样,也是投资基金的根本依据,投资基金的所有文件如招募说明书、设立基金的申请报告、基金募集与发行计划、受益证书等都是以信托契约为依据的。

3. 委托管理协议

委托管理协议是公司型投资基金与基金管理公司就委托管理公司、对基金资产进行投资管理问题达成的协议。委托管理协议的作用在于从法律上确立了基金公司和基金管理公司的权利和义务。选择合格的基金管理人是使基金增值及投资者权益得以保护的重要保障。作为基金的管理人不仅应具有法律所规定的资产、固定的经营场所和必备的设施、一定数量的专业技术人员,还应具有优良的业绩和良好的信誉。基金管理公司应该是经国家有关主管部门批准的信托投资公司、证券公司或专门从事基金管理工作的基金管理公司。

4. 委托保管协议

委托保管协议是基金公司或基金管理公司与基金托管人就保管基金资产问题达成的协议。委托保管协议的作用在于明确委托人(即基金公司或基金管理公司)与受托人(即基金托管公司)的权利与义务,其中主要是明确受托人的责任和义务。一般说来,委托保管协议一般都要求受托人承担以下几方面义务:一是按委托人的指示保管基金的资产;二是对投资项目进行清算;三是负责基金证券买卖的交割、清算和过户;四是负责向投资者派息及新增基金份额的认购;五是对管理公司进行监督。委托保管协议应在基金设立之前签署,而且也是提出设立基金申请时所必须附带的材料。

5. 招募说明书

招募说明书在前面已经做了介绍,它是经国家有关部门认可的一种法律性文件。招募说明书实际上是一种自我介绍性文件,在该文件中基金公司向投资者介绍了基金本身以及基金的管理人、托管人、法律顾问、投资顾问、审计师、律师等有关当事人。其目的是让投资者了解本基金,并做出是否投资本基金的决策。实际上,招募说明书是基金对投资者的许诺,投资者也依此监督基金公司的运作。当投资者的权益受到侵犯时,他们便可依此行使权利来维护自身利益。招募说明书已成为基金经营与管理的纲领性文件。

(二) 投资基金运作与管理的法律规范

从事投资基金活动国家的政府,为了规范其证券市场的正常运行机制,保护每一个基金

投资者的利益及其资金安全,对投资基金的运作与管理进行了程度不同的监督和限制。其限制具体体现在以下三个方面:

1. 基金投资对象的限制

投资基金作为一种信托投资工具应具有一定的投资范围,按多数国家的法律规定,投资基金主要用于投资上市或未上市公司的股票、股权凭证、新股认购权证、政府债券、可转换公司债券、金融债券等有价证券,以及一些变现性较强的商业票据。有些国家不允许投资未上市的公司股票,只有极个别国家允许做一些诸如房地产业务等直接投资。

2. 基金投资数量的限制

投资基金在投资股票时,各国都规定了每个基金投资股票和债券的最低比例,购买同一公司证券的数量占该公司已发行证券的最高比例,以及购买同一公司的股票占该基金资产净值的最高比例等。各国规定的具体比例是不一致的,据了解,多数国家一般把每个基金投资股票和债券的最低比例限定在80%左右,而购买同一公司证券的数量占该公司已发行证券的最高比例,以及购买同一公司的股票占该基金资产净值的最高比例限定在5%—10%。有些国家对不同类别的投资基金采取不同的比例限定,也有些国家对所有类别的投资基金采用相同的比例限定。

3. 基金投资方法的限制

为了防止出现欺诈行为或使投资者受到伤害,各国都严格规定禁止利用基金购买本基金或基金的董事、主要股东、主要承销商所持有的证券,或将基金资产出售给或借给上述与基金本身有关的人员;禁止经营多种投资基金的基金管理公司对其所经营投资基金进行相互间的交易;禁止从事信用交易,即利用拆借资金或贷款购买证券以及卖出借来的证券。

(三) 投资基金的投资政策与投资组合

1. 投资基金政策

投资基金政策是基金公司为实现投资基金设立的宗旨和目标而制定的原则性的指导方针。在制定投资政策时,应从以下五个方面入手:一是投资组合,不同的投资政策将会影响基金运作时所采用的投资组合,制定的投资政策一定要符合基金的性质,收入型或平衡型基金往往制定保守的投资政策,积极成长型或成长型基金应制定较激进的投资政策,而成长及收入型投资基金则应制定较适中的投资政策;二是购买证券的分散程度,即基金持有股票所属公司的数量和购买各种不同公司证券的比例,较保守的投资基金制定的政策应有利于证券的分散化,追求高利润基金的投资政策往往对投资证券分散化的限制较宽;三是各种证券质量的搭配,保守型基金为了取得稳定的收益,其投资政策对证券发行者的业绩要求较高,否则不许买进,而追求高利润基金的投资政策给予基金的操作者较大的证券选择自由;四是充分利用基金进行投资的程度,谋求高利润基金的投资政策一般允许把基金全部用于投资股票和债券等,而求得稳定收益基金的投资政策则要求用基金资产在短期票据、债券和股票之间进行转移,并保留一定数量的现金;五是收益的发放方式,追求收入型基金和平衡型基金的投资政策一般把基金的收益定期以现金的形式直接发放给投资者,而追求高利润的积极成长型或成长型基金的投资政策则一般不将收益以现金的形式直接分配给投资者,而是将收益滚入本金进行再投资,以求更高的收益。

投资基金政策是由基金性质决定的,它实际上是投资基金运作的导向,积极成长型、成长型投资基金适合勇于冒险的投资者,平衡型、收入型投资基金则适合较为保守和十分保守的投资者,而成长及收入型投资基金更适合介于两者之间的投资者。投资基金政策应在其招募说明书中体现出来,以使投资者选择适合自己需要的投资基金。

2. 投资基金的投资组合

投资组合就是基金管理公司在利用基金资产进行投资运作时,将基金资产分散投资于国内外各种有价证券和不动产等。投资组合是投资基金运作与管理的一个核心问题,因为投资组合是投资基金的一大特征。投资于投资基金虽然风险较小,但并非没有风险,它也像投资于其他证券一样,存在来自政治、经济、社会等方面的变动所导致损失的风险,以及来自金融市场、利率、购买力、基金本身经营不善或欺诈行为的风险。

投资组合的目标就是降低投资风险,根据金融市场上收益与风险成正比的关系,投资组合分为收入型投资组合、成长型投资组合及两者结合型的投资组合。收入型投资组合一般将投资风险较大的股票与安全性较高的债券的比例定为 1∶9 或 2∶8 之间,而成长型基金的则为 9∶1 到 8∶2 之间,两者结合型的一般是 5∶5 左右。以降低投资风险为目标的投资组合的具体内容就是分散风险,而分散风险的方法应从以下几方面考虑:① 证券种类的分散,即投资股票与债券的比例;② 国别的分散,即购买国外证券和国内证券的比例;③ 行业或部门的分散,即选购工业、农业、交通、通信、金融等部门及电子、化工、汽车、服装等行业的比例;④ 证券发行公司的分散,即投资不同规模、不同实力、不同前景公司证券的比例;⑤ 证券到期时间的分散,即选购期限长短不同证券的比例;⑥ 投资时间的分散,即可以先把基金的一部分存入银行或购买一些短期商业票据,然后逐步分期和适时地将这部分资金用于选购目标证券。投资组合是依据投资政策而制定的,它是投资基金性质的具体体现。投资组合往往还会随着基金管理人的变化、投资目标的改变、费用的调整、基金资产的增减和配置的变化而变化。

(四) 投资基金的费用、利润的分配、税收和报告制度

1. 投资基金的费用

投资基金的费用主要是指基金在整个运作过程中所需的各种投入,它主要由基金的开办费(设计费、注册费及与此有关的投入费)、固定资产的购置费、操作费(会计师费、律师费、广告费、召开受益人大会的投入费)、受益凭证的销售费、基金利润的分配费以及行政开支费(管理人员的办公、工资、福利、保险等费用)构成。

投资基金设立与运作所需的费用主要来自投资者和基金本身的收益。投资者交纳的费用有以下几项:① 首次认购费,它是投资者首次认购基金时一次性支付的费用,该费用一般为买卖基金总额的 3% 左右,用于刊登广告、购买设备和支付中间人的佣金;② 管理年费,即基金管理人因经营和管理基金而从基金收益中提取的费用,提取的标准各国不一,主要由基金的性质而定,一般为基金资产净值的 0.25%—2.5%;③ 保管年费,即基金的托管人因保管和处分基金资产而从基金收益中提取出的手续费,提取标准一般为基金资产净值的 0.2%;④ 赎回费和投资财务费,即投资者出售或赎回基金时所交的费用,该费用一般为单位基金资产净值的 0.5%—1%;⑤ 业绩费,基金管理人根据其业绩从基金收益中提取的费用,业绩费一般为年利润的 3%—4%。

2. 投资基金的收益及其分配

投资基金的收益除了来自债券与股票的利息和股利之外,还有一部分来自利用基金资产投资于有价证券所得到的买卖差价收益,即资本利得,以及基金所持有的证券增值所带来的收益即资本增值。基金净收益的分配比例各国不一,一般要求将每年盈利的 90% 以上分配给

投资者,美国规定不少于95%,我国规定不少于90%。收益的发放既可采用现金的方式直接发放给投资者,也可将收益滚入本金进行再投资。

3. 投资基金的税收

世界各国对投资基金的收税方法是不一致的,多数国家对投资基金的经营者是免税的,因为投资基金的经营者既不是基金资产的所有者,也不是基金的受益者。基金的收益是运用信托资产创造的,投资基金的经营者只不过是一个委托代理机构。纳税人应该是基金的投资者,即交纳所得股息、利息、红利收入的所得税,股票基金和债券基金的交易税及交易单据的印花税等。纳税可采用由投资者自缴和由基金公司代缴两种方式。有些国家和地区对基金的投资者免征一定的税金,特别是对海外投资基金的投资者免除一切税收。

4. 投资基金的报告

按各国的法律规定,基金公司应定期或不定期向投资者公布基金的有关信息,这些信息主要通过基金运作过程中发布的报告与公告来披露。这些报告与公告包括:① 基金的年度报告与中期报告,主要介绍基金一年或半年来的运营状况和基金管理人的经营业绩,其中包括基金的资产负债表和损益表等;② 基金资产净值公告,每月至少公告一次,介绍基金的资产净值及每基金单位资产净值;③ 基金投资组合公告,至少每季度公告一次,主要介绍基金资产投资于股票、债券及其持有现金等的比例。上述报告一般由基金管理人编制并向投资者公布。

## 思考与练习

1. 债券的特征是什么?
2. 债券和股票的区别是什么?
3. 国际债券有哪几种?
4. 债券价格的决定因素有哪些?
5. 国际债券评级机构根据发行者的支付能力和信誉一般把债券分为哪几级?
6. 股票的特征是什么?
7. 优先股与普通股相比有哪些特点?
8. 股票有哪几种交易方式?

## 案例分析

### Cofax 公司股票案

Cofax 公司是在美国纽约证券交易所上市的从事玻璃生产的上市公司,该公司总股本为 8 000 万股,其中普通股 7 000 万股,优先股 1 000 万股。其第四大股东肖恩先生持有普通股 700 万股,第六大股东怀特先生持有优先股 500 万股。2012 年 4 月,Cofax 公司打算在中国进行投资建厂,并打算与中国某公司成立一家合资公司。受此消息影响,该公司的股票价格从 2011 年 4 月的 33 美元上升到当时的 36 美元,并且在 2012 年 3 月,Cofax 公司按每股 3 美元派过息。2012 年 4 月,另一为投资者费雪先生认为 Cofax 公司的股票会继续上涨,打算买入该公司普通股股票 10 万股,但他的自有资金只有 200 万美元,他准备采用保证金交易的方式完成该股票的买卖。

【分析与思考】

1. 什么是普通股和优先股？怀特先生可以对准备在中国投资的事宜行使表决权吗？为什么？

2. 如果肖恩先生是2011年4月买入的该公司股票，2012年4月卖出，请计算他在过去一年中的收益率。

3. 什么是保证金交易？费雪先生该如何应用保证金交易方式完成买入股票的行为？

# 第七章　灵活的国际投资方式

【教学目的】

通过本章学习,学生将能够:
1. 了解国际租赁、国际工程承包、国际风险投资、补偿贸易和加工装配贸易的概念。
2. 熟悉国际租赁与国际工程承包的主要方式。
3. 把握国际风险投资相关知识。

【关键术语】

国际租赁　融资租赁　国际工程承包　建设—经营—转让　设计—采购—施工　风险投资　种子期　补偿贸易　加工装配贸易

【引导案例】

2016年11月24日,平安国际融资租赁有限公司(以下简称"平安租赁")在上海举行千亿盛典暨租赁2.0时代启动仪式,庆祝公司总资产突破千亿,跻身租赁行业第一梯队。这一成绩的取得,与平安租赁去年开始将业务触角伸向高端的航空租赁市场不无关系。2015年12月,平安租赁在汉堡向LATAM航空集团交付首架空客A321系列飞机。此项业务的开展,标志着中国平安开始在全球航空租赁市场布局。LATAM是南美规模最大的航空集团,同时也是全球覆盖区域最广的航空集团之一。此项交易通过平安租赁设立在爱尔兰的全资附属公司平安航空租赁有限公司完成,共包含4架空客A321飞机,涉及总价值4.596亿美元。

2015年6月,平安租赁曾与中国商用飞机有限责任公司签署了50架C919大型客机购机意向协议,成为C919大型客机订购量最多的客户。

资料来源:整理自http://www.caacnews.com.cn/1/6/201611/t20161125_1205723.html。

## 第一节　国际租赁

### 一、国际租赁的概念

租赁业是一种既古老又崭新的交易方式。迄今为止,国际上尚未对租赁(leasing)一词形成统一的概念,甚至同一个国家的学者、政府部门、法律部门和经营者等对租赁的概念也没有形成统一的认识。但就世界各国租赁业的运作方式而言,租赁是指出租人在不转让所有权的条件下,把设备、物资、商品、财产等出租给承租人在一定的期限内使用,承租人按租赁契约的规定,分期付给出租人一定租金的一种融资与融物相结合的经济活动。国际租赁也称跨国租赁,是指分居不同国家和地区的出租人与承租人之间的租赁活动。

现代国际租赁与传统的国际租赁不同,现代的国际租赁业务是以金额巨大的机器设备、飞机、船舶等为租赁对象，以融资为目的。其主体既可以是个人和企业，也可以是国家政府和国际组织。现代国际租赁实质上是企业进行长期资本融资的一种手段。由于租赁公司提供以"融资"代替"融物"的服务，使企业在获得使用权的同时，实际上减少了长期资本的支出，并能将其有限的资金用于其他短期业务支出。租赁融资已经与银行借款、公司债券和分期付款等长期信贷方式一起，成为金融大家庭中的一员。

## 二、现代租赁的特征

现代租赁既不同于销售、分期付款和租用，也不同于古代租赁和近代租赁。现代租赁是以融资为主要目的，具有以下特征：

1. 现代租赁是以融资和融物相结合，并以融资为主要目的的经济活动

近代租赁的承租人只是为了获取租赁物的使用权，到期偿还，对租赁物的所有权则不感兴趣。而在现代租赁业务中，出租人按承租人的需要购得设备后，再将其出租给承租人使用，目的在于收取超过贷款本息的租金，这实际上是出租人的一种投资行为。而承租人则通过取得设备的使用权，解决其资金不足的问题，并用租来的设备生产出具有高额利润的产品来偿还租金。租赁的设备在使用一段时间后，可以将设备退回、续租或留购。在现代租赁合同中，租期往往与租赁物的寿命一样长，这就等于将所有权引起的一切责、权、利转让给了承租人，实际上已变成了一种变相的分期付款交易，即融资与融物相结合。这表明，承租人的目的不仅是为在某一段时间内使用该物品，而且还想以此为融资手段占有该物品。

2. 承租人对租赁物的所有权和使用权是分离的

现代租赁虽然在租期结束时，出租人和承租人可能成为买卖关系，或在租期未到之前就已含有买卖关系。但在租期内，由于设备是由出租人购进的，设备的所有权仍属于出租方，承租人只是在按时支付租金并履行租赁合同各项条款的前提下，对所租设备享有使用权，而不存在所有权。

3. 一笔租赁业务往往存在两个或两个以上的合同，并涉及三方或更多的当事人

在现代租赁活动中，有些租赁方式往往要在一笔租赁交易中签订两个或两个以上的合同。例如，融资租赁至少涉及三方当事人，即出租人、承租人和租赁物的供货商，并由出租人与承租人之间签订一个租赁合同及由出租人与供货商之间签订一个购货合同。如果出租人需要融资，则不仅要涉及银行或金融机构，还需要由出租人与银行或金融机构签订一个贷款合同。

4. 承租人有选择设备和设备供货商的权利

在现代租赁业务中，出租人租赁的设备往往是根据承租人提供的型号、规格、技术指标和性能购置的，甚至连提供设备的供货商及购买设备的商务条件都是由承租人指定和商定的。

## 三、国际租赁的作用

国际租赁是一种融资与融物相结合的中长期信贷方式。与简单的商品买卖相比，国际租赁对承租人、出租人、制造商和金融机构等租赁市场上的参与者以及租赁物的进出口商来说，均有较大的益处。具体体现在以下方面：

1. 降低了企业的生产成本

很多发达国家都对租赁设备采取了一定的鼓励措施，如税收减免和加速折旧。承租人在采用租赁方式时，可将租金从成本中扣除从而不必缴税；如果采用贷款，只能将所付利息计入

成本,本金的归还是不能免税的。此外,出租人由于能从其应税收入中抵免设备的投资支出,大大降低了出租人的购买成本,承租人以租赁方式获取设备的成本可能比购买方式低。鉴于出租人将其投资和加速折旧的部分好处转让给了承租人,以及承租人本身享有的优惠,采用租赁方式比采用借款购买设备的成本要低得多。

2. 增加了利用外资的数量

国际上常用的利用外资的方式很多,但在很多方面都有限制。政府贷款虽然条件优惠,但均有限制性采购规定,金额也不会很大,且往往与项目相联系。出口信贷不仅限定购买的商品,而且只贷给购买设备合同金额的85%。商业贷款虽然也能得到购买设备所需的100%的贷款,但往往以各种形式的抵押作为贷款条件。而采用租赁方式,不仅可使承租人享有购买设备所需资金的100%的融资,而且国际货币基金组织一般不把租赁货物视为承租人所在国的对外债务,因此不会影响该国从其他途径筹集资金,这实际上增加了利用外资的数量。

3. 加快了设备的引进速度

在企业缺乏资金购买设备的情况下,申请各种形式的贷款往往手续繁杂,如提供担保或进行资信调查,有些贷款还需借款国政府出面商谈或提供担保以及审批等。这往往需要很长时间,有的甚至长达1—2年。如果采用租赁方式,设备和供应商可由承租人指定,设备的引进一般由租赁公司包办,这就大大节省了设备的引进时间。

4. 避免了通货膨胀造成的损失

在当今世界,通货膨胀已成为普遍现象。租赁设备由于租金是固定的,即使以后物价上涨,承租人仍以签订租赁合同时的货币价值支付租金,这就避免了由于通货膨胀而给承租人造成的损失。

5. 加强了设备的有效利用

对出租人来说,将自己闲置不用的设备或本国已经淘汰的设备出租给其他需要该设备或那些经济不发达的国家,会使一些企业已无任何价值的设备仍然可以产生经济价值。

6. 减少了投资风险

在租赁期间,由于承租人对租赁的设备不具有所有权,当承租人不能按时支付租金时,出租人有权收回租赁物。而在贷款的情况下,当债务人不能偿还债务时,债权人只能通过法律程序起诉,在债务人以其资产和金钱不足以偿还债务时,债权人只得自认倒霉,这说明租赁融资的风险小于贷款风险。此外,由于承租人可在租期结束后将租赁的设备退还给出租人,这也使承租人避免了借巨资购买的设备在使用了几年后弃之无用或设备过时而需要更新所产生的损失。

7. 促进了销售

在租赁方式下,由于承租人的租金是分期支付的,再加上享有税收和折旧的优惠,使以租赁方式购买设备比贷款购买便宜,这就增加了社会购买力,实际上是增加了销售量。即使在经济处于不景气或政府采用紧缩政策致使购买力下降时,仍然可以依靠租赁方式来维持商品的销售,如美国电报电话公司1992年的成交额有13%是靠租赁方式达成的。

## 四、国际租赁方式

随着科学技术的进步和经济的迅速发展,各国的租赁公司为满足不同客户的需求及适应不断变化的经营环境,增强自身的竞争能力,采用或创立了适合当前国际市场需求的各种租赁方式。

(一) 融资租赁

融资租赁(financing lease)是指在企业需要添置设备时,不是以现汇或向金融机构借款去购买,而是由租赁公司融资,把租赁来的设备或购入的设备租给承租人使用,承租人按合同的规定,定期向租赁公司支付租金,租赁期满后退租、续租或留购的一种融资方式。融资租赁主要有以下几个特征:

(1) 承租的设备及设备的供货商是由承租人选定或指定的。由于租赁的设备是出租人按承租人的要求或指定购买的,这就难免出现出租人对该设备缺乏了解或是外行的情况,所以出租人对设备的性能、物理性质、缺陷、供货商交货迟延、设备的维修保养等概不负责。

(2) 至少涉及三方当事人,即出租人、承租人和供货商。因为设备或供货商是承租人选定的,这就使得承租人先与供货商联系,再由出租人与供货商接触,最后出租人将所购设备租给承租人使用。

(3) 要签两个或更多的合同,即出租人与承租人签订一个租赁合同,出租人与供货商签订一个买卖合同。这实际上是一种三边交易,两个合同相互制约。如果出租人由于资金不足需要向银行或金融机构融资,出租人还要与提供贷款的机构签订一个贷款合同。

(4) 全额清偿。出租人在基本租期内只能租给一个特定的用户,并可在一次租赁期限内全部收回投资和合理的利润。

(5) 租期较长。融资租赁的期限一般是根据设备当时的折旧速度来定,一般为 3—10 年。实际上融资租赁的租期基本上与设备的使用寿命相同。

(6) 不可解约性。由于租赁的设备是承租人自己选定的,合同期满前,双方均不能解约,只有当设备自然毁坏并已证明丧失了使用效力的情况下才能终止合同,但必须以出租人不受经济损失为前提。

(7) 租赁设备的所有权与使用权相分离。在租期内,设备的所有权在法律上属于出租人,而经济上的使用权则属于承租人。

(8) 在租赁期满时,承租人有退租、续租和留购的选择权。在通常情况下,出租人由于在租期内已收回了投资并得到了合理的利润,再加上设备的寿命已到,出租人以收取名义货价的形式,将设备的所有权转移给承租人。

融资租赁实际上是租赁公司给予用户的一种中长期信贷,因为出租人支付了全部设备的价款,等于对企业提供了 100% 的信贷,因此它具有较浓厚的金融色彩。融资租赁往往被视为一项与设备有关的贷款业务,所以融资租赁又被称为金融租赁或完全支付租赁。融资租赁适用于价值较高和技术较先进的大型设备,如大型电子计算机、施工机械、生产设备、通信设备、医疗器械、办公设备等。目前,发达国家企业的大型设备有近 50% 是通过融资租赁方式取得或购买的,融资租赁已成为国际上应用最为广泛的融资方式。

其交易程序如图 7-1 所示。

(二) 经营租赁

经营租赁(operating lease)是指出租人根据租赁市场的需求购置设备,以短期融资的方式提供给承租人使用,出租人负责提供设备的维修与保养等服务,并承担设备过时风险的一种可撤销的、不完全支付的租赁方式。它也被称为服务性租赁或操作性租赁。经营租赁一般具有以下特征:

(1) 中途可以解约。在租赁期限内,承租人如果发现租赁的设备已经过时,在承租人预先

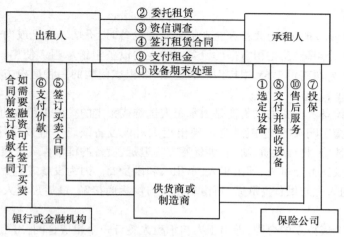

图 7-1 融资租赁交易程序图

通知出租人的前提下,可以将所租赁的过时设备退回给出租人,以租赁更先进的设备。这种方式实际上是由出租人承担设备过时的风险。

(2) 租期较短。经营性租赁的租期一般远远低于设备的使用寿命,一般在 3 年以下。

(3) 不完全支付。承租人在一次租约期间所支付的租金不足以补偿出租人购买设备所支付的价款和预期利润,出租人需要通过不断地多次出租设备,逐步收回投资与利润。

(4) 租赁的对象多为有一定市场需求的通用设备。由于经营租赁的租期较短,出租人不能从一次租约中收回成本和利润,只能通过多次出租给不同的客户来达到收回成本和利润的目的。因此,出租人购置的用来出租的设备多为具有普遍需求的通用设备。

(5) 出租人负责提供租赁设备的维修与保养等服务。

(6) 租金较高。由于出租人要承担设备过时的风险,并负维修与保养等服务,因此经营租赁的租金要高于其他租赁方式。

经营租赁所租赁的机器设备一般是专业性较强的,需要精心保养和管理,发展较快,而且是承租人自己进行保养和维修有一定困难的设备,如计算机、科学仪器、工业建筑设备等;或者是市场上有普遍需求的小型设备和工具,如汽车、照相机、摄像机、录像带等。

其交易程序如图 7-2 所示。

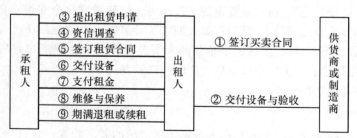

图 7-2 经营租赁交易程序图

### (三) 杠杆租赁

杠杆租赁(leveraged lease)在英美法系的国家被称为衡平租赁。它是指出租人提供购买拟租赁设备价款的 20%—40%,其余 60%—80% 由出租人以设备做抵押向银行等金融机构贷款,便可在经济上拥有设备的所有权及享有政府给予的税收优惠,然后将用该方式获得的具有所有权的设备出租给承租人使用的一种租赁方式。购置设备成本中的借款部分称为杠杆,即财务杠杆(financial leverage),所以称杠杆租赁。杠杆租赁具有以下特点:

(1) 涉及的当事人至少为三方,一方为出租人,另一方是承租人,还有一方是贷款人。贷款人常常被称为债权持有人或债权参与人。杠杆租赁有时还涉及物主托管人和契约托管人。

(2) 贷款人对出租人无追索权。出租人是以设备、租赁合同和收取租金的受让权作为贷款担保的,在承租人无力偿付或拒付租金时,贷款人只能终止租赁,通过拍卖设备来得到补偿,而无权向出租人追索。

(3) 出租人在购置拟租赁的设备时,必须支付20%的价款,作为其最低风险投资额。

(4) 租期结束时,租赁设备的残值必须相当于设备有效寿命的20%,或至少还能使用一年。

(5) 租赁期满,承租人必须以设备残值的市价留购该设备,不得以象征性价格留购。

杠杆租赁实际上是一种举债经营。出租人将以定期收取的租金来偿付贷款。贷款人提供的贷款对出租人无追索权,但出租人必须以设备、租赁合同和收取租金的受让权作为担保。通过财务杠杆,可以充分享有政府提供的税收优惠和加速折旧的好处,使出租人和承租人共同受益。杠杆租赁于20世纪70年代末起源于美国,目前,英国和澳大利亚也广泛采用。杠杆租赁适用于价值百万元以上的及有效寿命在10年以上的大型设备或成套设备。杠杆租赁实际上是把投资和信贷结合起来的一种融资方式。

其交易程序如图7-3所示。

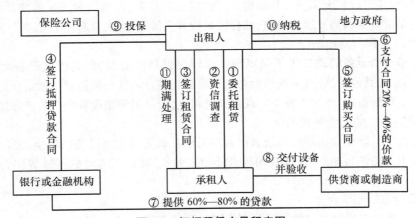

图7-3 杠杆租赁交易程序图

(四)售后回租租赁

售后回租租赁简称回租,是指承租人将其所拥有的设备出售给出租人,然后承租人再从出租人手里将出售给出租人的设备重新租回来的一种租赁方式。采用回租实际上可以使承租人在继续对原来所拥有的设备保持使用权的前提下,收回设备的投资,以解决资金不足的困难和加速企业的资金周转。回租与融资租赁类似,其区别在于融资租赁是出租人出资直接从供货商或制造商那里购买承租人选定的设备,而在回租方式下,承租人先出资从供货商或制造商那里购买其所需的设备,然后再转卖给出租人,并继续租用该设备。回租的租赁物多为已使用过的旧设备,回租新设备的情况极为少见,即承租人一般不会为出售给出租人而去出钱购买设备,而是为使用而购买了该设备,并在使用了该设备一段时间以后,为解决企业资金的暂时困难才会采用回租,由于承租人回租的设备已使用过一段时间,即使承租人购买的是新设备,回租的也属于旧设备。因此,如果回租的设备在出售或回租前已提足了折旧,企业在回租后仍享有租金免税待遇和折旧的好处。如果出售设备的价款高于其账面值,承租人还可获得资产差价的收益。回租方式下承租人与出租人的关系如图7-4所示。

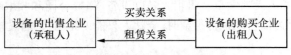

图7-4 回租方式下当事人双方关系

### (五) 维修租赁

维修租赁是介于融资租赁和经营租赁之间的一种租赁形式。它主要是指运输工具的租赁,出租人在把运输工具出租给承租人使用后,还提供诸如运输工具的登记、上税、保险、维修、清洗和事故处理等一系列的服务。维修租赁的出租人除了出租设备以外,还要提供其他服务,所以租金要高于融资租赁,但一般低于经营租赁。维修租赁适用飞机、火车等技术较复杂的运输工具,其出租人一般是制造厂家。维修租赁的出租人除负责维修和保养外,有时还负责燃料的供应和管理以及操作人员的培训等。

### (六) 综合租赁

综合租赁是一种租赁与贸易相结合的租赁方式。租赁与贸易相结合不仅可以减少承租人的外汇支付,还可以扩大承租人与出租人之间的贸易往来,带动双方国家的商品出口,促进商品贸易与租赁业的共同发展。目前,综合性租赁方式繁多,但大致有以下几种:

1. 租赁与补偿贸易相结合

补偿贸易是指设备的进口方不是以现款来偿付设备的价款,而是以该设备生产出的产品,或双方约定的其他产品,或劳务作为对出口商的补偿。租赁与补偿贸易相结合是指出租人在向承租人出租设备时,承租人并不以现款支付租金,而是用所租设备产出的产品偿付租金。

2. 租赁与加工装配业务相结合

租赁与加工装配业务相结合是指承租人不用现款来支付租赁设备的租金,而是以租来的设备承揽出租人的来料加工、来件装配和来样加工业务,以加工应得的工缴费作为对租金的支付。

3. 租赁与包销相结合

包销是指出口人通过协议把某一种商品或某几种商品,在某一地区和期限内的经营权单独给予某个包销人或包销公司的一种贸易做法。租赁与包销相结合是指由出租人把设备出租给承租人使用,承租人将所租设备产出的产品交给出租人包销,出租人应得的租金从包销产品的价款中扣除。

4. 租赁与出口信贷相结合

出口信贷是指一国政府为促进本国商品的出口,在给予利息补贴的前提下,鼓励本国的银行对本国的出口商或外国的进口商提供利率较低的优惠贷款,以解决本国出口商的资金周转困难,或国外进口商支付进口国产品所需资金的一种融资方式。租赁与出口信贷相结合是指出租人把利用所得出口信贷购买的设备出租给承租人,从而达到降低承租人租金的一种方式。这种做法可以增强出租人在租赁市场上的竞争能力。

### 五、国际租赁机构

目前,国际上经营租赁业务的机构大致可分为四类,即租赁公司、金融机构、制造商和经销商、联合机构,他们构成了国际租赁市场。

1. 租赁公司

租赁公司可分为专业租赁公司和融资性租赁公司两种。专业租赁公司是专门从事租赁业务的企业,这种公司往往专营某一类设备或某几类设备的租赁业务,租赁的设备或公司根据市场需求购置,或根据承租人的指定代购,并为出租的设备提供保养、维修、更换零件和技术咨询等服务,同时也从事租赁业务的介绍和担保等业务。而融资性租赁公司虽然以租赁形式出现,但其主要作用是在保持对设备所有权的前提下,为承租人垫付资本,向承租企业融通资金。

2. 金融机构

西方很多国家的银行或其他金融机构,利用其雄厚的资金在其内部设立经营租赁业务的部门,或几家金融机构联合组成从事租赁业务的机构。如日本东京租赁公司是第一劝业银行的子公司,总和租赁公司是住友银行的子公司,阿尔杰克公司是法国东方汇理银行参与创立的从事租赁业务的公司。

3. 制造商和经销商

20世纪70年代以后,很多发达国家机械设备的制造者和经销商,在本企业内部设立从事租赁业务的部门或直属的租赁公司,以经营本企业所生产或销售的设备的租赁业务。它们开展租赁业务的目的是扩大其产品销路,如美国IBM公司、美国电报电话公司等就大量出租其所制造的产品。

4. 联合机构

20世纪60年代中期以来,世界租赁市场上相继出现了一些由不同国家的企业联合组成的国际租赁组织,如由英国、美国、法国、意大利、荷兰等国银行组成的总部设在卢森堡的租赁协会,1973年由美国、英国、德国、意大利、日本、加拿大等国银行组成的东方租赁控股公司等。

上述四类经营租赁业务的机构各有优势。金融机构在融资条件上能提供很多优惠,而专业租赁公司、制造商、销售商则能在维修服务方面提供便利。

## 第二节 国际工程承包

### 一、国际工程承包的含义及其业务范围

国际工程承包(international contracting for construction)是指一国的承包商,以自己的资金、技术、劳务、设备、原材料和许可权等,承揽外国政府、国际组织或私人企业即业主的工程项目,并按承包商与业主签订的承包合同所规定的价格、支付方式收取各项成本费及应得利润的一种国际经济合作方式。国际工程承包涉及的当事人主要有工程项目的所有人(业主或称发包人)和承包商,业主主要负责提供工程建造所需的资金和酬金等,而承包商则负责工程项目的建造、工程所需设备和原材料的采购以及提供技术等。

国际工程承包的业务范围极为广泛,几乎遍及国民经济的每个部门,甚至进入军事和高科技领域,其业务内容也随科学技术的进步日益复杂,规模更加庞大,分工更加精细。国际工

程承包就其具体内容而言,大致包括以下几方面:

(1) 工程设计。工程设计包括基本设计和详细设计,基本设计一般在承包合同签订之前进行,其主要内容是对工程项目所要达到的规格、标准、生产能力等的初步设计;而详细设计一般在承包合同的签订之后进行,其中包括机械设计、电器设计、仪表仪器设计、配套工程设计及建筑物设计等,详细设计的内容往往根据工程项目的不同而有所区别。

(2) 技术转让。在国际工程承包中往往涉及工程所需的专利技术和专有技术的转让问题。

(3) 机械设备的供应与安装。工程项目所需的机械设备既可由业主提供,也可由承包商提供,还可由双方分别提供不同的设备,设备的安装主要涉及技术人员的派遣及安装要求等。

(4) 原材料和能源的供应。原材料和能源的供应与机械设备的供应一样,既可由业主供应,也可由承包商提供,还可由双方分别提供不同的部分。

(5) 施工。施工主要包括工程建造及施工人员的派遣等。

(6) 资金。资金应由业主提供,但业主往往要求承包商提供信贷。

(7) 验收。验收主要包括验收方法、验收时间和验收标准等。

(8) 人员培训。人员培训是指承包商对业主派出的人员进行有关项目操作技能的培训,以使他们在项目建成并投入运营后,充分掌握该技术。

(9) 技术指导。技术指导是指在工程项目建成并投入运营以后,承包商为使业主能维持对项目的运营而继续对业主进行技术指导。

(10) 经营管理。有些承包合同属于 BOT 合同,即要求承包商在项目建成投产并经营一段时间以后,再转让给业主,这就使经营管理也成为承包商的一项重要内容。

上述广泛而又复杂的承包内容说明,承包商不仅要使其各类人员和施工设备配套,还必须具有较高的组织管理水平和技术水平。

## 二、国际工程承包方式

### (一) 总包

总包是指从投标报价、谈判、签订合同到组织合同实施的全部过程,其中包括整个工程的对内和对外转包与分包,均由承包商对业主(发包人)负全部责任。采用这种承包方式签署的承包合同也叫总包合同。这是目前国际工程承包活动中使用最多的一种承包形式。

### (二) 单独承包

单独承包是指由一家承包商单独承揽某一工程项目。这种承包形式适用于规模较小、技术要求较低的工程项目。采用单独承包的承包商必须具有较雄厚的资金和技术实力。

### (三) 分包

分包是指业主把一个工程项目分成若干个子项或几个部分,分别发包给几个承包商,各分包商都对业主负责。在整个工程项目建设中,由业主或业主委托某个工程师,或业主委托某个分包商负责各分包工程的组织与协调工作。在分包条件下,业主分别与各承包商签订的承包合同叫分包合同或分项合同。

### (四) 二包

二包是指总包商或分包商将自己所包的工程的一部分转包给其他承包商。二包商不与业主发生关系,只对总包商或分包商负责,但总包商或分包商选择的二包商必须征得业主的同意。总包商或分包商与二包商签订的合同叫二包合同。一般说来,总包商或分包商愿意把适合自己专长、利润较高、风险较小的子项目留下来,而把利润低、施工难度较大而且自己又不擅长、风险较大的子项目转包出去。

（五）联合承包

联合承包是指由几个承包商共同承揽某一个工程项目,各承包商分别负责工程项目的某一部分,它们共同对业主负责的一种承包形式。联合承包一般适用于规模较大和技术性较强的工程项目。

（六）合作承包

合作承包是指两个或两个以上的承包商,事先达成合作承包的协议,各自参加某项工程项目的投标,不论哪家公司中标,都按协议共同完成工程项目的建设,对外则由中标的那家承包商与业主进行协调。

### 三、国际工程承包合同的种类

国际工程承包合同从不同的角度,可以划分为不同的类型。

（一）按价格的构成和价格的确定方法来划分

1. 总价合同

总价合同是指在承包合同中规定承包价格,业主按合同规定分期或一次性支付给承包商的一种合同形式。总价合同中所确定的价格是根据工程的图纸和承包的内容计算出来的,其价格一般是固定不变的。如果采用这种合同形式,投标人必须将一些可能发生的风险考虑进去,如原材料价格的上涨、工资的上涨、自然原因导致的误工、政治变动等风险,否则投标人将蒙受难以估量的损失。在有些情况下,总价合同中规定有价格调整条款,即在原材料或工资上涨幅度超过一定的比例时,合同的价格也做相应的调整,这就等于将一部分风险转移给了业主。

2. 单价合同

单价合同是一种按承包商实际完成的工作量和合同的单价来支付价款的合同形式。合同中所确定的单价,既可以固定不变,也可以随机调整,其主要取决于合同的规定。总价合同和单价合同的区别在于前者按总价投标承包,而后者则按单价投标承包。在总价合同中,虽然也要求投标人报单价,但不要求详细;而在单价合同中,所列的单价必须详细,其所报的总价只是在评标时用于与其他投标人做比较。

3. 成本加酬金合同

成本加酬金合同是以工程实际发生的成本(施工费和材料费等),再加上双方商定的管理费和利润向承包商支付工程款的一种合同形式。在这种合同形式下,由于成本实报实销,承包商的风险很小,但这种合同的管理费和利润往往与工程的质量、成本、工期三项指标相联系,因此,承包商比较注重质量、成本和工期,业主便可从中得益。

（二）按承包的内容来划分

1. 施工合同

施工合同是业主与承包商签订的工程项目的建造实施合同。在国际工程承包活动中,大多数合同属于这类合同。

2. 设备的供应与安装合同

这种合同的形式依承包商责任的不同而有所不同,一种是单纯的设备供应合同,即设备的供应者只负责提供设备;二是单纯的设备安装合同,即承包商只负责设备的安装;三是设备的供应商既负责提供设备又负责设备的安装的合同;四是设备的供应商负责提供设备,并负责指导业主自行安装的合同。

3. 工程咨询合同

工程咨询合同实际上是一种专业技术服务合同,业主咨询的主要内容有投资前的可行性研究、图纸的合理性、实施方案的可行性等。

4. 工程服务合同

工程服务合同是业主与能够提供某些服务工作的公司签订的合同,其主要目的是为工程项目提供服务,这类合同只有在建造规模较大而且较复杂的工程项目中才签署。

5. 交钥匙合同

交钥匙(turnkey)合同国际上也叫设计—建造(design-build,DB)合同,是指承包商对项目的可行性研究、规划设计、勘察选点、工程施工、原材料的购买、设备的供应与安装、技术培训、试生产等一系列工作承担全部责任的一种承包方式,即承包商将已建成竣工的工程项目交给业主后即可投入生产使用。在这种承包方式下,承包商的风险较大,但收益较高,同时也可保证业主得到高质量的工程项目。

6. 交产品合同

交产品合同是指承包商不仅负责项目的可行性研究、规划设计、勘察选点、工程施工、原材料的购买、设备的供应与安装、技术培训、试生产等工作,还应负责指导业主生产出一定数量的合格产品,并在原材料及能耗达到设计要求之后才能正式移交给业主的一种承包方式。这种承包方式往往适合技术含量较高的大型项目。

7. PPP 合同

PPP 合同(public-private-partnership)是指公营与私营合作项目合同。该类合同更强调业主对监控和售后服务的要求,业主在招标时提出参数和规范要求,并进行全程监控,所有的付款都与履约好坏及其连续性等挂钩,付款要在运营达到业主满意以后进行。PPP 合同强调了业主的监控和管理作用,克服了 EPC 合同业主监管不力的缺陷,因此 PPP 合同目前在日本、韩国和澳大利亚等发达国家普遍采用。PPP 合同方式起源于 20 世纪 80 年代中期,90 年代才被世界各国广泛运用。

8. BOT 合同

BOT 是英文 build-operate-transfer 的缩写,意即建设—经营—转让。BOT 合同实际上是承包商将工程项目建成以后,继续经营该项目一段时间才转让给业主的一种承包方式。业主在采用 BOT 方式发包时,往往要求承包商负责项目的筹资或提供贷款,从而使筹资、建造、运营、维修、转让成为一体,承包商在协议期内拥有并经营该项目,从而达到回收投资并取得合法利润的目的。这种承包方式多用于政府与私营部门之间,而且适用的范围较广,尤其适合那些资金需求量较大的公路、铁路、城市地铁、废水处理、发电厂等基础设施和公共设施项目。

9. BOOT 合同

BOOT(build-own-operate-transfer),指的是建设—拥有—运营—转让。它与 BOT 的区别主要有两个方面:一是所有权的区别,BOT 方式项目建成后,承包商只拥有所建成项目的经营权;而 BOOT 方式在项目建成后,在规定的期限内,承包商既有经营权,也有所有权。二是时间上的差别,采取 BOT 方式,从项目建成到移交给政府这段时间一般比 BOOT 方式短一些。

10. BOO 合同

BOO(build-own-operate)是指承包商按照政府的授权负责工程的施工、运营,并最终享有该工程项目的所有权。在这种模式下,政府一般在融资方面给予承包商以便利和支持,并在该项目的运营中给予免税等优惠待遇,即建设—拥有—运营。该种合同模式适用于基础设施项目。

一国政府愿意采用 BOT,还是 BOOT 或 BOO 合同形式,体现了该国政府对于基础设施私有化程度的态度。BOT 意味着很低的私有化程度,因为项目设施的所有权并不转移给私人;BOOT 代表了中等的私有化程度,因为设施的所有权在有限的时间内转移给私人;而 BOO 代表的是最高级别的私有化,因为在该种模式下,项目设施没有任何时间限制地转移给私人。

11. EPC 合同

EPC(engineering-procurement-construction)合同是一种设计—采购—施工总承包合同,它是指工程总承包企业按照合同约定,承担工程项目的设计、采购、施工、试运行服务等工作,并对承包工程的质量、安全、工期、造价全面负责。EPC 合同有两个特点:一是固定总价,一般采用总价合同,即业主与承包商先谈好价格,如果遇到诸如不良地质条件等情况,承包商是不能向业主索赔的,这就意味着承包商要承担设计、自然力和不可预见的困难等风险,因此 EPC 合同比 FIDIC 条款"红皮书"中单价合同的风险要大,因为该种情况在"红皮书"中被列入索赔范畴之列。二是没有咨询工程师这个角色,因此业主对承包商的监控力度较弱,只能派业主代表对施工进度进行监控,当发现进度比计划慢时,可以要求承包商采取补救措施,其他问题无权干涉。三是注重竣工试车,只有试车成功才能谈最终验收。

12. BOOST 合同

BOOST(build-own-operate-subsidy-transfer),其意为建设—拥有—运营—补贴—转让。承包商在工程项目建成后,在授权期内管理和拥有该设施,并享有一定的政府补贴,待项目授权期满后再移交给当地政府的一种承包模式。

(三)按承包方式划分

按承包方式划分,可分为总包合同、分包合同和二包合同,这三种合同已在本章第一节承包方式中做了介绍,这里不再重复。

## 四、国际工程承包合同的内容

国际工程承包合同的内容虽依承建项目内容的不同而有所不同,但其主要条款大体一致,大多数国家也都为本国的承包活动制定了标准合同格式,目前,使用最为广泛的合同格式是由国际顾问工程师联合会(Federation Internationale Des Ingenieurs-Conseils,FIDIC)拟定的《土木建筑工程(国际)施工合同条款》,亦称 FIDIC 条款。FIDIC 条款的第一版发布于1957年,1963年、1977年、1987年和1999年又分别印发了第二版、第三版、第四版和第五版。FIDIC 条款得到世界银行的推荐,成为目前国际上最具权威的从事国际工程承包活动的指导性文件。1999年的 FIDIC 条款由《施工合同条件》(简称新红皮书)、《EPC/交钥匙工程合同条件》(简称银皮书)、《永久设备和设计—建造合同条件》(简称新黄皮书)和《合同简短格式》(简称绿皮书)四部分组成,即土木工程施工合同的一般条件、专用条款和合同格式三方面内容,其

主要包括以下内容:

(一)承包合同的定义

这一部分主要是阐明合同的当事人,合同中所包含的文件及其规范,以及对合同中所出现的各种术语的解释。

(二)业主的责任与违约

业主主要负责清理并提供施工场地,协助承包商办理施工所需的机械设备、原材料、生活物资的出入境手续,支付工程建设款等。按照FIDIC条款的规定,对于业主应支付的各类工程款,其在接到承包商要求付款的请求后,应在28天内向承包商提供已做出了资金安排的证据,否则承包商可以暂停工作或降低工作速度;工程师在收到承包商的期中支付报表和证明文件后的28天内应向业主发出期中支付证书,业主在工程师收到承包商交来的期中支付报表和证明文件后的56天内向承包商支付期中工程款。业主收到工程师签发的最终支付证书后56天内向承包商支付工程款,如果业主未按合同规定的期限和数额支付,或因业主破产、停业,或由不可预见的原因导致其未履行义务,承包商有权解除合同,撤走设备和材料,业主应向承包商偿付由此而发生的损失和费用。

(三)承包商的义务与违约

承包商是指其投标书已被业主接受的人,其主要义务是工程施工,接受工程师的指令和监督,提供各种保函,为工程办理保险。其中,承包商应在接到中标通知书28天内按合同规定向业主提交履约保函。当承包商未经许可转包或分包,拖延工期,放弃合同或破产时,业主可以没收保证金并在发出通知14日后占领工地,赶走承包商,自行施工或另找承包商继续施工,由此而产生的费用由违约的承包商负担。若承包商的施工不符合设计要求,或使用了不合格的原材料,应将其拆除并重新施工。承包商应在达成索赔协议后42天内向业主支付索赔款,承包商还必须在业主提出修补缺陷要求的42天内进行修补。

(四)工程师和工程师代表

工程师是由业主任命并代表业主执行合同规定的任务,如发出开工、停工或返工等指令,除非合同另有规定,工程师行使的任何权利都应被视为征得业主的同意。工程师代表应由工程师任命并向工程师负责,其主要职责是代表工程师在现场监督,检查施工质量,处理实施合同中发生的问题,工程师代表也可任命一定数量的人员协助其工作。承包商必须执行工程师的书面或口头指令,对于口头指令,承包商应要求工程师以书面形式在7天之内予以确认,如工程师对承包商发出的要求确认申请函自发布之日起7天内未予答复,该口头指令应被视为工程师的一项指令,其工程款的结算也以该指令为依据。

(五)转让与分包

承包商无业主的事先同意,不应将合同或其中的任何部分转让出去。在得到业主许可的情况下,可将工程的一部分包给其他承包商,但不能全部分包出去。

(六)开工与竣工

承包商应在收到工程师发给的开工通知后的合理时间内从速开工,其工期从投标附录中规定的开工期限的最后一天起算,并应在标书附件规定的时间内完成。只有在额外增加工程的数量或性质,业主的延误、妨碍或阻碍,不可预见的意外情况等情形下,承包商才有权延迟全部或部分工程的竣工期限。

## (七) 检验与检查

工程师有权进出工地、车间检验和检查施工所使用的原材料、零部件、设备,以及生产过程和已完工的部分工程。承包商应为此提供便利,不得覆盖或掩饰而不外露。当工程的基础或工程的任何部分已准备就绪或即将准备好可供检查时,承包商应及时通知工程师进行检查,不得无故拖延。

## (八) 工程移交

当整个工程基本完工并通过合同规定的竣工检验时,承包商可向工程师发出通知及附带有在缺陷维修期间内完成任何未完工作的书面保证。此通知和保证应被视为承包商要求工程师发给接收证书的申请,工程师应在接到该通知后的 21 日以内,向承包商发出接收证书并注明承包商尚未完成的所有工作。承包商有权在完成所有工作和维修好所指出的缺陷,并使工程师满意后的 21 天之内得到工程接收证书。另外,在某些特定的情况下,工程师也可对某一部分已竣工的工程进行接收。

## (九) 工程变更

工程师在认为有必要时,可以对工程或其任何部分的形式、质量或数量做出变更。如果变更后的工程量超过一定的幅度,其价格也应做相应的调整;如果工程的变更是由承包商引起的,变更的费用应由承包商负担。

## (十) 价格与支付

承包合同中的价格条款不仅应注明总价、单价或成本加酬金价,而且还应将计价货币、支付货币以及支付方式列入其中。在国际承包活动中,一般采用银行保函和信用证来办理支付,其支付的具体方法大都采用预付款、进度款和最终结算相结合的做法,即承包合同签订后和开工前,业主先向承包商支付一定比例的预付款,以用于购买工程所需的设备和原材料,预付款的比例应占合同总额的 10%—20%,然后承包商每月底将实际完成的工作量分项列表报给工程师,并经其确认后支付给承包商一定比例的进度款,业主待工程全部完工并经验收合格后,与承包商进行最后的结算,支付尚未支付的所有剩余款项。

## (十一) 特殊风险

在合同履行过程中,如果出现了签订合同时无法预见的人力不可抗的特殊风险,承包商将不承担责任。如果世界任何地方爆发了战争,无论是否已经宣战,无论对工程施工在经济和物质上有无影响,承包商应完成施工直至合同终止,但业主在战争爆发后的任何时候有权通知承包商终止合同。如果出现的特殊风险造成工程费用的增加,承包商应立即通知工程师,并经双方协商后,增加相应的承包费。

## (十二) 争议的解决

如果业主与承包商之间发生争议,其中的一方应书面通知工程师并告知另一方,工程师在收到本通知的 84 天内做出决定并通知业主和承包商,如果业主或承包商对工程师的决定不满意或工程师在 84 天内未能做出决定,不满方应在收到工程师决定的 7 天之内或在通知工程师决定而工程师又未做出决定的 84 天之后的 7 天内通知对方和工程师,再交由争端裁决委员会进行解决。争端裁决委员会由业主和承包商各提名一名委员,以及双方再与上述二位委员协商确定第三位委员共同组成,委员的报酬由双方平均支付,该委员会必须在 84 天内拿出裁决意见,双方中的任何一方对裁决有异议,都可提交仲裁机构进行仲裁,仲裁机构的仲裁决议必须在通过双方友好协商解决争端的努力56天后做出。如果双方都未发出要求仲裁的通知,工程师的决定将作为最终有约束力的决定。

### 五、国际工程承包的施工管理

在国际工程承包活动中,工程的施工一般都在承包公司总部以外的国家进行,这涉及承包商在国外施工的管理问题。工程施工的国外管理一般分为总部管理和现场管理两个层次。

#### (一) 总部管理

总部管理的内容大致是:① 制订或审定项目的实施方案;② 为项目筹资及开立银行保函;③ 制定统一的规章和报表,对现场提交的各种报告进行整理和分析,对重大问题进行决策;④ 监督项目资金的使用情况及审核财务报表;⑤ 选派现场各类管理和技术人员;⑥ 指导并帮助采购项目所需的设备和原材料。

#### (二) 现场管理

现场管理一般分为项目总管理和现场施工管理两个层次。

1. 项目总管理

项目总管理是工程的全面性管理,它主要包括合同管理、计划管理、资金管理、财务管理、物资管理、组织工程的分包与转包、人事工资管理、工程的移交与结算、处理与业主的关系、处理与东道国政府及海关、税务、银行等部门的关系等工作。

2. 现场施工管理

现场施工管理的主要工作有:制订具体的施工计划,协调各分包商的施工,做好设备和原材料的维护与保管,招聘和雇用普通劳务人员,劳务人员工资的核定与发放,监督工程质量,做好工作记录,提交有关工程的报告等。

## 第三节 国际风险投资

### 一、风险投资的含义

风险投资(venture capital),也称为创业投资、风险资本。多年来,国际上对于风险投资的概念还没有一个能被普遍接受的解释。按美国风险投资协会的解释,风险投资是由金融家投入到新兴的、迅速发展的、有巨大竞争潜力的企业(特别是中小型企业)中的一种股权资本;经合组织把风险投资定义为,凡是以高科技与知识为基础,生产与经营技术密集的创新产品或服务的投资;英国学者认为,从广义上看,风险投资是指以股权资本方式对未上市企业的投资,以扶持该企业的未来发展并获得投资收益。风险投资是一种长期的风险性股权融资,它为风险投资者带来的首先是资本增值而不是红利。我国著名学者成思危先生在其发表的《积极稳妥地推进我国的风险投资事业》一文中对风险投资的定义则是:"所谓风险投资,是指把资金投向蕴藏着较大失败危险的高新技术开发领域,以期获得成功后取得高资本收益的一种商业投资行为。"综上所述,我们认为风险投资应有广义和狭义之分,从广义上说风险投资是指对蕴藏着高风险的高新技术及其产品,并伴有高回报预期的资金投入活动。从狭义上说,风险投资是为获取未来成熟企业高额转让收益而在其孵化阶段冒险投入的即期货币,即通过投资于一个高风险、高回报的项目群,将其中成功的项目进行出售或上市,实现所有者权益的变现,此时不仅能弥补失败项目的损失,而且还能使投资者获得高额回报。

风险投资是一种从事高技术,并伴随着高风险和高回报的活动,高新技术产业的创业风险是技术风险、产业化风险和规模化风险的综合体现。这些风险都与高科技产业有着直接的关系,比如在高科技产业中,技术研究风险带来的技术开发风险,开发出的产品能否在现有生产状况下生产出来的生产风险,开发出的高科技产品能否被市场接受和广泛使用的市场风险,能否从售出的产品中获得利润的营销管理风险,该产品能否继续被改进或发展的创业风险。

对创业者而言,涉足和发展高新技术产业,不但要有研究开发能力,还要具有生产能力,进而还要具有市场开拓能力、营销管理和获利能力、再创业的发展能力等。这些能力的综合,构成了高新技术产业发展的全动力。割裂这些能力,高新技术产业的发展必然受阻。教学和科研机构具有研究开发能力和再开发能力,但缺乏生产能力、市场开拓能力以及营销管理能力;企业具有生产、市场开拓和营销管理能力,但研究开发能力和再开发能力比较弱。因此,它们均不能单独完成高新技术产业的创业与发展。产、学、研的结合是高新技术产业发展的经济规律的客观反映。

一般认为,高新技术转化为现实的产品或生产力通常要经过高新技术的研究开发、资本产业化和金融市场化三个阶段,或称为实验室成果、中试放大实验和产品化三个阶段,在我国则被称为研发阶段、研发成果转化阶段和工业化大生产阶段。

长期以来,美国作为风险投资的先驱,以其完善的风险投资机制和法律体系,高效的风险投资运作模式,使风险投资业为促进美国经济发展模式的转变和推动经济的高速发展做出了杰出的贡献,并为世界各国所争相效仿。在我国,风险投资已进入快速发展阶段,尤其是在"大众创业,万众创新"的推动下,风险投资发展迅猛。中国科技部统计资料显示,我国创业风险投资各类机构总数已由2006年的345家迅速增长到2014年的1 551家,其中创业风险投资企业(基金)1 095家,年均增长率达到18.5%;创业风险投资管理企业384家,年均增长率达到38.5%。2014年,全国创业风险投资管理资本总量达5 232.4亿元,比上年增长31.7%;基金平均管理资本规模为4.48亿元,比上年增长37.4%。截至2014年年底,创业风险投资累计投资项目数达到14 118项,其中投资高新技术企业项目数7 330项,占51.9%;累计投资金额2 933.6亿元,其中投资高新技术企业金额1 401.9亿元,占47.8%。从全球范围来看,据安永会计师事务所公布的统计资料,2015年中国风险资本投资额达到492亿美元,仅次于美国,当年全球前三大风险投资项目中前两个都发生在中国。

## 二、风险投资的特点与作用

### (一) 风险投资的特点

**1. 高风险、高收益性**

风险投资,顾名思义,是一种高风险的投资行为。这是风险投资有别于一般投资的首要特征。在美国硅谷,有一个广为流传的"大拇指定律",即在10个从事风险投资的创业公司中,有3个会垮台,3个会勉强生存,还有3个能上市并有不错的市值,只有1个能够脱颖而出并大发其财。风险投资是冒着九死一生的巨大风险进行技术创新投资的,虽然失败的可能性远大于成功的可能性,但技术创新一旦成功,便可获得超额垄断利润,进而弥补其他项目失败带来的损失。据一些国外风险投资公司估计,风险投资的失败率高达80%—90%,成功率仅为

10%—20%。与高风险相联系的则是高收益性。根据对美国218家风险企业的调查,投资完全损失的占14.7%,部分损失的占24.8%。但在成功项目中,有60%的项目收益率可超过100%。

2. 风险投资是一种长期投资

风险投资将一项科研成果转化为新技术产品,要经历研究开发、产品试制、正式生产、扩大生产、进一步扩大生产和销售等阶段,直到企业股票上市,或通过出售等其他方式兑现才能取得收益。这一过程少则3—5年,多则7—10年,而且在此期间通常还要不断地对有成功希望的高新技术项目进行增资。因此,风险投资也被誉为"耐心的投资"。

3. 风险投资是一种组合投资

为了分散风险,风险投资通常投资于一个包含10个项目以上的高新技术项目群,以成功项目所获取的高回报来抵偿失败项目的损失并取得利益。

4. 风险投资是一种权益资本投资

风险投资是一种权益资本投资,而不是一种借贷资本投资,因此其着眼点并不在于投资对象当前的盈亏,而在于它们的发展前景和资产的增值,以便能通过上市或出售来获取高额回报。

5. 风险投资是一种分阶段的投资

风险资本家通常把风险企业的成长过程分成几个阶段,并相应地把资金分几次投入,上一阶段发展目标的实现成为下一阶段资金投入的前提。这是风险资本家降低风险的一种重要手段。

6. 风险投资资金主要投向从事高新技术的中小企业

风险投资向来是以高风险高收益为特征的。传统的产业无论是劳动密集型的轻纺工业,还是资金密集型的重化工业,由于其技术、工艺的成熟性和产品市场的相对稳定性,其风险相对较小,因而收益也就相对稳定和平均。而高科技产业,由于其风险大,产品附加值高,因而收益也高,适应了风险投资的特点,理所当然地成为风险投资者选择的对象。

7. 风险投资是一种主动参与管理型的专业投资

风险投资不仅向创业者提供资金,而且其管理者即风险投资家用他们长期积累的经验、知识和信息网络帮助企业管理人员更好地经营企业。风险投资者一旦将资金投入到高技术风险企业,它与风险企业就形成了一种"风险共担,利益共享"的共生关系。这种"一荣俱荣、一损俱损"的关系,要求风险投资者必须参与风险企业的全过程管理,从产品的开发到商业化生产,从机构的设立到人员的安排,从产品的上市到市场的开拓,以及企业形象的策划、产品的广告宣传等都离不开风险投资者的积极参与和管理。

8. 风险资本具有再循环性

风险投资是以"投入—回报—再投入"的资金运行方式为特征的,而不是以时断时续的阶段方式进行投资。风险投资者在风险企业的创业阶段投入资金,一旦创业成功,即在证券市场上转让股权或抛售股票,收回资金并获得高额利润。风险资本退出风险企业后,并不会就此罢休,而是带着更大的投资能力和更大的雄心,去寻找新的风险投资机会,使高新技术企业不断涌现,从而推进高科技产业化的进程。

表7-1列示了风险投资与一般金融投资的不同之处。

表 7-1  风险投资与一般金融投资的比较

| | 风险投资 | 一般金融投资 |
|---|---|---|
| 投资对象 | 用于高新技术创业及其新产品开发,主要以中小型企业为主 | 用于传统企业扩展传统技术新产品的开发,主要以大中型企业为主 |
| 投资审查 | 以技术实现的可能性为审查重点,技术创新与市场前景的研究是关键 | 以财务分析与物质保证为审查重点,有无偿还能力是关键 |
| 投资方式 | 通常采用股权式投资,其关心的是企业的发展前景 | 主要采用贷款方式,需要按时偿还本息,其关心的是安全性 |
| 投资管理 | 参与企业的经营管理与决策,投资管理较严密,是合作开发的关系 | 对企业经营管理有参考咨询作用,一般不介入企业决策系统,是借贷关系 |
| 投资回收 | 风险共担、利润共享,企业若获得巨大发展,进入市场运作,可转让股权,收回投资,再投向新企业 | 按贷款和合同期限收回本息 |
| 投资风险 | 风险大,投资的大部分企业可能失败,但一旦成功,其收益足以弥补全部损失 | 风险小,若到期不能收回本金,除追究企业经营者的责任外,所欠本息也不能豁免 |
| 人员素质 | 懂技术、经营、管理、金融、市场,有预测风险、处理风险的能力,有较强的承受能力 | 懂财务管理,不懂技术开发,可行性研究水平较低 |
| 市场重点 | 未来潜在市场,难以预测 | 现有市场,易于预测 |

（二）风险投资的作用

风险投资的作用集中表现在以下三个方面：

1. 风险投资是高科技产业化的助推器

风险投资是在高技术产业化的关键时刻,即中试或小批量生产阶段切入的,它填补了高科技产业化过程中研究与开发阶段的政府拨款或企业自筹与工业化大生产阶段的银行贷款之间的空白,使高科技产业化的各个环节由于有了资金的承诺而成为可能。

2. 风险投资为高科技中小企业开辟了新的融资渠道

融资渠道对于从事风险投资的企业的发展十分重要,限制了企业的融资渠道就等于降低了企业的增长能力和竞争能力。与传统大企业相比,高科技中小企业具有很高的风险,主要表现在:高科技中小企业的市场是需要开拓的潜在市场;现金流量存在巨大的不确定性,往往不是巨大成功就是完全失败;企业在成长初期一般既没有资产可抵押,也很难找到合适的担保,同时往往没有得到社会的承认。但是从技术创新角度看,中小企业比大企业更具有活力。风险投资以其特有的投资方式,为中小企业尤其是高科技中小企业的成长与发展开辟了新的融资渠道。

3. 风险投资有利于提高全社会资源的利用率

从宏观角度讲,风险投资优化了资源配置。传统的银行在资源配置上存在逆向选择的问题,即最需要资金、资金生产率最高的项目往往因为风险较高而得不到贷款,而发展成熟、收入趋于稳定的企业因风险较小而成为银行追逐的对象。而风险投资看重的却是企业的成长性,只有最具成长性的项目才可能吸引风险投资。另外,风险资本的目的是取得最大的预期资本增值,而不是保本付息。在市场经济下,对利润最大化的追求能带来资源的最佳配置。风险资本的特征,决定了其将大部分资源投向科技含量高、成长性高的高技术企业。风险投资一旦进入风险企业后,风险投资者与风险企业就结成了一种"同舟共济"的关系,保证了风险企业能始终运行在比较理想的状态之中,从而提高了风险资金的运营效益。

### 三、风险投资的产生与发展

风险投资产生的历史最早可以追溯到 15 世纪的欧洲,英国、荷兰等国的一些富商为了到海外开拓市场和寻找新的商业机会,开始投资于远洋探险,由此首次出现了"venture capital"这一术语。19 世纪,美国一些富商投资于油田开发和铁路建设等,于是"venture capital"在美国广为流传。但真正形成系统的、有组织的产业或称现代意义的风险投资则是在第二次世界大战之后的美国。其诞生的标志是 1946 年美国哈佛大学经济学教授 Georges Doriot 等人与波士顿地区的一些商人共同创立的研究与发展公司(American Research and Development Corporation,简称 ARD)。ARD 当时的业务是向高风险、技术型新兴国防工业公司进行投资,是一家上市的封闭型投资公司。1956 年,ARD 对数控设备公司(DEC)投资 7 万美元,占该公司当时股份的 77%。14 年后的 1971 年,这 7 万美元的投资增值为 3.55 亿美元,增长了 5 000 倍,年均投资回报率达到 84%。从此,风险投资出现在美国及全世界各地,成为推动新兴的高科技企业发展的一支生力军。

美国风险投资业的正式起步源于 1958 年《中小企业投资法案》的立法,该法案促成了中小企业投资公司(Small Business Investment Company,简称 SBIC)制度的成立,风险投资事业的第一浪潮应运而生。同在 1958 年,第一家合伙制风险投资公司在美国诞生,这种形式很快被模仿,在某种程度上使风险投资产业的发展有所加快,但总的来说,整个产业的发展步伐仍然非常缓慢。到 20 世纪 60 年代末 70 年代初,美国全部风险投资机构累计筹集的资本总额只有几百万美元。

1978 年到 1981 年,风险投资的发展出现了重大转折。美国国会连续通过了一系列具有重大意义的法案,其中最重要的一项是允许养老基金进入风险投资领域,从此奠定了有限合伙制在风险投资领域的主导地位。20 世纪 80 年代后至今,有限合伙形式占整个风险投资机构的 80% 以上。

自 1992 年以来,随着全球高科技产业的兴起、新经济模式的提出和美国经济的持续景气,美国风险投资更加繁荣,使美国成为目前世界上最大的、机制最完善的风险投资。据美国全国风险资本协会(NVCA)统计,截至 2015 年年底,美国共有风险投资公司 9 742 家,当年风险投资额达到 792.6 亿美元。

紧跟美国的步伐,以英国为首的欧洲资本主义国家也在 20 世纪 70 年代末至 80 年代初纷纷建立起本国的风险投资产业。英国风险投资的快速发展时期是在 20 世纪 80 年代。当时英国经济发展比较强盛,创业环境得到改善,并建起了创业板股票市场。英国拥有欧洲最发达的股票市场——伦敦股票交易所。法国、德国等欧洲国家的风险投资产业随后跟进。据国际著名会计师事务所安永发布的统计资料,2015 年欧洲风险资本投资额达到 144 亿美元,其中英国 48 亿美元,德国 29 亿美元,法国 19 亿美元。

继美国和欧洲之后,日本、加拿大、澳大利亚、以色列等国家和中国台湾、中国香港等地区的风险投资产业也相继建立,并对全球风险投资市场产生了一定的影响。进入 21 世纪以来,日本风险资本已达 120 多亿日元,合格的风险投资企业 1 800 多家,比 1980 年增加了近 40 倍。据安永统计资料,2015 年日本风险资本投资额达到 80 亿美元。我国台湾地区第一家风险投资公司成立于 1976 年,从事微机系统的开发,该公司支持的风险企业的计算机业务已扩展到美国、日本等地。

### 四、风险投资与高新技术产业的关系

(一) 高新技术产业的含义

高新技术一词起源于美国,对于高新技术产业,目前国内国外在其基本概念的定性上是一致的,在界定高科技时一般考虑两个因素:一是资金投入的产业是否属于高新技术产业;二是考虑资金投入开发和生产产品的技术含量,按要求高新技术产品必须达到一定的技术含量,对于技术含量的要求和哪些算作技术因素各国或机构标准不一。

高新技术产业一般具有以下特征:

(1) 智力密集,知识密集。高新技术通常都是尖端技术,其本身的研究难度很大,需要当代基础科学研究的成果做支撑,需要投入大量高级人才,然而高新技术从开发成功到最终实现产业化还有一定距离。

(2) 高投入。高新技术的开发和产业化需要大量的资金投入,如研究开发所需的仪器设备,进行商业利用的设备投入等。美国 20 世纪 80 年代初提出的以高技术为基础的战略防御计划,耗资万亿美元,其中高新技术研究与开发费用就达数千亿美元。又如,英特尔公司在 CPU(计算机中央处理器)上的研究开发费用每年多达十亿美元,建立一家 CPU 生产基地的设备投资也达到数十亿美元。

(3) 高风险。高新技术不仅投资巨大,而且作为一种开创性、探索性很强的工作,其难度非常高,所以相应的风险也很大。因此,当今世界一些同行业的大型跨国公司往往结成战略联盟,共同进行一些重大技术的研究开发。这些结成联盟的公司很多在市场上是竞争关系,但之所以在技术开发上进行合作,其主要目的是共同投资、共担风险和共享收益。

(4) 高回报。尽管高新技术产业具有高投入、高风险的特点,但其回报也是惊人的。因为高新技术在后来者跟上之前是垄断性的,而且对市场具有明显的吸引力,在后来者掌握之后,由于市场开发、规模经济等方面的原因,它仍然可以继续获得可观的经济回报。这种高回报可以从一些高新技术产业的快速发展中得到证实。计算机和通信产业的发展在近几十年的时间里已经成为仅次于钢铁、汽车、化学工业的第四大工业部门,而其在利润回报上则远远超过这些传统产业,微软、英特尔等的获利能力是传统产业所望尘莫及的。

(5) 带动性强。当代高新技术的发展已经不像 20 世纪之前的传统产业,如蒸汽机、纺织机、电力等技术那样独立出现,而是多种技术同时出现。高新技术通常是一个群体,彼此之间有着密切的联系,相互渗透。这就使得高新技术的发展有着很强的带动性。从纵向看,高新技术之间的依赖性比较强,某一技术往往以其先导技术为基础并在其带动下才能得以成功开发;从横向看,由于高新技术多为交叉学科的技术综合而成,因此,它们的渗透力很强。如计算机技术的出现,推动了微电子技术的迅猛发展,并产生了软件工程技术,应用中又触发了数据库技术的诞生。在与通信技术结合的过程中,又产生了网络技术和信息高速公路。

(6) 技术发展周期短。一方面,高新技术具有相对性,特别是在时间方面,新技术不断地替代旧技术。高新技术的巨大利益吸引人们投入巨大人力、财力和物力去研究和掌握。高新技术的发展对技术含量高的产业或某些与高新技术相关产业的发展有强力的推动作用。另一方面,高新技术以新概念、新方法、新手段进行创造性活动,使其得以超常规地快速发展。

20世纪高新技术的研究与开发实践,为未来高新技术的发展奠定了强有力的基础,高新技术的发展取向越来越成为人类社会共同关注的焦点。

(1) 光电子信息产业。包括以电子器件、激光技术、光纤系统、全息图像、光电集成电路、光计算机等为基本内涵的新一代光电子信息系统。

(2) 智能机械产业。传统的各种机械工具与微电子、光电子和人工智能技术广泛结合而形成的全新的智能机械产业。

(3) 生物工程。以动植物工程、药物及疫苗、蛋白工程、基因重组、生物芯片、生物计算机等为基本内涵的生物工程产业。

(4) 超导体产业。超导电机、超导输电系统、超导蓄能装置、超导计算机等一系列高科技产业。

(5) 空间产业。包括卫星及发射、载荷搭载、太空旅行等商业、科研活动与服务,以及利用微重力、超洁净,在太空进行科学实验,生产高精尖产品。

(6) 海洋开发与生产业。如南极开发、海水利用、深海采矿、海底城市建设等。

美国商务部对高技术产品中的技术因素做了如下规定:① 研究与开发支出占销售额的比重;② 科学家、工程师和技术工人占职工总数的比重;③ 产品的主导技术必须属于所确定的高新技术领域;④ 产品的主导技术必须包括高新技术领域中处于技术前沿的工艺或技术突破。经合组织制定的标准是在国际标准产业分类统计的基础上,主要将研究与开发强度(即研究与开发经费占企业产值的比重)作为界定高新技术产业的标准,比重在3%以上的为高技术产业,在1%—2%的为中技术产业,小于1%的则为低技术产业。

实际上各国对高新技术的理解是没有多大异议的,只是在表述上有所不同。美国学者纳尔逊(Nalson)认为高新技术产业是指那些投入大量研究与开发资金,以迅速的技术进步为标志的产业。在美国,高新技术产业泛指那些依赖先进的科学和工程技术的多种生产部门。日本学者则把高新技术定义为以当代尖端科技和未来科学技术为基础建立起来的技术群。而澳大利亚学者认为高新技术产业是指那些投入大量研究与开发经费,与科学技术人员联系紧密,生产新产品,并且有科学或技术背景企业的产业。我国学者认为凡是那些技术含量高的,而且可以代表未来技术发展趋势的产业都应视为高新技术产业。

(二) 风险投资与高新技术产业的关系

从西方发达国家风险投资发展的历程和高新技术产业近年来迅速发展的原因来看,风险投资资金的注入是高新技术产业发展的基础,而风险资金背后的巨额收益又离不开高新技术产业的众多成就。高新技术创业企业正是在风险资本的支持下,使高新技术转化为高技术产品,并实现了高技术产品生产的成熟化和规模化。

1. 风险投资成为高新技术产业重要的资金来源

高新技术产业运作周期长,失败率高,所以往往需要高额的投入。高科技产业的高风险导致一般金融机构和个人投资者不愿介入或无力承担所需的巨额资金,风险投资资金则为高新技术产业发展提供了资金支持。

2. 风险投资者分担了高新技术产业运营者的高风险

在很多国家,为了振兴科技、发展经济,都设立了风险投资基金,供从事高科技产业的企业享用,这实际上就是由众多的投资者来分担高科技产业的风险,这种做法不仅让投资者分担风险,还会使更多的个人或企业加入到高科技产业中去。

3. 高新技术产业能够给风险投资者带来高收益

投资于高新技术企业的投资者在风险企业中拥有较大比例的股权,一旦风险企业获得成功,风险投资公司利用有效的退出机制和途径出售风险企业的股份,可以获取高额投资回报。

4. 风险投资增加了高新技术产业的数量并推动了高新技术产业的发展

风险投资资金多是在高新技术企业创立的初期,即研究与开发的成果转化阶段介入的,弥补了高新技术企业发展初期的资金短缺,使高新技术企业在各个发展阶段均有特定的资金来源。风险投资以其特殊的、灵活的和高效的融投资方式,在高收益的驱动下,为高新技术产业投入资金,扶持高新技术创业企业的创建、成长和扩张,这就使更多的本无力承担巨额资金或无力承担巨大风险的企业加入到风险投资这一行业中来,并最终使高科技产业成为成熟的产业,并得到迅速发展。从国外的发展经验看,由风险资本组成的创业基金在培植高新技术企业中发挥了极其重要的作用,当今世界上著名的高新技术企业的发展无不与风险投资的支持相关。如微软、戴尔、康柏、苹果、莲花(Lotus)等公司。

高新技术产业是在风险资本的支持下才得以发展和成熟的,而风险资本也只有投资于高新技术产业才能实现其快速增值并获得巨额的利润,进而又产生更多的可投资于高新技术产业的风险资本。高新技术产业在风险资本的支持下发展,风险资本在高科技产业发展中增加,风险投资与高新技术产业是相互依赖、相互促进、风险共担、利益共享的共生关系。

**五、风险投资运行的主体**

风险投资运行的主体主要包括风险投资家(或风险投资机构)、投资者和创业企业(或创业者)。从流动的角度看,风险资本首先从投资者流向风险投资机构,经过风险机构的筛选决策,再流向创业企业,通过创业企业的运作,资本得到增值,再回流至风险投资机构,风险投资机构再将收益回馈给投资者,构成一个资金循环。周而复始的循环,形成风险投资的周转。

(一) 投资者

资本是在流动中增值的,不论是富裕的家庭和个人,还是大企业、保险公司、养老基金和其他一些基金会等,它们手里掌握着大量的闲置资金急需寻求投资出路,于是它们就构成了风险资本的提供者。在政府的鼓励性政策与优惠税收政策的引导下,出于高回报的动机,它们极力想将其手中的资金投至收益高于其他投资方式的风险投资,但由于其资金有限,并且其时间和能力也都制约着它们直接投资于风险企业。为回避风险,它们往往把一部分资金交给风险投资机构代为理财和运作。

(二) 风险投资机构

风险投资机构既是风险投资的运作者,也是风险投资流程的中心环节。事实上,风险投资机构并不是资金的最终使用者,其主要职能是辨认和寻找投资机会、筛选投资项目、决定投资方向、获益后退出投资,即资金经由风险投资机构的筛选,流向创业企业,取得收益后,再经风险投资机构回流至投资者。

在风险投资业较为发达的美国和欧洲,风险投资机构的组织形式一般分为公司制和有限合伙制,其中有限合伙制更为流行,它包括负有限责任的股东(即有限合伙人)和负无限责任的股东(即普通合伙人)。有限合伙人一般提供99%的资本金,一般分得75%—85%的税后利润,其责任也仅以其在公司的出资额为限。普通合伙人一般提供1%的资本金,一般分得5%—25%的税后利润,其对公司要负担无限连带责任。有限合伙制的普遍存在是由风险投资机构的性质决定的,它把风险投资家的个人利益与公司利益结合起来,建立了激励与约束协调一致的运行机制,因而有限合伙成为风险投资机构的最佳组织形式。

风险投资的投资组合的内在原因完全不同于银行这样的金融中介。一家银行力图持有一个能满足其客户多样化要求的投资组合,这些客户包括大量小额存款人。与之相反,风险资本基金会持有一个高风险高收益的投资组合,这只不过是其最终出资人拥有的大型投资组合中的一部分而已。要求有专业指导特长的风险投资家同时管理一家多元化的资本基金是没有效率的。

风险投资机构拥有众多的风险投资家,在风险投资机构中的风险投资家通常由三类专家组成,即技术型、金融型和管理创业型的专家。风险投资家在业务实践过程中获得了更多的经验和关系。在领导一些公司获得成功后,风险投资家更受潜在创业者的追捧,而这又可以使他选择更好的公司,从而进一步提高自己的声誉。成功的风险投资家都有一个被社会认可的过程,这反过来又可以使他获得更大的成功。风险投资家市场不是一个完全竞争的劳动力市场,第一,丰厚的报酬可以防止机会主义行为,与强激励因素相结合的高报酬为防范机会主义行为提供了类似的保障;第二,风险投资家之所以可以抽取部分利润,是因为他们都有独特的专门知识。

(三) 创业企业

创业企业才是风险资金的最终使用者。风险资金的需求量往往随着风险投资的进程而不断加大,尤其当创业企业家从事新技术、新发明等创新活动进入最后阶段时,由于缺乏后继资金和管理的经验和技能,必须寻求风险投资家的帮助。风险投资家有权利对创业企业进行鉴定、评估,确定创业企业的技术与产品是否为市场所需要,以及是否具备足够大的市场潜力或营利能力,从而决定是否提供及如何提供资金;与此同时,创业企业家也有权对风险投资家进行考察,确定风险投资者的知识水平、资金状况、经营风格和运作能力。

## 六、风险投资的资金来源

风险资本属于一种权益资本,一般以股权投资方式进行投资,在相对较长的时期内不能变现。因为风险资本需要一个相对稳定的资金来源,不少研究风险投资的学者都探讨过风险资本的来源与构成,但由于分类角度的不同,即使同一国家的数据也会出现较大的差异。归纳起来,风险资本主要有以下几个来源:

(一) 基金

基金主要包括养老基金、退休基金和捐赠基金,其中养老基金占的比重最大。例如,美国的养老基金、退休基金和捐赠基金分别占风险资本来源的19%、23%和11%,三者之和构成了资本总额的53%,由此可见,基金是美国风险资本的最大来源。

(二) 银行控股公司

银行控股公司是风险资本市场的早期投资者。由于受有关银行法律的限制,银行控股公司一般通过资本分离的银行控股公司的附属机构向风险资本投资,直接投资则需通过特许的小型商业投资公司进行,对有限合伙人的投资则通过独立的分支机构进行。

(三) 富有阶层

风险投资的早期,资金主要来自富有家庭和个人,除了消费以外,他们手上拥有大量的闲置资金,并继续寻找投资渠道来使其资本增值。他们除了购买风险相对较低的债券、股票或直接办企业以外,还把部分资金投向了风险投资领域。因此,在风险资本的发展过程中,富有家庭和个人资金对风险投资事业曾经起到了重要的作用。但是随着各类基金投资的增长,富有阶层对风险投资的重要性已经大不如前。富有家庭的投资者群体既包括退休的首席执行官及具有敏锐商业眼光和大量金钱的公司经理们,也包括商业银行和投资银行的富有客户。

（四）保险公司

保险公司的风险投资业务是从公司的私募业务中衍生出来的。多年来,保险公司通过购买那些具有资产特性的债务为风险更大的公司客户提供资金。在公共的垃圾债券市场出现之前,保险公司通过麦则恩(Mevcanine)投资方式[①]为一些早期的杠杆收购业务提供资金。随着专业技术的发展,保险公司开始投资于有限合伙责任公司。

（五）投资银行

投资银行通常通过投资于自身就是合伙人的合伙公司,特别是通过风险投资合伙公司方式介入到风险投资。这一点与商业银行不同,其业务目的是为大型收购项目提供融资和相应的服务。投资银行支持的合伙公司的业务方向是对已设立公司的发展后期的投资和风险小或无风险性投资,同时合伙公司的融资活动与投资银行的其他业务活动处于同一经营范围。在进行大型的收购交易时,投资银行也提供包销服务和并购咨询服务。

（六）非银行金融机构

非银行金融机构大约从20世纪60年代开始成为风险资本的来源之一,它们通常通过一些专设附属机构,主要是通过自己的直接风险投资计划进行投资。

### 七、风险投资的进入与退出

（一）风险投资的进入

1. 风险投资进入的目标企业的特点

（1）从事生产和经营的产品多与高新技术行业有关的风险企业。

（2）一般都是中小型企业或是新型的风险企业。

（3）发展潜力大和成长快的风险企业。

（4）收益大且风险高的风险企业。

2. 风险投资进入的三个阶段

第一阶段:投资项目的产生与初步筛选。

风险投资公司每天接到的风险投资项目申请书是大量的,不可能每一个都去仔细研究,因此,第一步是去粗取精,初步筛选出可能有市场潜力并符合公司投资要求的项目。不同的风险投资公司会有不同的筛选标准,但基本上不外乎以下方面：

（1）投资产业:一方面,风险投资一般侧重于高新技术产业,若不是,则先行剔除；另一方面,随着风险投资的行业分工逐渐细化,有些风险投资公司会侧重于某些擅长行业,若该项目不在擅长之列,就有可能会被剔除。

（2）技术创新的可行性:由于风险投资一般涉足高新技术产业,不少项目只是一项发明创

---

[①] 麦则恩投资方式,也称次级债务投资和半层楼投资,它属于一种中期投资,是一种介于传统风险投资和一般商业贷款之间的投资行为。

造,有的甚至只是一个想法或一个概念,这一项目是否可行就成为风险投资家所关心的问题之一。他们需要判断产品的技术设想是否具有超前意识,是否可实现,是否需经过大量研究才能变为产品,产品是否会为市场所接受,以及技术是否易于保密等。

(3) 市场前景:不管一项投资计划做得多漂亮、技术有多先进,如果没有市场,就不会有收益。因此,一个项目的市场前景是风险投资公司必须考虑的因素。

(4) 投资项目的发展阶段:一个风险企业的成长通常分为种子期、初创期、成长期和成熟期四个阶段,不同发展阶段的企业会面临不同的风险,并有不同的资金需求,因此筛选时需要考虑其所处的阶段。一般来讲,处在种子期的企业资金需求量少,但风险大,同时面临着技术风险、市场风险和管理风险;处在初创期的企业资金需求量比种子期明显增加,但技术风险已有所下降;处在成长期的企业资金需求量比前者又有增加,此时主要面临的是增大的市场风险和管理风险;处在成熟期的企业各方面都比较成熟,资金需求量很大,但由于其收益相对较低,风险资本一般很少介入。

(5) 投资规模:考虑到风险问题,风险投资公司不会将资金全部投入到一个项目中。此外,由于精力和时间有限,风险投资公司也不会投资于太多的小项目,而是要寻求一个好的组合。风险投资公司会结合自身的实际情况来综合权衡投资规模。

(6) 公司人员和管理状况:"一流的管理加上二流的项目远优于一流的项目加上二流的管理。"这是风险投资界公认的准则。风险投资说到底还是对人的投资。因此,风险投资家在审核计划时会有意识地捕捉有关公司的人员及管理状况方面的信息。

经过这几方面的审核和筛选,会初步产生一批有投资价值的项目。按照国外的经验,通过这一阶段筛选的项目所占比例一般为 10%。

第二阶段:投资项目的调查、评价与选择。

在对风险投资项目进行初步筛选后,风险投资人即开始展开对这些项目的调查,并做出相应评价,再根据评价结果做出选择,确定项目。

风险投资人对风险企业的调查一般是通过向企业员工和有关管理人员提问、交流等方式进行的。但绝大多数风险投资人还会采取其他方式了解风险企业的状况,如搜集该企业以往的经营资料,向企业的供应商、客户、竞争对手以及其他熟悉该企业的人员了解情况,通过中介机构掌握资料、深入取证,分析企业的经营计划和财务报表,征求其他风险投资人的意见等。

经过调查,掌握充分确凿的资料后,风险投资人会对该项目的产品市场情况、人员素质情况、经济核算情况以及有关的法律和政策等方面进行进一步的评价。通过上述综合评价,确定有投资价值的项目。

第三阶段:投资项目的谈判与协议。

通过前两阶段的审查评价,风险投资人基本确定了有投资意向的项目,之后就开始对风险企业的有关管理人员进行谈判协商,共同设计、确定交易结构,并达成协议。在达成协议后,双方会成为利益共同体,通过合作来推动风险企业的发展,实现各自的利益。同时,双方又有各自的小算盘,都要追求自身利益的最大化,这一谈判阶段相当关键和艰难,需要确定一套相互协作的机制来平衡各自的权益。

3. 风险投资进入的风险管理

从风险投资本身而言,是在尽量减少风险、控制风险、管理风险来确保收益的实现。只有从风险投资进入的那一刻起,就开始风险管理,才能减少今后的风险,保证收益的实现。风险投资进入的风险管理是通过以下几种方式进行的：

（1）组合投资。包括以下几个层次：一是对不同行业的项目的投资组合；二是对处于不同阶段的项目的投资组合；三是对不同风险程度的项目的投资组合；四是对不同地域的项目的投资组合。通过组合投资，可尽量减少风险，获取最大利润。

（2）联合投资。由于有些项目投资规模较大，单个投资家实力不够，风险投资公司有时会联合其他同行共同投资，这样也可以相互借鉴经验，取长补短，增加项目成功的可能性。

（3）专业投资。随着竞争的加剧以及风险投资公司自身人员构成的专业背景，风险投资公司越来越倾向于专门进行某一领域的投资，长期从事同一领域的投资，更易于挑选出真正优秀的投资项目。

（二）风险投资的退出

尽管风险投资在投入风险企业后占有相当一部分股份，但风险投资的目的并不是控股，而是带着丰厚的利润和显赫的功绩从风险企业中退出，继续下一轮的投资。因此，退出风险投资企业是至关重要的。风险投资的退出主要有以下几种方式：

1. 公开上市

公开上市被誉为风险投资的黄金通道，对于风险投资公司和风险企业都能较好地实现各自的利益。公开上市可分为首次公开上市和买壳上市。首次公开上市通常是在二板市场发行上市，如美国和欧洲一些发达国家的中小风险投资企业一般通过在纳斯达克市场上市发行；而买壳上市，又称借壳上市，是指收购公司通过一定的途径获得对上市公司的控股权，再通过资产置换或反向收购等方式，使收购的公司资产注入上市公司，从而达到非上市公司间接上市的目的。

2. 收购

收购方式的主要模式有以下两种：一是兼并，也称一般收购。随着第五次并购浪潮的兴起，兼并越来越受到重视。中小科技企业发展势头好，又有新技术作为支撑，而价格往往不是很高，这对于一些想介入这一新领域或是想在这一领域保持领先地位的大公司来说是很有吸引力的。同时，对于风险企业家来说，兼并有利于迅速变现或得到短期债券，能够迅速撤出，也是很好的退出方式。二是其他风险投资介入，也称第二期收购。经过几十年的发展，风险投资已经衍生出众多新品种，逐渐由传统风险投资向新兴的风险投资过渡，如麦则恩投资、杠杆购并等。第二期收购以麦则恩投资为主，这是一种中期风险投资，投资对象一般已进入发展扩张阶段，需要资金来增加人员、扩展生产，此时可能还没有盈利。

3. 回购

回购主要是指由风险企业购回风险投资公司所占的股份，有两种情况：一种是风险企业管理者从风险投资公司手中购回其所持股份，以达到对企业更大程度的控制；另一种则是由风险投资公司与风险企业在初始阶段就约定好的行为，主要是为了保证风险投资公司的利益，在该项投资不是很成功的情况下，风险投资公司可以要求风险企业购回股份。

4. 破产清算

风险投资的成功比例一般比较低，根据著名的"2-6-2"法则，风险投资很成功的项目一般占项目总数的20%，业绩平平的占60%，完全失败的占20%。一旦确认失败就该果断退出，以保证最大限度地减少损失，并及时收回资金。破产清算固然痛苦，却是风险投资必不可少的一种退出方式。

### 八、风险投资的运作与评估

一个完整意义上的风险投资运作模式,一般涉及风险资本供给方(投资者)、风险资本运作方(风险投资公司)和风险资本需求方(风险企业)三方。这三方之间的相互关系及风险企业的运行机制见图7-5。具体而言,从风险资本的投入到退出,基本要经历如下几个阶段或程序:筹措资本,建立投资公司或基金;选择投资项目;洽谈、评估、达成投资协议;投入资本并进行经营、监管和辅导;成功后退出(见图7-6)。

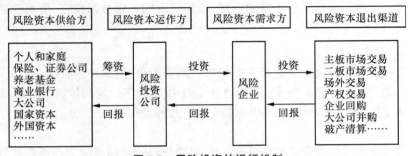

图 7-5 风险投资的运行机制

图 7-6 风险投资运作流程

风险投资是要从成百上千的投资项目中挑选出最具有市场前景和发展潜力的项目,因此,风险投资项目评估与定价是风险资本运作成败与否的关键一环。

1. 风险投资项目评估指标的选择

在进行项目评估时,一般需要确认和分解评估指标,依据项目和投资公司的具体情况,就各项指标的重要性进行排序,给出定性或定量的描述,最后综合决策。对于某个具体项目的评估,涉及的指标和因素方方面面,这些指标的取舍和分解因项目的不同会有很大的差别,但总的来说,一个较好的投资项目评估指标体系至少应包含以下几个方面:

(1) 市场评估。这一指标包括对现有市场的评估和对未来市场的预测,并侧重后者。主要考虑以下因素:产品的消费对象及主要竞争对手分析;产品的预期成本和价格,以及该价格与消费水平是否相适应;产品的生命周期和升级潜力及替代产品的发展趋势;产品的运输、储藏、销售渠道和方式及成本分析。

(2) 产品与技术评估。这主要包括现有产品与技术的纵向、横向延伸的空间和创新开发能力,着重考察被评估产品与技术的独特性、技术含量、边际利润、竞争保护及持续创新的可能性等。具体来说要分析:主要产品的技术特征、技术水平、技术壁垒及知识产权保护情况;产品的竞争优势、更新周期、技术发展的方向和重点;产品的研究开发能力、生产能力及其各种支撑条件等。

(3) 投资项目的规模评估。一个投资项目规模的确定,需要考虑多方面的因素,应着重把握如下原则:一是规模经济。从规模能否导致成本的最小化或利润的最大化两个不同角度进行判断。对于风险投资项目来说,考虑规模经济问题时,要视项目自身的行业、产品特点而界定。二是供求状况。项目的投资、生产规模受制于市场供求状况。生产规模反映了公司可以提供的市场供给能力,而供给能否充分实现最终要看市场对其需求的容纳情况。在评估风险投资项目时,要从动态的角度对市场供求长期趋势进行预测。三是筹资能力。风险投资项目的规模,还受资金筹措能力的制约。规模不同,所需投资额就不同,对项目的筹资能力的要求也就不同。对这一指标的评估,既要考虑国家的宏观金融政策、资本市场的完善程度,又要考虑项目公司的资信状况、融资方案的选择等。四是生产要素的持续供给。项目投产后,要充分发挥其生产能力,需要在其寿命期内有稳定而充足的生产要素的供给。

(4) 项目人员构成与能力的评估。风险投资是对项目的投资,更是对人的投资。"一流的项目加二流的人远不如二流的项目加一流的人"这句名言就很直接地表明了对人的重视程度。在具体评估时,主要对项目人员的知识结构、工作经验、地域分布、技术状况以及团队的总体素质及互补情况等方面进行评估。

(5) 财务评估。这一指标主要包括项目投产后未来五年的财务预测及投资回报的预测。其中,财务预测主要预测损益表、现金流量表、资产负债表。投资回报的预测主要是根据创业投资项目的特点,选择和确定能够正确反映项目风险的贴现率,建立合理的现金流量模型,并使用这一贴现率计算项目的投资效率、净现值和投资回收期、投资回报率等。

(6) 风险及退出方式的评估。风险投资项目所面临的风险主要有产品的技术风险、市场风险、财务与融资风险、管理风险、法律风险、道德风险、退出变现风险、宏观经济环境风险等。

总体而言,风险投资家对投资项目的评估可以概括成如下公式:

$$V = P \times S \times E$$

式中,$V$(venture capital)指对投资项目的评估,$P$(problem)指解决的问题或机会的大小(产业前景),$S$(solution)指对问题解决的程度(商业模式),$E$(entrepreneurship)指风险企业家素质(创业团队)。这个公式的含义是:如果一个项目能够解决社会或产业中现存的一个重大问题或缺陷(例如采用基因技术治疗癌症),这一项目解决问题的方法(即技术)具有不易被模仿的独到之处和良好的市场前景,风险企业家具有较强的管理能力,可以保持这种技术的领先优势,并能将其转化为商业利润,那么风险投资家对于这项投资会给予很高的评价。

2. 风险投资项目的定价方法

风险投资项目的定价方法很多,其评价指标也各不相同,大体有以下两种分类:

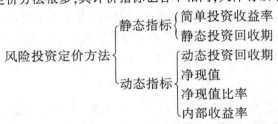

(1) 简单投资收益率(rate of return on investment),是反映项目获利能力的静态评价指标,是指项目正常年份的净收益与总投资之比。其计算公式为:

$$Rr = \frac{年平均利润}{投资总额}$$

在采用简单投资收益率这一指标时,应事先确定企业要求达到的投资收益率标准。在进行决策时,只有高于企业投资收益率标准的方案才能入选。

简单投资收益率法的优点是计算简单,考虑了整个投资收益年限内的收益。其缺点是没有考虑资金的时间价值。很明显,由于资金是有时间价值的,早期支出比后期支出负担重,收入同样的钱,早期收入比后期收入更为有利。

(2) 静态投资回收期(payback time),是指用项目投产后的净收益及折旧来收回原来的投资支出所需的时间,通常以年数表示。投资回收期的计算时间应从投资实际支出算起,其计算公式为:

$$\sum_{i=1}^{P_t}(C_i-C_o)_t=0$$

式中,$C_i$ 为现金流入量;$C_o$ 为现金流出量;$(C_i-C_o)_t$ 为第 $t$ 年的净现金流;$\sum_{i=1}^{P_t}$ 为自投资开始年至 $P_t$ 年的总和;$t$ 为投资回收期。

静态投资回收期还可直接用全部投资现金流量表推算。累计净现金流量等于零或出现正值的年份,即为项目投资回收期的最终年份。投资回收期的小数部分(即不足一整年的部分)可用上年累计净现金流量的绝对值除以当年现金流量求得。其计算公式为:

$$\text{投资回收期}=\frac{\text{累计净现金流量}}{\text{开始出现正值年份数}}-1+\frac{\text{上年累计净现金流量的绝对值}}{\text{当年净现金流量}}$$

静态投资回收期法的优点是计算简便、容易理解。但它未考虑资金回收之后的情况,项目寿命期内的总收益情况以及获利能力,同时还忽略了资金流入和流出的时间因素。

(3) 动态投资回收期,是按现值法计算的投资回收期,采用如下方程式求 $P_t'$,即为项目自投资开始年算起的动态投资回收期。其计算公式如下:

$$\sum_{i=1}^{P_t'}(C_i-C_0)a_t\cdot t=0$$

式中,$P_t'$ 为动态投资回收期;$a_t$ 为第 $t$ 年的贴现系数,$a_t=\frac{1}{(1+i)^t}$;$i$ 为基准收益率,或设定的贴现率。

动态投资回收期也可直接用全部投资现金流量现值表推算。其计算公式为:

$$\text{动态投资回收期}=\frac{\text{累计净现金流量现值}}{\text{开始出现正值年份数}}-1+\frac{\text{上年累计净现金流量现值的绝对值}}{\text{当年净现金流量现值}}$$

与静态投资回收期相比,动态投资回收期的优点是考虑了现金流入和流出的时间因素,缺点一是计算较麻烦,二是也未考虑资金回收后的情况、项目寿命期的总收益及获利能力。

(4) 净现值(net present value),是指在投资方案的整个寿命期内,各年的净现金流量按规定的贴现率或基准收益率折现到基准年的所有值之和。其计算公式为:

$$NPV=\sum_{i=1}^{n}(C_i-C_o)_t\cdot a_t$$

式中,$C_i$ 为现金流入量;$C_o$ 为现金流出量;$(C_i-C_o)_t$ 为第 $t$ 年现金净流量;$a_t$ 为第 $t$ 年的贴现系数(与设定的折现率或基准收益率 $i$ 相对应);$n$ 为建设和生产服务年限的总和。

如果净现值是正数,说明投资方案按现值计算的投资报酬率高于所用的贴现率,是盈利的方案,可以初步被接受。在选择方案时,净现值越大越好。

净现值指标的优点是考虑了资金流入与流出的时间,缺点是不能反映开发项目的获利程度。如果两个投资方案所需的投资额不同,收益也不同,对它们的收益水平就难以比较了。同时,净现值中的基准收益率也不容易确定。

(5) 净现值比率(net present value ratio),是指项目净现值与投资现值的比值,即单位投资提供的净现值数量,计算公式为:

$$NPVR = \frac{NPV}{P(I)}$$

式中,NPV 为净现值;$P(I)$ 为投资现值。

显而易见,净现值比率越高,说明经济效果越好。

在实际应用中,对投资方案的经济效益进行评价最常用的指标是净现值、净现值比率和内部收益率三种,简单投资收益率、静态投资回收期和动态投资回收期只起辅助作用。

### 九、风险投资的运作过程

作为风险投资的对象,风险企业发展的不同阶段相应地对风险资本有不同的需求,其营运方式也各有特点。高科技创业企业的发展阶段大致可以划分为五个阶段,即种子期、导入期、成长期、扩张期和成熟期。

(一) 种子期

种子期(seed stage)是指技术的酝酿与发展阶段,这一阶段仅有产品的构想,没有产品的原型,所以难以确定产品在技术和商业上的可行性,它的失败概率超过70%,即风险投资中的大部分风险企业在"种子期"就被淘汰了。种子期的主要任务是研究与开发,研究与开发的目标主要有三个:① 开发出有应用价值的产品并力图得到专利;② 开发出的产品不仅高于竞争对手,而且难以被对手模仿;③ 开发出的技术和产品有广泛的用途,并能在此基础上进一步发展。这一时期的资金需要量很少,从创意的酝酿,到实验室样品,再到粗糙制品,一般由科技创业家自己解决。有许多发明是工程师和发明家在进行其他实验时的"灵机一动",但这个"灵机一动"在原有的投资渠道下无法成为样品和进一步形成产品,于是发明人就会寻找新的投资渠道。这个时期的风险投资称为种子资本(seed capital),其来源主要有个人积蓄、家庭财产、朋友借款、申请自然科学基金。如果还不够,则会寻找专门的风险投资家和风险投资机构。要得到风险投资家的投资,仅凭一个"念头"是远远不够的,最好能有一个样品。然而,仅仅说明这种产品的技术如何先进、如何可靠、如何有创意也是不够的,必须对这种产品的市场销售情况和利润情况进行详细的调查和科学的预测,并形之成文,交给风险投资家。此外,发明人还必须懂得管理企业,并对市场营销、企业理财有相当的了解。经过考察,风险投资家同意出资,就会合建一个小型股份公司。风险投资家和发明家各占一定股份,合作生产,直至形成正式的产品。这种企业主要会面临以下风险:一是待开发技术成功的不确定性风险,二是待开发技术完善的不确定性风险,三是高新技术企业的管理风险。风险投资家在种子期的投资占其全部风险投资额的比例是很少的,一般不超过10%,但却承担着很大的风险。这些风险一是不确定性因素多且不易测评,二是离收获季节时间长,因此也就需要更高的回报。

(二) 导入期

导入期(start-up stage)一般也被称为初创期,它是技术创新和产品试销阶段。在这一阶段,企业已经掌握了新产品的样品、样机或较为完善的生产工艺和生产方案,但还需要通过与市场的结合对产品和生产技术进行改进和完善。这一阶段的经费投入显著增加,约是种子期的10倍。这个阶段的资金要想让银行提供借贷是十分困难的,其资金主要来源于原有风险投资机构增加的资本投入。这一时期投入的资本被称为导入资本(start-up capital)。如果这种渠道无法完全满足需要,还有可能从其他风险投资渠道获得。这一阶段的主要工作是中试,中试就是一个在扩大生产的基础上进行反复设计、试验和评估的过程。此外,中试还需要解决两个问题,一是解决产品与市场的关系,即通过小批量产品让客户试用,然后根据反馈的信息对产品和生产工艺进行改进;二是解决产品与生产的关系,通过改进制造方法和生产工艺,使产品能够大批量生产,以提高生产效率。这一阶段的风险主要包括技术风险和市场风险。技术风险主要包括产品生产的不确定性和新产品技术效果的不确定性,市场风险主要是指市场接受新产品的能力、时间及产品的普及速度。这一阶段所需资金量大,是风险投资的主要阶段。对于较大的项目来说往往一个风险投资机构难以满足,风险投资机构有时组成集团(syndicate),共同向一个项目投资,这样做也可分散风险。这个阶段风险投资要求的回报率也很高,一旦风险投资者发现无法克服的技术风险或市场风险超过自己所能接受的程度,投资者就有可能退出投资。这时无论是增加投资还是退出,都要果断,力戒观望。该投资时缩足不前,可能错过一个大好机会,并且使原有投资作用无法充分发挥;在该退出时犹犹豫豫,食之无味,弃之可惜,很可能就会陷入无底的深渊。是进入还是退出,除了科学冷静的判断分析外,还要依靠直觉。大约有10%的风险企业在这个阶段夭折。初创期企业的组织结构不仅有研发部门,还有生产部门和市场营销部门。各部门都把研究出适销对路的产品作为自己的职责。

(三) 成长期

成长期(development stage)是指技术发展和生产扩大阶段。它是在经历了初创期的考验后,风险企业在生产、销售、服务等方面基本上有了成功的把握。新产品的设计和制造方法与工艺已经定型,并具备了批量生产的能力。这一阶段的主要工作是开拓市场,随着技术不确定因素风险的减少和新产品逐渐被市场接受,技术风险和市场风险也随之降低。而管理风险成为这一时期最突出的风险。实际上这一阶段是风险企业的增长转型期,即企业从研发型向生产经营型转变,这时管理风险主要是由两个原因导致的:一是新研发出的产品收益大,造成企业急于扩大规模,有时增长速度甚至达到300%—500%,而企业的管理人员的扩充需要时间,新上岗的管理人员需要一个适应过程,所以企业会出现力不从心的现象;二是企业管理人员大多是工程师出身,他们习惯把精力用在技术的创新上,而缺乏企业管理、财务和法律等知识,种种忽视或缺乏管理技能的状况会使企业停留在那种原始的管理状态中,从而给企业带来风险。这一阶段的资本需求相对前两个阶段又有大幅度的增加,一方面是为扩大生产,另一方面是开拓市场、增加营销投入,其资金需求量往往是初创期的10倍。这一阶段的资金被称为成长资本(expansion capital)或扩展资本,其主要来源于原有风险投资者的增资和新的风险资本的进入。另外,通过产品销售出现了回笼的资金,银行等稳健资金也开始择机而入。这一阶段的风险相比前两个阶段而言已大大减少,但利润也在逐步降低。一般来说,风险投资者在帮助企业提高价值的同时,也应开始考虑退出问题。

(四) 扩张期

扩张期(expansion stage)的风险企业由研发、试验和把产品推入市场阶段走向营销阶段。在扩张期,创新企业已经开始出售产品和服务,但支出仍大于收入。在最初的试销阶段获得成功后,企业需要投资以提高生产和销售能力。在这一阶段,公司的生产、销售、服务已经具有成功的把握,公司可能希望组建自己的销售队伍,扩大生产线,增强研发的后劲,进一步开拓市场,或拓展生产能力和服务能力。

这一阶段的融资活动又称为"mezzanine",在英文里意思是"底楼与二楼之间的夹层楼面",可以把它理解为"承上启下"的资金,是拓展资金或是公开上市前的拓展资金。这一阶段意味着企业介入风险投资和传统市场投资之间。

(五) 成熟期

成熟期(mature stage)是指技术成熟和产品进入大工业生产阶段,这一阶段的资金称为成熟资本(mature capital)。该阶段资金需要量很大,但风险投资家已很少再增加投资了,一是因为企业产品的销售本身已能产生相当的现金流入,二是因为这一阶段的技术成熟和市场稳定,企业已有足够的资信能力去吸引银行借款、发行债券或发行股票。更重要的是,随着各种风险的大幅降低,利润率已不再诱人,对风险投资家不再具有足够的吸引力。成熟阶段是风险投资的收获季节,也是风险投资的退出阶段。风险投资家可以拿出丰厚的投资回报给投资者了。风险投资在这一阶段退出,不仅因为这一阶段对风险投资不再具有吸引力,也因为这一阶段对其他投资者,如银行和一般股东具有吸引力,风险投资可以以较好的价格退出,将企业的接力棒交给其他投资者。这时风险投资的退出方式有多种可以选择。

美国风险投资协会(NVCA)的统计表明,1992—1993年风险投资主要集中在处于成长阶段和销售阶段的创新企业,约有80%的风险投资资金投在这两个阶段,仅有4%左右投在初创阶段,另有14%左右投资于开始获利阶段。

【阅读专栏】 苹果公司的经典案例

1976年,21岁的乔布斯和26岁的沃兹尼克决定设立自己的公司,生产他们自己设计的电脑。他们获得了38岁的百万富翁马古拉的支持。这位自英特尔公司提前退休的马古拉与乔布斯和沃兹尼克共同讨论,花了两个星期时间研拟出一份苹果电脑公司的经营计划书。马古拉自己投资9.1万美元,还争取到美国商业银行25万美元的信用贷款。然后,三人共同带着苹果公司的经营计划,走访马古拉认识的风险投资家,结果又筹集了60万美元的创业风险投资。马古拉出任苹果公司的董事长,乔布斯任副董事长,沃兹尼克出任负责研究与发展的副总经理,总经理则由马古拉推荐的生产专家斯科特担任。

1977年4月,苹果公司首次公开推出了新产品:苹果二号,1977年销售额为250万美元,1980年达1.17亿美元,1982年达5.83亿美元,成为《财富》500大公司之一。这是第一次一家新兴企业在五年之内就进入《财富》500大公司排行榜。

1980年12月12日,苹果公司首次公开发行股票,以每股22美元的价格公开发行460万股,集资1.01亿美元。乔布斯、马古拉、沃兹尼克、斯科特四人共拥有苹果公司40%的股份,其中:乔布斯拥有750万股,价值1.65亿美元;马古拉拥有700万股,价值1.54亿美元;沃兹尼克拥有400万股,价值8 800万美元;斯科特拥有50万股,价值1 100万美元。早先在苹果公司投下赌注的风险投资家,都获得丰厚的回报。阿瑟·罗克1978年花5.76万美元,以每股九分的价格买了64万股的股票,首次公开发行时价格1 400万美元,增值243倍。而马古拉最初投入的9.1万美元已增值1 637倍。

【分析与思考】

1. 苹果公司是风险投资成功的案例。公司首次公开发行使投资者满载而归。这是风险投资的理想结果。从苹果公司成功的经验看出,风险投资的退出政策是其获取高额回报的关键。结合本案例，谈谈风险投资的退出。

2. 风险投资资金的注入是高新技术产业发展的基础，而风险资金背后的巨额收益又离不开高新技术产业的众多成就。结合本案例，谈谈怎样促进中国高新技术产业的发展。

## 第四节 其他灵活的国际投资方式

### 一、补偿贸易

20 世纪 60 年代末 70 年代初，国际补偿贸易在传统的易货贸易的基础上逐渐发展起来，它是指进口方在外汇资金短缺的情况下，原则上以不支付现汇为条件，而是在信贷的基础上从国外卖方引进机器、设备、技术资料或其他物资，待工程建成投产后，以其生产的产品或者商定的其他商品或劳务分期偿还价款的一种投资和贸易相结合的、灵活的国际投资方式。

由于国际补偿贸易可以解决国际投资和国际贸易中的外汇短缺问题，这种投资方式广泛应用于发达国家与发展中国家以及发达国家之间，它的具体形式主要有以下三种：

（1）直接补偿，又称产品返销或回购，指进口方用引进设备或技术所生产的全部或部分产品分期偿还进口技术设备的价款，这是当前补偿贸易的基本形式。

（2）间接补偿，又称互购，指用进出口贸易双方商定的其他产品或劳务分期偿付进口技术、设备价款。

（3）综合补偿，指补偿贸易中进口设备和技术等的价款，以一部分直接产品和一部分间接产品进行偿付。

### 二、加工装配贸易

作为集国际贸易与国际投资于一体的比较灵活的新型的国际直接投资形式，国际加工装配贸易是利用外资和本国（本地区）的劳务相结合的一种方式，它不需要东道国的投资，并可利用现有的厂房、土地、劳动力等，达到引进先进技术和利用外国投资的目的，因此这种投资方式特别适合于缺少外汇、技术相对落后的发展中国家和地区。国际加工装配贸易的具体形式主要有以下四种：

1. 进料加工

进料加工指一国厂商从国外进口原料进行加工后，再把成品销往国外，其特点是自进原料、自行加工、自主出口、自负盈亏，原料进口与成品出口之间没有必然联系的一种加工装配贸易形式。

2. 来料加工

来料加工指由外方（委托方）提供部分或全部原材料、辅助材料和包装物料，必要时也提供某些设备，东道国企业（承接方）按委托方在合同中规定的质量、规格、款式和技术等要求进行加工生产，生产的成品按规定时间交给委托方销售，承接方只收取加工费的一种加工装配贸易形式。来料加工是一种委托加工关系，这是与进料加工的主要区别。

3. 来件装配

来件装配指由国外委托方提供所需的元器件、零部件、包装物件及技术，必要时提供某些专用设备，由承接方按委托方的设计、规格、工艺及商标要求进行装配，组装的成品交给对方销售,承接方只收取装配费的一种加工装配贸易形式。

4. 来样加工

来样加工指由委托方提供样品或图纸,承接方提供全部原料和辅料进行生产并收取成品出口的全部货款的一种加工装配贸易形式。来样加工不仅简单易行,而且创汇水平较高,因而适合于自然资源丰富、劳动力价格低廉、拥有特殊加工技艺的中小型企业和乡镇企业。

## 思考与练习

1. 现代租赁的特征是什么?
2. 国际租赁在经济发展中的作用是什么?
3. 国际租赁有哪几种方式?
4. 国际工程承包的业务范围包括哪些?
5. 国际工程承包合同的种类有哪些?
6. 国际风险投资与高新技术产业有何关系?

## 案例分析

### 新疆金融租赁公司售后回租

1997年6月,新疆金融租赁公司与新疆维吾尔自治区邮电管理局及其各地区(州)电信局(包括现在的中国电信集团新疆维吾尔自治区电信公司及其各地区(州)分公司(以下简称"新疆电信")、中国移动通信公司新疆维吾尔自治区分公司及其分支机构(以下简称"新疆移动")、中国联合通信公司新疆维吾尔自治区分公司及其分支机构(以下简称"新疆联通")、新疆维吾尔自治区邮政局及其下属各分局(以下简称"新疆邮政"))达成协议,对其和田—乌鲁木齐、伊犁—乌鲁木齐、阿勒泰—乌鲁木齐三条通信光缆开办了为期3年的售后回租,租赁成本总计9.11亿元人民币。

1998—2000年,新疆金融租赁公司为新疆电信、新疆移动、新疆联通、新疆邮政陆续办理了电话程控交换机、接入网设备、IC卡电话机、移动电话机、线路维护用车、运钞车等设备及汽车的融资租赁,租赁成本总计4.5亿元。

1996—2000年,新疆金融租赁公司为新疆的金融机构和中小企业办理生产设备、电脑、运钞车融资租赁,租赁成本总计2.19亿元。

1999—2000年,新疆金融租赁公司为居民办理私人汽车、电脑租赁,租赁成本总计1 000万元。

2000年6月23日,新疆金融租赁公司受长安信息(集团)股份有限公司(以下简称"长安信息")委托,为中国西北航空公司办理了两架"空中客车"A310飞机(飞机编号:B-2301、B-2302)的售后回租业务,租赁成本1.4亿元。此笔业务为中国境内租赁公司首次开办的飞机租赁业务。

2000年12月20日,新疆金融租赁公司与中国北方航空公司签订协议,为其拥有的两架MD-82飞机(飞机编号:B-2121、B-2122)办理了售后回租业务,租赁成本1.73亿元。

2001年6月,新疆金融租赁公司以融资租赁的方式,与乌鲁木齐铁路局签订协议,办理三部火车头租赁业务,租赁成本1 500余万元,开创了国内铁路机车融资租赁的先河。

**【分析与思考】**

1. 请根据案例材料总结新疆金融租赁公司的主要业务中包含了哪些形式的租赁。
2. 请简要分析新疆维吾尔自治区邮电管理局及其各地区(州)电信局采用售后回租方式的主要原因。

## 国际工程承包合同纠纷

1993年3月5日,中国建筑公司通过招投标获得美国集团公司高级商务楼建设工程的设计施工权。1993年4月12日,双方在美国签订一份《建筑工程承包合同》,合同约定:① 商务楼工程的设计、施工全部由中国建筑公司承包负责,承包人保证工程质量达到美国建筑工程质量要求。② 美国集团公司作为发包人保证按合同约定支付工程款,逾期付款承担每日10万美元罚金且工期顺延。③ 发包人承担建筑材料、机器设备的购买,1993年5月28日前交予承包人,逾期承担每日10万美元的罚金。④ 建筑施工期为1993年6月1日至1995年5月30日,逾期竣工承担每日罚金10万美元。⑤ 工程总造价为4 100万美元,1993年6月1日前先支付30%预付款,1994年6月30日前再支付30%,验收合格后10日内付清余下40%。⑥ 争议解决,按诉讼方式在美国法院起诉,适用美国实体法和程序法。

合同履行过程中,发包人提供的建筑材料、机器设备未能按期交予承包人,导致承包人无法按期施工,要求追究发包人逾期交货的责任。发包人告知:其在英国某公司购买的建筑材料、机器设备,已收到卖方的装船通知,到港时间为1993年5月26日,价格条件是CIF(洛杉矶)。提单等单据也寄送至美国集团公司所在地的信用证开出行,现迟迟未收到货物,发包人也不明白原因。

发包人最终收到货物的时间是1993年8月14日,拖延工期76天。承包人要求发包人承担逾期提供建筑材料、机器设备的责任且工期予以顺延。发包人不同意,理由是海上运输遭遇大风暴,货物迟到属于不可抗力,英国卖方不承担责任,运输方也不承担责任,当然其作为买方也不承担任何责任。最后,承包人虽努力施工,工期还是拖延30天,于1995年6月30日竣工。工期质量得到发包人验收认可,但在结算工程款时发包人要求扣除30天逾期罚金300万美元。承包人提出异议,双方发生争执。中国建筑公司依据合同约定诉讼至美国法院,美国法院根据其法律规定判决发包人胜诉,中国建筑公司应支付罚金300万美元。

**【分析与思考】**

1. 请简要概括案例中存在哪些违约行为。
2. 如果不考虑不可抗力因素的话,你认为该国际工程承包合同纠纷应如何处理?

21世纪经济与管理规划教材
国际经济与贸易系列

# 管 理 篇

本篇包括第八、九、十章共三章内容。

第八章围绕投资资金筹集问题展开,首先讨论了主要的资金筹集渠道——国际证券市场及世界主要的证券交易所,然后分析了筹资中介机构,包括一般性筹资中介机构、跨国银行、跨国投资银行以及国际金融组织等,随后进一步分析了跨国公司的筹资方式及其筹资决策与管理过程。

第九章首先分析了投资项目和投资项目管理的概念与特征,随后探讨了投资项目周期的含义和阶段划分,在此基础上从费用与成本管理、设计管理、施工管理等三个角度讨论了国际投资项目管理的具体内容,最后考察了项目可行性研究的内容与实施过程。

第十章首先提出了国际税收的概念,讨论了税收管辖权和国际双重征税问题以及国际税收协定的相关知识,在此基础上探讨了国际税收筹划的概念、性质、客观基础、刺激因素及主要避税方法,最后考察了国际上主要的反避税措施。

# 第八章 国际投资资金筹集

【教学目的】

通过本章学习,学生将能够:
1. 认识国际证券市场概念、分类与国际上主要的证券交易所。
2. 了解国际筹资的中介机构及其特点。
3. 理解跨国公司国际筹资的主要方式。
4. 熟悉国际筹资决策与管理的具体过程和操作实务知识。

【关键术语】

国际证券市场　纽约证券交易所　投资银行　跨国银行　国际复兴开发银行　扬基债券　伦敦银行同业间拆借利率

【引导案例】

在美国,投资银行往往有两个来源:一是由商业银行分解而来,典型的例子如摩根士丹利;二是由证券经纪人发展而来,典型的例子如美林证券。美国投资银行与商业银行的分离发生在1929年的大股灾之后,当时联邦政府认为投资银行业务有较高的风险,禁止商业银行利用储户的资金从事投资业务,结果一大批综合性银行被迫分解为商业银行和投资银行,其中最典型的例子就是摩根银行分解为从事投资银行业务的摩根士丹利和从事商业银行业务的摩根大通。但是在欧洲,各国政府一直没有颁布这样的限制,投资银行业务一般都是由商业银行来完成的,所以形成了许多所谓的"全能银行"(universal bank)或商人银行(merchant bank),如德意志银行、荷兰银行、瑞士银行和瑞士信贷银行等。

经历了2008年的次贷危机后,美国独立的投资银行或被收购(如雷曼兄弟、美林证券、贝尔斯登),或转型成为金融控股公司(如高盛、摩根士丹利)。金融控股公司可以兼营商业银行业务并吸收存款,但需受美联储监管。美国传统的五大投资银行已全部被收购或转型,换句话说都已不复存在。事实证明,商业银行和投资银行业务由同一金融机构完成,在欧洲不但没有引起金融危机,反而在一定程度上提高了融资效率,降低了金融系统的风险。

## 第一节 国际证券市场与证券交易所

### 一、国际证券市场

(一)国际证券市场的概念

国际证券市场是由国际证券发行市场和流通市场所组成的。国际证券市场一般有两层含义,一层含义是指已经国际化了的各国国别证券市场;第二层含义指的是不受某一具体国家管辖的境外证券市场。目前，绝大多数的国际证券市场属于第一层含义，只有欧洲债券市场属于第二层含义。由于股票是目前国际证券市场上交易量最大的有价证券，人们通常所称的证券市场一般是指股票市场。

国际证券市场历史悠久，最早可以追溯到17世纪创立的荷兰阿姆斯特丹证券交易所。19世纪70年代以后，以股票为中心的证券交易所如雨后春笋蓬勃地发展起来，尤其是第二次世界大战以后，股票和债券交易量的大幅度增加，使世界上形成了诸如纽约、伦敦、东京、香港等许多著名的国际证券交易所。

(二) 国际证券发行市场

国际证券发行市场是向社会公众招募或发售新证券的场所或渠道。因为发行市场卖出的是新印发并第一次出售的证券，所以称为"初级市场"或"第一市场"。

证券发行市场由发行人、购买者和中间人组成。证券市场上的发行人一般是资本的使用者，即政府、银行、企业等；证券的购买者多为投资公司、保险公司、储蓄机构、各种基金会和个人等；中间人主要包括证券公司和证券商等。证券发行市场一般有固定的场所，证券既可在投资公司、信托投资公司和证券公司发行，也可在市场上公开出售。证券发行的具体方式有两种：一种是在证券公司等金融机构的协助下由筹资企业自行发行；另一种是由投资银行等承购商承购，然后由承购商通过各种渠道再分销给社会各阶层的销售者进行销售。当新证券发行完毕后，该新证券的发行市场也就自行消失。

(三) 国际证券流通市场

国际证券流通市场是指转让和买卖那些已由投资者认购了的证券的市场，因此也被称为"次级市场"或"第二市场"。证券的发行市场是制造证券的市场，它是流通市场产生的基础，而流通市场为投资者提供了转让和买卖证券的机会，满足了投资者渴求资本短期收益的欲望，从而起到了引导投资导向和变现的作用。证券流通市场一般有四种形式，即证券交易所、柜台交易、第三市场和第四市场。

1. 证券交易所

证券交易所是属于有组织的规范化的证券流通市场，这里的投资者必须通过经纪人按法定的程序从事证券的交易活动。交易所内买卖的证券也必须是经有关部门核准上市的证券。交易所内的证券交易将便利、迅速、公平、合法集于一体。证券交易所属于二级市场，同时也是二级市场的主体和核心。证券交易所的组织形式一般有两种，一种是公司制，另一种是会员制。

公司制证券交易所是由投资者以股份有限公司形式设立的，以营利为目的的法人机构。这种交易所是由股份公司提供场地、设备和服务人员，并在主管机构的管理和监督下，证券商依据证券法规和公司章程进行证券买卖和集中交割。公司制证券交易所相当于一个以营利为目的的自负盈亏的私人公司，其收益主要来自发行证券的上市费和证券交易的手续费。证券公司本身的证券大都不上市交易，公司本身也不自行或代客买卖证券。目前，世界各国的多数交易所属于公司制证券交易所。

会员制证券交易所是由证券商自愿组成的非法人团体。会员制交易所不以营利为目的，在交易所内进行交易的投资者必须为该所的会员，其会员资格是经过交易所对学历、经历、经验、信誉和资产进行认证后取得的。会员制交易所的会员既可以是投资银行、证券公司、信托公司等法人，也可以是自然人。交易所的费用由会员共同承担。这种交易所也同样提供场地、设备和服务人员，证券的投资者也只能通过经纪人代为买卖。发达国家的交易所以前多属于会员制交易所,但目前多数已转为公司制交易所。

## 2. 柜台交易

柜台交易是指在证券交易所以外进行的交易活动,亦称场外交易。这种交易在17世纪已经出现,但当时人们多在柜台上进行,所以又称店头交易。柜台交易的证券多属于可以公开发行,但未在证券交易所登记上市的证券。柜台交易的数量没有起点和单位限制,不通过竞价买卖,交易者可以不通过经纪人直接买卖证券,而是协议成交。柜台交易也有固定的场所,一般在证券经营商的营业处进行。柜台交易满足了不同类型和不同层次的证券投资者的需求,因而得以迅速发展。

## 3. 第三市场

第三市场是指非交易所会员从事大量上市股票买卖的市场,也就是说,交易的证券已经上市,但却在交易所以外进行交易。第三市场是20世纪60年代才开创的一种市场。在第三市场进行证券交易的投资者可以节省在交易所内应缴纳的佣金等交易费,因此这种市场的交易额占各种证券市场交易额总和的比重不断提高。目前,有很多投资公司、基金会、保险公司等也频繁地在第三市场上从事证券交易活动。

## 4. 第四市场

第四市场指的是各种机构或个人不通过经纪人,直接进行证券买卖交易的市场。它实际上是通过计算机网络进行大量交易的场外市场。在第四市场上进行交易,不仅使交易者的身份得以保密和节省佣金等交易费用,而且成交迅速。第四市场上的交易活动,交易者往往互不知道对方的身份,通过将信息输入电脑来寻找客户。双方通过电脑进行磋商,最后达成交易。

## 二、世界主要的证券交易所

### (一) 纽约证券交易所

纽约证券交易所成立于1792年,位于目前世界公认的金融中心美国纽约曼哈顿的华尔街。纽约证券交易所原是会员制交易所,受20世纪70年代初经济危机的影响,于1971年2月18日改为公司制。但纽约证券交易所仍实行"席位"会员制。

今天的纽约证券交易所拥有会员1 416名,其中1 366名"席位"会员,代表着600多家证券经纪公司,每天约有2 200多种证券在这里进行交易,其中包括1 700多种股票和500多种债券。纽约证券交易所的主要部分是交易大厅,其面积相当于足球场的3/5,场面十分壮观,堪称世界之首。厅内分股票和债券两个交易厅,20世纪80年代初,交易所将原来的22个交易站改为14个,其中7个在主厅,3个在位于左侧的蓝厅,4个在位于右侧的东厅。每个交易站又按大小分设16或22个小站,每一笔交易都必须在小站进行。在大厅的周围及每个交易站的上方都配有电子显示设备,交易所内的任何一位经纪人坐在交易台前,只要一按按钮,即可获得各种证券的最新行情。交易厅的周围有许多电话和传真机等通信设施。纽约证券交易所为了与世界其他各地交易所相衔接,其交易时间由过去的6小时改为从上午9:30至下午4:00的6个半小时,这不仅方便了投资者及争取到了大量的欧洲投资者,还使全世界每天24小时不间断地连续进行交易。但是,如果股票指数在上午下跌250点,交易将停止半小时,下午下跌达到400点,交易将停止1小时。纽约证券交易所对公众是开放的,参观者虽然不能进入交易大厅,但可通过电梯到达位于交易大厅四周较高的观测台,透过观测台的玻璃俯视交易大厅的概貌和厅内经纪人的日常交易情况。纽约证券交易所采用的交易方式有现款交易、例行交易、发行日交易和连带选择权交易四种。

纽约证券交易所对申请在该所上市的公司有严格的标准,即公司必须拥有1 600万美元的有形资产和总值相当于1 600万美元的股票,拥有2 000个以上的股东,其中公众持股不得少于110万股,最近一年的盈利必须达到250万美元,过去两年的平均利润不少于200万美元。申请上市的公司被批准上市以后,先缴纳2.5万美元的入会费,然后每年缴纳1.5—5美元的会费。对批准在该所上市的公司出现下列情况之一者,将会被停止上市资格:① 持股的股东低于1 200个;② 公众拥有的股票总值低于500万美元;③ 公众持股少于60万股。从近几年的情况看,纽约证券交易所每年都有因不符合上述标准而被停止在该市上市的公司。纽约证券交易所还有一个显著的特点,就是不是以数字来代表上市公司的股票,而是以1—4个字母来表示,如S、H、D,或FA、HE、KT,或KHN、TIM、QWE,或SYU、GAV、OPY等,其中使用3个字母的居多,而使用一个字母的则为数极少。

美国对证券业务有一套较为完善的管理体制,其中直属美国总统领导的证券交易委员会对证券经营机构、证券的发行、证券的交易等实施全面的管理权,该委员会还按经济区域直接在当地派驻机构和人员对证券市场进行监管。此外,美国还颁布了一整套有关证券交易方面的法律,主要包括《证券法》《证券交易法》《政府证券法》《信托契约法》《投资公司法》《投资顾问法》。

(二) 伦敦证券交易所

伦敦证券交易所成立于1773年,具有240多年的历史,是世界上最古老的证券交易所,也是目前世界上三大交易所之一。伦敦证券交易所的交易地点不仅设在伦敦,而且在英国的格拉斯哥、利物浦、伯明翰等城市也设有交易场所。伦敦证券交易所虽然是一个股份有限公司,但也属于会员制交易所。

截至2016年9月底,在伦敦证券交易所上市的股票有2 788种,债券16 813种,上市公司有近2 292家,其中英国本土上市公司1 547家,国外公司745家,但外国上市公司的资产总额却约占该交易所上市公司资产总额的一半,达到2.18万亿美元。

伦敦证券交易所有三大特色,一是该所内上市的债券的交易量超过了其他证券的交易量,其中英国本国公债的大部分是在该交易所进行交易的,而且债券的大部分是外国债券;二是在该交易所的大厅内不设综合行情咨询系统,也不报告当市的最新交易牌价,而当市交易的详尽资料刊载在次日的《金融时报》等杂志上;三是从成交到交割所间隔的时间是世界所有交易所中最长的,多数股票交易是在成交后的两个星期内交割,如遇节假日,交割时间顺延。伦敦证券交易所目前主要采用现款交易和两周清算交易两种,交易所内分成八个交易区,即政府统一长期公债市场、美国股票市场、美国债券市场、外国公债市场、英国铁路证券市场、矿业证券市场、银行证券市场和工商证券市场。伦敦证券交易所的开市时间从上午9:30至下午3:30共6小时。伦敦证券交易所的证券交易主要是在中间商和经纪人之间进行,该交易所经纪人的种类和职能与纽约证券交易所经纪人的职能大体相同,其佣金也是固定的,但对不同的证券有不同的佣金标准。伦敦证券交易所内的中间商与纽约证券交易所内的证券自营商相似,靠低价买进高价卖出来赚取买卖差价。

除主板市场之外,1995年伦敦证券交易所还推出了另项投资市场(AIM),另项投资市场上市标准较低,主要面向新成立的、尚未达到主板市场所有标准的、具有较大发展潜力的中小企业,企业对另项投资市场上市实行保荐人制度。伦敦证券交易所还具有高流动性、市场的多层次性、产品的多样化和高知名度。此外,伦敦交易所还是世界上最大的股票基金管理中心。机构投资者是伦敦交易所证券的主要交易者,其交易份额占到交易所交易总额的80%以上,因此,对国际上的大机构投资者具有极大的吸引力。

（三）东京证券交易所

东京证券交易所创建于1879年,它的历史与伦敦证券交易所和纽约证券交易所的相比,晚了近一个世纪,但它的发展速度很快,目前已经超过具有两百多年历史的伦敦证券交易所,跃居世界第二位,成为世界著名的三大交易所之一。

东京证券交易所内设有股票交易大厅、债券交易大厅、期货交易大厅、国债交易大厅和电脑系统买卖室。东京证券交易所股票交易有两种方式,一种是在交易大厅通过交易站进行交易,这里主要是交易250种日本和外国股票;另一种是通过电子计算机进行交易,即经纪公司通过中央处理器向经纪人发出指令,经纪人接到指令后通过计算机进行交易,并将交易的结果通过中央处理器立即返回给经纪公司。该交易所股票交易的结算可采用当日结算、特约日结算和例行结算等方式。当日结算就是在交易成交的当天进行股票或钱款的交割;特约日结算一般是在交易成交后15天内的某一日进行交割;例行结算是在交易成交后的第四个交易日进行结算。该交易所内的股票交易多数采用例行结算。至于债券交易,该交易所只允许面值范围在100—1 000日元的国债、大面值的可转换债券、世界银行债券、亚洲开发银行债券、欧洲日元债券和外国债券集中进行交易。

东京证券交易所对在该所上市的公司也有标准,上市公司的股票先在市场第二部上市交易,然后才可进入市场第一部进行交易。如果其指标低于市场第一部上市的标准,就降到市场第二部。市场第二部的上市标准为公司的净资产价值必须在15亿日元以上,成立的时间不得少于5年,在东京范围内的公司不少于600万股,东京范围以外的公司不少于2 000万股,10个最大股东所拥有的股数上市时不得超过上市总股数的80%及上市一年后不超过70%,公司最近三年的盈利额应分别达到2亿、3亿和4亿日元等。

日本对证券的管理体制是模仿美国的体制建立起来的,有关证券方面的法律和机构也十分完善和健全。东京证券交易所直接在日本大藏省的监督下进行证券交易,大藏省为此还专门设立了证券局,证券局设一名总裁和副总裁若干名,其中一名副总裁兼任东京证券交易所的监理官。日本颁布的有关证券方面的法规有《证券交易法》《证券投资公司法》《证券投资信托法》《担保公司信托法》等。

**阅读专栏** **深港通开通 资本市场对外开放再迈出重要一步**

2016年12月5日,深港通正式开通,至此,沪深港三地证券市场成功实现联通,中国资本市场对外开放又迈出重要一步。

深港通的开通意义重大,就像中国证监会主席刘士余在开通仪式上所言:在国际金融处于不确定、不稳定的状态中,今天开通的深港通,必将为国际、国内金融市场注入正能量,注入信心,注入信任。

深港通是由深股通和深港通下的港股通两部分组成,是连接深港两地的桥梁,它的正式开通,标志着我国资本市场在国际化方向上又迈出了坚实一步,将进一步提升内地与香港市场国际竞争力和服务实体经济的能力。

对两地的投资者而言,内地投资者可以通过深港通下的港股通投资一定范围内的香港股票,而香港投资者可以通过深股通投资符合条件的深交所交易股票。深港通的开通,将给投资者带来更多的投资机会,有利于市场的正常运作,特别是资金的互相流动,能够解决短期内A股和H股的差价。

深港通的开通,使得深圳与香港资本市场实现互联互通,对于投资观念、上市公司治理、资本市场制度建设等方面具有深远影响。

沪港通运行已是两年有余,深港通昨日也正式通车了,这是中国资本市场对外开放的又一个里程碑,是中国资本市场持续对外开放的一个明确信号。相信在不久的将来,资本市场将进一步加快对外开放。

资料来源:整理自http://finance.sina.com.cn/roll/2016-12-06/doc-ifxyicnf1664397.shtml。

## 第二节 国际筹资的中介机构

随着国际资本市场的发展和资本流动的国际化,国际筹资的中介机构应运而生。跨国公司筹措资金,常依赖于提供资金的各种中介机构,即跨国金融机构。当代的跨国金融机构包括各种在国际范围内进行业务经营及机构设置的营利性金融组织。其中,占主导地位的是跨国商业银行,即人们通常所说的跨国银行;此外,还包括各类非银行金融机构,如跨国投资银行等。

### 一、一般性筹资中介机构

一般性筹资中介机构主要包括投资银行、投资公司和金融公司。

#### (一)投资银行

投资银行是主要从事证券发行、承销、交易、企业重组、兼并与收购、投资分析、风险投资、项目融资等业务的非银行金融机构,是资本市场上的主要金融中介机构。投资银行是证券和股份公司制度发展到特定阶段的产物,是发达证券市场和成熟金融体系的重要主体,在现代社会经济发展中发挥着沟通资金供求、构造证券市场、推动企业并购、促进产业集中和规模经济形成、优化资源配置等重要作用。

1. 投资银行的主要类型

(1)独立的专业性投资银行。如美国的高盛公司、美林公司、摩根士丹利公司,日本的野村证券、大和证券,英国的华宝公司、宝源公司等均属于此种类型,但业务各有侧重。

(2)商业银行拥有的投资银行(商人银行)。这种形式的投资银行主要是商业银行对现存的投资银行通过兼并、收购、参股或建立自己的附属公司等形式从事商业银行及投资银行业务。

(3)全能型银行直接经营投资银行业务。这类投资银行在从事投资银行业务的同时也从事一般的商业银行业务,在欧洲大陆比较多。

(4)一些大型跨国公司兴办的财务公司。

2. 投资银行的主要作用

(1)为资金供需提供中介。与商业银行相似,投资银行也是沟通互不相识的资金盈余者和资金短缺者的桥梁,它一方面使资金盈余者能够充分利用多余资金来获取收益,另一方面又帮助资金短缺者获得所需资金以求发展。

(2) 构造证券市场。证券市场由证券发行者、证券投资者、管理组织者和投资银行四个主体构成,其中,投资银行起了联系不同主体、构建证券市场的重要作用。

(3) 优化资源配置。具体表现在以下五个方面:

第一,投资银行通过其资金媒介作用,使能获取较高收益的企业通过发行股票和债券等方式来获得资金,同时为资金盈余者提供获取更高收益的渠道,从而使国家整体的经济效益和福利得到提高,促进资源的合理配置。

第二,投资银行便利了政府债券的发行,使政府可以获得足够的资金用于提供公共产品,加强基础建设,从而为经济的长远发展奠定基础;同时,政府还可以通过买卖政府债券等方式,调节货币供应量,借以保障经济的稳定发展。

第三,投资银行帮助企业发行股票和债券,不仅使企业获得了发展壮大所需的资金,并且将企业的经营管理置于广大股东和债权人的监督之下,有益于建立科学的激励机制与约束机制,以及产权明晰的企业制度,从而促进了经济效益的提高,推动了企业的发展。

第四,投资银行的兼并和收购业务促进了经营管理不善的企业被兼并或收购,经营状况良好的企业得以迅速发展壮大,实现规模经济,从而促进了产业结构的调整和生产的社会化。

第五,许多尚处于新生阶段、经营风险很大的朝阳产业的企业难以从商业银行获取贷款,往往只能通过投资银行发行股票或债券以筹集资金求得发展。因此,从这个意义上说,投资银行促进了产业的升级换代和经济结构的调整。

(二) 投资公司

投资公司是专门为个别投资者从事投资活动的机构。投资公司出面组织和汇集资金并把这些资金用于股票、债券以及商品等方面的投资,取得利润后再分给具体的投资者。因此,投资公司是通过筹资活动为自己赢取利润并帮助不内行的投资者取得盈利的专门机构。

投资公司分为开放型公司和封闭型公司。开放型公司又称为共同基金,其特征是股东有权于任何时间以大约相当于每股净资产价值的价格要求公司赎回他所持有的股份。这种类型的公司在实践中会继续发行新的股份,以供认购。封闭型公司的特征是,持股人不得要求赎回该公司所发行的股份,但可以在次级市场(通常是交易所)出售所持股份。

(三) 金融公司

金融公司是经营投资和长期信贷的一类金融机构,其主要业务是收购企业发行的股票、债券以及本国和外国政府的公债券,向企业提供长期资金,参与其创业活动。

金融公司专门为筹资者提供贷款而不接受存款。这一点与商业银行有很大区别。金融公司的资金来源主要是发行自有的股票和债券,向其他银行借款和吸收一部分定期存款。金融公司的贷款范围大部分是根据投资项目分类的,如消费者金融公司、商业金融公司和销售金融公司等。

## 二、跨国银行

(一) 跨国银行的产生和发展

跨国银行是国际筹资的重要中介机构之一。跨国银行是以国内银行为基础,同时在海外拥有或控制多家分支机构,并通过这些分支机构从事多种国际业务,以实现其全球化经营战略目标的银行。

跨国银行是国内银行对外扩张的产物,它的基本特征是跨国性。跨国银行必须首先在国内成为处于领先地位的重要银行,然后以其雄厚的资本、先进的技术等优势为基础,在海外广泛建立各种类型的分支机构,以实现其海外扩张和经营。联合国跨国公司中心认为,只有在至少五个国家或地区设有分行或附属机构的银行才能被称为跨国银行。

跨国银行早在中世纪的欧洲就已经出现,如当时最为典型的意大利的麦迪西银行,以佛罗伦萨为总部,在西欧8大城市设有分行。自16世纪以来,德国、荷兰、英国的国际银行业已得到迅速发展,到1910年仅总部在伦敦的32家英国银行在殖民地拥有2100多家分行。虽然这些银行的海外分支机构的业务范围十分有限,但已经具备了跨国银行的雏形。

从20世纪20年代开始,随着国际贸易的进一步发展,资本主义国家跨国公司的对外扩张,跨国银行的业务范围不断扩大,突破了商业融资、外汇交易等传统业务,开始开展跨国投资银行业务,至此,真正意义上的现代跨国银行开始形成。这一时期具有代表性的跨国银行有英国的巴克莱银行集团、法国的印度支那银行等。

第二次世界大战之后,由于战争的破坏和新兴独立国家的国有化运动,跨国银行发展缓慢,长期处于停滞状态。进入20世纪60年代后,随着资本主义国家经济实力的恢复与增长、跨国公司的迅猛发展,加上欧洲货币市场的形成,各国跨国银行的国际业务重新恢复,并迅速得到扩张。

20世纪80年代到90年代初期,跨国银行发展的最大特点是日本银行的异军突起,在连续数年按资产排名的世界前10大银行中,日本银行一直占有统治地位。20世纪90年代以来,受经济泡沫引发银行大量不良资产的影响,日本银行的地位相对下降,欧盟和美国银行的地位则不断上升,而亚洲国家和其他发展中国家的跨国银行实力也在不断增强。

20世纪90年代以后,跨国银行的总体结构已经趋于稳定。当前跨国银行的发展出现了一些新的变化:一是发达国家跨国银行进行结构调整,主要表现在设立在发达国家的实体性机构出现了下降的趋势,而电子化交易网络在不断扩大,设在发展中国家的机构数量则相对增加;二是发展中国家跨国银行的海外机构数量在不断增加,近年来已显示出大举进入发达国家开办分行或代表处的趋势。

(二)跨国银行的组织形式

跨国银行从事海外经营的机构的组织形式主要有五种:

(1)分行(branches)。分行是跨国银行根据东道国法律在境外设立并经营的境外机构。分行不具备独立的法人地位,在所有权和业务上受总行控制,其资产和负债合并到总行的资产负债表上,总行为其承担无限责任。

(2)附属机构(subsidiaries)。这种机构不同于分行,它是作为独立法人在当地注册的经营实体,是由跨国银行和东道国的有关机构共同出资组建或将当地银行兼并、收购而成立的,它的大部分股权为跨国银行所有,股权一般在50%以上。

(3)联营机构(affiliates)。联营机构同附属机构一样,都是作为独立法人、在当地注册的经营实体,由跨国银行与东道国有关机构共同出资设立的,所不同的是联营机构的大部分股权由东道国机构掌握。一般参股在5%—50%。

(4)代办处(representation office)。代办处是跨国银行在海外不具备设立分行或附属机构条件的地方设立的办事机构。这种机构的人员少,不直接经营银行业务,其主要任务是向总行提供当地政府或企业的经济信息和其他有关情况。

（5）联合银行（consortium bank）。这是由两家以上的银行共同出资组成的、在特定地区开展特定业务活动的银行，它在东道国注册和纳税，不具有独立法人地位。每家银行以持股形式各掌握低于50%的所有权和控股权，其主要业务在于安排巨额贷款、兼营证券发行及企业兼并收购等业务。本身一般不吸收存款，资金由各参股银行筹集。

（三）跨国银行在国际投资中的作用

跨国银行的经营活动直接或间接地影响到国际投资的规模、结构和方向，具体表现为：

（1）跨国银行增强了国际金融市场的融资功能，为国际投资开辟了广阔的资金来源。跨国银行从事多种国际业务，改变了传统银行的单一经营方向，如参加国际银团贷款、证券发行、国际租赁和出口信贷等。因而，跨国银行比一般国内银行的服务范围更加广泛，为不断扩大的国际投资规模提供了更多的资金来源。

（2）跨国银行以其广泛的国际网络和一体化的资金传输系统，为国际投资的资本流动和投资收益的转移提供高效率的服务，节约了投资成本，降低了投资风险，调节了投资流向，促进了国际投资的顺利实现。

跨国银行通过海外分支机构直接进入东道国支付清算网络，然后通过母行与分支机构相互间的支付清算形成一个国际支付清算网络，如美国的银行间同业支付清算系统（CHIPS）；或由多家跨国银行及其分支机构直接组成完全用于国际间资金调拨的支付清算系统，如环球银行间财务电信协会（SWIFT）等，其向客户提供的是一种可任意选择的双边差额结算服务相联系的电信服务。截至2015年年底，该系统已将分布在200多个国家和地区的11 000多家银行机构、证券机构、企业客户等连接起来，2015年全年处理了61亿个报文指令，最高日处理2 750万个报文指令。跨国公司及其子公司往来账户的结算、货币收支、国际汇兑、闲置流动资金的存放等跨国经营活动，都可以在新技术的帮助下，通过跨国银行高度发达的电信网络和计算机系统，将世界各地联结起来，在瞬间完成一笔国际中介业务。可见，跨国银行以其广泛的国际网络和一体化的资金传输系统，为国际投资资本的流动及投资收益的转移提供高效率的服务，节约了跨国公司的国际投资成本，促进了国际投资的顺利实现。

（3）跨国银行利用其网点多、业务齐全的优势，不断改变国际投资的构成。跨国银行通过存款、信托、证券发售等业务将短期、分散、小额的资金汇集起来，变短为长，积少成多，改变国际投资的资本构成，以充分发挥跨国银行的中介作用。

（4）跨国银行具有保持资金稳定性的能力。因为跨国公司的经营范围广泛，可以随时调整资金，使内部各地分支机构互通有无；同时，在国际市场，尤其是欧洲货币市场上，为数众多的跨国银行同时开展业务，增强了市场竞争性，提高了金融市场各类机构的效率。

（5）跨国银行通过其国际网络可以搜集世界各地和各大企业的信息情报，更有效地满足国际投资管理的需要。

跨国银行拥有覆盖全球范围的机构网络和广泛的客户及同业关系，因而掌握大量的信息，可以承担起信息中介的作用。此外，跨国银行汇集了许多财务管理、投资分析方面的专家，可以向投资者提供多方面的咨询、顾问方面的服务，帮助公司把握风险，更为有效地拓展海外业务。例如，跨国银行为跨国公司管理现金，预测外汇与市场的行情，提供油轮、喷气飞机的租赁，为跨国公司间的合作和分公司的建立做准备，为跨国公司寻找兼并对象等。这些服务在对跨国公司产生裨益的同时，也为跨国银行扩大了利润来源。

### 三、跨国投资银行

**（一）投资银行与跨国投资银行的定义**

投资银行是指以发行和推销证券业务为主体，同时从事兼并与收购策划、咨询顾问、基金管理等金融服务业务的金融机构。跨国投资银行是指在世界各地设立分支机构进行跨国经营的大型投资银行，是投资银行在国际范围内的延伸。跨国投资银行不仅是国际证券市场的经营主体，而且其活动范围与影响已超出证券业，与跨国银行并列成为当代国际金融资本市场的重要组成部分，是国际投资的重要中介机构。

**（二）跨国投资银行的历史发展**

跨国投资银行发展的历史并不太长，20世纪60年代之前处于萌芽状态。当时的投资银行在海外还没有设立专门的分支机构，国际业务的种类也很单一，如英国的巴林银行曾帮助美国的铁路债券在伦敦上市。

进入20世纪60年代，跨国投资银行有了较大发展。各国大型投资银行纷纷在海外设立分支机构，纽约、伦敦、巴黎、东京、日内瓦等金融中心汇集了许多跨国投资银行的分支机构，其国际业务也出现了综合化、一体化的趋势。

到了20世纪80年代，跨国投资银行进入前所未有的迅速发展阶段，许多跨国投资银行已基本上在世界所有的金融中心设立了分支机构，建立并完善了全球业务网络；其业务范围不仅包括国际证券的承销、分销、代理买卖等传统业务，而且还包括在全球范围内开展兼并收购、资产管理和财务咨询等活动。许多大型跨国投资银行还建立了负责协调管理全球业务的专门机构。

随着跨国投资银行的迅猛发展，其行业内部竞争也日趋激烈。当前国际上跨国投资银行的基本状况是：美国保持领先优势，日本投资银行的全球扩张陷于停滞，欧洲以伦敦为中心的投资银行业发展势头强劲。可以预见，未来世界投资银行业的发展将继续在纽约和伦敦的竞争中不断发展。

**（三）跨国投资银行在国际投资中的作用**

跨国投资银行在国际投资中的作用主要表现在：

（1）支持企业的跨国兼并与收购。跨国投资银行可以为跨国公司物色收购目标，帮助建立可行的资金财务计划，必要时还可通过发行证券等手段提供融资帮助，从而使跨国公司达到兼并或收购的目标。

（2）提供跨国投资的信息、咨询等服务。跨国投资银行拥有遍布全球的分支机构网络，掌握着巨大的信息资源库，同时还具备人才、技术方面的优势，因而可以为国际投资活动提供各种服务。

（3）参与国际证券的发行承销。证券承销是投资银行最基本的业务。跨国投资银行不仅替各国企业、政府进行证券承销，同时还给国际金融组织如世界银行承销证券。这些活动有力地推动了国际间接投资的发展。

（4）为金融衍生工具的创造与交易提供了有利的环境。因为跨国投资银行是创造和交易金融衍生工具的重要机构，它的发展为跨国投资规避金融风险、推动国际投资对象的创新和改革起到了良好的作用。

（5）从事国际证券的自营买卖及基金管理。跨国投资银行自身进行国际证券的自营买卖,以期获得价差收入,这不仅有利于跨国投资银行自身资金的积累,而且对扩大间接投资的规模起到了良好作用。同时,跨国投资银行还管理着各种基金,代理基金参与国际证券二级市场的交易,这些活动有力地推动了国际证券二级市场的发展。

### 四、国际性金融组织

代表各国政府经办的国际金融机构是目前跨国银行体系的重要组成部分,也是国际投资的重要中介机构。目前主要国际金融机构可以分为两大类:一类是全球性的国际金融机构,如世界银行、国际金融公司和国际开发协会等;另一类是区域性的国际金融机构,如泛美开发银行、非洲开发银行和亚洲开发银行等。这些金融机构在促进国际投资的发展中起到了积极的中介作用。

(一)全球性的国际金融机构

1. 国际复兴开发银行

国际复兴开发银行属于世界银行集团,成立于1945年12月。国际复兴开发银行的主要任务是以低于国际金融市场利率向发展中国家提供贷款。

国际复兴开发银行的资金主要有三个来源:① 各成员国缴纳的股金;② 向国际金融市场借款;③ 发行债券和收取贷款利息。国际复兴开发银行在世界各地发售 AAA 债券和其他债券,发售对象为养老基金、保险机构、公司、其他银行及个人。其资金里只有不到5%是成员国在加入国际复兴开发银行时的认缴股金,成员国政府根据其相对经济实力认购股份,但只需缴纳认购股份额的一小部分。由于筹资成本相对较低,国际复兴开发银行对借款国的贷款利率也比较低,为6.3%左右,贷款的还款期为15—20年,在开始偿还本金前有3—5年的宽限期。

国际复兴开发银行的贷款分为项目贷款、非项目贷款、部门贷款、联合贷款和第三窗口贷款等几种类型,其中项目贷款是国际复兴开发银行贷款业务的主要组成部分。

(1)项目贷款。项目贷款又称特定投资贷款,用于资助成员国某个具体的发展项目。国际复兴开发银行的项目贷款从开始到完成必须经过选定、准备、评估、谈判、执行、总结评价六个阶段,这一程序被称为项目周期。

(2)非项目贷款。非项目贷款是指没有具体项目做保证的贷款。国际复兴开发银行只在特殊情况下才发放此类贷款。

(3)部门贷款。部门贷款由部门投资及维护贷款、部门调整贷款和金融中介机构贷款组成。部门投资及维护贷款用于改善部门政策和投资重点,加强借款国制订和执行投资计划的能力;部门调整贷款用于支持某一具体部门的全面政策和体制的改革;金融中介机构贷款是指国际复兴开发银行将资金贷放给借款国的金融中介机构,如开发性金融机构和农业信贷机构等,再由这些机构转贷给该国的分项目。

(4)联合贷款。联合贷款是指国际复兴开发银行与借款国以外的其他金融机构联合起来,对国际复兴开发银行的项目共同筹资和提供贷款。

(5)第三窗口贷款。窗口贷款设立于1975年12月,贷款条件介于国际复兴开发银行发放的一般贷款和国际开发协会发放的优惠贷款之间。利差由发达国家和石油输出国自愿捐赠形成的"利息贴补基金"解决,贷款的期限为25年。这种贷款主要用于援助低收入国家。第三窗口贷款只开办了两年,于1977年年底结束。

### 2. 国际开发协会

国际开发协会是世界银行的一个附属机构,成立于1960年9月。作为世界银行的组成部分,国际开发协会的宗旨是对最贫穷发展中国家提供比世界银行贷款条件更优惠、期限更长的信贷,并借此减轻其国际收支负担,促进发展中国家经济的发展,并通过自身的业务活动为发展中国家的农业、交通运输、教育、能源等方面的基本建设的投资提供融资方便。

国际开发协会的资金来源主要有:会员国认缴的股本;世界银行净收益的一部分;协会业务经营中的净收益。

与国际复兴开发银行相比,开发协会提供的资金称信贷,国际复兴开发银行则称贷款。协会的信贷条件比较优惠,原则上只贷给发展中国家中较穷的会员国。开发协会的贷款条件优惠,与国际复兴开发银行的贷款混合发放。开发协会的贷放部分称为软贷款,实际上只贷给会员国政府,不收利息,只收0.75%的手续费,对未用部分的信贷收0.5%的承担费。信贷期限较长,可达50年,并有10年宽限期(前10年不必还本),第二个10年每年还本1%,其余30年每年还本3%。

### 3. 国际金融公司

国际金融公司同国际开发协会一样,都是世界银行的附属机构,成立于1956年,其宗旨是:鼓励会员国私人企业的发展,促进发展中国家私人经济的增长以及这些国家资本市场的发展。它通过自身的业务活动对会员国政府所支持的私人企业提供长期贷款、担保和风险管理,向其客户提供咨询服务,并向私人企业直接投资入股,兴办合资企业,通过这些活动直接推动国际直接投资的发展。

## (二) 区域性的国际金融机构

### 1. 亚洲开发银行

亚洲开发银行是根据联合国亚洲及远东经济委员会的决定,于1966年正式成立并开展对外业务的金融机构,其宗旨是通过发放贷款,提供技术援助,进行投资,促进本地区经济的发展与合作。它通过自身的业务活动为会员国政府及其所属机构、公私企业等提供贷款,并通过购买有价证券,实现对发展中国家的私人企业的融资。亚洲开发银行的资金主要来源于普通资金、开发基金、技术援助特别基金和日本特别基金。

### 2. 非洲开发银行

非洲开发银行创建于1963年8月,1966年7月正式营业,总部设在象牙海岸首都阿比让。其宗旨是为会员国的经济和社会发展提供资金,为非洲大陆制定发展总体战略提供援助,协助各国制订发展计划,以促进会员国经济和社会的发展和进步。它通过普通业务和特别业务不断拓展贷款业务,为会员国之间的相互投资起到了良好的中介作用。

### 3. 泛美开发银行

泛美开发银行成立于1959年,总部设在华盛顿。其宗旨是集中会员国的力量,对需要资金的地区提供援助,对经济和社会项目提供贷款,以帮助会员国或其他国家发展经济。它通过自身业务活动,协助成员国制订国内发展计划,提供技术援助,发行长期债券等。

### 4. 亚洲基础设施投资银行

亚洲基础设施投资银行,简称亚投行,成立于2015年12月,由中国倡议成立,57国共同筹建,主要目的在于满足亚洲地区高达21万亿美元的基础设施投资缺口。该行于2016年1月正式开始业务运营。截至2016年年底,亚投行已经批准了9个基础设施投资项目,金额合计达到17.3亿美元。按照亚投行2017年的商业计划,该行将优先投资以下三类项目:一是可持续发展基础设施项目,强调项目的绿色环保和发展目标;二是跨境互联互通项目,包括公路、铁路、港口、能源管道、电信设施等;三是鼓励私人资本参与的项目,亚投行强调私人资本的参与,并鼓励与其他多边投资银行、政府、私人投资者等合作。

## 第三节 跨国公司国际筹资方式

在国际市场上,跨国公司既是市场主体,也是投资主体。筹资方式是指跨国公司等投资主体筹集资金时所采用的具体形式,属于投资主体的主观能动行为。利用多种方式、多种渠道筹集公司生产经营和发展的资金,谋求公司的生存和发展,是公司经营者的重要经营举措。

跨国公司的筹资方式主要有:国际股票市场、国际债券市场、欧洲货币市场、银行信用,以及跨国公司内部的资金调度等。根据融资期限的不同,大体上可以将这些融资方式分为长期融资、中期融资和短期融资三种。

了解筹资方式的种类及各种筹资方式的特点,有利于跨国公司等投资主体选择适宜的筹资方式并有效地进行筹资组合,降低筹资成本,提高筹资收益。

### 一、长期融资

公司长期融资的期限一般在七年以上,主要方式有:国际股权融资、发行国际债券、欧洲中长期贷款和国际金融组织贷款。

1. 国际股权融资

国际股权融资是指跨国公司等投资主体直接到外国股票交易所挂牌上市销售其股票来筹集公司的股本。

普通股集资是股份公司最为稳定的资金来源,也是吸收其他方式投资的重要保证,公司可按盈利状况和现金运用情况灵活安排股息和红利的发放,有利于公司顺利发展。公司往往在创业阶段和扩展时期发行股票集资,使用这种方式集资的优点在于:通过发行股票能够在短时期内,把分散在社会上的大量货币资金聚集到一起,以满足大规模生产所必需的资本额;同时,公司营业不再受公司自身积累能力的限制。但在外国上市发行股票必须遵循当地证券交易法规,大多数证券交易所由政府机构管制,如美国的证券交易委员会、日本的大藏省等。这类管理机构对申请上市发行股票的外国公司在公司信息、财务状况、股票详情、其他信息等方面有严格的审查规定,所以在交易所挂牌上市的手续相当烦琐,且费用昂贵。

2. 发行国际债券

国际债券是市场所在国的非居民发行的债券。非居民包括外国公司、外国政府或政府机构、国际组织等。

国际债券分为外国债券和欧洲债券。外国债券是非居民在一国债券市场上以市场所在国货币为面值发行的国际债券。外国债券的发行主要集中于世界上几个主要国家的金融中心,主要有苏黎世、纽约、东京、伦敦和阿姆斯特丹等。在美国发行的外国债券称为"扬基债券",在日本发行的外国债券称为"武士债券",在英国发行的外国债券称为"猛犬债券"。

欧洲债券是非居民在面值货币国家以外的市场发行的国际债券。例如,墨西哥政府在东京、伦敦、法兰克福等地同时发行的美元债券就属于欧洲债券。特别提款权不是任何国家的法定货币,因此以其为面值的国际债券都是欧洲债券。

如果借款人决定以发行欧洲债券方式筹集资金,就需要通过由国际著名的金融机构牵头组成的承销辛迪加来安排债券的发行。借款人先与某家投资银行联系并邀请后者充当债券发行的牵头经理,即主承销商。然后牵头经理组织一个由其他金融机构参加的小组,以帮助它与借款人谈判条件,评价市场,组织和管理债券的发行工作。这个包括牵头经理在内的小组即经理集团。经理集团再组成承销商集团和销售集团。

借款人把债券卖给经理集团。经理集团根据辛迪加组织的形式,或者把债券同时直接卖给承销商和销售商,或者只卖给承销商,再由承销商卖给销售商。最后,销售集团的成员再把债券卖给最终投资者。承销商与销售商的区别在于:承销商承诺根据事先确定的价格向经理集团购入债券,而不管能否以更高的价格将这些债券售出;销售商则纯粹是销售代理机构,只收取销售佣金,若债券不能以既定的价格出售则再退给经理集团。在实际操作过程中,上述辛迪加成员的作用是交叉的,即经理集团成员也可以是承销商和销售商,承销商则一般都是销售商。

借款人通过发行欧洲债券筹集资金,不仅要向投资者支付利息,而且在发行时需要向承销辛迪加支付发行费用。在欧洲债券市场上,发行费用是以向承销辛迪加提供债券价格的百分比来表示的。例如,债券的面值为 1 000 美元,经理集团和发行人商定以 975 美元购买,另外的 25 美元折扣即为发行费用,也是承销辛迪加的利润。

一旦新的欧洲债券在正式发行日出售,这笔债券就进入二级市场。二级市场的职能是交易和清算。欧洲债券的交易以场外交易为主,该市场是由国际性大银行组成的通信网络,伦敦是主要交易中心。

3. 欧洲中长期贷款

欧洲货币市场指专门从事境外货币存放和借贷的市场。欧洲货币就是境外货币,是在货币发行国境外流通的货币,或者说是在市场所在国流通的外国货币,具体表现为以境外货币表示的银行存款和银行贷款。欧洲中长期贷款的数额一般都很大,通常采取银团贷款形式。银团贷款又称辛迪加贷款,由几家、十几家甚至几十家银行组成贷款银团,通过一家或几家信誉较高的大银行出面组织,按照相同条件共同向借款人提供贷款。

银团贷款有两种形式:① 直接银团贷款,即参加贷款银团的各成员银行直接向借款人提供贷款,贷款的具体工作由贷款合同中指定的代理银行统一进行。② 间接银团贷款,即由一家或几家大银行作为牵头银行向借款人做出贷款安排,具体方式是由牵头银行将贷款分别转售给其他成员银行,它们按各自承担的份额提供贷款,贷款工作由牵头银行负责管理。

除银团贷款这种典型形式外,金额较低、期限较短的中期贷款一般只由一家银行提供,这种形式的贷款被称为双边贷款或独家银行贷款,除利率结构与银团贷款相同之外,其他费用较低,有时甚至全免。

银团贷款中的银团由若干类成员组成:① 牵头银行,即在组织银团贷款中起主要作用的银行,主要责任是与借款人商定贷款的条件和有关条款,负责在成员行之间分配贷款份额,对市场情况进行估计;② 参与银行,即其他被邀请并接受邀请参加贷款的银行;③ 经理银行,即在参与银行中承担的贷款份额较大,并给牵头银行出谋划策和协助其组织银团贷款活动的银行;④ 代理银行,即负责监督管理银团贷款的具体事项,负责向借款人收回贷款并根据承担的份额向各银行发放收回贷款的银行。代理银行往往由牵头银行来担任。如果各参与银行参与的份额低于贷款数额,则经理银行(包括牵头银行)有责任补足余额。补足的做法分为两种:一种是完全承贷,即经理银行(包括牵头银行)必须提供足额的贷款;另一种是尽力而为,即经理银行只需尽力而不一定补足余额,在尽力后仍不能补足时,则借款人需要减少借款或修改条件。

银团贷款的贷款期限指贷款合同生效之日至贷款本息全部还清为止的期限。贷款期限分为提款期、宽限期和偿付期。提款期也称承诺期,是借款人可以提取贷款的有效期限,一般从合同生效日起,到一个规定的日期为止。在提款期内,借款人可以一次提取全部贷款或者分次提取贷款。在提款期结束日,未提取的贷款部分自动取消,借款人不得再次提取贷款。宽限期是借款人只支付贷款利息而不需要归还本金的期限,从提款期结束日起,到第一次归还贷款本金为止。偿付期是借款人归还本金的期限,从第一次还本日起,到全部本金清偿完毕为止。

欧洲中长期贷款一般采用浮动利率,通常为参考利率与加息率的和。一般说来,银行要选择银行同业拆放利率作为参考利率,主要是伦敦银行同业间拆借利率(LIBOR);有时也选择一些其他国际性利率作为参考利率,如美国优惠利率,该利率是美国的大银行向优质大企业提供短期贷款的利率。

加息率是借款人同意付出的高于参考利率的一个固定差额。它是针对每笔贷款确定的一笔费用,并在批准贷款时就予以确定,代表银行在借款人不违约的情况下所获得的利润,因此预期风险是银行确定加息率的基本决定因素。

借款人除对已提用的贷款支付利息外,还需要支付各种费用,一般有承诺费、管理费、代理费、杂费等。承诺费是对提款期内未提用的贷款部分支付的费用。承诺费一般从贷款合同生效日的3个月后开始计收,一直到提款期结束,费率一般在0.125%—0.5%。管理费也称经理费,是付给牵头银行组织和管理贷款的费用,一般按贷款总额的一定百分比一次支付。管理费的大部分由牵头银行所得,银团贷款的其他成员银行按照提供的贷款多少也可以分得一部分。代理费是付给代理银行组织成员银行按时提供贷款、收取利息的费用,一般按固定的金额一年一付。杂费是贷款合同签订前银行所实际发生的费用,如差旅费、律师费、文件缮写费和通信费等,也要由借款人支付。杂费需要一次付清,或者由牵头银行实报实销,或者根据贷款金额的一定比例支付。

4. 国际金融组织贷款

(1) 世界银行贷款。世界银行的贷款发放严格遵守下列原则:① 世界银行只向成员国政府提供贷款,或者在成员国政府或中央银行担保的前提下才向企业提供贷款;② 贷款必须用于借款国特定的生产性项目;③ 世界银行只有在借款国确实不能以合理的条件从其他方面获得资金时,才考虑给予贷款;④ 世界银行只向有偿还能力的成员国发放贷款,以确保贷款能按期收回。

世界银行的贷款具有以下特点:① 贷款期限较长,一般为数年,最长可达30年,宽限期为5年;② 贷款实行浮动利率;③ 世界银行通常对其资助的项目只提供货物和服务所需要的外汇部分;④ 贷款程序严密,审批时间较长。

(2) 国际金融公司贷款。国际金融公司主要是利用自有资金和在国际资本市场上的借款来为项目融资,并主要是联合私人投资者向发展中国家的私营企业提供贷款和股本融资。在项目中,国际金融公司和发起公司、融资伙伴共同承担风险,但不参与项目的管理,而且只提供部分融资。国际金融公司贷款和投资的期限一般为7—15年,贷款的利率不统一,视投资项目的风险和预期收益而定,但一般高于世界银行的贷款利率。国际金融公司最多可承担项目总成本的25%—30%,而且不介入项目的管理,有效调动了私人公司在发展中国家投资的积极性。

## 二、中期融资

中期融资的期限一般在1年以上、7年以下,主要形式有银行中期贷款、国际租赁融资等。

各国的银行和其他金融机构都可以根据跨国公司的资信情况向其提供贸易信贷,以满足公司购置固定资产和项目投资的需要。

银行贷款包括无担保贷款和有担保贷款两种。前者即信用借款,借款人不必交纳抵押品作为借款担保,一般限于信用额度、循环贷款合约或交易基础上的银行贷款;后者是指银行或其他金融机构以借款人提交的抵押品或担保品为条件给予贷款,充当抵押品的可以是提单、固定资产、有价证券等。

一般来说,银行与筹资公司在订立借贷契约时常要制定一个偿还贷款的时间表,依据这一时间表分期付款。常见的做法是:还款时间表往往规定每隔一定间隔期还款一次,每次还款金额可以不同;有时借款以等额分期偿还,但最后一次还款的金额比前几次要大一些。这样做,一方面有利于筹资公司的现金周转,不至于在一次性偿付时拿不出足够现金;另一方面也有利于银行,能够保证银行较安全地收回贷款,避免坏账风险。

银行贷款是中期资金筹措中最重要的工具,它构成了公司中期资金最重要的来源,对于中小企业或筹资信誉一般的企业来说,尤其是如此。

公司向银行筹措中期贷款的优点主要包括以下方面:① 为中小型公司筹集资金提供了一种较好的途径,因为中小型公司的股份通常是不上市的,它们很难利用证券交易所来向全社会广泛筹措资金;② 提供银行贷款的银行和需要银行贷款的公司双方可以面对面地协商借贷契约,手续简便,能够达成令双方满意的借贷条件;③ 银行贷款的筹措费用与其他筹措方法相比较低,资本成本率亦较低;④ 银行贷款对于筹资公司来说属于一种债务,其利息支出在资产负债表中属于费用支出,不计入纳税收入中,可以减轻公司所得税负担。

公司向银行筹措中期贷款的缺点主要包括以下方面:① 筹资公司必须按期还本付息,虽然分期付款规定有助于公司现金周转,但是在每次分期付款尤其是最后一次付款时,如果公司拿不出足够的现金,那么公司通常会面临破产的危险;② 银行贷款的借贷契约有非常严格的规定,例如可能会规定须用动产或不动产做抵押,也有可能限制公司另行举债等,这就使公司未来的举债能力受到限制。

## 三、短期融资

短期融资通常是指期限在一年内的融资方式,具体形式主要是银行短期贷款与公司内部的资金调度。

1. 银行短期贷款

跨国公司可以从本国或东道国的银行或其他金融机构取得期限在一年以下的短期贷款,以弥补短期营运资金的不足。

短期银行借款,是指公司为了解决暂时的现金需要而向银行借用的款项。短期银行借款主要有逐笔借款、限额借款、临时性借款等。逐笔贷款是指公司在需要资金时申请借款并办理借款手续,下次再借时,另行申请,另办手续。限额借款是指在借款契约中事先规定借款限额和借款期限(一般为三个月),在此限额范围内,可以随时借用款项,而不必逐笔办理借款手续。有时银行也可能在借款契约中规定清偿条款,即借款者必须在借款期间的某一段时间把借款还清,过了这段时间可以再借款。这项规定是为了防止借款者将短期借款用于固定资产投资。临时性借款是指公司为了满足临时的资金需要与银行事先订立一种特殊的借款合同,规定银行在公司急需资金时必须提供一定数额的贷款。临时性借款可以缓解公司营运资金的周转,有效分散风险。

短期银行借款是否需要有担保品,视借款者的信誉和当时的财务状况而定。有价证券、应收账款、存货等流动资产,均可作为短期银行借款的担保品。

2. 跨国公司内部的资金调度

除以上这些外部筹资方式之外,跨国公司内部的资金调度也是一条融通资金的渠道。公司内部资金是由跨国公司所属海内外各生产经营单位提留的折旧费、管理费和未分配利润构成,它为公司完全拥有,能够自由支配,从而成为公司内部融资的基础。具体来说,公司内部融资方式主要有以下四种:

(1) 增加子公司的股本。母公司将未分配的利润用作增加海外子公司的股本,一方面向海外子公司提供资金,另一方面也获得了对海外子公司的控制权,并按股份的多少收取股息。

(2) 向海外子公司提供贷款。母公司利用内部资金,直接或间接地向海外子公司提供贷款,以满足海外生产经营对资金的需求;同时,以贷款方式提供资金也可以减少子公司在东道国的税赋,因为大多数国家在计征税收时,都是把利息支出作为成本从利润中扣除的。

(3) 往来账款和内部转移价格。公司内部账务往来账款,也可以成为海外子公司的资金来源。例如,海外子公司应向母公司或其他子公司支付的管理费、专利费、技术转让费、股息和利息等应付款项,在没有实际支付前都构成了对母公司资金的占用,相当于从母公司获得了短期、无息贷款。此外,母公司还能够通过转移价格,由母公司或其他子公司向海外子公司提供资金。

(4) 赠款和转让。公司内部的赠款和转让既包括资金也包括实物,而且是无偿的、单方面的。母公司向海外子公司赠送款项、转让实物,这在客观上增加了子公司的资金。

## 第四节 国际筹资的决策与管理

### 一、跨国公司的融资决策

跨国公司以整个公司的全球性综合资本成本最优化为宗旨,从多方面筹措资金,选择最佳机会取得资本,从而使公司资本成本降到最低限度。

跨国公司筹资的方式可以归结为两个基本类型:股权筹资和债务筹资。

股权筹资主要指在海外子公司初创时期来自母公司的资金,此外还可以来自合资企业或联营企业以及海外子公司在东道国发行股票等。其主要优点是:公司对海外经营的控制有较大的灵活性,从成本较低的国家筹集大量资金可取得规模经济效益,增强公司的偿债能力。其主要缺点是:由于有些国家对汇付股利和偿还资本严加限制,跨国公司难以转移利润及所投资本,同时外汇风险也比较大。此外,股权筹资方式还加大了其海外子公司遭受国有化风险的程度。

债务筹资主要包括发行公司债券和银行贷款。海外子公司由此支付的借贷利息比股息负低,可以降低资金成本,减轻税负,而且还本付息的资金流动一般不受限制;如果从东道国借款,所面临的政治风险和外汇风险小。但这种方式不利于加强母公司对海外子公司的控制,并且当东道国资金供应有限时,难以满足子公司的需要。

此外，在跨国公司的筹资决策中，其他各种因素也起着相当重要的作用。这些因素主要有：政治风险、货币稳定性、外汇风险、对资本流动的限制、税收政策、国有化风险等。所以跨国公司在制定融资决策时，必须考虑以下几个方面的问题：

（一）避免或降低政治风险

从融资的角度看，跨国公司可从以下几个方面避免或降低政治风险：

（1）尽量选择在政治稳定的国家投资。

（2）如果政治风险和外汇风险高，就在东道国当地借款，可以避免跨国公司投入过多的资金而承担过大的风险，同时也可减少或避免企业遭受没收的风险。如果东道国政府或其他方面特别要求母公司必须提供内部资金，则尽量以贷款的形式来供应。

（3）如果东道国对汇付利润和偿还投资资本的限制严格，就从母公司借入资金。

（4）从东道国政府、国际金融机构等渠道为投资项目筹措资金，并要求以该子公司或投资项目的盈利作为偿还贷款的资金来源。这样做的目的是促使债权人出于自身利益来关心该子公司或投资项目的进展情况，关注东道国对项目合同的履行情况，并将该投资项目的利益与国际金融机构，甚至其他国家政府的利益密切联系在一起。一旦东道国采取任何外汇管制或征用没收等行为，将会同时损害到国际金融机构等各方面的利益，从而对东道国政府的过激行为起到一定的牵制作用。

（5）各国政府都在一定程度上对本国金融市场进行干预，以限制可供借贷资金的增长；使某类借款成本提高或降低；将资金导向受鼓励的经济领域，等等。政府也可能对借入外资加以鼓励或限制。有时一个新的项目或兼并计划要得到官方批准，其先决条件就是有海外资金来源。此外，为了控制国际收支逆差，也限制对外投资。在这种情况下，跨国公司需要有效利用海外企业分布面广和资源内部转移的优势，绕过当地政府的信贷与资本管制。

（二）合理避税

跨国公司为子公司筹措资金时应以税后成本作为比较的基础。债务利息具有节税作用，而股息则没有；本金抽回予以免税，但股息分发要进一步纳税。因此，母公司在给海外子公司融资时，采取贷款方式比股权方式更有税收优势。

许多国家对国内企业派发给外国投资者的股息和利息征收预提税，外国投资者常会因此要求更高的税前收益作为补偿。于是，预提税的负担实际上部分或全部地转嫁到筹资人的身上。跨国公司为筹资需要，可以考虑将筹资地点选择在不征或少征预提税的国家，如一些避税地，在可能的情况下，在这些国家和地区设立离岸财务子公司。

（三）根据具体情况灵活选择融资方式

跨国公司可以根据筹资性质以及母国和东道国金融市场的具体情况，选择合适的融资方式。

寻找合资企业入股或在当地发行股票成为海外子公司成立时筹资的必要方式，使自己的股本义务最小化，减少股本风险。但是对于重点项目和有示范作用的项目，股本资金应尽量来自跨国公司。使用公司自有资金和长期融资是购置固定资产的常用方法，而流动资金的筹集要尽可能地利用当地信贷。

来自经济发达国家的直接投资者，因本国资本市场发达，在母国筹资相对便利，可以灵活选择股票发行对象，多发行优先股和无投票权的普通股，避免股权分散。

各国融资情况差别甚大，有些国家银行透支比较普遍；另一些国家的政府融资机构可能就是当地融资的主要来源；而像美国和加拿大，证券市场是筹资的主要途径。因此，公司在做融资决策时，应当具体研究各国金融市场的特点。

此外，不同国家的税收制度、融资习惯以及资本流动管理措施各不相同，潜伏着增加资本成本的风险。

（四）确立最佳的财务结构

跨国公司制订筹资计划时，仅考虑各单个融资渠道的成本和收益是不够的，还需要从股东财富最大化的财务目标的角度出发来确定公司的最佳财务结构。

尽管子公司在法律上是独立的，但子公司通常不会有真正独立的财务结构。跨国公司一般不要求海外子公司的财务结构与母公司保持一致，而是将管理的重心放在世界范围的资本结构上。如果强行要求子公司财务结构与母公司保持一致，会使子公司丧失一些本可利用的筹措低成本资金的机会。硬性的债务产权比率可能使子公司不得不放弃当地政府的补贴性贷款或其他低成本贷款的机会。而在政治风险较高的情况下，在当地筹资是非常必要的。在当地资本成本高的情况下，迫使子公司与母公司的财务结构保持一致，会使资本成本增加。

所以在实践中允许低资金成本国家子公司的负债比率高于母公司，而高资金成本国家子公司的负债比率低于母公司，以实现跨国公司综合资本成本最低化的财务结构。

此外，融资过程中两个变动性较大的因素——通货膨胀和汇率变化，也会对公司的财务状况产生影响。各国不同的通货膨胀率可能影响子公司的竞争力和利润率。汇率变化会影响子公司的竞争地位及母子公司之间的现金流量价值。因此，在确立财务比率时应充分考虑通货膨胀和汇率变化的影响。

（五）充分利用东道国提供的优惠政策

许多发展中国家为实现增加本国产品出口、优化经济结构、扩大劳动力就业等目标，越来越多地向跨国公司提供各种优惠政策，包括减免公司所得税、贴息、长期贷款、项目补贴、对资本设备和原料进口免征关税、改善基础设施等。跨国公司在选择投资地时应充分考虑这些优惠政策。

## 二、跨国公司的资金管理

跨国公司在国际经营活动中需要对所持的资金进行管理，目的是使整个公司达到最佳的财务效果，尽量减小资金成本，消除公司资产所面临的风险。跨国公司资金管理的内容包括长期资金管理、日常资金管理和汇率风险防范等。

（一）长期资金管理

长期资金管理主要分为项目投资、证券投资和长期放款。

(1) 项目投资指的是长期项目财务决策分析及比较不同投资计划的预期报酬。制定长期投资财务决策，一般分三个步骤：第一步，评估投资计划所涉及的各项交易的预期汇率，确定融资计划和预期投资风险；第二步，预测投资计划利润汇回金额、汇率及纳税问题；第三步，比较各种不同投资计划的效益。通常采用的标准是净现值，即投资方案在使用年限内的总收益现值与总费用现值之差，也可表示为使用期内逐年收益现值之总和。

(2) 证券投资是长期战略的一个组成部分。公司采用证券投资形式向外提供贷款，同时，以该形式作为重要资金来源。这种投资形式可能会增加投资项目的盈利性。通常规模大的投资项目要求在它们的金融结构中有大量的证券资本。但是，获得大量证券资本的前提条件是，保证贷款者即使在价格下降或其他不利情况下,也能够如数偿还所有借款。因此,在世界经济出现回升势头后,各国资本市场上的股票及有价证券交易相继活跃起来。

(3) 长期放款是跨国公司国际资金运用的又一项内容。跨国公司将闲置资金投放市场进行长期放款生利。但是各公司往往都有意识地隐瞒这方面的活动,利用跨国银行转手贷款,即公司事先将资金存入此类银行,再由银行出面贷款。若贷款给国外子公司,还会起到避免或减少风险的好处,因为东道国政府为顾及本身形象,并不限制当地的外国子公司向国际性银行支付贷款利息;反之,东道国政府可以以种种借口限制此类子公司支付贷款本息给母公司。

### (二) 日常资金管理

日常资金管理是指跨国公司经常发生的、直接与销售活动和流动性资产的融资需要有关的管理。日常资金管理是跨国公司财务管理的一项十分重要的内容,加强对日常资金的管理可以有效地使用资金,减少资金成本,实现利润最大化的目标。

跨国公司经营活动涉及不同的国家和地区,如何使各分支机构的收支往来能在规定的范围内,以最低的资金转移成本,资金流向、流速和流量适宜,从而促使整个公司流动资金报酬率提高,税后利润增大,是日常资金管理的目标。在国际投资资金管理中加速资金周转,搞好日常管理的措施如下:

(1) 对数日后各子公司和下属单位的现金收支额做出预测,并以此为基础编制综合现金预算。正确的预测要表明将来一定时期内预期的现金流向和流量,可能影响预测的主要变因以及应采取的相应对策。

(2) 财务部门应拟订现金支付方案,避免过早支付。延长公司开出支票流回公司的时间,选择能够提供多种服务和信贷业务的支付银行。财务部门应尽快把公司应得的现金收回,并缩短应收款项的在途时间,即缩短客户与银行的交款时间及银行与公司的拨款时间。

(3) 对库存现金的收支,应认真审核各项收支凭证,严格执行月度货币资金流转计划,如实反映现金收支和结存情况,保护库存现金不受损失。对银行存款和库存现金,应及时编制月度货币流转计划;防止空头支票;协调资金调度与平衡;及时清理国内外存款、信用证存款和在途货币资金。

(4) 将多余的资金汇集到设在总公司或地区总部的中央现金库,以便应付不时之需,使公司资金发挥更大的效用。

(5) 根据各种货币的相对强点及弱点、各种货币的利息情况,以及各个货币市场的操作功能,进行合理的调配。公司不仅要考虑调出资金的额度和成本,而且还要考虑调出和返回资金拟采用的货币种类。

(6) 总公司应掌握各子公司的经常账户状况,统一协调各子公司对交易和预防投机活动的资金需要,节约外汇交易费用,避免不必要的货币兑换。公司采用多边净额结算,对某一公司账户上出现的支付需要,以其他子公司对同一客户的债权进行划拨冲销,然后只支付净额。这样,只有总公司以中心结算的形式持有全部必需的预备性金额,公司资金成本才可以降低。

### (三) 汇率风险防范

#### 1. 影响汇率变化的因素

正确预测汇率变动是防止资金风险的首要前提,也是资金管理的基础。影响汇率变化的因素主要有以下几方面：

(1) 国际收支状况。当一国国际收支出现顺差时，外汇就供过于求，外汇的汇率必然下降；而当一国国际收支呈逆差时，外汇就供不应求，外汇的汇率就上升；当一国的国际收支平衡时，外汇供求相等，不引起汇率变化。

(2) 通货膨胀率。通货膨胀率高，该国货币贬值，汇率上升；通货膨胀率低，该国货币币值稳定或升值，汇率稳定或下降。

(3) 利率水平。利率高，国际游资流入多，汇率下降；反之，汇率上升。

(4) 外汇投机。外汇市场上的投机活动，扩大了外汇供求的不平衡状况，人为提高了汇率波动幅度。

(5) 各国的政策干预也影响汇率水平。

2. 对汇率风险的防范措施

在国际投资的资金管理中，对汇率风险防范的主要措施如下：

(1) 选择有利的合同货币。合同货币选择的实质是汇率风险由谁来承担的问题。交易双方都力图将汇率风险推给对方，不管选择哪种货币，至少会有一方面临汇率风险。

选择有利的合同货币可以遵循下列基本原则：

第一，争取使用本币。这样就不存在不同货币之间的兑换问题。这种方法只有在本币是可以自由兑换货币的条件下才能得以自由选用，否则交易对方一般不会接受。以进出口为例，能否使用本币计价取决于进出口商品的市场状况：如果是卖方市场，则出口商宜争取使用本币计价；如果是买方市场，则进口商宜争取使用本币计价。

第二，出口或对外贷款争取使用硬货币，进口或向外借款争取使用软货币。以出口商为例，选择使用硬货币，如果收汇时该货币果真升值，即可以收回较多数额的本币；选择软货币恰恰相反，到时只能收回较少数额的本币。这种方法有一定的局限性，因为硬货币和软货币之分是以一定时期内对汇率走势的预测为基础的，预测是否准确直接关系到经济主体是否承担风险。因此，这种方法不能完全规避风险，一旦预测错误，则可能增加汇率风险。

第三，争取使用两种以上软硬搭配的货币。这样在收付时，硬货币升值和软货币贬值的影响可以全部或部分相互抵消，从而使合同的价值相对稳定。其中，最常见的是使用像特别提款权这样的"一篮子货币"。特别提款权是国际货币基金创立的一种记账货币，2016年10月1日起由美元、欧元、人民币、日元和英镑等五种货币共同定值，其中既有硬货币也有软货币，币值相对稳定。

(2) 货币保值。货币保值方法通常有两种：一种是通过订立货币保值条款进行保值，另一种是套期保值。

在国际收支活动中，常用的保值条款保值法有：一是黄金保值。它是指在订立合同时，按当时的黄金市场价格折算支付货币，到实际支付日，按当时黄金市场价格支付货币金额，如果黄金市场价格上涨，则支付货币金额相应增加；反之，则减少。二是硬货币保值。它是指在合同中规定以硬货币计价，软货币支付，且规定好两种货币的当时汇率。履行合同时，根据软货币的下跌幅度自动调整软、硬货币的汇率比价，以避免汇率变动的损失。三是"一篮子"货币保值。它是指在合同中规定用多种货币来保值。通过订立合同规定支付货币与"一篮子"货币的汇率，以及它们之间的调整幅度，就能根据到期的汇率变动情况调整支付货币的多少，从而避免风险损失。

套期保值法是通过买卖远期外汇来避免或减少风险的一种方法，通过持有一个与现有资产头寸相反的期货头寸来对冲风险。如果投资者在将来某一特定时间要卖出某一资产,则可以通过持有期货空头来保值,即空头套期保值。如果资产价格下降,则投资者在现货市场上发生损失,但在期货市场上获利;如果资产价格上升,则投资者在现货市场上获利,但在期货市场上发生损失。这样无论价格如何变动,投资者在现货和期货市场上的盈亏可以部分或全部抵消,从而减少所承担的价格变动风险。同理,如果投资者在将来某一特定时间要购买某一资产,则可以持有期货多头来保值,即多头套期保值。

(3) 加列合同条款。在不能消除风险因素的情况下,为了转移或合理分担可能蒙受的经济损失,可以选用加列合同条款的方法,即在有关合同中加列保护性条款。

例如,在某出口合同中,合同货币为美元,金额为100万美元,在合同中加列货币保值条款,保值货币为特别提款权;签约日的汇率为 USD 1 = SDR 0.6836,则68.36万特别提款权与100万美元等值;假定结算日汇率变为 USD 1 = SDR 0.5906,美元对特别提款权贬值。要使出口商仍得到68.36万特别提款权,进口商需支付115.75万美元(68.36÷0.5906),而不是100万美元。

(4) 调整价格或利率。在一笔交易中,交易双方都争取到对己有利的合同货币是不可能的。当一方不得不接受对己不利的货币作为合同货币时,还可以争取对谈判中的价格或利率做出适当调整:要求适当提高以软货币计价结算的出口价格,或以软货币计值清偿的贷款利率;要求适当降低以硬货币计价结算的进口价格,或以硬货币计值清偿的借款利率。

调整价格或利率不等于没有风险,实际上汇率风险仍然存在,但是调整价格或利率可以作为承受风险的补偿,从而减轻风险的程度。

(5) 选择结算方式。企业可以通过国际结算方式的选择来减少风险。国际结算方式涉及时间选择问题,时间越长,汇率波动产生的风险越大。汇款、托收和信用证是三种基本的国际结算方式。在使用信用证结算时,即期信用证结算项下的汇率风险要小于远期信用证结算;在使用托收方式结算时,付款交单项下的风险要小于承兑交单。

信用证结算项下的风险要小于托收。这是因为信用证项下的银行承兑汇票更容易办理议付或贴现,企业可以及时将外币转化为本币而减少汇率风险。

总之,在国际投资的资金管理中,对资金风险应加强防范。但是,有些风险是难以回避的,只有在实际发生时,才能有效地进行管理。风险发生后的管理,需遵循及时处理的原则,稳妥可行地处理好风险,保证投资资金的安全。

## 思考与练习

1. 国际筹资主要有哪些中介机构?
2. 跨国公司国际筹资方式主要有哪些?
3. 跨国公司对汇率风险主要有哪些防范措施?

### 俄罗斯某石油公司发行欧洲债券案

2001年12月,俄罗斯某石油公司发行了5年期欧洲美元债券,面额为100美元,年利率为

12.75%，每年支付两次利息。该公司被标准普尔评为 BBB+级，被穆迪评为 Baa1 级。该债券将在卢森堡证券交易所公开交易，花旗集团、德意志银行、德累斯登佳华银行、JP摩根银行是此次交易的承销商。在宣布发行债券之前，该石油公司在阿姆斯特丹、杜塞尔多夫、伦敦、巴黎和法兰克福举行了为期三天的投资者最新信息发布会，在此次发布会上该公司表示，所筹集的资金将用于提高萨哈林和西西伯利亚油田的开采量以及全面改造两个大炼油厂，这之后俄罗斯许多大石油公司都想利用这种融资手段进行融资。这些石油公司认为，通过发行欧洲债券融资当时是最好的时机，因为利息较低，而且从国际市场上筹集到的是长期贷款，可以用于大的投资项目。

**【分析与思考】**

1. 什么是欧洲美元债券？
2. 该欧洲美元债券的名义收益率是多少？
3. 什么是国际债券评级？世界上著名的评级机构有哪些？根据案例中的评级结果，你会购买该欧洲美元债券吗？为什么？

# 第九章 国际投资项目管理

**【教学目的】**

通过本章学习,学生将能够:
1. 认识国际投资项目管理的相关知识。
2. 了解国际投资项目周期的含义与阶段划分。
3. 熟悉国际投资项目管理的具体内容。
4. 掌握可行性研究报告的编写方法。

**【关键术语】**

国际项目管理　行为科学　项目周期　可行性研究　项目建议书

**【引导案例】**

中国铁建股份有限公司(以下简称"中铁建")在 2010 年 10 月爆出其承建的沙特轻轨工程项目可能亏损 41.53 亿元后,引起国内工程行业的广泛关注。根据中铁建的消息,沙特轻轨项目亏损的原因在于该工程采用议标方式,即指定由中铁建承建,而没有采用投标方式。另外,该项目采用工程总承包模式(即 EPC 模式),项目签约时只有概念设计,此后业主提出了新的功能需求并增加了工程量。到 2010 年 6 月 30 日,中铁建预计总成本将增加到 125.44 亿元。EPC 模式意味着中铁建拥有项目设计权、采购权和施工权。按计划,设备采购都应由中铁建负责,但在实际执行过程中,尤其是在工程分包过程中,设计交给国外公司负责,也就是说这个项目虽然是由中铁建总承包,但是很多控制系统的设备是由西方公司提供的。西方公司提供的设备价格比国内设备高很多,但中铁建对对方的价格没有控制住。

## 第一节 国际投资项目管理概述

### 一、投资项目的概念及其特征

(一) 投资项目的概念

投资是指以收益为目的的各种形式的投入活动。而项目是指为了达到特定的目标或取得特定的成果而进行的一系列相关活动。投资项目实际上是投资者为了达到其特定的目的或取得其特定的成果,将一定数量的资金或其他各种形式的资产投入某一对象或事业的一种活动。除了投资项目以外,还有很多非投资项目,两者的主要区别在于前者一般是指实物性的建设项目,而后者主要是指非实物性的项目,如资产评估、委托理财和希望工程等项目。这里应该说明的是,投资项目之所以不叫建设项目,其原因在于叫投资项目可以从资金的角度来把握项目的运作规律,以达到提高资金使用效率的目的,而叫建设项目则会使人们更多地注意项目实物形态的运作过程,从而忽视在项目运作过程中处于实物形态之上的项目的价值性。

(二)投资项目的特征

(1)投资项目有明确的目标。任何投资项目都有最终目标或产品,而这一目标或产品体现在具体实物或效益上,如投资建设办公大楼项目的产品是将大楼建起,投资某产品生产线的项目是安装好的生产线并能产出目标产品。项目在建设过程中,设计、施工、成本等原因导致的某些变更,都不会改变项目的最终目标。

(2)一次性。任何项目都有一个投资方案或执行方案,以求达到一个最终的质量和结果。其整个过程都必须按照原定的时间、资金投入量和质量来完成。项目运作的整个过程充分体现了项目的一次性特征。

(3)整体性。一个投资项目往往由若干子项目组成,如一个学校的建设项目由办公楼、教学楼、图书馆、学生宿舍、食堂和操场等若干个子项目组成,其中任何一部分的建设工程都属于这个学校建设项目中的子项目,其各子项目所用资金必须限制在项目预算范围内,其工期和质量必须符合项目的要求,任何一个子项目的超支、拖延或质量不符合设计要求都会影响项目目标的实现。只有对项目的生产要素进行最为合理的配置才能实现项目的最终目标。

(4)投资项目的阶段性。任何一个项目总要经过从开始到竣工的过程,其中包括项目的可行性研究、项目准备、项目的施工和项目的验收与试生产等阶段。此外,在项目建设的过程中,由于工作场地、设备安装的关联度和先后顺序等原因,整个项目的所有工作不能同时进行,如先建主楼后建配楼,先建楼再装修,然后安装室内设备,最后再绿化及修建围墙等。实际上任何项目投资从开始到结束都要经过一个时间过程,这一时间过程是由若干个阶段组成的。

## 二、投资项目的分类

对投资项目进行分类的目的在于科学管理项目,即通过区分项目的性质和意义来调节各类项目的比例,并引导投资者投资于某国或某地区最需求、对某国或某地区发展最有意义以及对投资者来说最能产生最高效益的项目。我国政府对各类项目进行了如下分类:

(1)按管理需要分类,把项目分成基本建设项目和技术改造项目。把以扩大生产能力或新增工程效益为主要建设内容和目的的项目叫作基本建设项目;而把以节约,增加产品品种,提高产品质量,治理"三废"和劳保安全为主要目的的项目叫作技术改造项目。

(2)按行业投资用途分类,把项目分成生产性项目和非生产性项目。生产性项目是指用于物质生产或满足物质生产需要的建设项目。而用于满足人民物质和文化生活需要的建设项目以及其他非物质生产的建设项目叫非生产性项目。

(3)按投资性质分类,把项目分成新建项目、扩建项目、改建项目和迁建项目。新建项目是指从无到有平地起家的建设项目;扩建项目是指现有企业为扩大原有产品的生产能力或效益及为增加新品种而增加生产车间的工程项目,行政和事业单位增建业务用房等项目;改建项目是指现有企业和事业单位对原有厂房、设备、工艺流程进行技术改造或固定资产更新的项目,以及为提高综合能力增建的一些附属或辅助车间或非生产性工程,从建筑性质上看也属于改建项目;原有固定资产因某种原因搬迁到另外的地方进行建设,不论其规模大小都属于迁建项目。

(4)按建设规模分类,把项目分成大型项目、中型项目和小型项目。技术改造项目分为限额以上项目和限额以下项目。

(5) 按项目的阶段分类,把项目分成预备项目、筹建项目、建成投产项目和收尾项目。

(6) 按投资资金来源分类,把项目分成国家预算拨款项目、银行贷款项目、自筹资金项目和利用外资项目。

(7) 根据国民经济各行业的性质和特点分类,可分为竞争性项目、基础性项目和公益性项目。

### 三、投资项目管理的概念与特征

#### (一) 投资项目管理的概念

管理是人们或企业为充分和有效利用各种要素,以达到某种目标而进行的一系列组织活动。管理实际上是一种追求效率的组织活动,它包括为实现某一目标而制定的各种制度、遵循的某几个程序以及采用的某种方法和手段。

管理的内容是项目,而项目是以一种独特的相互联系的任务为目标的,有效和合理地利用资源,为实现项目的特定目标而进行的各种努力都属于项目管理的工作。

#### (二) 项目管理的形成与发展

对各种资源和各种生产要素进行合理和更加有效的配置是每一个管理者的目标,因此我们可以断定自人类为收益而进行各种投资活动时,项目管理就已经存在了。但那时的管理活动与今天的管理活动相比,其区别在于前者是凭经验进行管理,而后者则是凭现代科学技术进行管理。人们将管理学上升到科学的角度来认识,即从经验管理到科学管理,起始于19世纪末,项目管理从那时起至今大致经历了以下三个发展阶段:

1. 古典管理理论(19世纪末至20世纪初)

19世纪末20世纪初,随着工业革命在西方的完成,以及科学在人类生活中地位的日益重要,西方的很多学者开始将管理学上升到科学的角度来认识,因此他们着手研究科学的管理方法并有很多的研究成果。其中,美国学者泰罗的《科学管理原理》、法国学者法约尔的《工业管理与一般管理》和德国学者韦伯的《社会组织和经济组织理论》分别阐述了科学管理理论、管理过程理论和行政组织理论,并形成了管理学领域最早的理论,即古典管理理论。泰罗在其《科学管理原理》中认为,管理就是通过科学的操作、定额和组织等手段来提高生产效率,他的最大贡献在于首次将科学引入到管理学中,因此被后人称为科学管理之父。法约尔在其《工业管理与一般管理》中提出了计划、组织、指挥、协调和控制五大管理要素,这五大管理要素至今仍然被许多管理学著作引用。韦伯在其《社会组织和经济组织理论》中强调,管理应以知识为依据,管理者应具有胜任领导岗位的能力,管理工作的重要任务是建立和实现一种理想的组织模式。古典管理理论的提出不仅标志着科学管理学的建立,而且对现代管理学的发展和实践活动还在产生着巨大的影响。

2. "行为科学"或"人际关系"理论(20世纪20年代)

20世纪20年代,西方的一些学者开始在科学管理的基础上,运用心理学和社会学的方法分析和研究项目管理活动,后人把这种分析和研究方法称为"行为科学"或"人际关系"理论。代表人物有美国的梅奥·罗特利斯伯格、马斯洛、赫茨伯格、麦格雷戈等。

3. 现代管理学(20世纪五六十年代)

进入20世纪以后,随着科学技术和经济的迅速发展,项目的规模越来越大,技术的含量越来越高,一个项目中所需要的多项技术互相交叉,尤其是费用高、时间长、不确定性因素多的科研项目、军事项目和航天项目的大量涌现,使传统的管理方法远远不能满足现代投资项目管理的需要。因此,第二次世界大战前后,为了适应新的投资项目管理的需要,西方出现了许多新的现代投资项目管理理论学派,其中包括管理科学学派、经验主义学派、社会系统学派、决策理论学派、系统管理学派、权变理论学派等。这些理论学派形成了今天的现代项目管理学。在第二次世界大战期间,随着美国对原子弹以及随后的阿波罗登月飞行等重大科研项目相继采用了现代项目管理的组织形式,现代项目管理这种组织形式才被确认和广泛采用,尤其在电子、核能源和宇宙空间等投资项目上。

(三) 现代项目管理的特征

现代项目管理与传统的项目管理相比,不管是从思想上,还是从组织上、管理手段上和方法上都有着明显的区别,其具体表现在以下几个方面:

1. 管理思想现代化

在现代社会生活中,科学技术已渗透到人们生活和工作的各个方面,投资项目的科技含量更高,合理而有效地利用各种要素就成为管理者的主要任务。而现代项目的管理对象即投资项目是由各种要素组成的一个系统,而不是某一个孤立的要素,对要素系统的管理必须从系统的整体出发,研究项目系统内部各子系统的关系、各子系统内部要素之间的关系、不同子系统内各要素之间的关系和系统与环境之间的关系等,因此,系统理论已成为现代管理的思想基础。

2. 管理组织的现代化

现代组织管理是靠符合现代社会要求并适应现代工作形式需要的严密的组织设计,以及科学的法规来规范的。也就是说,项目的组织机构不仅要全面而且结构一定要合理,每个机构必须有明确的功能和目标、各机构的对内和对外的权限以及它们之间关系的协调方式等。

3. 管理方法的现代化

按照现代管理理论的要求,现代管理的过程以及对管理效率的检验应通过数学模型,不仅要进行定性分析,还要进行定量分析,并尽量做到定性分析和定量分析相结合,使管理的方法更科学和更有效。

4. 管理手段的现代化

在计算机日益普及并被广泛应用的时代,应用计算机来了解和处理项目的各种数据,对项目各组织机构发布信息和进行协调,从而使项目管理过程达到系统化、网络化和自动化,以提高管理的效率。

## 第二节 国际投资项目周期

### 一、投资项目周期的含义

投资项目周期实际上是指一个投资项目从开始到结束的整个过程,即从项目需求的产生,经项目建设者和项目需求者对项目的确认,再到项目的建设和交工,以及最后验收合格交付使用。一个项目无论规模大小,项目的需求方和建设者都要经过仔细的选择、精心的设计、详细的核算、充分的准备、周密的评估、认真的执行、严格的监控和科学的总结等一系列的程序才能完成。完成这些程序往往需要几天、几个月甚至几年。人们也把项目的这一系列的程序称为项目的若干阶段,每一个阶段对后一阶段的实施都有影响,而最后一个阶段的结果可能还会导致一个新的投资项目或对一个新的投资项目提出设想。投资项目周期是由时间的有序性和技术上的可操作性导致的,而周期的长短是由项目规模的大小、项目的复杂程度和技术要求决定的。投资项目时间上的有序性是指一个项目中不同工序的施工顺序和不同子项目的施工顺序。技术上的可操作性是指某一种工作必须以另一种工作的完成为前提。投资项目往往是一个庞大而又复杂的系统工程,它不仅涉及众多学科和部门,而且需要大量的各类技术人才。项目的规模越大,内容越复杂,技术要求越高,项目所需的周期就越长。项目的管理者只有在尊重客观规律,合理制定投资项目周期的基础上,才能按时、按质和高效率地完成投资项目。

## 二、投资项目周期的阶段划分

### (一) 项目的确定

投资项目的提出首先是从项目的需求开始的,项目的需求方或项目的投资者向项目的实施者提出项目的需求建议,即项目的需求方或项目的投资者以项目建议书(request for proposal)的形式来描述项目的具体目标和要求。项目建议书既可由项目的需求方自行组织编写,也可委托有关机构代为编写。项目建议书的主要内容包括项目的目标、项目的建设条件、项目所需建设的内容、项目的预算等。项目的需求方在提出项目以前必须做好充分的可行性研究,可行性研究主要包括技术上的可行性、经济上的可行性,以及项目建成后的利润空间、成本估算、资金来源等。

### (二) 项目的准备

在项目的需求者确立项目以后,便着手进行项目的准备工作。项目准备工作的主要内容是寻找满意的项目实施者,即解决需求方案和对象的问题。项目需求者寻找的项目实施者一般也被称为项目的承包商。确定项目的承包商一般有两种途径,一种是通过各种途径让投资者认可的承包商了解项目建设信息,然后让对该投资项目感兴趣的承包商提出项目的实施方案,其中包括施工费用、工期、施工方法等,通过对各承包商提出条件的比较,确定最终的承包商;另一种是通过公开招标的方式来确定承包商,即项目的需求者也就是发包人通过在有影响的媒体上发布信息的途径来寻求感兴趣和合格的承包商进行投标,发包人择优确定承包商。此外,项目的选址、清理场地以及办理某些报批手续也是准备工作不可缺少的内容。

### (三) 项目的执行

在发包人与承包商签订项目承包实施合同以后,开始进入项目执行阶段。执行阶段的首要任务是施工设计。施工设计分为初步设计和详细设计:初步设计主要包括根据建设规模和现场的勘察情况,确定总体布局、工艺流程、设备选型、主要的技术指标、主要的建筑物、辅助设施、环保设施以及所需的各类劳务人员的配备等;详细设计主要包括施工总平面图、房屋建筑总平面图、安装施工图以及所需设备和原材料的明细表。其次是配备项目所需的各类技术和普通劳务人员。然后是项目所需设备和原材料的采购。设备和原材料的采购是按合同的要求进行的,如果是属于世界银行投资的项目,其设备和原材料的采购必须采用国际公开招标。最后,承包商按合同要求进行施工,并按期按质完成施工任务。

### (四) 验收与总结评价

验收主要是检查施工质量,项目的成果是否符合设计要求。在验收合格之后,项目的需求方可投入使用或生产。经过一段时间的使用或生产,通过对其效益的考察和运作过程中问题的发现,来总结该项目的经验教训,以得出该项目应改进的地方或该项目需要的后续项目,一个新的项目也许便由此而产生。

## 第三节  国际投资项目管理的内容

### 一、投资项目的费用和成本管理

(一)费用和成本管理的含义

费用和成本管理在于把最初的投资预算合理地分配到项目周期的各个阶段中去,以达到在预算的范围内尽量节约费用和降低成本的目的,即在项目的实施过程中合理地使用人力、物力和财力。费用和成本管理并不是说其项目的花费绝对不能超过预算,因为在项目进行的各个周期内由于某些技术和自然等原因致使项目费用增加也是常见的情况。项目的费用和成本管理是为了减少浪费,尽量将预算合理地分配到项目实施的各个环节中去,即使超出预算也应属正常超出或控制在投资人能承受的范围之内,以避免在项目实施的中途预算已被用光,甚至导致投资者因无法筹措到预算外费用而使项目中途停下来。实际上,费用和成本控制也是使项目顺利实施和利润最大化的保证,费用和成本管理必须是以不影响施工进度、质量和安全为前提的,只有对项目投资进行了较好的管理,才能取得较好的投资收益和社会效益。

(二)费用和成本管理的手段和方法

费用和成本管理一般有两种做法,一种是封闭式的,另一种是开放式的。

1. 项目设计阶段费用和成本管理的方法

项目的设计往往决定了项目费用的高低,因此选择设计方案就成了费用管理的关键。传统理论认为,人是有绝对理性的,在决策时人会本能地遵循最优化原则选择实施方案。而美国经济学家西蒙在其理论中,以"令人满意"作为准则,认为人的头脑能够思考和解答的问题的容量同问题本身的规模相比是非常渺小的,在现实的世界里要采取客观合理的举动,哪怕是接近客观合理性的举动也是非常困难的,因此"最优"决策几乎是不可能的,应该以"令人满意"来替代"最优"。西蒙的理论似乎告诉我们应从更多的设计方案中去选择"令人满意的方案"。在商品经济的社会中,运用技术与经济相结合的思维方式来选择设计方案则不失为进行费用和成本管理的一种有效的手段,即从组织、技术、经济、合同与信息等多方面对费用和成本进行管理。具体来说,对投资项目费用和成本的管理一般采用下列方法:

(1)公开招标和竞赛。公开招标实际上是一种竞争性的选择方法,即通过评标可以在较大范围内挑选出款式新颖、技术先进、配套设施齐全、安全适用、切合实际、费用低的设计方案。这种方式还可缩短设计周期和降低设计费用。竞赛的方式则使业主或其委托人通过各种媒体公布竞赛公告,在公告中公布竞赛目的、具体要求、竞赛规则、评选条件以及获奖名额、奖金数额或一经选用的奖励金额等,以竞赛方式来决定设计方案的目的是通过竞争来选取费用最低、款式最新和技术性能最好的设计方案。在国外大多数业主都采用公开招标和竞赛方式来选取设计方案。

(2)限额设计。限额设计就是要求设计者根据投资者能够用于投资的金额和技术要求,在不影响投资项目各项要求及不降低项目功能的前提下,对项目进行设计。限额设计并不是降低项目的技术标准,也不是说降低项目的功能要求,而是将有限的费用合理地运用到项目的各个环节中去。这实际上是将技术与经济相结合或功能与效益相结合的一种做法,换句话说就是少花钱办大事。限额设计这一做法对设计师的要求很高,设计师不仅要有很好的基本功,而且还应具备丰富的设计经验。在国外,大型豪华的投资项目一般都不采用限额设计,限额设计一般仅适用于中小型的投资项目,因为在采用限额设计时,重点强调的是费用和成本,设计师往往顾此失彼,具体设计式样由复杂到简单,使用的原材料由考究到一般化,不可能不影响投资项目的款式和档次,在某种程度上会影响投资项目的一些功能的发挥及项目的使用寿命,甚至还会降低项目的安全度,正如俗话所说"一分钱一分货"。

2. 项目发包阶段的费用和成本管理方法

项目投资人从发包到确定承包商的过程不管采用哪种方式都需要一定的费用,而投标人的投标活动肯定有一定的花费,发包人和投标人应根据招标方式来确定招标和投标过程所需要的合理费用。发包人在发包的过程中,根据设计单位的初步设计所需的工作量和原材料,以及最初的预算制定一个合理的标底,而投标人在对项目所需费用进行全面分析和计算的基础上进行报价,这样做的结果是既可以使招标人和投标人做到对项目的费用心中有数,又可以达到降低成本的目的。

3. 项目施工阶段的费用和成本管理的方法

项目施工阶段所需费用的管理是一项非常复杂的工作,在一般情况下应按进度和施工部位进行投放。但在施工的过程中,由于技术、实际效果、原材料与施工设备价格的变化或投资人意愿发生变化等原因,经常出现工作量和施工进度的变化,这些变化会造成费用的增加,承包人往往因此而向业主进行索赔。因此,选择业务水平高、责任心强的监理工程师就成为业主重要的先行工作。受业主之托的监理工程师,必须具有合理变更价款、控制费用支出、分清业主与承包商责任的能力。因为工作量和价款的变更,以及承包商要求的索赔必须经过监理工程师的同意并签字,至于价款的变更一般应遵循三个原则:一是如果项目的承包合同中规定了各种变更的具体价格,则应按合同规定计算变更款项;二是如果合同有某项类似变更价格的情况,则应以此为基础变更合同的价款;三是如果合同中没有价款变更的规定和类似价款变更的情况,则应由监理工程师经与业主和承包商协商来确定一个合理的变更价格。只有这样才能保证项目在费用不超出预算的情况下按时按质完成。

4. 项目费用的结算方法

项目费用的结算有各种方式,其中最常见的有以下几种:第一种是按月结算,即在工程施工过程中,每个月的月末进行结算,如果项目是跨年度的,年终还要进行一次盘点和结算,这种方式承包商往往要业主在每个月的月初或每个季度的开始预支一定数额的费用;第二种是竣工后一次性结算,即在施工的过程中,每月月初,或每个季度的开始,或每半年的第一个月,或每年的前两个月预支一定数额的费用,在整个项目竣工后进行一次性结算;第三种是分段结算,也叫按进度结算,即把一个项目建设的整个过程分为若干个阶段,每完成一个阶段的工作量就进行一次结算,当项目的全部工作结束时进行总的结算,这种做法实际上是项目款项的支出与工作量相结合;第四种是按工期与设备和原材料的到货相结合的结算方式,即除了按阶段支付一部分劳务费以外,承包人每次购买的设备或原材料到货并检验合格以后,业主向承包商或直接向供货商支付货款。采用这种做法时,合同必须对付款的内容、时间等细节问题做出具体的规定。在上述结算方式中,无论项目工期的长短和大小,其中每次结算的款项加在一起应控制在项目总价的90%左右,其余10%应在项目竣工后进行结算,这样做也是为了让承包商更好地履约或确保项目投资人的利益。

## 二、投资项目的设计管理

项目设计实际上是项目的投资人将蓝图变为现实的一种桥梁和纽带,它详细地说明项目总目标和分目标的具体内容,是项目实施的依据。项目设计的各种变更,实际上主要是对设计出来的施工图的变更;此外,它还阐述了项目的投入、产出、效果和影响之间的关系。项目设计主要包括以下内容:

1. 初步设计

项目的初步设计是根据项目的总目标来确定具体内容,并在保证技术和经济都可行的基础上对项目的实施进行总体规划的过程。其具体内容有以下两个方面:

(1) 工艺设计。工艺设计主要是确定生产工艺的过程,即从原材料或半成品精加工到制成品的过程。工艺设计对项目的周期、成本、质量、安全等有重要的影响。

(2) 建筑设计。建筑设计分为工业建筑设计和民用建筑设计两种,其内容主要分平面设计和工程设计两部分。平面设计主要是设计项目的总布局,即各项建筑、绿化带、交通网、安全和消防设施的布局。工程设计主要是根据项目建筑的效用及内部所需安装设施的情况,设计出建筑物的式样、高度、跨度和内部结构等。

2. 技术设计

技术设计是对项目中一些复杂的技术问题提出更具体、更合理的解决方案,其中包括现场及其他有关的勘察、编制详细设计、编制详细技术规程纲要等。技术设计既要符合国际标准,也要符合投资对象国的标准。

## 三、投资项目的施工管理

项目的施工管理指的是项目投资者对项目的实施过程进行的监督和控制。主要内容包括以下几方面:

1. 施工单位的选择

在进行费用控制的同时,选择优秀的施工单位是项目成功的关键。在选择施工单位进行招标时,除了可以采用传统的招标方式以外,还可以采用网络招标的方式。

2. 进度管理

施工进度的合理安排,对保证工程项目的工期、质量和成本有直接影响。工期、质量和成本也被称为施工管理的三要素。一般来说,在工期与成本之间,施工进度越快,单位工作量的成本越低;在成本与质量之间,质量要求越高,成本越高;在质量与工期之间,工期越短,质量越差。在项目实施过程中,承包商为了节省成本和增加利润,往往会加快进度而忽视技术标准,从而影响质量。承包商应按承包合同进行施工,当质量达不到要求时,承包商应自费返工并给予业主适当的补偿,但在实际施工难度大于最初预测时,应适当调整工期,以使工程项目具有更好的经济性。

3. 技术管理

技术管理是保证施工质量的主要手段,其主要内容包括对工地实验室、材料、配件质量的检查,对施工现场的混凝土、砂浆、灰土、土方的检查,对完工部位的逐日验收等。当然这些工作业主一般会委托监理代管,但业主应经常与监理保持沟通。

## 第四节 国际投资项目可行性研究

### 一、投资项目可行性研究概述

（一）投资项目可行性研究的概念

投资项目可行性研究是一种项目投资的系统的科学决策分析方法，是在项目投资决策前，对项目进行研究评价的一种科学方法。它通过对市场需求、生产能力、工艺技术、财务经济、社会法律环境等情况的详细调查研究，对拟建项目在技术上是否先进适用，在经济上是否合理有利，在社会上是否有效益，在环境上是否允许，在建造力上是否条件具备等进行全面系统的分析和论证，从而明确提出这一项目是否值得投资和如何运营等建议。可行性研究是项目前期工作的重要内容，它对项目的建设、实施方案，项目建成后的生产经营及各种效益和负面影响都进行了科学的论证。投资项目可行性研究为项目投资决策提供了重要的依据。

项目可行性研究始于20世纪30年代，美国在开发田纳西河流域这一大规模国土整治工程时，正式将"可行性研究"作为项目前期论证的名称。这一时期，项目可行性研究的侧重点在工程技术方面。第二次世界大战后，可行性研究被西方发达国家普遍采用，其重点逐渐转向财务分析方面。经过诸多专家的不懈努力，项目可行性研究从理论到实践日趋完善，并逐步形成了一整套较系统的科学研究方法。当今可行性研究的特点是注重投资项目的综合性效果，以财务分析为核心，并且对政治、社会、生态环境等因素给予相应的重视。我国从20世纪70年代末开始采用项目可行性研究这一科学项目决策手段，并已被全国的各行各业普遍采用。今天我国政府要求重大项目的决策必须进行项目的可行性研究。

项目可行性研究要解决的问题主要有：为什么要投资这个项目，项目的产品（劳务）市场需求情况怎样，资源条件如何，项目建设地点应选在什么地方，产品生产规模多大为宜，采用的生产工艺技术是否先进可靠，项目投资估算和方案比较情况如何，投资盈利水平怎样，风险有多大等。所有这些方面，都要在可行性研究中进行调查研究和综合论证，并得出明确的结论和数据。项目可行性研究做得认真细致，提供的依据准确可靠，可以避免项目在实施过程中因考虑不周而带来的损失，保证项目投产后能达到预期的经济目标。事实证明，可行性研究是项目投资中极其重要的，也是决定投资项目命运的关键环节。因为它不仅是投资者决策的依据，而且是银行贷款或政府审批的依据。

（二）可行性研究在项目管理中的地位和作用

投资项目的可行性研究在整个项目管理过程中处于领先和关键的地位，它决定着项目的成败。无论在国外还是我国利用外资的项目，投资者是否新建或扩建一个项目，主要都是依据可行性研究报告所提供的数据来做决定。从以下几个方面，可以看到项目可行性研究在项目管理中的重要作用：

（1）投资者制定投资决策的依据。投资者通过可行性研究，即通过分析项目在技术上是否先进可行，产品是否有销路，竞争能力及获利的大小，来判断项目的可行或不可行。

（2）投资者进行项目设计的依据。在对项目进行可行性研究时，对拟建项目的方案、规模、标准和地点以及项目所选用的设备，都根据项目的资金和目标情况进行了论证，因此项目的设计必须符合经过论证的上述要求。

(3) 政府机构审批项目的依据。我国实行对外开放政策以来,积极引进国外先进技术、鼓励国外投资者来我国投资,举办独资、合资或合作经营企业。政府机构要对这些涉外项目是否符合国家的技术、税收、环境等各项有关政策进行审查,同时要避免技术的重复引进。可行性研究给政府审批提供了依据。

(4) 投资者向银行申请贷款的依据。对涉外项目,项目可行性研究报告是向银行申请贷款的先决条件。凡贷款建设项目,必须向银行提送建设项目的可行性研究报告,银行对可行性研究报告进行评估,确认有足够的偿还能力后,才能给予贷款。

(5) 投资者签订各种合同或协议的依据。建设过程中的承发包合同、设备订货合同、投产后的原料供应合同、销售合同,以及场地、运输、资金筹措等合同都要以可行性研究报告为依据。

(6) 环境保护机构审批项目的依据。环境保护是可行性研究中的一个重要项目,其各项指标必须符合国家规定的标准。建设单位将可行性研究报告报送给环保部门,经批准并颁发执照后才可开工建设。

(7) 项目评估的依据。在对项目进行可行性研究时,应对项目进行中和项目完成后,可能因受到的技术、经济和社会等因素而给项目带来的不利影响提出具体的、科学的防范措施,以保证项目效益的实现。项目在最后评估时会根据项目的效益,对提出的这些措施进行评价,以提出更好的改进办法。

(8) 后续或未来项目决策的依据。有很多项目都是下一个项目的基础项目,该项目的效果直接影响下一个项目的效果或成为进行下一个项目的决策依据。例如,世界银行的很多项目都是由若干前后连续的项目组成的,如果前期项目的效果不好或失败,接下来的项目贷款就立刻停止。此外,投资者在进行下一个项目决策时,经常参照以前的项目。

(三) 可行性研究的步骤

1. 机会研究

机会研究又称投资机会鉴定。它的任务是:在一个特定的地区和行业,以自然资源的利用和市场调查预测为基础,进行粗略和笼统的估算,分析和选择可能的投资方向,寻找最有利的投资机会。投资机会的选择一般分为一般机会的选择和特定机会的选择。一般机会的选择主要是进行地区研究、部门研究和资源研究;特定机会的选择是指在一般机会选择的基础上将投资意向变成概括性的投资建议。

机会研究的步骤大体是:国别研究、地区研究、资源研究、部门或行业研究以及提供项目报告。机会研究工作比较粗略,主要依靠笼统的估计而不是详细的分析。这种粗略的研究所依据的各种数据一般是经验数据和规划数据,也有的是参考现有项目匡算得出的数据,其精确度一般为±30%。对于大中型投资项目,机会研究所用的时间一般为2—3个月,所耗费用一般占总投资费用的0.1%—1%。投资机会鉴定后,凡能引起投资者兴趣的项目,就有可能转入下一阶段,即初步可行性研究。机会研究在国外也叫投资的需求性分析,它是对项目的投资方向提出的一种原则性设想。

2. 初步可行性研究

初步可行性研究是投资决策者初步选择了投资方向后,对初步选择的投资方向进行进一步分析和论证。初步可行性研究的论证往往是对项目方案所做的初步的技术和经济等方面的分析。这一步骤有时根据决策者的要求和建议也可省去而直接进入下一阶段的研究。

初步可行性研究的目的在于判断所选择的投资机会是否有前途、项目成败的关键因素以及探讨是否还需通过市场调查、实验室试验和工业性试验等手段来评估所选择的投资方向。初步可行性研究的主要内容包括：市场状况、生产能力和销售策略，人力、动力、原材料等资源状况，建厂地址的选择，项目的技术方案和设备的选型，项目的组织管理结构，项目的实施进度，项目的资金筹措、产品的成本估算、盈利率和还贷期估算等的财务分析，项目的不确定性分析。

初步可行性研究一般要用4—6个月或更长的时间来完成，各种数据的估算精确度为±20%，所需费用一般占总投资的0.25%—1.5%。如果确定项目可以上马，则可以进入下一阶段的研究，即项目可行性研究。

3. 项目可行性研究

项目可行性研究是在初步可行性研究基础上对投资方向的选择进行详细分析。它不但要对项目从技术、经济上进行深入而详尽的进一步研究，确定方案的可行性，还必须对多种方案反复权衡比较，从中选出投资少、进度快、成本低、效益高的最优方案。可行性研究将为如何实施投资项目提供指导性依据。可行性研究必须为项目的决策提供政治、经济、环保、社会等方面的详尽情况，并对各种不同的方案进行比较，得出优选结果，论述项目达到目标的可能性及项目结果令人满意程度的大小等。

项目可行性研究的内容与初步可行性研究的内容基本相同，但它所需要的资料数据比初步可行性研究更精确，对数据处理的精确度要求更高。这一阶段各种数据的估算精确度为±10%，时间一般为8—12个月，所需费用占总投资费用的1%—3%，大型项目占总投资费用的0.2%—1%。此外，项目可行性研究还必须对以下问题做出结论：投资规模、投资额、资金来源、厂址的最佳位置、建设周期、采用的工艺技术、需要的辅助工作及建成后的经济和社会效益情况。

4. 编写可行性研究报告

这一阶段的主要任务是将可行性研究的基本内容、结论和建议，用规范化的形式写成报告，成为最终文件以提交决策者作为最后决策的基本依据。编制可行性研究报告有两个前提，一是搞好有关情况的调研，二是做好有关资料的收集。此外，可行性研究的结论应用客观的数据和科学的分析方法来得出，研究报告的内容深度一定要符合大多数国家规定的标准。对从事海外投资的中小企业而言，其可行性研究报告得出的有关结论不仅要符合国家经济和社会发展的长远规划、部门和地区的规划、产业和投资政策、国家进出口贸易和关税政策、国家有关土地开发、资源利用、技术工艺等方面的法律规定，也要符合东道国的相关规定。

下面以中外合营（合资与合作）项目为例说明可行性研究报告的主要内容。其主要内容包括：基本概况（包括合营企业名称、法定地址、注册国家、总投资、注册资本和合营企业期限等）；产品生产安排及其依据；物料供应安排及其依据；项目地址选择及其依据；技术设备和工艺过程的选择及其依据；生产组织安排及其依据；环境污染治理和劳动安全、卫生设施及其依据；建设方式、建设进度安排及其依据；资金筹措及其依据；外汇收支安排及其依据；综合分析（包括经济、技术、财务和法律等方面的分析）和主要附件（包括合营各方的营业执照副本、法定代表证明书等）。

5. 项目评估

项目评估是指银行、政府部门、金融信贷机构对项目的可行性研究报告做出评审估价。项目评估和可行性研究的内容基本相同，但它们是投资决策过程中两个不同的重要阶段。其主要区别在于:可行性研究是由投资者负责的,其考虑的重点是更新技术、扩大生产、赚取利润。项目评估主要是由银行或金融机构进行的,它所关心的是贷款的收益与回收问题,主要评估项目的还款能力及投资的风险。所以,在项目评估时侧重考察以下几个问题:① 基础数据的可靠性;② 项目方案是否优越;③ 项目投资估算的误差是否超过允许的幅度;④ 项目投资建议是否切实可行,有没有错误的建议或遗漏;⑤ 项目的关键方面是否达到期望研究的质量。

可行性研究的五个阶段都是在项目投资前进行的,可行性研究是项目发展周期的一个重要组成部分。

**阅读专栏** **北京新华信商业信息咨询有限公司企业信用报告样本(节选)**

本报告所指的金额除特别说明外,均为人民币。
重要事项:目标公司于2001年由原名某科技发展有限公司更为现名。
报告摘要:(略)
信用评价:
建议信用额度:150万元。
信用等级:CR3。

新华信的建议信用额度没有考虑您与目标公司的具体交易情况,仅供您在确定与目标公司进行信贷决策时参考。新华信在分析目标公司资信状况时,综合考虑了目标公司的规模、背景与历史,目标公司相对于行业平均水平的财务状况和经营情况,目标公司的信用历史等。新华信信用等级的含义如下:

| 等级 | 风险水平 | 新华信建议 |
| --- | --- | --- |
| CR1 | 风险极小 | 信贷交易可以很宽松 |
| CR2 | 风险小 | 信贷交易可以较宽松 |
| CR3 | 风险低于平均水平 | 可以正常信贷条件与其交易 |
| CR4 | 风险属于平均水平 | 可在密切监控基础上以正常信贷条件与其交易 |
| CR5 | 风险高于平均水平 | 尽量避免信贷交易 |
| CR6 | 风险大 | 信贷交易应以担保为基础 |
| CR7 | 风险很大 | 只在现金基础上与其交易 |

综述:目标公司是一家专业从事计算机设备批发的公司,主要代理各知名品牌的计算机设备,目标公司近几年业务收入增长速度高于整个行业的增长速度,但由于竞争激烈,销售毛利率有所下降。目标公司的资产结构和资产效率好于同行业的平均水平。

实地探访:信用分析员于2002年访问了目标公司经营地点——某大厦某楼某座某室。此大厦位于上海市徐汇区繁华地段,交通非常方便。据大厦物业管理处的有关人员透露,大厦属于甲级写字楼,租金约为100—120元/平方米/每月。目标公司租用办公面积若干平方米。办公室内部陈设简单,工作气氛紧张。

主营业务:(略)
销售情况:(略)
采购情况:目标公司是某显示器的总代理,直接向南京某显示器有限公司采购显示器,其采购条件是30天赊账。目标公司一般的采购条件是30天赊账或现金进货。

信用记录:信用分析员通过与南京某显示器有限公司财务部联系,得知目标公司是其在华东地区的总代理,付款较为及时。信用分析员与目标公司的另一家供货商苏州某电子有限公司进行电话联系,该供应商的销售经理告知,其与目标公司合作至今未发生拖欠现象。信用分析员访问了目标公司所在大厦的物业人员,了解到目标公司于2000年进驻经营,至目前为止,目标公司每月支付租金均较为及时。经向当地法院查询,未发现目标公司被起诉的记录。

员工数量:(略)

财务资料:(略)

财务说明:(略)

基本财务指标对比:(略)

银行账号:(略)

注册资料:(略)

股东及股份:(略)

主要股东背景:(略)

主要管理人员:(略)

附属机构:(略)

资料来源:新华信公司网站(http://www.sbd.com.cn)。

(四) 可行性研究应注意的几个问题

1. 科学性和公正性

科学性是指用科学的方法和认真的态度来收集、分析和鉴别资料,任何一项经济和技术的评估结果和决策都是以科学为依据,并经过认真计算、分析和比较得出的。公正性是指项目可行性研究必须坚持从实际出发和实事求是的原则,排除主观的意愿和偏见,得出项目可行或不可行的科学和公正的结论。绝不能出现任意改动数据的情况,以免做出主观上有倾向的投资选择;更不能采取先定结论,再编选论据的做法。

2. 客观性和合理性

客观性是指根据项目的资金状况、建设条件和技术水平,并用科学的方法,根据可靠的数据来做出客观的分析结论。数据资料要求真实可靠,分析要据实比选,据理论证,公正客观。其合理性主要包括以下几个方面:

(1) 认真审核基础数据的可靠性。投资额、生产量、成本费用和销售收入等基础数据一定要比照同类项目,结合当地实际情况认真估算,如果基础数据估算失误,下面的内部收益率计算过程再规范,计算数值再准确,也不能起到应有的作用。

(2) 合理确定计算期。计算期不宜过长,如果过长,便难以预测环境的变化,进而使计算的各项动态经济指标的可信度降低。

(3) 基准收益率的确定必须切合实际,偏高或偏低都会使折现计算失真。

(4) 多方案比较时应认真审定方案之间的可比条件;否则,不仅会使比较失去实际意义,而且可能导致决策失误。

3. 可行性研究的结论应简单明确

可行性研究中的结论和建议,应以简洁的文字总结本研究的要点,建议决策人采用推荐的最优方案,要简述其理由,其中包括推荐方案的生产经营和技术的特点、主要技术经济指标、不确定性分析结论、对项目各个阶段工作的指导意见等;同时,应明确指出实施项目中要注意和预防的问题,切忌有意隐瞒一切可能出现的风险。

## 二、可行性研究的实施

目前进行项目可行性研究通常采用两种方式:一是由企业自己编制,同时聘请一些专家作为顾问;二是委托专业咨询公司编制。

### (一) 由企业承担编制任务

如果由企业自己承担编制任务,则首先要成立一个研究小组。项目可行性研究小组理论上至少应包括下列成员:一名负责人,一名市场分析专家,一名本行业技术专家,一名管理专家,一名财务专家。此外,还应视项目的具体情况聘请法律、金融、生态环境等方面的专家协助工作。

以企业自身为主,同时视情况聘请一些专家协助编制可行性报告的优点主要是:编制人员熟悉本行业和本企业的技术业务以及企业管理特点,编制的报告针对性较强,并且所花费用较少。但是,也存在着一些缺点,如可行性研究的结论往往带有一定的倾向性;有些企业因专业人才不全或水平较低,有可能导致可行性研究报告的质量较差,甚至带来一些问题。

### (二) 委托专业咨询公司编制

在国内外,承担项目可行性研究的机构大小各异,有跨国公司、研究院所、大学、设备制造商、施工承包公司以及专门的咨询公司和小型事务所等机构。目前,在西方国家有一些世界性的跨国咨询公司,专门从事可行性研究工作,如美国的麦肯锡公司和克泰尔公司、法国的雷诺咨询工程公司、瑞士的哈耶克咨询公司等。因此,企业必须按照一定的程序,选择信誉高、经验多的咨询机构为己服务。委托专业咨询公司编制可行性研究报告时,要注意处理好以下两个问题:

1. 合作程序

(1) 确定咨询服务的职责范围。项目投资者应为本次咨询服务划定界限,其中包括:需要提供服务的内容细目、日程安排,报告的最终形式等。

(2) 发送征求咨询文件。根据咨询服务的职责范围,项目投资者编制出征求咨询文件,然后向项目投资者认为比较合适的咨询机构发送。被选咨询机构一般以3—6家为宜,提出名单过多,会给选择工作带来困难。

(3) 确定候选机构的优选顺序。候选机构在接到征求咨询文件后,如对此咨询感兴趣,一般都会编制咨询建议书。内容包括:可行性研究的工作大纲、时间进度、研究重点、研究深度、费用和支付方式、人员组成、向项目投资者汇报的时间、次数等。项目投资者在收到各候选机构的咨询建议书后,即可开始对各咨询机构的业务能力、从事工作的人员是否称职以及该建议书的适应程度进行评价,选出一个值得与其进行合同谈判的公司。

选择咨询机构的标准,可以从以下几个方面确定:① 咨询机构对项目所涉及的经济和技术活动的一般经验如何;② 所提出的工作计划是否切合项目的实际情况;③ 所提出的费用是否能被项目投资者基本接受。综合以上三项标准,排出优选顺序。

(4) 谈判并签订合同。通过以上优选次序排序确定候选机构后,即可安排与选中的公司谈判,就一些细节问题进行磋商,最后签订咨询合同。谈判结束,项目投资者将选定咨询公司的消息通知其他候选公司之后,咨询工作人员即可开始工作。

### 2. 可行性研究咨询费用的计算方式

（1）固定金额计算。这种方式按照咨询价格的理论构成计算出咨询费用总额，以后的整个咨询活动不再另外计取费用。通常，这项总额费用中还包括一定比例的不可预见的支出费用。咨询过程中，如费用有结余，归咨询机构；如有超支，投资者不予补偿。对于确定属于业务增加而引起的费用，可以用追加合同的方式解决。

（2）咨询人员工资加一定比例的其他费用。这种方式是将咨询人员的工资加上一定比例的其他费用作为咨询费。其计算公式为：咨询费 = 咨询人员工资 × (1 + 系数) + 直接费用。

公式中的系数，实际上反映了咨询活动中间接咨询费用的内容，它的高低一般取决于常规的间接费用数量和咨询工程的所在地、工作季节、工程类型等。该系数通常在 2 以上，美国一般取 2—3。

（3）概略估计。对于某些投资项目，由于其所需咨询服务的不确定性，可由咨询机构一方根据项目难易程度和以往同类项目咨询的经验，提出一个咨询费用的总金额，并同时规定一个报酬总额的上限和下限。如果项目咨询活动出现意外增减，咨询费用增减的额度以预先议定的上下限为界。

## 思考与练习

1. 简述投资项目管理的概念与特征。
2. 费用和成本管理的手段和方法有哪些？
3. 可行性研究的步骤有哪些？

## 案例分析

### 苏丹石油开发项目

**一、项目背景**

苏丹石油资源丰富，油气勘探有较长的历史。自 20 世纪 20 年代起至 90 年代初止，先后有十多家外国石油公司在苏丹陆上及红海沿岸开展过油气勘探活动，其中以美国 Chevron 公司在苏丹所进行的勘探活动规模最大。Chevron 公司从 20 世纪 70 年代中期起，在苏丹陆上近 60 万平方公里的范围内进行了为期 10 年的大规模石油勘探，累计投资近 11 亿美元，先后在苏丹 6 区发现了两个小油田，探明和控制石油地质储量共 1 179 万吨；在 1/2/4 区发现两个中型油田，探明石油地质储量共 1.7 亿吨（6 区位于苏丹西南部，距首都 1 000 公里，与 1/2/4 区西界毗邻，面积 59 000 平方公里）。后来，由于美苏关系恶化等原因，Chevron 公司在还没有对上述油田进行开发的情况下撤出苏丹，放弃了苏丹石油项目。

从 1994 年 2 月到 9 月，中国石油天然气集团公司（CNPC）先后两次组团赴苏丹进行考察和现场勘探，收集了大量的资料，经认真评价后，优先选了 6 区作为合作区块，并与苏丹能源矿产部勘探开发局签署了《合作备忘录》。CNPC 于 1994 年 11 月 19 日向中国外经贸部呈报了该项目的可行性研究报告和使用援外优惠贷款的申请。

1995 年 9 月 26 日，在苏丹总统访华期间，双方在北京正式签订了《产品分成合同》。1995

年12月8日,CNPC与中国进出口银行签署了使用援外优惠贷款1亿元人民币的贷款协议。该项目开创了我国石油界利用政府援外优惠贷款进行石油勘探开发的先例。1996年1月1日,《产品分成合同》正式生效。

二、项目执行情况

CNPC于1996年1月派出7人小组抵喀土穆开始筹建公司并具体负责项目合同的执行,并于1996年4月2日在喀土穆正式注册成立了中油国际(苏丹)公司,负责项目的操作。

该项目从1996年1月启动至1999年,共完钻4口井,其中3口评价井,1口预探井。3口评价井均有较好的显示,新增基本探明石油地质储量122万吨,控制石油地质储量550万吨;其中AC-1井单层试油产量60立方米/天,AC-2井自喷产量39立方米/天,SC-1井发现稠油。共完成三维地震121平方公里,二维地震1 079公里。截止到1998年12月,已累计投资3 457万美元。与此同时,进行了大量的石油地质综合研究工作,取得了一系列成果和认识,为下一步勘探目标的选择做好准备。

在苏丹6区项目进行施工和作业的全部为中方队伍,包括一个地震队、一个钻井队、一个测井项目组和一个试油队,作业施工人员100多人,加上国内从事技术、管理、外贸等工作的人员,共有150多人。到1998年年底,该项目共为国内带来总合同额达2 909万美元的技术、装备、劳务输出。

苏丹6区项目的实施,使苏丹政府和石油界对中国石油工业实力及管理方法有了比较深入的了解。他们一致认为中国的石油技术装备和管理虽然不是最先进的,但是是最实用的、高效的、最适合苏丹国情的。正是这一认识,使CNPC在苏丹1/2/4区勘探开发项目竞标中挤掉了几家国外大石油公司(如西方石油公司、道达尔石油公司等),成为该项目的最大股东。

从1996年起,中国石油天然气集团(以下简称"中国石油")投资开发了苏丹项目,包括1 506公里输油管线建设、1 000万吨油田地面工程和喀土穆250万吨炼油厂建设,工程量浩大,投资巨大。中油集团严格按照国际标准作业,优质、高效地完成了施工任务。

苏丹石油项目受到了苏丹政府乃至国际石油界的普遍赞誉,成为中国石油在海外的标志性工程和"活广告"。1999年8月30日,由中国石油控股的苏丹1/2/4区首船原油出口,标志着我国第一个海外经营的大型新石油诞生。据苏丹石油部门发布的材料显示,3块开始产油的新油田,2001年共产油6 400万桶,收入11.6亿美元。按照合同,油田最大的投资者中国石油分得红利3.2亿美元,成品油1 225万桶;苏丹政府与加拿大、马来西亚的两家石油公司共分得6.8亿美元,成品油2 500万桶。该项目已经由建设投入期进入投产回收期。吴邦国副总理在视察该项目作业现场时曾说:"苏丹项目为中国企业树立了很好的形象,也取得了很好的经验,找到了一条很好的石油发展的路子。"

如今,中国石油所属企业在对外经贸企业中经营业绩位居前茅。中国石油实施"走出去"的国际化经营战略,在国际市场上展示出昂扬进取的宏伟气势,也壮大了企业实力。

【思考与讨论】

1. 请简要评论海外石油勘探开发项目管理需要注意的问题。
2. 请思考对外援助在密切我国与发展中国家关系以及推动中国企业"走出去"方面的积极作用。

# 第十章 国际投资税收筹划

**【教学目的】**

通过本章学习,学生将能够:
1. 了解国际税收相关知识。
2. 熟悉国际税收筹划的性质、客观基础、刺激因素和主要方法。
3. 把握国际上主要的反避税措施。

**【关键术语】**

国际税收　税收管辖权　国际双重征税　国际税收协定　国际税收筹划　国际避税　国际逃税　国际避税地　转移价格

**【引导案例】**

2016年欧盟委员会经过调查,指认爱尔兰政府给予苹果公司非法税收补助,令苹果公司逃避大量税金。欧盟委员会于2016年8月30日裁定爱尔兰政府需从苹果公司补收2003年至2014年税款(含利息)最高达130亿欧元。

爱尔兰政府对欧盟委员会裁定表示不满,认为其税收政策没有违反欧盟规定,且从未向苹果公司提供任何税收优惠待遇。

爱尔兰企业税税率为全欧洲最低,仅为12.5%,吸引了苹果、谷歌、脸书、推特等众多跨国公司将地区总部设在爱尔兰。近来,欧盟加大了对美国企业的税收调查力度,星巴克已被要求向荷兰政府补交税款。

资料来源:http://tech.ifeng.com/a/20160908/44449214_0.shtml。

## 第一节 国际税收概述

### 一、国际税收的概念

(一) 税收与税收制度

税收是一个经济范畴,也是一个历史范畴,它的发展是受社会生产力发展水平制约的。税收是国家为了实现其职能,以政治权力为后盾,强制地、无偿地参与社会产品分配的一种方式。税收所反映的是一国政府同其政治权力管辖范围内的纳税人(包括自然人与法人)之间所发生的征纳关系。税收是国家参与国民收入分配的一种特殊方式,同其他的分配方式相比较,具有强制性、无偿性和固定性等几个特征。

税收制度是国家各种税收法律、法规和征收管理办法的总称,是国家征税的法律依据和工作规程。构成税收制度的基本要素主要有:纳税人、征税对象、税目、税率、纳税环节、纳税期限、减免税和违章处理等。

(二) 国际税收的概念

国际税收是指两个或两个以上国家的政府,在依据各自的税收管辖权对跨国纳税人征税的过程中,所发生的国与国之间的税收分配关系。对国际税收概念的理解,要注意把握以下几方面的内容:① 国际税收作为一种税收活动,不能脱离国家而独立存在,它是国家税收在国际范围内的运用,是以国家为一方、以跨国纳税人为另一方的税收征纳行为。② 跨国纳税人是国际税收中的一个关键性因素。这是因为,一个国家对纳税人征税,行使其征税权力,本属于国家税收的范围,只是由于纳税人的活动超出了国界,成为跨国纳税人,才引起了国家之间的税收分配关系,产生了国际税收。③ 国际税收的实质是国家与国家之间的税收分配关系,它同国家税收的实质有着严格的区别。国家税收所反映的是一国政府与国内纳税人之间的分配关系,而国际税收所反映的除了这方面的分配关系以外,更多的是指不同国家之间的税收分配关系,或者说是不同国家之间的财权利益分配问题。

(三) 国际税收与外国税收和涉外税收的区别

国际税收不仅同国家税收有着明显的区别,而且同外国税收以及涉外税收等概念也不同。外国税收是相对于本国税收的一个概念,它是外国人眼里的本国税收,它同本国税收一样,也属于国家税收的范畴,因而不能把外国税收看成国际税收。涉外税收是一国税收制度中涉及外国纳税人的部分。各国的涉外税收同国际税收有着一定的联系,各国的涉外税收制度是国际税收关系形成的基础,国际税收是各国涉外税收的延伸和扩展。但是,两者的立足点是不一样的。一国的涉外税收立足于国内,主要是处理本国政府的对外征税问题,所体现的是该国的对外经济关系,它对别国的税收制度是不起约束作用的。而国际税收主要立足于国际间,所要处理和解决的问题主要是国与国之间的税收分配关系,它把各国的涉外税收制度放在国际经济关系的整个体系中加以分析和考察,从而揭示出带有规律性的本质的联系,调整和规范国际间的税收分配关系。所以,也不能把涉外税收同国际税收等同看待。

(四) 国际税收中的纳税人和征税对象

在国际税收中,纳税人和征税对象是不可缺少的两个要素。实际上,国际税收本身并没有自己单独的纳税人和征税对象,国际税收所涉及的纳税人和征税对象仍然是各个国家税法所规定的纳税人和征税对象,只有当有关国家各自对它的税法所规定的纳税人征税,引起了这些国家相互之间的税收分配关系时,才使得这些国家的纳税人和征税对象同时成为国际税收所涉及的纳税人和征税对象。国际税收所涉及的纳税人是指负有跨国纳税义务的自然人和法人。该跨国纳税人必须拥有来自居住国以外的收入或所得,并且,该跨国纳税人的同一笔跨国收入或所得同时在两个或两个以上的国家成为征税对象。由于国际税收的研究范围主要是所得税,国际税收中所涉及的征税对象主要是指跨国收入或所得,包括跨国经常性收入或所得、跨国超额收入或所得、跨国资本利得或跨国其他收入或所得等。

## 二、税收管辖权和国际双重征税

(一) 税收管辖权的概念

税收管辖权是国家主权在税收领域中的表现,是国家依法确定纳税人和征税对象及其纳税义务的权力。税收管辖权的主体,是拥有征税权的国家,其客体则是负有跨国纳税义务的跨国纳税人及其跨国所得。

(二) 税收管辖权的分类

税收管辖权是国家主权的重要组成部分,它受到国家政治权力所能达到的范围的制约。对于一个主权国家的政治权力所能达到的范围,一般有两种理解:一个是地域概念,即一个国家只能在该国区域内(领土范围内)行使它的政治权力;一个是人员概念,即一个国家可以对该国的全部公民和居民行使其政治权力。在国际税收中,选择地域概念作为一国行使其征税权力的指导原则的,称为属地原则;选择人员概念作为一国行使其征税权力的指导原则的,称为属人原则。按照属地原则确立的税收管辖权,称为地域税收管辖权或收入来源税收管辖权,它根据纳税人的所得是否来源于本国境内来确定其纳税义务,而不管纳税人是否为本国的居民或公民。按照属人原则确立的税收管辖权有两种,称为居民税收管辖权和公民税收管辖权,它们根据纳税人同本国的居住联系或政治法律方面的联系(即是否拥有国籍)来确定其纳税义务,而不管这些居民或公民的所得是否来源于本国领土范围之内。近年来,公民税收管辖权的应用越来越少,世界各国普遍行使的是居民税收管辖权。

在当今世界上,绝大多数国家和地区都在同时行使地域税收管辖权和居民(公民)税收管辖权,也就是常说的"两权并用"。有的个别国家甚至是"三权并用",即同时行使地域、居民和公民三种税收管辖权,如美国。当然,也有少数国家(如巴拿马、乌拉圭和阿根廷等)和地区(如中国香港)单一行使地域税收管辖权。还有极少数国家和地区完全放弃对所得税的税收管辖权,即两种税收管辖权都不采用,如巴哈马、开曼群岛、瑙鲁和安道尔等。目前,中国内地在所得税方面同时采用了地域和居民两种税收管辖权。

(三) 国际双重征税的含义和产生的原因

国际双重征税有时也称为国际重复征税,是指两个或两个以上的国家,在同一时期内,按同一税种对参与国际经济活动的同一跨国纳税人或不同跨国纳税人的同一征税对象同时征税。国际双重征税一般可分为法律性双重征税和经济性双重征税两种类型。法律性双重征税强调的是纳税主体(纳税人)与纳税客体(征税对象或税源)均具有同一性,指的是不同国家对同一跨国纳税人的同一征税对象或税源进行的重复征税;而经济性重复征税指的是不同国家对不同的跨国纳税人的同一征税对象或同一税源的重复征税,经济性重复征税不强调纳税主体的同一性。

国际双重征税是由于各国税收管辖权的重叠行使造成的。税收管辖权重叠的方式主要有三种,即地域税收管辖权与居民税收管辖权的重叠;地域税收管辖权与地域税收管辖权的重叠;居民税收管辖权与居民税收管辖权的重叠。国际双重征税的存在加重了跨国纳税人的税收负担,违反了税收的公平原则,影响了有关国家之间的财权利益关系,因而对国际经济尤其是国际投资的发展会产生十分不利的阻碍作用。

(四) 避免和消除国际双重征税的方式与方法

由于国际双重征税对国际经济的发展有不良影响,为了顺应国际经济发展的潮流以及各国财政经济利益和税务管理的需要,各国政府和国际经济组织采取各种方式与方法来避免和消除国际双重征税。目前,各国采取的避免国际双重征税的方式有三种,即单边方式、双边方式和多边方式。单边方式是指一国政府单方面采取措施来消除和缓和国际双重征税的方式。双边方式是指有关的两个国家之间通过谈判,共同签订双边税收协定以克服双重征税的方式。多边方式是指两个以上的国家间通过谈判签订多边税收协定的方式。在上述三种方式中,应用最普遍的是双边方式。

在各国税法和国际税收协定中通常采用的避免、消除或缓和国际双重征税的方法主要有免税法、扣除法、抵免法和减免法。免税法也称豁免法,是以承认地域税收管辖权为前提的,即政府对本国居民来自本国以外的全部所得免税,而只对其来源于本国境内的所得征税。扣除法是指行使居民税收管辖权的国家,对居民已纳的外国所得税额,允许其从来自世界范围内的应税总所得中作为费用扣除。扣除法有时也称作扣减法,它同抵免法一起构成一国单边免除国际双重征税方法的体系。抵免法指的是采用居民管辖权的国家,对其居民在国外的所得征税时,允许居民把已纳的外国税额从应向本国缴纳的税额中扣除。行使抵免法的原则是既承认居民税收管辖权,也承认地域税收管辖权,并且承认地域税收管辖权的优先地位。抵免法是目前国际上采用较普遍的避免国际双重征税的方法。减免法是指一国政府对本国居民来源于国外的所得,在本国按较低的税率征收。减免法可以减轻或缓和国际重复征税,但不能消除国际重复征税。以上四种方法在避免或消除国际双重征税方面都可以起到积极的作用,但相对而言,免税法与抵免法比较彻底,扣除法和减免法作用小一些。

**阅读专栏** 中国和乌克兰关于对所得和财产避免双重征税的规定

第二十四条 消除双重征税方法

一、在中国,消除双重征税如下:

(一)中国居民从乌克兰取得的所得,按照本协定规定在乌克兰缴纳的税额,可以在对该居民征收的中国税收中抵免。但是,抵免额不应超过对该项所得按照中国税法和规章计算的中国税收数额。

(二)从乌克兰取得的所得是乌克兰居民公司支付给中国居民公司的股息,同时该中国居民公司拥有支付股息公司股份不少于10%的,该项抵免应考虑支付该股息公司就该项所得缴纳的乌克兰税收。

二、在乌克兰,消除双重征税如下:

按照乌克兰关于消除在乌克兰境外缴纳的税收的法律规定(该规定应不影响本协定总的原则),根据中国法律,并与本协定一致,就来源于中国境内的利润、所得或应税财产而支付的中国税收,无论直接缴纳或通过扣缴,应允许在就该利润、所得或财产计算的乌克兰税收中抵免。该抵免在任何情况下不应超过抵免前,按照实际情况计算的,应属于在该另一国可能就该所得或财产征收的所得税或财产税部分。

资料来源:节选自《中国和乌克兰关于对所得和财产避免双重征税和防止偷漏税的协定》,http://www.chinalaw114.com。

### 三、国际税收协定

(一)国际税收协定的发展与作用

国际税收协定是有关国家为了协调相互间在处理跨国纳税人征税事务和其他有关方面的税收关系,本着对等原则通过谈判而达成的一种书面协议。国际税收协定有时也称为国际税收条约。签订国际税收协定的目的主要是避免国际双重征税;此外,还包括反对税收歧视,以及通过加强国际税务合作防止国际偷漏税。

最早的国际税收协定是1843年在比利时和法国之间签订的。该协定主要是解决两国间在税务问题上的相互合作和交换情报等问题，目前已不执行。目前仍在执行中的最早缔结的税收协定是意大利和奥地利于1925年10月31日签订的双边税收协定。从第一个国际税收协定出现到现在的一个半世纪中，国际上签订了各种类型的税收协定1 000多个。国际税收协定已成为当今国际经济关系中的一项重要内容。为了使国际税收协定规范化，多年来，各国政府和国际经济组织做出了积极的努力。现在，有两个税收协定范本供各国在签订税收协定时参考，一个是经合组织于1977年颁布的《经济合作与发展组织关于避免对所得和财产双重征税的协定范本》（简称《经合组织范本》），另一个是联合国于1979年颁布的《联合国关于发达国家和发展中国家间双重征税的协定范本》（简称《联合国范本》）。《联合国范本》和《经合组织范本》都承认从源征税原则应当优先，而纳税人居住国应当采取抵免或免税的方法来避免国际重复征税。但两者也有区别：前者强调收入来源税收管辖权，后者则偏向居民税收管辖权。因此，这两个范本在一定程度上分别反映了发展中国家和发达国家的利益。对于发展中国家而言，《联合国范本》是它们在谈判双边税收协定时的一个较好的参考样本。

国际税收协定的作用主要有：体现出了主权国家之间的相互尊重和平等协商；可以赋予本国居民（公民）履行跨国纳税义务的安全保障；可以促进缔约国各方协调相互之间的税收分配关系；可以推动有关国家之间的经济技术交流与合作。总之，国际税收协定的签订，可以避免国际双重征税、减轻跨国纳税人的负担、反对税收歧视和防止国际偷漏税，从而有力地促进世界经济的发展和一体化。

（二）国际税收协定的主要内容

国际税收协定的主要内容一般包括适用范围、征税权的划分、消除双重征税的方法、无差别待遇和情报交换五个方面。适用范围是指国际税收协定对哪些人、哪些税种适用，以及它在时间和空间（领域）上的法律效力。征税权划分方面的内容是国际税收协定的主要部分，这方面的规定一般要占整个协定条文的3/5至4/5。征税权划分所要解决的是跨国纳税人的各项所得在各缔约国间如何进行公平、合理分配的问题，它主要涉及对营业所得、投资所得、劳务所得和财产所得的征税权的划分。国际税收协定中避免双重征税的方法同各国国内税法中规定的方法基本上是相同的，即免税法和抵免法等。无差别待遇是国际税收协定的一项常有的内容，指的是反对税收歧视，实质上就是要求实行国民待遇。无差别待遇的具体含义是指：缔约国一方国民在缔约国另一方负担的税收或者有关义务，不应与该缔约国另一方国民在相同的情况下负担或可能负担的税收或有关义务有所不同或比其更重。建立缔约国间的税务情报交换制度是缔约各方的一种义务，这种制度的建立有利于防止国际偷漏税行为的发生，避免潜在的不公平税负。所以，在国际税收协定中都列有一些专门条款，规定双方国家的主管当局应定期交换税务情报。

## 第二节　国际税收筹划

一、国际税收筹划

所谓国际税收筹划，指的是跨国纳税人利用各国税法规定所存在的差别或税法规定允许的办法，采用各种公开与合法的手段做出适当的投资决策和财务安排，以减少或消除税收负担，达到国际避税目的的行为。

这里的国际避税与国际逃税的性质是不同的,国际逃税是指跨国纳税人利用国际税收管理合作的困难和漏洞,采取不向税务机关报送纳税材料、谎报所得、虚构扣除、伪造账册和收付凭证等种种非法的隐蔽手段,蓄意瞒税,以谋求逃避应承担的纳税义务的行为。避税是公开与合法的,而逃税是隐蔽和非法的,这是两者的主要区别。

国际逃税和国际避税的性质不同,因而各自所承担的责任也不同,对国际逃税,可由有关国家根据其国内税法或税收协定的规定,依法进行补税和加处罚金,以示惩罚。而对国际避税行为,由于是各国税法上的漏洞和各国税法之间的差别引起的,对避税人无法也不可能进行处理,有关国家在发现这些问题之后,只能通过完善税法,如相应做出一些补充规定,或加强与他国税法的衔接,来进行防范。

需要指出,逃税与避税只是两个相对而言的概念,以合法与否来作为区分二者的标准本身也是相对的。特别是当逃税与避税成为一种跨国界行为时,就更难区分了,因为各国对合法的理解是不一样的。同一行为,在 A 国是合法的,在 B 国可能就是非法的。

企业在进行避税活动时要注意以下两点:一是要注意处理好经营盈利与避税盈利的关系,相对于避税盈利来讲经营盈利是主要的和基本的盈利方式,如果企业连正常的收入都没有也就谈不上避税;二是要注意培养有关人才和学习有关知识,企业要开展避税活动,首先要拥有精通国际财务和税收的人才,同时还要了解有关的法律和政策等方面的信息和知识。

### 二、国际税收筹划的客观基础和刺激因素

#### (一) 国际税收筹划的客观基础

从主观因素上讲,国际税收筹划的动机当然是纳税人要减轻税负,获得更大利润。但如果没有产生避税的客观基础,这种动机是不会实现的。国际税收筹划的客观基础,简单来说,就是各国税收上的差别。国家间税收差别的存在,意味着人、收入来源或资金的流动会影响纳税义务和实际税负。

国际税收筹划的客观基础,或者说各国税收规定间的差别,主要有以下八种情况:

(1) 各国在税收管辖权上的差别。各国在税收管辖权上的差别,可能会造成双重征税,也有可能导致不纳税。例如,A 国行使居民税收管辖权,B 国行使地域税收管辖权,某纳税人是 B 国居民,如果他的收入来自 A 国,就可以在两国都免于纳税。

(2) 课税程度和方式上的差别。一些国家对所得、财富或财富转让不课税,大多数国家对个人和公司所得课税。

(3) 运用税率上的差别。有些国家使用比例税率,有些国家使用超额累进税率;有些国家最高税率可能达 70%,而有些国家最高可能不超过 35%。

(4) 税基上的差别。所得税税基为应税所得,但在计算应税所得时,各国对各种扣除项目的规定可能差异很大。如给予各种税收优惠,会缩小税基;取消各种税收优惠,则会扩大税基。在税率一定的情况下,税基的大小决定着税负的高低。

(5) 避免国际双重征税方法上的差别。为避免国际双重征税,各国采用了不同的方法,如免税法、扣除法、抵免法等。这些不同的方法会使纳税人承担不同的税负。其中,扣除法税负最重,其次是抵免法,税负最轻的是免税法。

(6) 国与国之间有无税收协定上的差别。国与国之间有无税收协定,直接影响到避免双重征税及子公司向母公司汇出股利及贷款利息等预提税的多寡。如美国政府规定,对于向没

有同美国政府签订税收协定的国家和地区汇出股利、利息或特许使用费,预提税为30%;对于有税收协定的国家,则为10%。

(7)使用反避税措施上的差别。例如,扩大纳税义务,在税法中采用国籍原则,以及各种国内和国际反避税措施方面的差别。

(8)税法有效实施上的差别。各国税务部门的征收管理水平不同,使纳税人的实际税负产生差异。有些国家税法上规定的纳税义务很重,但实际征收水平可能会很低。

上述差别的存在给纳税人合法避税提供了机会。由于逃税(或偷、漏税)是非法行为,要受到法律惩处,所以纳税人目前正越来越多地潜心研究各国税制上的差别,寻求合法避税途径,以达到减轻税负的目的。

### (二)国际税收筹划的刺激因素

近年来,许多国家的税率和实际税负都有了提高,所得税的税负一般要占净收入的一半左右。税收负担的加重,是导致纳税人,特别是从事跨国经营活动的纳税人想方设法进行避税的外在因素。具体说来,导致税负增加,从而刺激国际税收筹划的因素主要有以下三个:

#### 1. 税率

在其他条件不变的情况下,税率越高,税负越重。那么相应的,逃税的动机也就越强。税率分平均税率和边际税率两种情况。平均税率是指税收总额被税基相除的比率,也就是应纳税额占应税所得的百分比。边际税率是指对税基下一个单位适用的税率,也就是对每一新增应税所得额适用的税率。在实行累进税率的情况下,边际税率随税基增加而增加。

对纳税人来说,他所关心的主要是边际税率的大小,即政府要从纳税人新增加的每一元收入中拿走多少。经验表明,当边际税率不到50%时,纳税人一般尚可忍受,当边际税率超过50%时,纳税人的抗拒心理增强,避税行为增加。

#### 2. 税基

税基是征税的客观基础。在税率一定的前提下,税基的大小决定了税负的轻重。近年来,各国所得税税基都有扩大的趋势,如美国和法国,将过去一向不视为征税对象的转让所得也列入征税范围。加拿大税制委员会提出了把转让所得、赠予、继承及其他一切收入均列入征税所得概念的提案。

#### 3. 通货膨胀

通货膨胀是各国都面临的一个经济问题。在实行累进所得税的国家,若没有对收入和资本或二者兼而有之的价格指数进行调整,来提供相应的免税补偿(即税收指数化),由通货膨胀造成的名义收入的增加,将把纳税人的适用税率推向更高的档次,政府借此从纳税人实际所得中征走更大的份额。国外学者将这种现象称为"档次爬升"(bracket creep)。从某种意义上说,"档次爬升"是政府增加财税收入的一条捷径,因为它不需要立法机构发布新的增税法令,而是通过利用所得税累进税率的特点,使政府从国民收入真实所得中取走更多的份额。此外,由于通货膨胀直接引发的物价水平上涨和消费价格指数提高,以及对企业资本原始价值的影响,还造成了对个人所得和企业所得中应扣除的成本费用的扣除不足,从而导致过分征税。由通货膨胀造成的"档次爬升"和扣除不足,蚕食了纳税人的实际所得和资本,迫使纳税人选择避税。

### 三、国际税收筹划的主要方法

国际税收筹划的方法分自然人避税方法和企业法人避税方法两个方面,下面重点介绍企业法人避税的主要方法。

(一) 利用国际避税地避税

1. 国际避税地的种类

国际避税地也称国际避税港,是指对所得与资产免税或按较低的税率征税或实行大量税收优惠的国家和地区。主要分为三类:

第一类,是指不征收个人或企业所得税以及一般财产税的国家或地区,这一类一般被称为"纯国际避税地",如巴哈马、开曼群岛、英属维尔京群岛、海峡群岛、百慕大、瑙鲁、巴巴多斯、西萨摩亚、新喀里多尼亚、瓦努阿图、特克斯与凯科斯群岛、安道尔、摩纳哥等。海外投资者到这些国家或地区设立企业,只需向当地有关部门注册登记,缴纳一定的注册费,而不必缴纳企业所得税和一般财产税;个人到这些地方长期居住,则不必缴纳个人所得税。

第二类,是指完全放弃居民(自然居民和法人居民)税收管辖权而只实行地域税收管辖权的国家或地区。在这类国家和地区,只对来源或存在于当地的所得与财产征税而不对来源或存在于国外(地区外)的所得与财产征税,如中国香港地区、马来西亚、巴拿马、阿根廷、哥斯达黎加、利比里亚等。

第三类,是指按照国际惯例制定税法并实行征税,但对外来投资者提供某些税收优惠的国家或地区。这一类国家和地区包括加拿大、希腊、爱尔兰、卢森堡、荷兰、英国、菲律宾等。

2. 利用国际避税地避税的具体方法

(1) 在第一类和第三类国际避税地开办企业或银行,从事正常的生产和经营活动,享受其在所得和资产以及其他方面的减免税优惠,从而达到避税目的。

(2) 在国际避税地虚设机构。跨国公司在避税地设立一个子公司,然后把母公司销售给另一公司的货物,在根本未通过避税地子公司中转销售的情况下,制造出一种通过该子公司中转销售的假象,从而把母公司的所得转移到避税地子公司的账上,以达到避税的目的。设立于避税地的这家子公司,实际上并不从事生产经营活动,而只从事专门的避税活动,因此又被称为挂牌公司、纸面公司、文件公司或基地公司。

(3) 在国际避税地虚设信托财产。虚设信托财产是指海外投资者在避税地设立一个个人持股信托公司,然后将其财产虚设为避税地公司的信托财产,由于避税地对财产税实行减免征收,从而达到避税目的。比如,美国某公司在巴哈马设立一个信托公司,并把远离巴哈马的财产虚设为避税地的信托财产,把这部分财产的经营所得放在避税地信托公司的名下,这样就逃避了纳税义务。

(二) 利用转移价格避税

转移价格是跨国公司母公司与子公司、子公司与子公司之间进行内部交易时所使用的一种价格,通过跨国公司内部价格的划拨,来达到避税的目的。转移价格不受市场供求关系的影响,也不是买卖双方在市场上按独立竞争原则确定的价格,而是一种人为的内部转账价格。由于跨国公司的内部交易涉及商品和劳务两个方面的内容,因而,转移价格也包括两个方面:一是有形产品的转移价格,如公司内部相互提供的设备、零部件和原材料等的价格;二是无形产品的转移价格,如子公司付给母公司(或其他子公司)的技术使用费、贷款利息、商标使用费、佣金费、管理费和咨询服务费等的价格。

转移价格首先被用来逃避所得税。跨国公司的子公司分布在不同国家,这些国家的所得税税率高低不同,因此,跨国公司可以将盈利从高税率国家转移到低税率国家(包括属于避税地的三类国家),从而减少公司的纳税额。

利用转移价格还可以逃避关税。具体做法有两种:一种是在跨国公司内部企业之间进行商品交易时,以调低的价格发货,减少缴纳关税的基数。比如,某商品的正常价格为2 000美元,在甲国要交80%的从价进口税,跨国公司如果采取折半的价格以1 000美元进行内部交易,进口税就可以从1 600美元减少到800美元,从而少缴50%的进口关税。另一种是利用区域性关税同盟或有关协定对不同商品进口关税率所做的不同规定来逃避关税。区域性贸易集团为保护内部市场,促进商品在本区域范围内流通,对内部产品都制定了优惠关税政策。如欧洲自由贸易区规定,如果商品是在该贸易区外生产的,或在该贸易区内生产的价值含量不足50%,那么由一成员国运往另一成员国时必须缴纳关税。但如果该商品价值的50%以上是在该贸易区内增值的,则在该贸易区成员国间运销不用缴纳关税。

### (三) 利用变更企业总机构登记注册地或变更企业实际控制与管理机构所在地的办法避税

国际上认定法人居民身份(公司居住地)的标准主要有两个,一个是以公司总机构登记注册地为标准(指负责管理和控制法人的日常经营业务活动的中心管理机构所在地),另一个是以公司的实际控制和管理机构所在地为标准(指做出和形成法人经营管理决定和决策的地点)。如果一家海外企业的所在国是以登记注册地为标准认定法人居民身份,且这个国家是高税国,那么企业就可以采取到低税国登记注册的办法避税。同样,如果一家处于高税国的海外企业的所在国是根据实际控制和管理机构所在地来认定法人居民身份,那么这家企业就可以采用将实际控制和管理机构转移到低税国的办法来避税。

### (四) 利用双边税收协定进行国际避税

不同国家间签订的双边税收协定通常为缔约国各方的居民提供了某些减免税的优惠待遇,这些协定规定的优惠待遇对非缔约国居民的纳税人则不适用。利用双边税收协定进行国际避税是指本无资格享受某一特定的税收协定优惠的第三国居民,为获取该税收协定的优惠待遇,通过在协定的缔约国一方境内设立一个具有该国居民身份的公司,从而间接享受该税收协定提供的优惠待遇,减轻或避免了其跨国所得本应承担的纳税义务。例如,甲国和乙国之间签订有双边税收协定,协定规定甲国居民来源于乙国的所得可享受减免税优惠,丙国与甲国之间也签订了税收协定,但丙国与乙国之间没有签订税收协定。在这种情况下,丙国的居民纳税人通过在甲国设立公司,直接收取其来源于乙国的所得,从而享受甲乙两国间税收协定规定的优惠待遇。而根据丙国与甲国之间的协定规定,丙国居民来源于甲国的收入也可获得减免税优惠,这样就减轻了其来源于乙国的所得本应承担的税收义务。

### (五) 避免成为双边税收协定中所称的常设机构而实现避税

"常设机构"一般是指企业在某一国家进行营业活动的场所。常设机构要想逃避纳税义务是很困难的,因为在相互签订了双边税收协定的国家,常设机构是对企业进行征税的前提和依据。所以,避免成为常设机构就成为外国企业经常采用的利用国际税收协定避税的一种手段。例如,双边税收协定一般规定:外国企业在当地开展的一些业务活动(货物仓储、货物购买、存货管理、广告宣传、信息提供、建筑安装咨询服务或其他辅助性营业活动等),只有超过一定的期限(6个月或以上)时才构成常设机构。

### (六) 通过弱化股份投资进行国际避税

在一般情况下,跨国公司经营所需要的资金,主要来自股东的股份投资和各种贷款。当跨国公司融资时,是选择以股份形式还是以贷款形式融资,通常主要考虑的因素有企业的经营控制权、企业的性质和企业的自有资金状况等,而较少考虑税收方面的因素。但是,在现实的国际经济活动中,跨国股息和利息所得的实际国际税负是不一样的,两者之间存在差别,这就使得跨国公司可能利用这种差别,即有意弱化股份投资而增加贷款融资比例,把本来应以股份形式投入的资金转变为采用贷款方式提供,从而达到逃避或减轻其本应承担的国际税负的目的。

### 四、国际反避税措施

针对跨国公司的国际避税行为,各国政府和国际组织近年来都在积极采取行动,堵塞漏洞,加强反避税措施。

**(一) 国际组织提出的国际收入与费用分配原则**

所得税的征收对象是应税所得,而应税所得则是收入扣除费用后的余额。应税所得的多少直接取决于收入和费用的增减变化。转移价格的实施,使收入和费用出现了非正常的国际间流动。从这个意义上说,要想堵塞国际避税的漏洞,必须设法使跨国关联企业间的收入和分配合理化。从20世纪60年代起,联合国及经合组织就致力于研究切实可行的国际收入与费用分配原则,以规范跨国公司的行为。目前这一努力已取得一定进展。这些原则包括:

(1) 独立核算原则。它要求关联企业间的交易往来,必须按无关联企业的交易往来方式进行。

(2) 总利润原则。对跨国关联企业的内部交易不予过问,但到财政年度终了时,要将各关联企业在世界范围内所取得的全部利润汇总相加,再按合理标准重新分配。

(3) 合理原则。以经济合理性为基础进行国际间的收入与费用分配。

(4) 合理利润划分安全地原则。要求跨国关联企业内部交易利润的划分,只有在有关国家规定的"安全地"范围内才可认为合理而予以承认。

在上述四项原则中,后两项原则应该说只在理论上成立,不具有可操作性。就前两项原则来看,只有少数几个国家实行了总利润原则,其余大部分国家奉行的都是独立核算原则。它们把独立核算原则贯彻在国内的税法中,并提出了一些具体的国际收入、费用分配标准。

**(二) 转移价格税制**

美国《国内收入法典》第482条规定,当两个以上的企业有特殊关系时,为了防止避税或正确地计算所得,税务部门在必要时可以对这些企业的所得进行分配,即实行转移价格税制。转移价格税制的基本思路是要求跨国关联企业按正常交易原则进行交易。

美国税法还对交易是否正常提出了具体的操作方法。这些方法得到了联合国及经合组织的税务专家们的认可,并被很多国家吸收采纳。这些方法包括:

(1) 独立价格比照法。将彼此无关联的企业在市场竞争中讨价还价形成的价格视为市场价格,以此为标准衡量关联企业价格的高低。其基本点是,要求跨国关联企业间的交易价格,按照独立竞争企业间相类似交易的价格制定。

(2) 再销价格倒算法。从企业的再销售价格中减去一定的利润,以此来倒算标准的市场价格。这种方法通常适用于最终产品销售价格的认定。

(3) 成本利润推算法。按成本加正常利润的方法进行推算。这一般适用于缺乏可比对象的某些工业品销售及特许权使用费之类无形资本转让收入的分配。

(4) 其他方法。包括投资利润率推算法、最终销售价格推算法、机能推算法等。

按照美国法律规定,上述几种方法必须按顺序择用,不能随意选择。特别是,当前三种方法都不能采用时,才可选用第四种方法。事实上,虽然独立价格比照法最为合理,但其实施起来很困难。美国1979年年末的一份统计资料表明,在所调查的519个公司中,只有200个公司受到了转移价格课税调整的劝告,涉及交易403次,金额2.775亿美元。其中,只有3%是根据独立价格比照法进行调整的,根据第二种和第三种方法进行调整的件数占27%,金额占65%。

从20世纪80年代开始,美国的转移价格税制又增加了新的内容。这是因为,在无形资产及特许权转让方面,要想根据以前的判断标准,先找出市场竞争的交易价格,然后与转移价格比较,判断其是否合理的做法很难行得通,因为此时很难找到比较对象的交易价格。因此,1986年的税制改革提出,无形资本转让时支付的价格必须与它所带来的收益相适应。在具体的判断方法上,认为用前三种方法判断无形资本价格已经显得乏力时,应实行利润分割推算或利润率推算等其他方法。基本特征是,不直接与市场交易价格相比较,而是采用机能分析,根据经营体内部的机能推算利润。

美国制定转移价格税制的目的,是防止美国跨国公司把应税所得转移到海外。但随着其他国家对美国直接投资的增加,转移价格税制的重点已发生变化,防止外国跨国公司把美国的应税所得转移到母国或第三国日益成为转移价格税制的主攻方向。1985年,美国就追征了日产、丰田9亿美元的税款,1990年又追征了日立、东芝、松下等日本企业500亿日元的税款。除了美国,近年来欧盟也大大加强对跨国公司避税的监管。2016年8月,欧盟宣布向苹果公司追征130亿欧元(约合145亿美元)的税款。

(三) 避税地对策税制

避税地对策税制最早出现在美国。美国制定避税地对策税制的目的,是防止跨国公司把利润留在避税地,不汇回国内。避税地对策税制是避免企业利用避税地来推迟纳税的重要税收立法。以前的美国税法规定,凡是有美国股东参股的外国公司,其所得无论是股息还是盈余分配,在汇回美国之前,对美国股东暂不征税。如果这些公司设在避税地,那么美国股东就可能利用这一规定享受延缓纳税的特权。为了防止这种避税行为的发生,美国在1962年的《国内收入法典》第951—964条中提出了"F分部所得"(Subpart F Income)的概念,即对美国股东控股的特定外国法人的一定所得征税。

该条款规定了三方面的内容:

(1) 美国股东必须拥有避税地公司50%以上的股权,纳税义务人为美国股东中拥有该法人股票10%以上者。

(2) 所得项目不指该法人从正常营业活动中的所得,主要针对在避税地成立的基地公司所得,如外国基地公司销售所得、外国基地公司提供劳务所得等。

(3) 该外国法人必须是设在低税负的避税地。

凡符合上述条件者,不管美国股东是否收到上述所得,均应申报其F分部所得,在美国缴纳税金。

继美国之后,许多其他国家也都在税法中做了类似的规定。如1972年联邦德国的对外税法就规定,一个联邦德国居民,从某个受该国控股的特定外国法人得到的利息,如果占该公司利息的10%或10%以上,那么在特定外国法人分配利润时,该居民必须就他的这部分所得申报纳税,不管这部分所得是否汇回国内。日本在1978年的税制改革中,将避税地对策条款引入租税特别法之中,规定日本的居住者或法人直接或间接拥有特定外国人股票的10%以上时,该居住者或法人的所得须向日本政府申报纳税。这样,即使海外子公司把全部所得留在国际避税地,但对母公司来说,海外留存等同于汇回国内,同样要向国内申报纳税。据统计,1987—1989年的三年间,根据避税地对策税制,日本共追征漏报的留存利润税金70多亿日元。

## 思考与练习

1. 如何准确地理解国际税收的概念?
2. 如何理解税收管辖权?税收管辖权分为哪几类?税收管辖权与国际双重征税是什么关系?避免和消除国际双重征税的方法有哪些?
3. 国际避税的客观基础和刺激因素是什么?
4. 目前国际上采取的反避税措施主要有哪些?
5. 中国涉外税收的税种和税率有哪些?

## 案例分析

### 文艺界名人利用国际避税地避税

2001年,意大利著名男高音歌唱家帕瓦罗蒂因为偷逃税款一案在自己的家乡,即意大利北部小城摩德纳法庭与检察官们对簿公堂。案件的起因是:检察机关认为帕瓦罗蒂在1989—1995年期间存在未申报的课税收入达350亿—400亿里拉(约合1 660万—1 900万美元),而帕瓦罗蒂则申辩说,在这7年时间里,他一直居住在摩纳哥的蒙特卡洛,因此应该享受免税待遇。检察机关给出的依据是:从1989年到1995年这7年间,帕瓦罗蒂的主要居住地不可能是蒙特卡洛,因为他在意大利的摩德纳和海滨度假地帕萨洛都拥有住宅,而他在蒙特卡洛居住未满6个月,不能算是当地正式居民。与此同时,帕瓦罗蒂本人没能拿出有力的证据证明自己在此期间一直居住在"免税天堂"蒙特卡洛,因而,作为意大利公民的他仍应在意大利纳税。检察官们还进一步指出,即使帕瓦罗蒂在这几年间是居住在摩纳哥的蒙特卡洛,但他在意大利从事了商业经营活动,所以仍需照章纳税。面对指控,帕瓦罗蒂的辩护律师说:在这期间,帕瓦罗蒂的商业活动不是在意大利境内开展的,对此他们有充分的证据。

【分析与思考】
1. 国际避税地有哪些种类?企业和个人应如何利用国际避税地进行合理避税?
2. 什么是税法上所称的"居民"?
3. 在近年来中国利用外商直接投资来源的统计中,英属维尔京群岛都居于比较靠前的位置,甚至超过了一些资本输出大国(如在2004年对华投资前15位的国家或地区排名中,英属维尔京群岛排名第二,仅次于中国香港地区,位居韩国、日本和美国等国家之前),你能解释其中的原因吗?另外,避税港、自由港和离岸金融中心之间的区别与联系是什么?它们有交叉吗?你能分别列举出一些著名的避税港、自由港或离岸金融中心吗?

# 政 策 篇

本篇包括第十一、十二章两章内容。

第十一章首先分别梳理了东道国吸收外资的政策法律制度和母国对外投资的政策法律制度,在此基础上,考察了国际直接投资自由化的内涵、实质、发展历程及其表现形式,分析了国际直接投资便利化的内涵与表现方式,并探讨了国际直接投资便利化、自由化与规范化的关系。

第十二章首先探讨了国际直接投资协调的含义、必要性和主要方式。随后,分析了双边、区域等不同层次国际直接投资协调的状况、内容与趋势,讨论了双边投资协定与国际投资保护、国际直接投资自由化、国际投资促进的关系。最后,考察了多边投资协定和多边层次国际直接投资协调的努力、现状与未来发展前景。

# 第十一章 国际投资政策法规

【教学目的】

通过本章学习,学生将能够:
1. 认识东道国吸收外资的政策法律制度和母国对外投资的政策法律制度。
2. 了解国际直接投资自由化的内涵、实质、发展历程与表现形式。
3. 熟悉国际直接投资便利化的内涵与表现形式。
4. 掌握国际直接投资便利化、自由化和规范化的关系。

【关键术语】

东道国　母国　国有化和征收　市场准入　国民待遇　投资自由化　投资便利化

【引导案例】

为了改革外国投资委员会并加强对外资并购的安全审查,2007年美国通过《2007年外国投资与国家安全法》(FINSA),明确了外国投资委员会的结构、任务、工作程序和职责等,也确定了外国投资委员会各有关行政部门的具体职责。

FINSA的颁布从法律上确认了外国投资委员会的合法性。该法确定外国投资委员会的成员包括:财政部长(主席)、司法部长、国土安全部长、商务部长、国防部长、国务卿、能源部长等,总统也可视情况指派其他部门领导参与外国投资委员会。根据总统命令,国家情报局局长和劳工部部长已经成为外国投资委员会成员。国家情报局局长从国家安全角度对被审查交易提出独立分析。同时,财政部也可视情况指定一个或几个部门主要负责审查工作。

FINSA明确了外国投资委员会对交易进行审查的程序。外国投资委员会首先进行30天的审查,确定交易是否危害国家安全。如不能确定,则可基于以下原因进行45天的调查,包括:第一,交易威胁国家安全,且此种威胁未在30天的审查期之前或之内得到减轻;第二,交易受外国政府控制;第三,交易使外资控制重要基础设施,外国投资委员会认为其威胁国家安全且此种威胁未能减轻;第四,负责审查的主要部门认为需要采取此种调查并得到外国投资委员会认可。

资料来源:美国《2007年外国投资与国家安全法》。

## 第一节　国际直接投资的政策法律制度

国际直接投资的政策法律制度主要包括三方面内容:东道国外国投资政策法律制度、母国对外投资政策法律制度和保护国际投资的国际法制。下面介绍前两项。

### 一、东道国外国投资政策法律制度

东道国的外资政策法律体系指的是资本输入国制定的关于调整外国私人直接投资关系

的法律规范的总称。目前,世界上各国和地区关于外资立法的体制不一致,外资法的名称也不尽相同。主要有三种立法体制和形式:第一种是制定比较系统的统一的外国投资法律,作为调整外国投资的基本法律或投资法典,并辅之以其他有关的可适用于外国投资的法律,如阿根廷等国家;第二种是没有统一的外资法,而是制定一个或几个关于外国投资的专门法律法规,由此构成关于外国投资的基本法律体系,并辅之以其他相关的法律,如毛里求斯等国家,中国的做法也基本属于这种类型;第三种是没有制定关于外国投资的基本法律或专门法律,而是借助一般的国内法律法规调整外国投资关系与活动,外国投资者与本国投资者享受同等待遇,美国等发达市场经济国家基本上采取的是这种做法。

各国外资立法的内容和规定不尽一致,但主要包括以下一些基本要点:

(一) 外商投资的领域、期限和出资比例

外商投资的领域也称外商投资的范围,是指允许外国投资的行业部门。东道国为了确保外国投资有利于本国经济的发展,必须对外国可以投资的领域加以规定,一方面将关系到国计民生或国家安全的行业和部门保留在政府和本国国民手中;另一方面,将外资引导到本国急待发展的行业和部门,使外国投资符合本国经济发展的目标。所以,世界各国法律都有关于外商投资领域的规定,一般是将本国的所有行业和部门分为四类,即明确规定禁止、限制、允许和鼓励外国投资的部门。一般来讲,发达国家对外商投资的领域限制较少,只是对国防、军事、通信、传媒、矿产、能源等部门有不同程度的限制;发展中国家对外商投资领域的限制正在经历一个逐步放宽的过程,近年来发展中国家对外资进入的限制已经大幅度减少,特别是服务业的准入门槛正在降低。

关于外商投资的期限,在发达国家的投资法规中基本没有明确规定,而在发展中国家的法规中一般都做出了具体规定,以防止外国企业的短期行为或在本国内建立永久性公司。

外商投资的出资比例涉及外国投资的参与程度,涉及企业的经营管理权和投资者权益的分配,各国在这方面的规定并不一样,有的无限制,有的则明确规定了上限或下限(如上限不得高于49%或下限不得低于25%等)。从理论上来讲,外国投资者与东道国投资者合办企业,彼此选择什么样的投资比例,应当由投资者考虑并通过谈判决定,比例的多少只涉及管理权的分配和经营利益的分享。但正是因为涉及了外商投资,在实际生活中政府常常加以干涉和限制。限制既是为了防止合营企业为外国资本所控制,也是为了引导和控制外国投资的方向。不同国家的同一行业以及同一国家的不同行业又有不同的法律和政策规定。发达国家在股权问题上一般采取开放政策,只对特定行业有所限制。发展中国家对允许外商投资领域内的外国股权参与比例有的不规定(如允许设立独资企业),多数给予一定限制,其限制的方式有以下几种:一是在其外资立法中明确规定;二是在国家的相关政策中予以规定,三是在政府审批外资项目时加以具体限制。通常,对于国家鼓励发展而又缺乏技术的领域、面向出口的领域、能发挥本国劳动力资源优势的领域、政府确定优先开发的地区和偏远地区,发展中国家政府允许外国投资者占有较大股权比例甚至允许外商独资,以便通过利用外资促进本国经济更快、更均衡地发展。

(二) 外商投资的审查与批准

对外商投资的审批实质上是协调国际投资中的双边利益,它是资本输入国管制外国投资的重要手段。从资本输入国来看,对外国投资的审查和批准,关系到对外资的选择,关系到引导和监督外国资本为本国经济发展的根本利益服务。对于外国投资者来说,只有事先取得资本输入国主管机构的审查和批准,其投资计划和项目经营才能取得合法地位,从而受到输入国的法律保护并享受各种权利和优惠待遇。因此,在国际投资活动中,除极少数国家(如美国)对外资进入一般采取不审查的制度外,大多数国家包括发达资本主义国家在内,都建立有对外国投资进入进行审查和批准的制度,区别主要在于掌握的尺度有宽有严,审批的程序有繁有简。总体来说,发达国家的外资审批较宽松,手续较简便;发展中国家审批较严一些,但也出现了不断放宽的趋势。

对外商投资的审批标准,可以分为积极标准和消极标准两种。积极标准是指审批机构鉴定外资积极作用的标准,如所产生的就业机会、对扩大出口和国际收支的影响、引进技术的先进性、对当地市场的影响、对经济落后地区发展的贡献、对当地雇员的培训情况、对进口替代的贡献、对当地中间品和零部件的采购程度、对当地价格水平和产品质量的影响等。外国投资若满足一项或几项积极标准,就可获得批准。消极标准是指不予批准外国投资的条件,包括违反当地法律、有损东道国主权、不符合利用外资的产业导向政策、可能造成环境污染等。

**阅读专栏** 三一集团状告奥巴马和美国外国投资委员会

2015年11月,中国三一集团宣布:该集团在美国的关联公司罗尔斯已正式和美国政府就该公司收购位于俄勒冈州四个美国风电项目的法律纠纷达成全面和解。罗尔斯公司撤销了对美国总统奥巴马和美国外国投资委员会的诉讼,美国政府也相应撤销了对该公司强制执行总统令的诉讼。至此,这场绵延3年多之久的中国企业状告美国总统的案子画上了句号。

和解协议条款指出,罗尔斯公司可以将在俄勒冈州的四个风电项目转让给一个由该公司选定的买方。美国外国投资委员会认定罗尔斯公司在美国的其他风电项目收购交易不涉及国家安全问题,并欢迎罗尔斯公司和三一集团就未来更多的在美交易和投资项目向其提出申报。

三一集团为维护其在美国的风电项目投资经历了漫长的维权过程。2012年9月,奥巴马签发总统令,以涉嫌威胁国家安全为由中止罗尔斯公司在俄勒冈州投资建设的风电项目。同年,三一集团反击,状告奥巴马总统令违宪,要求重新审查。2014年,美国法院在二审判决中宣布奥巴马的总统令违反程序正义,罗尔斯公司胜诉。

此案的重大意义在于改变了美国外国投资委员会的程序。以往美国外国投资委员会不需要任何程序即可直接认定某项投资危害美国安全,现在则必须公开案情。

彭博社评论称,此案"把美国审核外资是否威胁国家安全的隐秘过程打开了一个口子"。美国《华尔街日报》说,该案对在美拥有投资的中国企业具有广泛借鉴意义,许多中国企业界人士曾抱怨美国外国投资委员会的审核过程不够公正透明,此案有助于这些公司了解一笔投资究竟在何种情况下可能因威胁国家安全问题被美方否决。

资料来源:整理自 http://finance.ifeng.com/a/20151106/14058231_0.shtml。

(三) 外商投资利润和本金的汇出及股份转让

在国际投资领域,保证外资利润、本金及其他合法收益的自由汇出,是国际投资法律保护的重要内容之一。投资者因投资所获得的合法利润、其他合法收益以及回收的本金,能否兑换成国际通用货币或其本国货币汇回本国,关系到投资者的根本利益。如果不能自由汇出,则投资者虽有收益,但其实际利益不能实现。

在国际投资中,原则上应允许投资利润及本金等的自由汇出。当然,接受投资的发展中国家(东道国)基于国家利益,特别是从解决外汇资金短缺和平衡国际收支的角度考虑,在承认自由汇出的原则下,对投资者利润和本金的汇出给予一定程度的限制,也是合理合法的。总体来说,对外国投资者利润和本金等汇出的限制,发展中国家较严,发达国家较松。为了兼顾和保护外国投资者的利益,促进吸收外资,东道国必须在实行外汇管制的同时,对外国投资者取得的合法收益与本金的汇出提供保障。

对于外籍职工工资的汇出,多数国家只做原则规定,允许在纳税后自由汇出;但也有一些国家附有某些条件,如规定需经批准或限额汇出。

关于外资股份的转让,多数国家的外资立法中做出了明文规定。规定的宗旨是:既保证外国投资者有权转让其股份,又附加一定条件,如规定合营企业他方有优先购买权,向其他购买者转让股份的条件不得优于向合营企业他方转让的条件等。一般来说,在发达国家外国投资者转让其股份较自由,受到的管制较少;而在发展中国家,则有相对较严的管制。

(四) 外商投资的税收及税收优惠

在国际投资活动中,税收问题是投资者所要考虑的一个重要问题,同时它也是构成东道国投资环境的一个重要因素。税率的高低、优惠的多少,是一国外资政策的重要内容和引导外资投向的重要杠杆。各国对利用外资的税收问题均有较详细的规定,归纳起来主要有两个方面:一是企业所得税税率问题,二是税收优惠问题。总的来看,发展中国家与发达国家相比,税收从轻,优惠从重。

企业所得税税率的高低,决定着外国投资者利润率的高低。就目前世界范围来看,不论是发达国家还是发展中国家,都欢迎和鼓励外资的进入,所以企业所得税税率都较前些年有所降低。但相对而言,发展中国家对外来投资更感紧迫,因此,所得税税率的总体水平较发达国家的总体水平略低一些。

由于发达国家基本上对外资实行国民待遇原则,除个别地区(如在国内设立的各种类型的经济特区)和个别行业外,对外商投资企业一般都实行与内资企业同等的税负。因此,下面对税收优惠问题的分析主要集中在发展中国家和地区。在发展中国家和地区,除了保护外国投资的安全和利益外,还对外来投资采取了各种税收优惠和鼓励政策,以引导外资投向,实现特定的经济和社会发展目标。制定税收优惠政策的依据通常包括产业政策、技术政策和地区政策等。发展中国家实行的优惠政策主要集中在以下方面:① 对国家优先鼓励发展的行业和部门给予优惠;② 对国家支持发展的地区(一般为边远和落后地区)给予优惠;③ 对国家划定的特定地区(实行特殊管理政策的各类经济特区)给予优惠;④ 对出口型企业给予优惠;⑤ 对利润再投资给予优惠;⑥ 对提供就业机会多的企业给予优惠。

(五) 外商投资企业的员工雇用

有关外商投资企业员工雇用的立法问题,有的国家通过制定统一的劳动法(或就业保障法)予以规定,有的国家则通过外资立法加以解决。外国投资者在东道国雇用当地员工时所遇到的问题主要有三个:一是普通员工的雇用问题;二是技术与管理员工的雇用问题;三是尊重和保障被雇用员工的权益问题。对于普通员工的雇用问题,大多数国家的政策和法律都要求尽可能雇用当地员工,以扩大本国的劳动就业机会,解决本国的就业问题。这也是许多国家利用外资的重要动机之一。有些国家的法律还规定,外资企业应对当地员工进行培训。同样,对于外国投资者来讲,雇用当地员工可以实现利用当地廉价劳动力降低生产成本(主要指在发展中国家)或利用当地人员促进生产与经营活动的开展。对于技术与管理员工的雇用问题,发达国家采取的是较自由的政策,基本上把它归结为企业生产经营中的问题,由企业自主选择决定;一些发展中国家则对此有所规定,因为发展中国家认为,这涉及合营企业的经营管理权问题,如果中高层技术、财会和管理人员中有部分是本国人,则有利于控制企业的经营管理权,并且可以获得一定的技术和管理外溢效应。在尊重和保障被雇用员工的权益问题上,不论是发达国家还是发展中国家都很重视,比较而言,发达国家的相关政策法规规定得更详尽一些。

关于外资企业雇用外国人员的问题,多数国家都有一些限制,特别是限制对外国非技术人员的雇用,当然这种限制又有一定的弹性。雇用外国专业技术人员和管理人员,应符合以下条件:第一,只有当地国民胜任不了的管理职务和专业职务,才能聘请和雇用外国人;第二,可以雇用外国人员,但也要留出一定比例给予当地人员;第三,人员雇用应逐步当地化,逐步增加当地人员的比例,让越来越多的当地人员走上中高层管理和专业技术岗位。

(六)土地使用期限及土地使用费(税)

土地使用期限与土地所有权能否自由买卖密切相关。若土地所有权可以自由买卖,则土地使用期限就可以无限长;若土地所有权不能自由买卖,则土地的使用必定有个期限问题。就目前世界各国的情况来看,在土地所有权能否自由买卖的问题上可以分为两大类:一类是所有权可以自由买卖,实行土地私有制,以美国和日本为代表,当然也会有一些具体的规定;另一类是所有权不能自由买卖,只能自由买卖一定期限的土地使用权,实行土地国家所有制或公有制,以英国和英联邦国家为代表,中国和越南等国家也属于此类。在实行土地私有制的国家,外国投资者如果不购买土地,就要交纳地租,还要向所在国交纳土地税、地产税,以便取得营业权、建筑权和使用权。同时,土地是商品,可以自由买卖,外国投资者也可以做地产生意。在实行土地国家所有制或公有制的国家,外国投资者不能购买土地的所有权,对土地使用权的取得也需要经过一定的法律程序,取得的土地使用权可以使用较长时期(如70年)。一些国家为了改善投资环境,吸引外资,会在土地使用费(税)上给予外商一定的减征或免征优惠。另外,还有一些国家规定,土地使用权可以作为东道国合营方的出资条件,即土地使用权折价入股,从而解决外商投资企业的土地或场地问题。

(七)外商投资企业的国有化与征收和投资争议的解决

对外商投资企业的国有化与征收问题,既关系到安全与利益问题,也关系到东道国的主权问题,历来为外国投资者所关注,也是影响其对外投资决策的一个重要因素。近年来,随着国际经济与政治形势的变化,对外国投资采取强制性的国有化与征收的现象已越来越少见,绝大多数国家都通过外资政策和立法等形式对外国投资实行安全保障。

在发达国家,对外国投资一般不采取国有化措施,这一点在有些国家的外资政策或立法中有明确表述。但也有一些发达国家如美国或英国,在外资政策或立法中对国有化问题不做明确规定,而是放到友好、通商、航海条约或双边投资保护协定中加以阐明。当然,也有的发达国家规定,在必要时可对外商投资实行征用并可改变外商投资的所有权,发生这种情况时对外国投资者给予充分、及时和有效的补偿。大多数发展中国家都在外资法或国家宪法中,明确规定不对外资实行国有化、征用或没收,以消除外国投资者的顾虑。同时还做出规定,万一在特殊情况下出于社会公共利益的需要,依照法定程序对外资实行国有化或征用,将给予合理和适当的补偿。对外国投资实行国有化或征用,必然会发生补偿问题。关于补偿的标准,发达国家和发展中国家之间存在一些争论。发达国家一般要求"充分"、"及时"和"有效"补偿,美国对"充分"一词又解释为"全部"和"完全"的意思;发展中国家坚持合理补偿和适当补偿,对发达国家的补偿标准提出了异议。

外国投资者在东道国进行生产经营活动,避免不了与东道国的有关当事人发生争议。发生投资争议后,正确处理和解决争议,是协调国际投资关系的一项重要措施。处理投资争议的方法,既有社会手段,也有法律手段。解决国际投资争议的依据,既有国内法,也有国际法。投资争议发生后,一般先由争议双方当事人协商解决。若协商不成,则由双方当事人以外的第三者进行调解。如果调解不成立,未能解决双方的争议,则只有通过法律手段解决。法律手段主要有仲裁解决和司法解决两种。仲裁解决是目前较普遍的行之有效的解决国际投资争议的手段。仲裁制度以始终贯彻当事人自治为原则,通过争议双方的协商一致,选定仲裁地点和仲裁人,组成仲裁厅进行仲裁。仲裁可以在双方当事人中的任何一方所在国进行,也可以在第三国进行。仲裁裁决具有终局效力,对双方当事人均有约束力,双方都要遵守并执行。如果投资协议或合同中没有规定仲裁解决,当事人任何一方可向所在国法院起诉,要求诉讼解决。诉讼解决也是一种重要的解决投资争议的手段。

《关于解决各国与其他国家国民之间投资争端的公约》与解决投资争议直接相关,它规定了投资争议的性质、范围和解决方式。下章第四节将对其展开分析。

## 二、母国对外投资政策法律制度

(一)母国对本国对外投资的管理政策与法律

对外直接投资的开展对母国(资本输出国)可以起到多方面的积极作用,但是投资者追求的目标有时与母国的总体利益并不一致,因此,为了确保对外投资有利于本国的国际收支平衡和经济发展,母国会对海外投资实行一些管制性措施。资本输出国主要的管制性措施包括以下几方面:

(1)规定对外投资企业须定期公开情报,以便政府有关部门了解和监督它们的经营状况。从事海外投资的企业很多都是上市公司,所以,母国政府根据公司法和证券法要求它们定期披露有关信息资料。

(2)控制和防止对外投资企业逃避税收。控制的目的是防止对外投资企业截留海外利润所得,以使它们将利润及时汇回国内,避免影响国际收支和财政收入。控制的依据就是税法或国内收入法等。控制的措施主要有两个:一是采取避税地(港)对策税制,防止企业利用国际避税地逃避税收,即防止它们将应汇回国内的所得留存到受控制的避税地公司中;二是采取转移价格税制,要求关联企业之间的交易也按"正常交易"原则进行,即按照与独立的第三方达成的公平的市场交易价格计算,防止关联企业利用转移定价逃避税收。

(3)其他一些政策法律措施。一些国家还通过反垄断法、进出口管制法、刑法和审批备案制度等政策法律对本国的对外投资企业进行管理。例如,美国的反垄断法规定,如果美国某些海外投资企业的生产和销售排除或限制了其他美国公司在美国市场的竞争,就有可能受到反垄断法的追究。美国还根据进出口管制法对海外投资进行管制,限制本国企业向特定国家出口某些高科技产品或技术,如果属于限制的范围,则不允许以这些技术作为出资,也不允许向当地转让这些技术。美国的国外贿赂行为法规定,任何人直接或间接贿赂外国政府官员均为违法,若投资者通过贿赂东道国政府官员而取得投资项目,就有可能受到美国法律的制裁。另外,有些发展中国家出于控制资本外流和平衡国际收支等方面的考虑,对本国的对外投资采取审批备案制度,以调控对外投资的规模和结构。

（二）母国对本国对外投资的鼓励政策与法律

对于母国来讲,资本输出可以起到开拓国外市场、获取国外资源、输出本国技术设备、为饱和和过剩的产业生产能力寻找新的发展空间、平衡国际收支、加快发展本国跨国公司和提升本国国际竞争地位等多方面的积极作用。所以,资本输出国或多或少、或直接或间接地都制定有鼓励本国对外直接投资的政策和法律。概括而言,这些鼓励政策与法律主要包括：

（1）资金扶持。政府对企业开展的对外投资给予投资前调查和投资项目资助。

（2）技术扶持。有时政府直接为本国海外投资企业培训技术人员,有时则支持民间团体开展类似活动。

（3）税收扶持。资本输出国政府采取税收抵免、税收豁免和税收饶让等方式对本国海外投资者给予税收优惠鼓励。

（4）信息扶持。通过政府机构或驻外使领馆等为本国海外投资者提供东道国投资环境和投资机会等方面的信息以及研究分析报告。

（5）保险扶持。建立本国的海外投资保险制度,接受政治风险等方面的投保申请,保护和鼓励本国的对外投资。

## 第二节　国际直接投资的自由化趋势

20世纪八九十年代以来,信息技术革命的蓬勃发展和跨国公司在全球的大幅扩张,使得资本、信息、技术等生产要素打破国界限制在全球范围内实现了自由流动和优化配置,全球经济一体化遂成为不可抵挡的潮流。而投资领域的自由化与全球经济一体化息息相关,作为其重要组成部分,全球经济一体化的加快必然对国际直接投资自由化提出更高的要求。而这种要求正迅速通过当前国际直接投资法律条约不断趋于自由化的调整和转变表现出来,本节将对这一体现在国际投资规则中的自由化趋势加以详细论述。

### 一、国际直接投资自由化的内涵和实质

为了从总体上把握国际直接投资自由化的发展趋势,我们对它的分析首先从其定义开始。联合国贸发会议对国际直接投资自由化的解释主要包括以下方面：第一,减轻或者消除会导致市场扭曲的措施。这些措施可能是专门针对外国投资者的限制,如市场准入或经营方面的障碍;也可能是给予或者不给予某种歧视性的优惠措施或者补贴。第二,加强外国投资者享有的特定待遇标准,如国民待遇、最惠国待遇、公平和平等待遇等。第三,加强保证市场正常运行的监督机制,如制定竞争规则、信息披露原则和审慎管理等。

关于国际直接投资自由化的定义,要做以下两点说明：

第一,减少市场扭曲和加强待遇标准是国际直接投资自由化的中心条款,但国际直接投资自由化所带来的效益很大程度上取决于有效的市场监督机制。竞争政策和防止滥用市场力量的措施可以保证市场体制的公平和活跃;对银行等经济活动的审慎监管可以提高国内金融系统的稳定性和安全性;信息披露原则尤为重要,因为这保证了市场的信息完全,提高了市

场的竞争性。所以说,一种完整、有效的市场监督机制是国际直接投资自由化促进一国经济发展的前提条件。

第二,旨在推进国际直接投资自由化的政策与旨在创造更有利投资环境的政策是不同的。① 我们往往很难区分这两种政策,而且实践也表明了这一点:两者的基本目标都是为了吸引更多的外资。然而,推进国际直接投资自由化的政策只有在"其他因素"完备的情况下才可能有效地吸引外资,这些"其他因素"主要指创造优良投资环境的政策;而且,有时,一国反而会通过"限制"国际直接投资自由化来达到吸引外资的目的,最典型的就是通过关税保护吸引外资进入本国市场。

这里我们还需要将"投资自由化"和"贸易自由化"区别开来。贸易自由化通常是指从保护贸易转向自由贸易的过程(主要指降低或取消各种关税和非关税壁垒),其核心在于降低或取消贸易品进出本国的障碍。而投资自由化不仅仅包括"门槛问题"(即放宽投资准入),还包括资本进入本国后的待遇、保护及争端解决机制等问题。可见,贸易自由化和投资自由化所属的经济领域、所涉及问题的层面和种类都不同,是两个不同的概念。但这并不是说两者没有任何联系,作为拉动全球经济的两大车轮,国际贸易和国际投资是相互促进、密不可分的。国际直接投资作为对外货物与服务的主要提供者和国际生产的主要方式,对国际贸易的结构、方向和发展趋势产生着各种影响;而国际贸易也影响着国际投资发展的各个方面。相应地,贸易自由化离不开投资自由化,投资自由化若没有贸易自由化的支持也不可能持续发展,因此这两个"自由化"是相辅相成的关系。

从本质上说,国际直接投资自由化是市场经济体制发展的必然要求,既反映了发达国家的要求,也反映了发展中国家的要求。市场经济体制是指由商品市场和生产要素市场组成的,全方位的、互相依存的、开放的市场系统为基础的经济体制。多年的经济发展经验表明,市场经济体制是目前各国发展生产力的最有效的经济体制,发展市场经济正成为各国经贸联系的共同基础。目前,市场经济体制已为各国所普遍接受,形成了全球性的市场经济体制,世界正日益成为一个统一的大市场,任何国家要想发展经济就不能孤立于国际大市场之外。市场经济体制的本质特征就是在共同规则下的自由竞争、自由发展。市场经济体制的运行,必然要求作为市场主体的企业必须是真正的自由体,它可以根据自身经营和发展需要在本国、本地区乃至全球范围内对资源进行合理配置,而全球性市场经济体制配置资源的基础性作用从国家内部延伸到全球,也为企业的选择提供了有利条件,使企业可以"按最有利的条件生产,在最有利的市场销售"。市场经济体制的运行,必然要求各国政府进行规制改革,调整过去实施的市场管制和保护体制,进行以"经济自由化"为目的的重大政策调整。所以说,一个统一、公平竞争、规范有序的全球市场体系为国际直接投资自由化发展提供了制度基础,使国际直接投资自由化按最便捷的方式发展。

另一方面,国际直接投资自由化在一定程度上反映了发达国家和发展中国家的共同愿望与要求。目前,发达国家仍然是世界经济的主导力量,它们既是资本输出的主要国家,也是国际资本投资的主要国家;但是,发展中国家不再仅仅是利用外资国,它们也已成为对外投资国。所以,它们也对国际直接投资自由化提出了自己的要求。

---

① 关于后一种政策,我们可以称为国际直接投资便利化政策,参见下一节的分析。

## 二、国际直接投资自由化的发展历程

目前,越来越多的国家加入国际直接投资自由化的行列,这是继贸易自由化运动之后掀起的又一全球性经济浪潮。国际直接投资自由化是大势所趋,这一点已形成共识,然而,其自由化过程并非一帆风顺:在第二次世界大战结束后的五十多年里,国际直接投资政策尤其是发展中国家的外资政策经历了两次大的转变,即开放—限制—自由化。

20世纪50年代至60年代初期被称为东道国与跨国公司的"蜜月时期"。在这段时期,许多政治上刚刚独立的国家经济基础薄弱、资金极其缺乏,纷纷无限制或较少限制地大量引入外国直接投资发展本国经济,而发达国家也加大了对前殖民地国家的投资力度,妄图实行新的"经济殖民"。这个阶段的投资政策以"开放型"为主。然而,开放造成一定的恶果,许多发展中国家的工业部门甚至是关系国计民生的重要部门被发达国家的跨国公司控制,遏制了民族工业的建立与发展,从而引发了发展中国家的国有化浪潮。

进入20世纪60年代中后期,在民族主义情绪的驱使下,发展中国家开始采取限制性的外资政策。而且,70年代的两次石油危机使发达国家陷入经济"滞胀"时期,经济发展缓慢甚至倒退,极大地阻碍了发达国家跨国公司扩张的步伐。有关数据表明,发展中国家的国际直接投资存量占全世界国际直接投资存量的比重从1967年的31%下降到1975年的26%[1],1980年又降至21%[2]。然而,限制性投资政策造成国际直接投资流入量减少,跨国公司撤资增加,使发展中国家重新面临资金问题。为解决资金匮乏问题,发展中国家不得不过分依赖国际借贷资本,这就为日后的债务危机埋下了隐患。

进入20世纪80年代后,发展中国家债务危机爆发,经济形势日益严峻,发展中国家开始推行一系列的经济改革,其中,外资不再被当成"特洛伊木马",开始逐步放松管制,加强对外资的保护,大力改善本国投资环境,重新对跨国公司开放国内市场。同时,由于资本"追逐"利润本性的存在,跨国公司加大了资本扩张力度,发达国家政府也放松了对直接投资流出的管制,国际直接投资政策开始进入"自由化"时期。一项针对46个国家(20个发达国家和包括5个新兴工业化国家在内的26个发展中国家),跨越11年(1977—1987年)的实证研究表明,样本国家在这段时期中,超过2/3的投资政策都是倾向于国际直接投资自由化的,对新兴工业化国家来说,这个比例更高,达到了3/4。

20世纪90年代的国际直接投资自由化改革发展更为迅猛。许多国家的外资政策正在趋同,主要表现为:减少对国际直接投资流入的部门及股权限制,加强对跨国公司活动的保护,对国际直接投资的管理更加科学化,国际直接投资呈现出前所未有的自由化趋势。由于强大的经济实力及先进的技术力量,发达国家在国际直接投资流动中始终占据主导地位,从而成为国际直接投资自由化改革的积极推动者。例如,以英、美为首的西方发达国家在越来越多的双边及区域投资协定中将国民待遇条款引入市场准入阶段,对国有化实施严格的条件限制等,而且它们试图制定一个多边投资协定以将更多的国家纳入其国际直接投资自由化体系。同时,为争取资金、吸收先进的技术及经验等,发展中国家也对国际直接投资政策进行了战略调整,努力推动国际直接投资自由化进程,如开放更多的部门、放松股权比例限制、提高投资政策透明度等。然而,与20世纪50年代的开放不同,发展中国家的外资政策正趋于理性,寻求一

---

[1] 尼尔·胡德等著,叶刚等译:《跨国企业经济学》,经济科学出版社1990年版。
[2] UNCTAD, FDI/TNC database, (www. unctad. org/fdistatistics).

种"有管理"的自由化,以便更多地从国际直接投资流入中获益。

进入 21 世纪以来,全球投资自由化措施不断出台,投资自由化大趋势基本形成。据联合国贸发会议发布的《世界投资报告 2016》的统计,2015 年全球 46 个国家和地区调整了 96 项投资政策,其中 71 项政策调整属于投资自由化或鼓励投资措施,只有 13 项政策属于投资限制或规制措施,自由化和鼓励投资政策占比达到 84.52%(不考虑中性或不确定政策)。从近几年变化趋势来看,自由化措施占比已由 2010 年的 68.38% 上升到 2015 年的 84.52%。尽管 2013 年和 2014 年自由化措施占比略有下降,但整体改善趋势并未改变。

尽管国际直接投资自由化有良好的发展势头,然而,由于国际分工不平衡的历史背景以及深层次的经济矛盾和政治利益冲突,国际直接投资自由化仍存在着很多阻力与纷争。这就意味着,实现国际直接投资自由化绝不会是一帆风顺的,其过程是复杂的。

### 三、国际直接投资自由化的表现形式

在国际投资法体系中,通常把跨国公司投资活动以跨国公司附属机构或子公司的建立为界限,大致划分为两个阶段,即国际投资准入阶段和国际投资运营阶段。在国际投资准入阶段,跨国公司享有准入权和设业权。准入权是外国投资者进入东道国的权利,准入权允许外国企业在东道国境内从事商业活动,但并不必然包括外国企业在东道国设置永久商业存在的权利,即这种权利有可能是暂时的,也有可能是永久性的。而设业权是关于外国企业在东道国设置商业存在的权利,通常来说,设业权通过各种待遇标准体现出来,如最惠国待遇标准及国民待遇标准等。东道国对于准入权和设业权的放松管制是国际直接投资自由化最重要的法律表现形式。

#### (一) 市场准入的放松

20 世纪 80 年代以来,世界各国纷纷放松了以往对于市场准入的严格限制,主要表现在:放宽外资进入的领域和范围、减少对投资者权利的限制、消除履行要求以及进行外资审批程序的改革等。

**1. 市场准入度的提高**

在外资进入的领域和范围的规定方面,存在两种极端的形式:一是完全禁止各种形式的国际直接投资,比如东欧的转型经济国家在以前的中央计划经济中对所有的外资予以禁止;另一种是对外资进入不加任何限制,比如以吸引外资为主要目的的传统"避税港"。而现实中最常见的是东道国基于经济发展、战略或其他公共政策原因而禁止某些产业或经济活动的国际直接投资。即使在外资政策最为开放的发达国家,对某些涉及国计民生的"敏感部门",如交通通信、金融等历来都禁止或限制外资进入,如美国就对航空运输、远洋和沿海运输、银行业、保险业、政府特许行业、政府保险和信贷计划、能源与电力开发、土地和自然资源利用等经济活动中的外资予以禁止或限制。在各国的投资产业目录中,往往规定了禁止、限制、允许和鼓励外资进入的产业方向。但近年来,这一限制已大大放宽。

这一趋势首先体现在立法原则的改变上。传统上,各国规定了允许外资进入的"肯定清单",而清单外的产业则禁止或限制国际直接投资进入;近年来,越来越多的国家在新的投资法中引入了"否定清单",而禁止和限制的经济活动属于例外。这表明,立法原则从"原则限制,例外自由"转变为"原则自由,例外限制"。只有当外资在"否定清单"中列明的产业或经济活动中投资时才接受东道国有关部门的审查。这使得对外资的限制更加清晰,也更具有透明

度,投资者可以清楚地认识到在什么情况下投资请求会被拒绝。①

服务业市场准入扩大。各国限制或禁止国际直接投资的焦点在于传统的服务业部门,如交通运输、通信、金融保险等,由于这些部门直接关系到一国经济发展目标及公共安全问题,因此,各国对于外资进入这些部门管制极为严格。而1994年达成的《服务贸易总协定》首次将服务贸易纳入世界贸易组织(以下简称"世贸组织")法律体系中,规定了以商业存在即国际直接投资形式提供的服务必须遵守多边纪律。《服务贸易总协定》规定,世贸组织成员方要以"承诺清单"的方式列举对其他成员国开放的服务业部门,其中包括允许其他成员国投资者在这些服务部门的投资经营。《服务贸易总协定》的实施无疑使外资进入的领域和范围进一步扩大,根据《服务贸易总协定》附件《金融服务协议》的规定,全球金融服务业市场开放率将达到90%以上。

2. 投资者权利限制的减少

对投资者权利的限制和履行要求可以归为东道国的投资措施。履行要求大多是鼓励型的投资措施,即东道国对于达到一定要求的外资予以税收优惠或财政扶持的措施。而投资者权利的限制,主要是东道国管理和控制外资的措施,例如限制外资的股权比例以及股东权利等措施。具体的投资者权利的限制措施见表11-1。东道国基于一定的国内经济发展目标对外资权利予以一定限制本来无可厚非,然而这些限制性措施必然会对外资进入产生负面影响:不能或不愿意满足上述限制性措施的投资者可能不敢或不愿意在东道国投资,这样其进入东道国市场的机会就被剥夺了。例如,东道国要求投资者只能与当地企业合资才可进入,否则不允许在东道国投资。近年来,发达国家积极反对限制性措施,它们认为,这是一种政府对市场的不合理干预,因此,可能会妨碍投资者依据国际市场因素自由做出投资决策的权利,妨碍国际投资的自由化进程。② 在它们的努力推动下,各国此类限制性措施已大大减少。20世纪90年代,大多数国家已经取消外资最高占49%股份的比例限制;对于外资的股权转移,也多采用扩大企业资本金等方法实现,而不是传统的撤资方式;对于其他限制性措施,大多通过国民待遇条款来保证投资者在土地、不动产、知识产权及资金领域拥有与本国国民相同的权利。

**表11-1　东道国与投资者权利有关的限制措施**

1. 对所有权的控制
    ——限制外资所有权(例如,外资不得超过50%)
    ——一段时期后外资所有权转移给当地公司
    ——公司所有权或份额的国籍限制
2. 股东权利的限制
    ——对外国投资者持有的股票或债券类型的限制(例如,只能持有无投票权的股票)
    ——对外国投资者公司股票或其他财产权自由转让的限制(例如,未经许可,所持股票不得转让)
    ——对外国股东权利的限制(例如,股利支付、资金清算的偿付、投票权、信息披露)
3. 投资运营阶段政府涉入方面的管制
    ——政府保有指定董事会成员的权利
    ——董事会成员国籍限制或限制高级管理人员中外国人数目
    ——政府保有否定权或有权利要求重要的董事会决定必须协商一致
    ——政府保有控股的"黄金"股份
    ——在采取特殊决定时,必须咨询政府有关部门

---

① 刘笋:《国际投资保护的国际法制若干重要法律问题研究》,法律出版社2002年版。
② 刘笋:《投资准入自由化与投资措施的国际管制》,《暨南大学学报》,2003年3月。

4. 其他类型的限制
  ——外国人控股的垄断企业或国企私有化方面的管理限制
  ——对土地限制以及不动产的所有权或转移的限制
  ——知识产权所有权限制或不完全的所有权保护
  ——接受长期（五年或更长）外国借贷（例如，债券）的限制

资料来源：UNCTAD/ITE/IIT/10(vol.Ⅱ)。

### 3. 履行要求的废除

提高市场准入度的另一表现，就是取消和减少对外资的履行要求。所谓履行要求，是指东道国对外国投资者在投资准入和运营阶段，就其获准进入、经营以及取得特定优惠所规定的前提条件。① 目前各国常用的履行要求有：当地成分要求、贸易平衡要求、外汇平衡要求、出口实绩要求、国内销售要求、当地股权要求及当地雇用要求等。为了避免国内产业、市场受到外资过大的冲击，并且利用外资达到一定的经济发展目标，各国政府纷纷制定了名目繁多的履行要求，这在发展中国家表现得尤为明显。履行要求的实施对外资影响甚大：一方面，对东道国来说，各种履行要求有助于东道国发挥外资的积极作用，抑制外资的负面影响；另一方面，对投资者来说，只有满足东道国某些履行要求才能获得各种优惠政策，尽管投资者不满足这些履行要求也可以进入东道国投资，但与那些满足了履行要求从而获得优惠措施的投资者相比，必然在市场竞争中处于不利地位，甚至会被淘汰出局。这就间接地阻止了外资的进入，妨碍了外资自由化的进程。

鉴于此，发达国家和国际组织积极谋求在国际投资条约中废除履行要求，并通过多边体制来制约投资措施的执行。在这方面，最典型的例子就是乌拉圭回合谈判达成的《与贸易有关的投资措施协议》（以下简称《TRIMs 协议》）。根据《TRIMs 协议》规定，世贸组织各成员国实施与贸易有关的投资措施，不得违背《关税与贸易总协议1994》中的国民待遇原则和取消数量限制原则。该协议所附的例示清单中列举了五种违反上述原则的与贸易有关的投资措施，主要有当地含量要求、贸易平衡要求、进口用汇限制及国内销售要求等。《TRIMs 协议》是第一部世界范围内有约束力的实体性多边投资协定，首次将对投资措施的要求并入多边体制进行管理。然而，《TRIMs 协议》范围过于狭窄，一方面，它只是对与贸易有关的投资措施进行约束，即只有当履行要求会产生贸易扭曲效果时才予以禁止；另一方面，它规定只有当投资措施违反了国民待遇原则及一般取消数量限制原则时，才是违法的。因此，它对更多的会对市场产生扭曲作用的履行要求并未涉及。鉴于此，美国、日本等发达国家认为《TRIMs 协议》局限性太大，它们尝试在更广泛的领域全面废除履行要求，极力推崇投资自由化。例如，美式双边投资协定规定，缔约国不仅要相互保证给予对方缔约国投资以准入的自由权利，而且各缔约国不得维持各种形式的履行要求，即只要东道国实施的某种履行要求产生了扭曲投资的效果，不管这种要求是否会产生贸易上的扭曲效果，都应予以禁止。这样，美式双边投资协定所禁止的履行要求的外延就较《TRIMs 协议》禁止的投资措施的范围要广泛得多。② 然而，由于美式双边投资协定对履行要求废止的规定过于苛刻，极大地削弱了东道国的外资管辖权，绝大多数发展中国家极力反对，甚至连某些发达国家也觉得这个目标难以实现。除了美式双边投资

---

① 徐泉：《略论外资准入与投资自由化》，《现代法学》，2003 年 4 月。
② 刘笋：《投资准入自由化与投资措施的国际管制》，《暨南大学学报》，2003 年 3 月。

协定外,在某些区域性投资条约,如《北美自由贸易协定》《欧洲能源宪章》中都对履行要求的实施与废止给予了严格的规定。可见,由于履行要求直接或间接地与外资准入挂钩,使得更多的国家越来越关注投资措施问题,并且大刀阔斧地限制和消除履行要求的使用。

4. 外资审批程序的改革

为了从外资中获取最大效益,并将利用外资的风险与成本降至最低,除美国以外的绝大多数国家都有专门机构,对进入本国的外资进行审查,从而有计划地利用外资来实现国内经济发展的目标。但是,如果东道国审批机构审查程序烦琐,服务水平低下,也会对外资自由流动产生消极影响。近年来,纵观各国外资审批制度改革,主要是从严到松,由繁到简:① 简化审批手段,提高审批效率。目前,很多国家建立了"一站式"的外资审批机构,在一个机构内就可以解决大多数的外资审批问题,从而克服了以往拖沓的官僚主义,提高了审批效率。② 缩小审批范围。由逐一审批向部分审批转变,由强制性审批向自愿审批过渡,由所有项目的无条件审批向部分项目的有条件审批转化。① ③ 放宽审批标准。很多国家规定,大部分外资项目不用经过审批就可以直接进入,只有列入消极清单中的产业项目才需要审查进入。④ 提高审批透明度。缺乏审批透明度会加大投资者的风险感觉,并引起对歧视待遇的恐惧。目前,大多数国家都将审批过程与制度公开化,并接受各方监督。⑤ 有的国家近年来开始引进拒绝批准进入的申诉程序,对投资者说明拒绝批准进入的理由并允许申诉。

在多边层面上,世界银行的《关于外国直接投资待遇指南》也规定,各国应对国际投资的进入和开业提供便利,避免规定烦琐、复杂的审批程序或附加不必要的条件。

(二) 待遇标准的提高

外资待遇问题实质上是投资者在东道国的法律地位问题,它明确了外国投资者在东道国的法律地位、权利义务的标准,投资及其收益等管理上的保护制度,以及在特殊情况下国家征用投资财产时的补偿标准等。② 因此,它一直受到投资者的关注,也是各国缔结国际投资条约时争议的焦点之一。目前,国际上比较常见的待遇标准有:国民待遇标准、最惠国待遇标准、公平公正待遇标准等。在国际直接投资自由化的浪潮中,投资领域的待遇标准也得到了很大程度的发展,并已落实到某些国家和地区的投资法实践中。

1. 国民待遇适用对象和范围的扩大

国民待遇是指东道国给予外国投资和外国投资者的待遇应不低于其给予本国投资和投资者的待遇。其最重要的特征就是相对性,即外国人在东道国的法律地位是根据本国国民的法律地位派生出来的,外国人与本国人权利平等。然而,所谓平等,仅仅是相对意义上的学术概念,因为在现实中,任何一个主权国家都不可能赋予外国人与本国人权利上的绝对平等,而是从本国自身利益出发,将国民待遇限定在特定范围内。一般来说,国民待遇存在以下两种例外:一是社会公共利益与国家安全方面的传统例外,即东道国出于社会公共利益与国家安全等原因,可以在某些领域或某些环节不实行国民待遇。二是市场准入例外。通常说来,国民待遇主要适用于外资的运营阶段,而不包括准入阶段,以保证各国在市场准入问题上享有充分的管辖权。然而,近年来,随着投资自由化的发展,国民待遇原则的适用范围也在不断扩大。

(1) 国民待遇适用对象的扩大。一般说来,国际投资领域的国民待遇的适用对象有三个方面:外国投资者、投资的资产及与投资相关的活动。最初的国民待遇仅仅是对投资者的权利

---

① 史晓丽等著:《国际投资法》,中国政法大学出版社 2005 年版,第 66 页。
② 史晓丽等著:《国际投资法》,中国政法大学出版社 2005 年版,第 68 页。

予以规定,后来又逐渐将其投资的资产以及投资的活动都纳入国民待遇的范围。而且,关于投资的资产的定义,传统上只限于直接投资领域,而在当代的投资条约中已大大扩充,包括投资者在东道国境内进行投资的所有财产,主要涉及:动产和不动产以及所有物权,如抵押权、质押权、用益权和类似权利;公司股份、股票和其他形式的参股;债权和所有具有经济价值的行为请求权;版权、工业产权、专有技术和商誉;特许权,包括勘探、开采和开发自然资源的特许权;用于再投资的收益。这种宽泛的定义使投资者可以在更广泛的领域内享受到与东道国国民平等的权利。

(2) 国民待遇适用范围的扩大。在传统国际投资法条约中,国民待遇只适用于外资进入东道国境内以后的经营活动,并不适用于准入阶段。例如,经合组织的《国际投资与多国企业宣言》中规定:"本宣言并不适用于外国企业在东道国的准入权及设业权方面。"但目前,以美国为首的发达国家试图将国民待遇原则同时适用于外资的准入阶段,并落实到其对外签订的投资条约中,美式双边投资协定1994年范本就规定:"在建立、获得、扩建、管理、运作、销售和其他所涉资产的处置方面,每一缔约方在相似情形下应给予不低于其给予本方领土内自己的国民或公司的待遇……"随后,包括《北美自由贸易协定》《多边投资协定》《能源宪章条约》、亚太经济合作组织以及东南亚国家联盟投资框架协议在内的一些区域性投资协定也都订立了在外资的准入方面实行国民待遇的条款。

但值得注意的是,《北美自由贸易协定》中墨西哥附加的大量国民待遇例外条款大大削减了其实际效果,《多边投资协定》并没有生效,《能源宪章条约》只是"最佳努力"条款,亚太经济合作组织的投资框架协议并不具有约束力,因此可见,将国民待遇适用范围扩大到准入阶段只是个别国家和地区的实践,并不为大多数国家所接受。尤其是对于发展中国家来说,放松准入权,就意味着自身经济主权的削弱,也在实际上影响国内经济发展目标,所以绝大多数发展中国家极力反对,即使少数国家愿意在准入方面承担国民待遇义务,一般也施加了诸多限制。但这些实践反映了国际直接投资自由化的一种趋势,而且,在发达国家的努力推动和不断施压下,难保不会有更多的国家加入进来。

2. 最惠国待遇的扩展

投资领域中的最惠国待遇是指东道国给予外国投资和外国投资者的待遇不得低于其给予或将来给予任何第三国投资和投资者的待遇。与国民待遇一样,最惠国待遇也是一种相对待遇条款。随着国际直接投资自由化的发展,当代的一些投资条约中扩展了最惠国待遇的范围,例如,《北美自由贸易协定》中将最惠国待遇推广到投资准入阶段。而且在很多双边投资条约中,都有国民待遇与最惠国待遇择优适用的原则,即投资者可以选择国民待遇和最惠国待遇中更为优惠的一种待遇,从而充分保证自己在东道国的权利。如美式双边投资协定1994年范本中就有规定:"缔约各方在准许和对待对方国民或公司的投资或相关的活动上,应在同等情况下给予不低于本国国民或公司,或者第三国的国民或公司的投资或与其有关的活动的待遇,而不论何者最优惠……"可以看出,当代的最惠国待遇标准也朝自由化的方向大大扩展了。

3. 提供绝对待遇标准

在国际投资领域,除了国民待遇和最惠国待遇外,还存在公平公正待遇和国际最低标准待遇等绝对待遇原则。关于公平公正待遇,国际上存在着诸多争议,其内涵和外延也没有明确统一的界定。但传统的国际法理论通常认为公平公正待遇的具体内容包括非歧视待遇与国际最低标准待遇。目前,在双边投资条约和多边层次的投资条约中都出现了关于绝对待遇标准的规定,如美式双边投资协定1994年范本中就有如下表述:"投资在任何时候须给予公正和公平待遇,须享有充分的保护和安全,绝不得给予低于国际法要求的待遇。"另外,在《北美自由贸易协定》《能源宪章条约》《多边投资协定》中都出现了类似规定。绝对待遇标准实质上是在维护发达国家投资者的利益,在很多情况下,被发达国家所滥用以保证自身利益,却损害了东道国权益,因此遭到了发展中国家的强烈反对。但是,将公平公正待遇原则订入投资条约仍然有其积极作用,因为它作为一个基本的标准,可以作为解释条约中特别规定的辅助因素,或者填补条约以及有关的国内立法或国际契约的漏洞。①

## 第三节 国际直接投资的便利化趋势

### 一、投资便利化的内涵

关于国际直接投资便利化,学术界尚无统一的定义。这里所谓的国际直接投资便利化,指的是用来简化并协调投资者在国际直接投资活动中所涉及的各种程序,旨在为国际直接投资活动创造一种协调、透明和可预见的环境,其内容包括投资促进中的部分措施、减少投资者权利限制、减少与行政效率和腐败行为等有关的"紊乱成本"、提供信息服务与技术支持、融资便利活动及国际政策协调等非常广泛的范畴。

关于国际直接投资便利化的定义,有两点需要说明:

第一,从定义中可以看出,国际直接投资便利化所涉及的范畴相当广泛,既包括了东道国措施,也包括母国为便利资本输出所采取的措施,甚至国际投资协定中也屡现"便利化"的字眼。因此,明确界定便利化的范围是个相当困难的事情。有的学者指出,东道国提供的投资优惠,如金融和财政优惠等应包括在便利化内容之中,因为这些优惠政策减轻了投资者负担,增强了投资信心。但是,投资优惠政策不可避免地会造成贸易和投资的扭曲,而便利化首先应该建立在规范化的基础之上,所以本书后面分析中并没有将投资优惠列入便利化的措施之中。另外,联合国贸发会议曾将投资促进中的形象建设和投资引致活动归于商业便利措施,但从一个较窄的范围来说,东道国的形象建设和投资引致活动仅是东道国展示自己投资环境优势的平台,更多地具有宣传性质,实质上并未为投资者带来任何便利,因此同样将其排除。

第二,提到国际直接投资便利化,人们自然会想起另外一个热门话题,即贸易便利化。的确,国际直接投资便利化与贸易便利化密不可分。一方面,两者内容相互交叉和融合,如提高行政效率、减少腐败行为是投资便利化和贸易便利化的共同目标。另一方面,两者相互促进。跨国公司在投资和贸易活动里同时扮演着重要角色,因此投资的便利化势必引致更多的贸易行为,从而推动贸易便利化的发展;而贸易便利化中诸如通关措施等又会极大地方便跨国公司在全球范围内配置资源和安排生产,因此带动了投资便利化的发展。然而,由于投资便利化针对的是投资者在东道国的经营活动,涉及范围更广,相关部门更多;而且,由于资本的输出和输入对于一国国民经济有着重要影响,因此,不仅是东道国,母国也采取一定措施对资本输出予以管理。因此,可以看出,国际直接投资便利化与贸易便利化两者并不能混为一谈。

---

① 余劲松等著:《国际投资法》(第二版),法律出版社2003年版,第220页。

## 二、国际直接投资便利化与自由化、规范化的关系

### (一) 便利化与自由化的关系

作为国际直接投资发展的趋势,自由化反映的是市场准入的放松和待遇标准的提高,而便利化强调的是投资程序的简化与协调。然而,两者存在着若干共同点:

(1) 目标相同。对国际直接投资自由化来说,尽管自由化措施的形式可以多样化,但其最终目的只有一个,即促进国际直接投资的流动。同样,对国际直接投资便利化来说,无论东道国还是母国的便利化措施,都是为了有效促进国际直接投资的流入或流出。可见,自由化、便利化的基本目标都是相同的。

(2) 内容相互交叉和渗透。国际直接投资自由化和便利化都围绕同一个主题"国际直接投资"而展开,因此,其内容难免相互交叉乃至融合。某些自由化措施实际上方便了投资者的活动,而便利化措施也可能推动了自由化的进程。比如,减少对投资者的权利限制就间接扩大了对投资者的市场开放,是自由化的重要表现形式之一;同时,减少此类限制也方便了投资者依据市场因素做出投资决策,也可归为便利化措施。另外,对于审批程序的改革和提高透明度的措施也很难区分究竟是属于自由化措施还是属于便利化措施,可见,自由化和便利化有"一体化"的发展趋势。

(3) 本质相同。自由化和便利化本质上都反映了市场经济体制发展的必然要求。市场经济体制是指由商品市场和生产要素市场组成的,全方位的、互相依存的、开放的市场系统为基础的经济体制。多年的经济发展经验证明:市场经济体制是目前各国发展生产力的最有效的经济体制,发展市场经济正成为各国经贸联系的共同基础。市场经济体制的运行,必然要求作为市场主体的企业必须是真正的自由体,它可以根据自身经营和发展需要在本国、本地区乃至全球范围内选择资源的合理配置,使企业可以"按最有利的条件生产,在最有利的地点销售",实现所谓自由化的要求。市场经济体制的运行,必然要求各国政府进行规制改革,为国际直接投资活动创造一种协调、透明和可预见的环境,以便为投资活动提供最大便利,满足所谓便利化的要求。可见,两者在本质上是相同的。

上面分析了自由化和便利化的共同点,然而,我们在"自由化"一章中曾谈到过,尽管两者的基本目标都是吸引更多的外资,但国际直接投资自由化的政策只有在"其他因素"完备的情况下才可能有效地吸引外资,这些"其他因素"中就包括便利化措施,因此,国际直接投资便利化通常会影响东道国做出国际直接投资自由化的决策。可以这样理解,便利化是自由化的间接影响因素。

### (二) 便利化与规范化的关系

便利化与规范化同为东道国吸引直接投资的决定因素,两者之间关系密切。这可以从以下两个方面来理解:

(1) 规范化是便利化的基础。便利化以最大限度地方便投资活动为自身宗旨,而这种便利须建立在规范化的基础之上。例如,东道国的某种便利化措施尽管为投资者提供了方便,但却对市场造成了扭曲或对其他国内投资者造成了歧视性待遇,这种便利化措施就是不恰当的。

(2) 便利化是规范化的辅助。规范化通常体现在政策层面,由政府来主导,而便利化可以弥补规范化过于宏观的缺陷,在微观层面上为投资者提供细致、周到的服务。

## 三、国际直接投资便利化的表现形式

### (一) 东道国的便利化措施

**1. 投资促进中的便利化措施**

一般来说,一国的投资促进活动有三个层次:① 改善一国在投资者心目中的形象,使之成为一个有利的投资场所,即形象塑造活动;② 直接引进投资,即投资引致活动;③ 向潜在的和已有的投资者提供服务,即投资便利化活动。① 其中,第三个目标就属于国际直接投资便利化措施。根据便利化措施提供时间的不同,我们可将其分为投资决策前、投资决策后和投资运营后的便利化措施。

(1) 投资决策前的便利化措施。表11-2 中列出了投资促进机构向潜在投资者提供的投资决策前服务。总的来说,上述便利化措施集中在两个方面:第一,协助潜在投资者考察当地。在做出投资决策前,投资者可能很乐意去欲投资地点实际考察,这个阶段的投资促进工作是十分重要的。一方面,投资促进机构提供的当地详细信息和陪同实地考察可以使投资者进一步了解投资地点的情况,增强投资者信心;另一方面,这种参观活动是投资者与东道国实际接触的第一步,良好的印象有助于投资者及早做出投资决策。第二,向潜在投资者提供信息服务。通常投资者并不十分了解东道国和欲投资地点的具体情况,因此相关信息的提供是十分必要的。一般来说,此类信息服务涉及范围很广,主要有东道国国内市场信息、东道国政策法规信息、欲投资地点的基础设施信息、当地雇用信息、当地资源信息、当地供应商信息等。② 目前,大多数国家的投资促进机构都建立了相应的数据库以便为潜在投资者提供足够的信息支持。

**表 11-2　投资促进机构向潜在投资者提供的投资决策前服务**

- 寻找合作企业(战略联盟、合资企业等)
- 国内市场信息
- 当地雇用情况
- 寻找合适地点与基础设施
- 金融服务(信用、贷款)建议
- 交通建议
- 外国市场信息
- 关税与有关法律信息
- 可行性研究
- 环境影响评估

资料来源:UNCTAD, *The World of Investment Promotion at a Glance*, p.25。

(2) 投资决策后的便利化措施。表11-3 中列出了投资促进机构向投资者提供的投资决策后服务。其中,投资者最为关心的是协助审批和获得许可方面的服务。一般来说,由于发展中国家的外资审批手续较复杂,此类国家的投资促进机构提供的便利化措施也最多。另外,协助投资者选择当地员工、获得相关法律援助、电力及水的供应,甚至某些生活便利化措施也属于投资正式运营前的便利化措施。

---

① Wells, Louis T., Jr. and Alvin G. Wint, 2000, Marketing a country: Promotion as a tool for attracting foreign investment(revised edition), Foreign investment advisory service occasional paper No. FIAS 13, The World Bank, p.21.
② Henry Loewendahl, "A framework for FDI promotion", *Transnational Corporations*, Vol.10.

表 11-3　投资促进机构向投资者提供的投资决策后服务

- 协助注册和获得许可
- 法律援助
- 协助获得工作许可证
- 协助了解当地风俗
- 选择当地员工
- 电信协助
- 电力与水的供应

资料来源：UNCTAD, *The World of Investment Promotion at a Glance*, p. 26。

(3) 投资运营后的便利化措施。投资运营后的便利化措施主要是针对已有投资者的，其目的是获得已有投资者的再投资项目，或为潜在投资者塑造良好的投资环境形象，或使国际直接投资更好地服务于本国经济。此类便利化措施共分为三种：第一，改善基础设施。良好的交通网络等基础设施情况可以获得已有投资者的进一步青睐，奠定其再投资的信心，因此，许多国家把不断改善自身基础设施状况作为重要的引资任务。第二，发展供应链。为了使已有投资者植根于东道国经济，投资促进机构积极帮助投资者寻找可以作为其供应商的合作伙伴或是通过提高当地企业能力使之成为供应商，如新加坡的"当地产业升级项目"就是帮助较大的外资企业寻找合作伙伴的机构。这种方式可以充分发挥已有投资者的连锁效应，带动当地经济发展。第三，帮助企业创新行为。如中国台湾地区就积极帮助已有投资者与当地企业或研究机构建立畅通的技术交流平台，这样，一方面有利于已有投资者的企业技术创新，另一方面也促进了地区内的技术升级。①

2. 减少投资者权利限制

对投资者权利的限制，主要是东道国管理和控制外资的措施，例如限制外资的股权比例以及股东权利等措施。东道国基于一定的国内经济发展目标对外资权利予以一定限制本来无可厚非，然而，这些限制性措施必然会对外资进入产生负面影响：不能或不愿意满足上述限制性措施的投资者可能不敢或不愿意在东道国投资，这样，其进入东道国市场的机会就被剥夺了。例如，东道国要求投资者只能与当地企业合资才可进入，否则不允许在东道国投资。这样，东道国对投资者权利的限制将为投资活动带来极大的不便利，这种政府对市场的不合理干预可能会妨碍投资者依据国际市场因素自由做出投资决策的权利，妨碍国际投资的便利化进程。对此，发达国家的反对意见最为强烈，在发达国家的努力推动下，各国此类限制性措施已大大减少。20 世纪 90 年代，大多数国家已经取消外资者最高占 49% 股份的比例限制；对于外资的股权转移，也多采用扩大企业资本金等方法实现，而不是传统的撤资方式；对于其他限制性措施，大多通过国民待遇条款来保证投资者在土地、不动产、知识产权及资金领域拥有与本国国民相同的权利。

3. 提高政府管理能力

政府管理能力的提高主要表现在外资审批程序的改革和透明度的提高上。首先，为了从外资中获取最大效益，并将利用外资的风险与成本降至最低，除美国以外的绝大多数国家都有专门机构，对进入本国的外资进行审查，从而有计划地利用外资来达到发展国内经济的目标。但是，如果东道国审批机构审查程序烦琐，服务水平低下，也会对国际直接投资便利化产

---

① Henry Loewendahl，"A framework for FDI promotion"，*Transnational Corporations*，vol. 10。

生消极影响。其次,缺乏透明度会增加跨国公司在东道国市场上信息不对称的风险,带来额外的信息成本。尽管透明度本身不会成为投资者决策的动机,但缺乏透明度则会成为阻碍国际直接投资进入的障碍。目前,各国都制定了相关政策法规努力扩大经营环境的透明度,强化政府规章制度框架,加大反腐力度,以培育有活力并且运行良好的经营部门。

(二) 母国的便利化措施

1. 信息便利和技术支持

母国政府或民间团体通过设立网站、发行出版物、组织考察团等方式向本国投资者提供有关投资东道国宏观经济状况和法律政策框架等投资环境的基本信息和有关投资机会的情报。这种信息服务对于中小企业尤为重要,因为大企业自身一般都具备信息搜集的能力,而中小企业这方面的能力要差很多。① 此类机构中较著名的有:美国的海外私人投资公司、日本的贸易振兴会和芬兰的 Finfund 等。除了为本国海外投资企业提供信息服务外,许多国家还建立了相关机构为海外投资企业培训技术人员、提供投资的可行性研究等,如荷兰的发展金融公司就制订了促进本国企业对外直接投资计划以帮助荷兰企业进行可行性研究、培训相关管理人员、组织考察团等。② 另外,这些机构还为发展中国家培训外资管理人员,为发展中国家提供技术支持以改善其管理体制。

2. 金融便利措施

母国为本国海外投资企业提供的金融便利措施主要包括两个方面:

(1) 资助投资调查分析活动。为了增加在发展中国家的投资机会,许多发达国家为投资者海外投资项目的可行性研究或投资前的考察活动提供 50% 的资助,但是,待正式投资运营后,投资者应偿还该资助费用。另外,为使小规模或缺乏经验的投资者可以尽快适应东道国的条件,政府还为中小企业提供项目开发或启动资金的支持。③

(2) 提供融资便利。为增强本国企业的海外竞争力,许多国家设立特别金融机构或开发性金融机构为本国公司提供融资便利,也有的国家设立特别基金直接资助本国海外投资项目。④ 例如,法国的海外私人直接投资优惠贷款制度是由法国国民信托银行和法国外贸银行以及其他有兴趣的银行于 1972 年合伙设立,该制度由以下三种贷款构成:① 对外工业发展贷款。主要业务是为实现对外国的投资承担长期借贷风险,贷款总额没有限制,贷款期限为 15 年,自贷款 5 年有效期以后开始偿还,贷款利率依偿还阶段的不同而有差别,但不得高于 17.75%。② 对外工业发展出口贷款。主要业务是为法国企业进行以出口为目的的投资提供资金融通,贷款金额一般不超过海外投资的 70%,贷款利率为 13.5%。③ 对外工业发展外汇贷款。主要业务是与担心外汇兑换风险的借款人一起分担外汇风险。⑤ 现在,越来越多的发展中国家也开始重视对本国海外投资企业提供融资便利,但往往附加许多条件,以与本国经济发展目标相吻合。例如,韩国的海外资金支援制度就严格规定,其支援对象为有助于确保重要物资、主要资源供应的投资,或有助于增进同外国经济合作机会的投资,或有助于提高韩国海外公民经济地位的投资,或有助于开辟海外市场赚取外汇的投资。

---

① 黄晓玲:《对外投资促进措施:国际模式评价与中国体系的构建》,《国际经济合作》,2003 年 12 月。
② 林巧燕、贺勇:《发达国家促进对外直接投资的政策借鉴》,《科学学与科学技术管理》,2003 年 1 月。
③ 史晓丽等著:《国际投资法》,中国政法大学出版社 2005 年版,第 195 页。
④ 史晓丽等著:《国际投资法》,中国政法大学出版社 2005 年版,第 195 页。
⑤ 段京东:《海外投资法律制度的比较研究》,《中国人民大学学报》1989 年 3 月号。

### 3. 财政支持政策

母国对本国海外投资项目所提供的财政支持主要体现在税收政策上。由于资本输入国有权根据属地原则对投资者在本国境内的收入征税,而资本输出国有权根据属人原则对本国投资者在海外的收入征税,因此双重纳税的义务无疑直接影响了投资活动。为此,母国通过国内立法形式或订立避免双重征税的双边或多边协定的方式防止双重课税,以鼓励本国海外投资。

### 4. 海外投资保证制度

海外投资保证制度是资本输出国政府对本国海外投资者在国外可能遇到的政治风险提供保证和保险,投资者向本国投资保险机构申请保险后,若承诺的政治风险发生致投资者遭受损失,则由国内保险机构补偿其损失的制度。① 由于海外投资保证制度是一种政府担保,从而为投资者提供了强有力的利益保障,便利了投资活动的进行。早在1948年,美国就根据"马歇尔计划"设立了投资保险制度,进入20世纪60年代以后,其他发达国家纷纷仿效美国创设了本国的海外投资保证制度。一般来说,海外投资保证制度的承保范围主要有外汇险、征收险、战争与内乱险等,除此之外,该制度对投资的形式、投资的东道国以及投资本身都有严格要求。总的来说,海外投资保证制度保护了投资者的海外利益,有效地促进了国际经济交往和合作,因此,时至今日,海外投资保证制度已发展成为一项重要的便利化措施。

## 思考与练习

1. 国际直接投资自由化的含义是什么?与贸易自由化的区别和联系是什么?
2. 国际直接投资便利化的主要表现是什么?
3. 国际直接投资规范化的必要性是什么?

## 案例分析

### 英国英美有限公司并购南非库姆巴资源有限公司

英美有限公司(Anglo American)是一家在英国注册的矿业公司,创立于1917年,是目前世界上最大的矿业公司之一,主营黄金、铂金类金属和钻石,同时涉足煤炭、铁矿、林业等行业。2002年营业额达到205亿美元。在联合国贸发会议出版的《世界投资报告2003》公布的2001年按国外资产排列的世界最大的100家非金融类跨国公司中排名第66位,在非洲、欧洲、南北美洲和大洋洲等地均有其分支机构。库姆巴资源有限公司(Kumba Resources Limited)则是一家在南非注册的矿业公司,主要经营铁矿石、煤炭和锌矿等。该公司在南非约翰内斯堡证券交易所(JSE)上市,市值约为12亿美元,是南非最大的矿业公司之一,世界第五大铁矿石生产商。库姆巴公司拥有南非最大的露天煤矿和世界上最大的煤炭选矿厂,其所属铁矿场的储量超过8亿吨。

英美有限公司并购库姆巴公司的目的主要在于进一步涉入铁矿业以满足全球铁矿石强

---

① 余劲松等著:《国际投资法》(第二版),法律出版社2003年版,第185页。

劲的需求。此前,英美有限公司就拥有库姆巴公司的部分股权,并任命两名董事。

2003年10月31日,英美有限公司所持库姆巴公司的股权超过35%,根据南非证券法规,英美有限公司必须发出现金收购公告。2003年11月14日,英美有限公司通过其所属的英美(南非)公司(Anglo South Africa Capital〈Proprietary〉Limited,ASAC)发出收购公告,准备以每股37南非兰特(约合5.73美元)的价格购买库姆巴公司的剩余股票。收购要约的最后期限是2003年12月5日,结果将于12月9日公布。

2003年12月3日,欧盟委员会经过调查认为该项并购并不违反欧盟的相关法规,同意英美有限公司并购库姆巴资源有限公司。其理由如下:第一,英美有限公司对库姆巴公司的并购会在锆石开采和二氧化钛原料制造(用于颜料行业)两个领域导致"水平"业务交叉。但欧盟委员会的市场调查结果显示:其重叠的程度非常有限,且并购后仍将会在市场上面对强大的竞争者和大量苛刻的买主。第二,除此之外,欧盟委员会经过详细审查还发现上述两个市场的透明度不高,尤其是其价格确定机制,这一点限制了合并后的公司对价格可能的控制。另外,现有厂商也很容易受到新厂商的威胁,市场进入并未受到明显的阻碍。基于上述分析,欧盟委员会认为该项并购对英美有限公司市场地位的加强不会导致市场垄断,因此同意英美有限公司对库姆巴公司的并购。

2003年12月9日,英美有限公司公布并购结果:截至12月5日,英美有限公司已从库姆巴公司股东手中购得约9523.6万股股票,加上其原持有的股票,英美有限公司所持有的库姆巴公司的股票已达到其发行总额的66.62%,达到2亿股,并购金额约为5.5亿美元。英美有限公司尚需与南非政府和其他股东就该公司的股权比例进行磋商。

【分析与思考】
1. 英美有限公司并购库姆巴资源有限公司的动因是什么?
2. 该并购案属于哪一种类型?
3. 欧盟委员会为什么会对该项并购表示关注?

## 印度OVL公司参股俄罗斯萨哈林-1油气田项目

印度OVL(ONGC Videsh Limited)公司是印度国家石油和天然气公司(Oil and Natural Gas Corporation,ONGC)负责海外业务的子公司,是一家国有企业。该公司已在越南、伊拉克、阿尔及利亚和委内瑞拉等地进行了多项对外并购。

萨哈林-1油气田位于俄罗斯萨哈林岛东北大陆架上,邻近日本,主要包括三个油气田。该油气田开发项目于2001年10月结束勘探期,开始商业运作。其可利用的油气总量估计为23亿桶(约3亿吨)石油和17万亿立方英尺(约4850亿立方米)天然气。项目总投资达到120亿美元,是俄罗斯最大的外国投资项目。

在印度参与该项目之前,项目的运作是由一个美日俄三方组成的国际财团进行的。其中,运营商是美国ExxonMobil公司的子公司Exxon Neftegas Limited,除此之外还有日本的萨哈林石油与天然气发展有限公司(SODECO),以及俄罗斯本国的投资方——一家国有石油公司Rosnfet公司。

印度OVL公司早在1995年就注意到了俄罗斯萨哈林-1项目,曾经向俄罗斯Rosnfet公司提出过购买其在萨哈林-1项目中的部分股权的建议,但俄罗斯Rosnfet公司并不感兴趣。2000年3月,俄罗斯Rosnfet公司陷入财务危机。为了筹集资金发展另一个项目,Rosnfet公司改变了态度,考虑向印度 OVL 公司出售其在萨哈林-1 项目中 40% 股权的一半,即 20% 的股权。印度 OVL 公司也承诺将给予 Rosnfet 公司 1 亿美元的回报。

然而,不久萨哈林-1 项目公布的石油储量达到了 10 亿桶。国际石油巨人 BP Amoco 公司此时也对 Rosnfet 公司 20% 的股权感兴趣,并表示将给予 2 亿美元的回报。在此情况下,印度 OVL 公司管理总监迅速通知了印度石油和天然气部部长与财政部长,并一起向总理瓦杰帕伊做了汇报,指出该交易对于印度的重要性。随后,瓦杰帕伊与俄罗斯总统普京通电话。作为印度同意购买俄罗斯武器的回报,普京答应进行干预。与此同时,BP 公司也在游说英国首相布莱尔进行干预,但为时已晚。

印度政府之所以要干预此项并购,主要是因为此项并购对于印度减少石油进口依赖有着重要意义。印度石油和天然气部部长就指出,这一投资是印度减少对石油进口依赖的国家战略的一部分。当时,印度 70% 的石油依赖进口,其金额超过了 8 000 亿卢比(约合 175.67 亿美元)。而通过参股萨哈林-1 油气田项目,印度每年可以得到 200 万—400 万吨石油和每天 800 万立方米的天然气。为此,印度政府简化了 OVL 公司对外并购的审批程序,并且在很多时候直接进行干预或给予外交支持。

2000 年 5 月至 12 月,俄罗斯 Rosnfet 公司与印度 OVL 公司在莫斯科和伦敦进行了谈判。2001 年 2 月双方正式签署了协议。根据并购协议,印度 OVL 公司需要向俄罗斯 Rosnfet 公司支付 17 亿美元。该并购在联合国贸发会议出版的《世界投资报告 2002》公布的 2001 年金额超过 10 亿美元的最大 100 个跨国并购交易排名中居第 66 位。

【分析与思考】

1. 本案例是发展中国家企业对外并购的一个典型案例。请问:印度对国外石油行业开展并购投资的主要动机是什么?在这个案例中,印度政府的管理表现为支持和鼓励,这与欧盟委员会的做法有什么不同?

2. 你能再举出一个受到政治和外交影响的石油行业的跨国并购案例吗?

# 第十二章　国际直接投资协调

【教学目的】

通过本章学习,学生将能够:
1. 认识国际直接投资协调的含义、必要性和主要方式。
2. 了解双边、区域和多边国际直接投资协调的状况、内容与趋势。
3. 掌握多边投资框架(协定)谈判的背景、必要性和前景。

【关键术语】

国际直接投资协调　双边投资协定　区域投资协定　多边投资协定　《与贸易有关的投资措施协议》　《多边投资担保机构公约》　《关于解决各国与其他国家国民之间投资争端的公约》

【引导案例】

2012年5月13日,《中华人民共和国政府、日本国政府及大韩民国政府关于促进、便利和保护投资的协定》(以下简称《中日韩投资协定》)在北京正式签署,三国领导人还同意年内正式启动中日韩自贸区谈判。

《中日韩投资协定》谈判自2007年启动以来,历时5年,中日韩三方先后进行了13轮正式谈判和数次非正式磋商,于2012年3月下旬圆满结束。该协定共包括27条和1个附加议定书,囊括了国际投资协定通常包含的所有重要内容,包括投资定义、适用范围、最惠国待遇、国民待遇、征收、转移、代位、税收、一般例外、争议解决等条款。

《中日韩投资协定》的签署在中日韩三国经贸合作中具有里程碑式的重要意义。这是中日韩第一个促进和保护三国间投资行为的法律文件和制度安排,为中日韩自贸区建设提供了重要基础;同时,协定将为三国投资者提供更为稳定和透明的投资环境,进一步激发三国投资者的投资热情,促进三国间经贸活动更趋活跃,推动三国经济的共同发展和繁荣。

资料来源:《人民日报》2012年5月14日第3版。

## 第一节　国际直接投资协调概述

### 一、国际直接投资协调的含义与作用

国际直接投资协调指的是国际间通过制定和签署国际投资协定与条约等形式对国际直接投资活动当事各方的财产、权利、利益等给予保护并协调彼此间的关系。就现状而言,国际直接投资协调有双边、区域和多边等几个层次。随着国际直接投资业务的扩大和跨国公司的发展,进行有效的国际投资协调的必要性越来越明显。

开展国际投资协调具有以下几方面的作用：第一，国际投资协调可以保障投资者与投资企业、东道国与投资母国的权利和利益，促进国际投资业务的健康发展。第二，可以缓解东道国与跨国公司的利益冲突。虽然当今世界上多数国家都欢迎跨国公司进入，但跨国公司进入后还是经常与东道国产生矛盾和利益冲突，因此需要协调解决矛盾。第三，有利于克服东道国彼此之间的优惠政策竞争。为了吸引宝贵的外商投资，加快经济发展，东道国政府尤其是发展中国家政府都不同程度地对外商投资给予了一些优惠待遇，近年来这方面的竞争空前激烈。优惠政策的恶性竞争长期发展下去对东道国不利，需要借助国际协调加以规范和约束。第四，缩小不同国家间的国内政策差异，形成统一的国际投资规则。受经济发展水平、经济发展模式和法律制度的影响，不同国家的外商投资具体政策存在差异。只有通过不断的国际协调和谈判，才能缩小差异，最终形成一部国际上广泛认可的国际投资规则。这部规则的性质与作用应类似于货物贸易领域的《关税与贸易总协定》和服务贸易领域的《服务贸易总协定》。

**二、国际直接投资协调的必要性**

（一）投资领域矛盾重重

投资领域向来是各方关注的焦点，各方出于对自身利益的考虑必然导致投资领域冲突和矛盾不断，其中主要集中在发达国家与发展中国家之间、跨国公司与东道国之间的矛盾上。就发达国家与发展中国家之间矛盾来说，一方面，多为资本输出国的发达国家要求发展中国家提供更广泛的市场准入和更高标准的投资者保护，以保障其海外投资者享有充分的权利；另一方面，多为资本输入国的发展中国家出于对自身发展需要的考虑而采取管理措施来引导投资者，这就为投资者设置了种种障碍或限制。因此，两者矛盾必然升级。就跨国公司与东道国之间的矛盾来说，一方面，跨国公司的"逐利性"导致其行为会对东道国的经济增长和发展产生一定的负面影响，如跨国公司可能会将高污染的产业转移到低环境标准的东道国进行生产，或采取转移定价等措施来逃避东道国的税收等；另一方面，东道国会采取各种政策措施来限制或引导跨国公司的商业行为，而这有可能会损害跨国公司的利益。因此，我们可以看到，近年来跨国公司与东道国之间的投资争端不断。综上所述，通过投资协调达成一个透明、可预见的投资框架从而缓和各行为主体在投资领域的冲突和矛盾就成为当前紧迫的任务。

（二）各国国内国际直接投资法规杂乱，标准不一

为管理流入的国际直接投资或本国的对外直接投资，世界各国均制定了处理国际直接投资问题的相关规章制度，然而，国家如此众多，其国内国际直接投资法规政策必然相当杂乱而且标准不一。如就规范资本输入的国际直接投资法规来说，虽然绝大多数法规都对外资的准入及投向、外资及外资企业的法律地位、税收及优惠、利润汇回、国有化及补偿、争端解决等一系列问题做出了规定，但必然是有的国家标准高些，有的国家标准低些。另外，各国的管理措施也相当复杂，这种状况不能为投资者提供统一的规范来遵守。而规范资本输出的国际直接投资法规中，有的国家对本国海外投资限制较松或完全放开管制，有的国家则限制较为严格，规定了相关的审批程序。综上所述，这种错综复杂的状况必然限制投资者，影响投资活动的健康发展。因此，投资协调的主要目的就是要建立一个统一的投资标准体系，以使投资者"有法可依"，从而保障投资活动的顺利进行。

**三、国际直接投资协调的主要方式**

从定义来看，国际直接投资协调方式主要有三种，即双边、区域和多边投资协定。由于这

三种国际直接投资协调方式的服务对象与目的不同,在功能上也各有利弊。

双边投资协定最大的优势在于一国可以自由选择对本国投资有重大意义的缔约伙伴,排除与自身投资关系较少的国家,从而节省时间和成本。而且,由于双边协定参与方只有两个,其中所涉及的问题和须考虑的因素较少,因此缔约国之间更容易加快谈判进度,达成一致意见。同时,缔约国可以灵活地根据双方实际情况拟定和调整协定内容,排除对自身不利的标准和要求,从而更好地满足本国经济发展的要求,而这是区域或多边投资协定所无法比拟的,对发展中国家尤其具有重要意义。但是,双边投资协定也存在缺点。一方面,双方实力的不对等容易使弱国在双边谈判中处于不利的地位。虽然在区域或多边谈判中,情形也大致相同,但由于双边谈判只有两方参加,这个问题就显得尤为突出,如在美国与发展中国家签订的双边投资协定中,本来是以投资保护为目标的双边投资协定最后却往往包括了众多的投资自由化条款,这就是双方实力悬殊所致。另一方面,双边投资协定在构筑全球投资规范化网络时显得力不从心。世界贸易组织曾指出,如果联合国成员之间都缔结双边投资协定,则全球大致需要存在 18 000 个双边协定,现存的 2 000 多个双边投资协定明显是杯水车薪。而且,庞大的双边投资协定网络所导致的规则重叠和不一致对双边投资协定的管理也是一个巨大的挑战。[①]

相对于双边投资协定来说,区域投资协定往往涵盖较多的成员国,因此各缔约国之间会有更多讨价还价的空间。同时,由于区域内国家不同的经济发展水平,区域投资协定往往规定了众多的例外条款、保留措施和过渡期以保证协定的灵活性。然而,区域投资协定的排他性必然导致区域外国家处于不利地位,即产生"投资转移效应"。[②]

由于双边投资协定和区域投资协定涵盖范围的有限性,如果全球能达成一个多边投资协定以囊括所有的国家,制定统一的标准,毫无疑问这将为全球直接投资流动带来极大的便利。同时,发展中国家在双边或区域谈判中势单力薄,缺少谈判的筹码,而在多边投资谈判中,发展中国家可以组成联盟,从而增加谈判实力,取得有利条件。但是,多边投资协定中标准的制定是一个关键问题。标准过高的多边投资协定会损害发展中国家的利益,制约其国内政策空间;而标准过低的多边投资协定是没有多少意义的。[③] 综上所述,三种协调方式各有利弊,从而允许我们根据实际情况灵活使用以达到不同的要求。

## 第二节 双边投资协定与国际直接投资协调

### 一、双边投资协定的含义与分类

双边投资协定是资本输出国与资本输入国之间签订的,旨在鼓励、保护和促进两国间私人直接投资活动的双边协定与条约的总称。在国际投资法律体系中,双边投资协定占据着重要的地位。在保护与促进私人直接投资活动方面,它是迄今为止最有效的国际法制。截至 2015 年年底累计签署的双边投资协定达 2 946 个,而 1995 年年底时其数量累计只有 924 个,发展速度可见一斑。

目前双边投资协定主要有四种类型:第一种为投资保证协定。该协定由美国创立其模式,后被某些建立有海外投资保险制度的国家仿效,所以也称为美国式的双边投资协定。它的特

---

[①] UNCTAD, *World Investment Report 2003*, p. 93.
[②] Ibid., p. 94.
[③] Ibid.

点是重在对国际投资活动中的政策风险提供保证,其主要内容包括承包范围、代位求偿权和争端解决等。第二种为促进与保护投资协定。该协定由联邦德国首创,也称联邦德国式投资协定。其特点是内容详尽具体,以促进和保护两国间私人国际直接投资为中心内容,既包含促进和保护投资的实体性规定,也有关于代位求偿权、争端解决等的程序性规定。第三种为友好通商航海条约。友好通商航海条约是在相互友好的政治前提下,针对通商航海等事宜全面规定两国间经济、贸易关系的一种贸易条约。这种条约本来不属于双边投资协定,但是20世纪60年代以后,在美国等国家的推动下,在这类条约中增加了保护国际投资的原则性规定。第四种为双边税收协定。双边税收协定与国际直接投资有直接关系,主要作用是协调不同国家间在处理跨国纳税人征税事务和其他有关方面的税收关系。

## 二、双边投资协定与国际直接投资保护

绝大多数双边投资协定最重要的目的就是通过限制东道国对外资任意处置的权利,达到保护投资者利益的目的。从早期的双边投资协定到目前流行的双边投资协定,尽管形式与内容多有不一,但投资保护这一宗旨从未改变过。对双边投资协定的内容进行详细分析,能帮助我们更加清晰地理解其投资保护这一功能。

1. 投资与投资者定义

对投资与投资者,即条约的受益者进行定义,界定其范围是双边投资协定最重要的条款之一,通常在第一部分即予以规定。双边投资协定一旦生效,缔约方即对协定中列明的投资者及其财产负有条约法义务,而对定义范围之外的投资者并不负担此项义务。涉及投资保护,有两点需要注意:

(1)双边投资协定对投资通常采用较宽泛的定义,不但包括资产、股票和债券等有形财产,而且还包括知识产权和特许权等无形财产,美式双边投资协定中投资范围更广。其目的是保证具有足够的灵活性以将股权投资和非股权投资都包括在内,并允许产生新的投资形式[①],广泛的定义无疑为在东道国投资的投资者提供了一把巨大的保护伞,以囊括其所有的投资利益。

(2)对条约缔结前已存在的外资是否接受双边投资协定保护,不同国家观点迥异。发展中国家认为双边投资协定仅适用于缔结后的未来投资,至多可延伸至较近时期内的投资,因此不主张对已存在外资予以额外保护。而发达国家则主张对不同时期外资一律适用原则,如美式双边投资协定2004年范本中就指出,"所涉投资"是指"本条约生效时已经存在的其领域内的缔约另一方投资者的投资,或此后设立,收购或扩大的投资"。显而易见,此类定义保护范围更广,保护强度更高。

2. 市场准入条件

市场准入条件更多涉及投资自由化问题,而非投资保护功能,我们将放在自由化功能中具体分析。

3. 投资者待遇标准

双边投资协定中通常会对外资进入后享受何种待遇做原则性的规定:

(1)相对待遇标准。相对待遇标准一般包括国民待遇和最惠国待遇。目前,绝大多数双边投资协定都有此类待遇规定,以保护投资者享受与本国国民或第三国国民平等的待遇。更

---

① 余劲松主编:《国际投资法》(第二版),法律出版社2003年版,第216页。

有甚者,如美式双边投资协定中将本应适用于外资运营阶段的国民待遇推广到市场准入与设业阶段,当然,这更多地属于投资自由化问题。另外,美式双边投资协定中将国民待遇与最惠国待遇结合起来,"依其中更优惠者适用",这也向投资者提供了更高的保护标准。

（2）绝对待遇标准。绝对待遇标准往往包括"公平与公正待遇","充分的保护与安全"及"最低待遇标准"。对"公平与公正待遇",没有明确的定义,各方理解上存在较大分歧,而焦点在于是否应包括"最低待遇标准"。发展中国家通常把此待遇条款与国民待遇和最惠国待遇条款结合在一起,规定"公平与公正待遇"须不低于后面任何一种待遇,这也是国际上认可的通行理解。而发达国家往往主张此待遇条款至少应包括无差别待遇、国际最低标准与东道国保护外国财产的义务等方面,因此其保护强度更大。而对"充分的保护与安全"条款,双边投资协定往往要求缔约方须提供国际习惯法所要求的治安程度,可以看出,这本身也是一个非常模糊的概念,投资所涉各方可以根据自己的利益做出不同解释。至于"最低待遇标准"或"国际标准",更是由于过去经常被发达国家用以谋取在发展中国家的特权而不获得大多数国家的认可。所以,所谓的"绝对待遇标准"并无国际上公认的衡量标准。但正是这一标准的模糊性,使其可以灵活解释,以达到保护外国投资者及其投资的目的。

4. 外汇转移

对投资者来说,顺利将东道国货币兑换为外汇以购买国外原材料或零部件以及将本金与利润汇回母国的自由权利至关重要。① 而对发展中东道国来说,由于其经常会面临国际收支问题以及需要外汇以购买国内必需品,因此往往对外汇自由转移给予较严格的限制。不同的态度导致外汇转移问题成为双边投资协定谈判的焦点之一。而为了保护本国投资者,美国等发达国家往往在双边投资协定中规定,除非缔约方国际收支困难等例外因素,应该允许与所涉投资相关的转移自由与无迟延地进出其领土。

5. 运营条件

关于运营条件方面,双边投资协定多涉及投资者员工进出东道国权利以及履行要求等问题。履行要求问题前面已多有分析,这里不再赘述。对投资者员工流动问题,双边投资协定多规定"基于设立或运行投资企业目的,缔约方投资者员工有权自由进出缔约对方的国境"。这就进一步削弱了东道国的外资管辖权,而为投资者提供了更多的保护。

6. 国有化、征收与其补偿问题

为便于分析,这里将国有化及征收与补偿问题结合在一起说明。近年来,双边投资协定已在事实上剥夺了东道国对外资实行国有化及征收的权利。例如,绝大多数双边投资协定规定,东道国不得直接或间接通过等同于征收或国有化的措施,对所涉投资进行征收或国有化,除非:① 为了公共目的;② 采取非歧视方式;③ 依据正当法律程序。这就为东道国此项权利做了严格限制。更有甚者,关于征收补偿的"充分、及时和有效"原则,即"赫尔三原则"也屡现于双边投资协定中,这就使投资者在东道国国有化及征收事件中受到的经济损害大大减少。

7. 争端解决机制

毫无疑问,上述六个方面可以为外国投资者提供全方位的保护,当然,前提是东道国必须

---

① Jeswald W. Salacuse, Host Country Regulation and Promotion of Joint Ventures and Foreign Investment, International Joint Ventures:A Practical Approach to Working with Foreign Investors in The U. S. and Abroad, 107, 122—123（David N. Goldsweig & Roger H. Cummings eds. ,1990）.

遵守双边投资协定的条约法义务。然而,一旦缔约国没有切实履行义务,遭受经济损害的投资者是否有权利寻求救济呢?① 双边投资协定提供了两种途径来解决此类纠纷问题:① 缔约国双方争端解决机制。若缔约国双方对双边投资协定的解释和适用发生争端,双方可首先通过协商解决分歧,若协商不能解决,则提交国际仲裁法庭。② 投资者—东道国争端解决机制。赋予私人投资者对主权国家提出上诉的权利,这种机制可谓是投资领域的一大创新,在国际贸易领域,即使私人之间发生商务纠纷,最终也需要国家出面解决。而双边投资协定中规定,一旦投资者与东道国发生争端,投资者在协商解决未果、用尽当地救济后,可绕过东道国直接提请国际法庭仲裁。这就赋予了投资者相当大的权利,也使东道国更加慎重地对待与投资者的纠纷问题。据统计,截至 2015 年,解决投资争议国际中心(International Center for Settlement of Investment Disputes,ICSID)共受理了 696 个此类案件。其中,不乏裁决结果为投资者胜诉,而东道国败诉的案例。当然,对投资者—东道国争端解决机制,不同国家订立的双边投资协定规定也多有出入,保护程度多有不同,通常来说,美式双边投资协定对此类规定标准更高,要求更为严格。

综上所述,双边投资协定可以较好地完成投资保护的目标,即在签订双边投资协定的国家投资的投资者可以享受到比在未签署双边投资协定的国家更高的保护程度。

### 三、双边投资协定与国际直接投资自由化

双边投资协定要实现的第二个目标是促进国际直接投资的自由化过程。一个理想的国际直接投资自由化体系是指由市场而非政府的法律规章来决定外资进入的经济体制。然而,第二次世界大战后相当一段时期内,绝大多数发展中国家强烈抵制国际直接投资自由化,认为国内力量足以推动经济发展。因此,当时的经济体制以计划指令经济为主,国家对外资的流入实施严格的控制。进入 20 世纪 80 年代中期,由于面临外汇短缺以及经济发展瓶颈问题,发展中国家开始考虑打开国门,逐步实现国际直接投资自由化。这对发达国家来说当然求之不得,因此它们一方面督促发展中国家修改国内法以放松对外资的管制,另一方面积极寻求国际直接投资自由化的国际途径以加快这一过程,双边投资协定则是其重要工具之一。要衡量双边投资协定实现国际直接投资自由化的经济绩效,须从两方面入手:

1. 自由化的绝对标准

绝对的国际直接投资自由化是指外国投资者拥有可以不受任何法规约束而自由进入东道国的权利。事实上,即使是发达国家也难以达到这一标准,而双边投资协定也并没有否认东道国对外资准入的管辖权。大多数双边投资协定对于外资准入问题都有如下规定,"缔约方应当鼓励并对投资者在其领域内的投资行为提供优惠条件……",也就是说,双边投资协定并没有强制性要求缔约一方须对缔约另一方的投资者进入不加任何限制,而只是要求东道国须"允许符合其国内法的外资进入"②。由此可以看出,尽管双边投资协定反映了自由化的经济思想,并支持缔约方采取自由化的经济政策,但并没有创立一个绝对自由化的投资体制。所以说,双边投资协定无法达到国际直接投资自由化的绝对标准。

---

① Jeswald W. Salacuse, Nicholas P. Sullivan, Do BITs Really Work?: An Evaluation of Bilateral Investment Treaties and Their Grand Bargain, *Harvard International Law Journal*, Vol. 46.

② 如 *Agreement for the Promotion and Protection of Investment*, India-U. K., art. 3 (1), Mar. 14, 1994, 34 I. L. M. 935, 940(1995).

2. 自由化的相对标准

这一标准是对目前国际直接投资自由化程度的衡量。近几十年来,世界各国大力推行外资法改革,时至今日,以往对外资准入严格的限制和管理已得到极大放松,数据表明:2015年,世界上有46个国家采取了96项关于国际直接投资的国内法规,其中71项是倾向于更加自由化的。① 而双边投资协定对这一国际直接投资自由化过程有着直接和间接的影响:

(1) 直接影响。双边投资协定对国际直接投资自由化过程的直接影响体现在某些条款中:① 国民待遇与最惠国待遇适用范围的扩大。这个问题在前面我们分析双边投资协定削弱东道国外资管辖权的特点时已提到,这里不再赘述。② 履行要求的废除。"废除履行要求条款"是具备"自由化性质"的双边投资协定的重要表现之一。作为世界上自由化程度最高的美式双边投资协定,对履行要求进行了全方位的禁止,2004年范本第8条规定,"对于缔约一方或非缔约方投资者在其领土内投资的设立、收购……任何缔约方都不得强制要求出口一定水平或比例的货物或服务;达到特定水平或比例的国内含量;购买、使用或优先选择产自其领土的货物,或购买来自其领土的人的货物……"。毫无疑问,"废除履行要求条款"的适用将大大推动双边投资协定的自由化进程。

(2) 间接影响。除了双边投资协定中具体条款反映了国际直接投资自由化性质外,双边投资协定对东道国国际直接投资自由化过程还有着间接影响。双边投资协定的签订可能会为东道国带来一定的投资者,从而在东道国国内,外国企业成功的示范作用、对国内企业带来的竞争压力、政府吸引更多国际直接投资的愿望等都会对东道国外资管理体制产生影响,从而间接推动东道国国际直接投资自由化的进程。

综上所述,尽管双边投资协定远达不到国际直接投资自由化的绝对标准,但对国际直接投资自由化相对标准的提高具有重要影响。因此,可以认为,双边投资协定较好地完成了其国际直接投资自由化功能。

**四、双边投资协定与国际投资促进**

双边投资协定的国际直接投资促进功能是与其国际直接投资保护功能紧密联系在一起的。对投资者来说,东道国的国内外资法同样可以保护其海外投资利益,而且近年来各国国内外资法的发展也是以此为方向。然而,这毕竟属于东道国的单方保证,具有较大的不稳定性。双边投资协定作为国际性投资条约,可以为投资者提供一个明确、稳定和透明的投资法律框架,即使发生争端,投资者也可绕过东道国而直接寻求国际救济,这无疑对投资者有较大的诱惑力。所以,双边投资协定保护功能的增强会促进国际直接投资规模的增长。另外,美国、德国等发达国家的海外投资保险制度,往往要审查本国与投资者目标国家间是否签订有双边投资协定。对未与本国签署双边投资协定的国家,母国通常不愿向投资者提供风险担保,或以较高保险费率的方式提供,从而会提高投资者的投资风险或投资成本。在这种情况下,双边投资协定对促进投资也具有重要功效。

然而,从双边投资协定与国际直接投资的流量和流向的关系来看,尽管绝大多数双边投资协定在前言中都明确声称缔结条约的目的在于促进国际直接投资的流动,但事实表明,双边投资协定的缔结与国际直接投资的流量和流向似乎并没有必然的联系。② 例如,截至2015

---

① UNCTAD, *World Investment Report 2016.*
② 刘笋:《浅析 BIT 作用的有限性及对 BIT 促成习惯国际法规则论的反对论》,《法制与社会发展》,2001年5月。

年年底,非洲国家共签订了 960 项双边投资协定,占全球双边投资协定总数的 33%,但 2015 年非洲国家国际直接投资流入量为 541 亿美元,仅占当年全球国际直接投资流入量的 3.1%。同时,即使双边投资协定与国际直接投资的流量与流向之间确实存在一定的关联关系,也不能确定双边投资协定是国际直接投资流入的原因,相反,可能恰恰因为双方已存在投资关系,母国才考虑对已投资者予以一定的保护,而东道国也希望更多的投资,双方才签订了双边投资协定,即我们无法确定双边投资协定与国际直接投资流量与流向之间的因果关系。① 究其原因:投资者作为理性人在对目标国投资环境进行评估时,首先考虑的是其经济与政治环境,如市场规模大小、经济发展速度、基础设施情况,以及政治、经济环境的持续稳定性,而把法律环境放在次要位置。只有健全的法律规章制度,而缺乏必要的政治与经济环境吸引力的国家是很难得到投资者青睐的。即使考虑到法律环境,在众多的直接投资法律关系中,东道国国内法仍是主体,而双边投资协定仅起到重要的补充作用。总而言之,在投资者考虑的诸多决策因素中,双边投资协定并不构成主要因素,双边投资协定的存在并不能达到吸引外资的效果,最多是东道国愿意吸引海外资本的信号。②

综上所述,双边投资协定在国际直接投资促进中所扮演的角色是较次要的,可以认为,双边投资协定并没有很好地完成促进投资这一功能。

## 第三节 区域投资协定与国际直接投资协调

### 一、区域投资协定的总体发展状况

区域投资协定是指区域性国际经济组织旨在协调成员国之间的投资活动而签订的区域性多边条约,它有两种表现形式:一种是专门的投资协定,另一种是贸易协定或经济合作协定中包含的投资条款。目前,人们已对国际投资协定在投资自由化和投资者保护中所发挥的作用达成共识。在缺乏多边层面投资立法的情况下,区域性投资规则的发展成为除了双边投资协定之外的另一引人注目的现象,尤其是 20 世纪 80 年代以后,区域性投资规则发展迅猛。据统计,目前全球存在着数十个不同的区域性投资规则,这些投资规则或专门涉及国际直接投资问题,或以区域性贸易协定中某个章节的形式出现。值得注意的是,区域投资协定多为发达国家之间或发展中国家之间签订,而近年来,南北之间的投资协定也开始呈上升态势(见表 12-1)。

表 12-1 1957—2015 年主要的区域性投资协定(议)

| 年份 | 协议名称 | 签订组织 | 是否有约束力 | 是否生效 |
| --- | --- | --- | --- | --- |
| 1957 | 《欧共体成立协议》 | 欧共体 | 有 | 生效 |
| 1957 | 《阿拉伯经济联盟协议》 | 阿拉伯经济联盟委员会 | 有 | 生效 |
| 1961 | 《资本流动自由化法典》 | 经合组织 | 有 | 生效 |
| 1961 | 《经常项目无形资产交易自由化法典》 | 经合组织 | 有 | 生效 |
| 1965 | 《中非关税经济共同体投资守则》 | 中非关税经济共同体 | 有 | 生效 |

---

① 刘笋:《浅析 BIT 作用的有限性及对 BIT 促成习惯国际法规则论的反对论》,《法制与社会发展》,2001 年 5 月。
② 杨卫东等:《双边投资保护条约的制度与经济绩效》,《求实》,2004 年第 11 期。

(续表)

| 年份 | 协议名称 | 签订组织 | 是否有约束力 | 是否生效 |
|---|---|---|---|---|
| 1967 | 《外国人财产保护公约》 | 经合组织 | 无 | 未生效 |
| 1967 | 《安第斯次区域一体化协议》 | 安第斯集团 | 有 | 生效 |
| 1970 | 《阿拉伯国家相互投资和资本自由流动协议》 | 阿拉伯国家联盟 | 有 | 生效 |
| 1971 | 《关于建立阿拉伯内部投资担保机构的公约》 | 阿拉伯国家联盟 | 有 | 生效 |
| 1973 | 《加勒比共同体条约》 | 加勒比共同体 | 有 | 生效 |
| 1976 | 《国际投资和跨国企业宣言》 | 经合组织 | 无 | 生效 |
| 1981 | 《在成员间促进、保护和担保投资的协议》 | 伊斯兰会议组织 | 有 | 生效 |
| 1982 | 《五大湖地区经济共同体投资守则》 | 五大湖经济共同体 | 有 | 生效 |
| 1983 | 《中非经济共同体成立协议》 | 中非经济共同体 | 有 | 生效 |
| 1987 | 《东盟关于促进和保护投资的协议》 | 东盟 | 有 | 生效 |
| 1991 | 《关于建立非洲经济共同体的协议》 | 非洲经济共同体 | 有 | 生效 |
| 1991 | 《安第斯集团第291号决议》 | 安第斯集团 | 有 | 生效 |
| 1992 | 《欧洲联盟条约》 | 欧盟 | 有 | 生效 |
| 1992 | 《北美自由贸易协定》 | 美国、加拿大与墨西哥 | 有 | 生效 |
| 1993 | 《成立西非经济共同体协议的修订》 | 西非经济共同体 | 有 | 生效 |
| 1993 | 《成立东南非共同市场条约》 | 东南非共同市场 | 有 | 生效 |
| 1994 | 《南锥体共同市场投资促进和投资保护协议草案》 | 南方共同市场 | 有 | 生效 |
| 1994 | 《非约束性投资原则》 | 亚太经济合作组织 | 无 | 生效 |
| 1995 | 《东盟服务贸易框架协议》 | 东盟 | 有 | 生效 |
| 1995 | 《大阪行动议程》 | 亚太经济合作组织 | 无 | 生效 |
| 1998 | 《东盟投资框架协议》 | 东盟 | 有 | 生效 |
| 1999 | 《促进东盟投资环境的短期措施协议》 | 东盟 | 有 | 生效 |
| 2002 | 《中非与巴拿马自由贸易协定》 | 中非—巴拿马 | 有 | 生效 |
| 2002 | 《中美洲共同市场条约》 | 中美洲共同市场 | 有 | 生效 |
| 2004 | 《南亚自由贸易条约》 | 南亚自由贸易条约组织 | 有 | 生效 |
| 2005 | 《经济合作组织投资协议》 | 伊朗、土耳其等10国 | 有 | 生效 |
| 2005 | 《欧洲自由贸易联盟—韩国投资协议》 | 欧洲自由贸易联盟、韩国 | 有 | 生效 |
| 2006 | 《南部非洲发展共同体投资条约》 | 南部非洲发展共同体 | 有 | 生效 |
| 2007 | 《东部和南部非洲共同市场投资协议》 | 东部和南部非洲共同市场 | 有 | 生效 |
| 2008 | 《欧亚投资协议》 | 白俄罗斯、哈萨克斯坦、俄罗斯、吉尔吉斯斯坦、塔吉克斯坦 | 有 | 生效 |
| 2008 | 《西非国家经济共同体投资补充协议》 | 西非国家经济共同体 | 有 | 生效 |
| 2009 | 《东盟全面投资协议》 | 东盟 | 有 | 生效 |
| 2009 | 《韩国—东盟投资协议》 | 韩国、东盟 | 有 | 生效 |

（续表）

| 年份 | 协议名称 | 签订组织 | 是否有约束力 | 是否生效 |
|---|---|---|---|---|
| 2009 | 《中国—东盟投资协议》 | 中国、东盟 | 有 | 生效 |
| 2009 | 《亚太贸易协定投资协议》 | 孟加拉国、中国、韩国、老挝、斯里兰卡 | 有 | 生效 |
| 2010 | 《白俄罗斯—哈萨克斯坦—俄罗斯服务与投资协定》 | 白俄罗斯、哈萨克斯坦、俄罗斯 | 有 | 生效 |
| 2012 | 《中日韩三方投资协议》 | 中国、日本、韩国 | 有 | 生效 |
| 2014 | 《欧亚经济联盟条约》 | 欧亚经济联盟 | 有 | 生效 |
| 2014 | 《东盟—印度投资协议》 | 东盟、印度 | 有 | 生效 |
| 2015 | 《跨太平洋伙伴关系协议》(TPP) | 美、日、澳等12国 | 有 | |

资料来源：UNCTAD, IIA Key Issues, Volume Ⅰ, p. 41。2002年之后的区域性投资协议整理自UNCTAD国际投资协议数据库（http://investmentpolicy.unctad.org/）。

就发达国家来说，较有代表性的区域性投资规则主要有欧盟的投资规则和《能源宪章约》等。作为一个高度发达的经济联盟，欧盟在《建立欧洲共同体条约》《欧洲联盟条约》等一系列文件中都涉及直接投资问题，包括成员间资金的完全自由化流动、对外资歧视性政策的有效消除以及成员间采取共同的外资政策等。至于《能源宪章条约》，确切地说，应该是一个"区域间"的投资协定，涵盖了欧盟、其他经合组织发达国家、中东欧及独联体的一些国家，它的特点是仅对能源这一国民经济中重要领域的国际直接投资行为予以规范，在成员国能源部门的国际直接投资流入及投资者保护等方面规定了较为苛刻的标准。

就发展中国家来说，较有代表性的区域性投资规则主要有东盟的投资规则等。1998年东盟各国签署的《东盟投资框架协议》旨在促进成员之间的国际直接投资流动，提高对来自其他成员国的投资者的待遇标准等，从而加快了东盟投资规范的进程。

就南北之间来说，较有代表性的区域性投资规则主要有《北美自由贸易协定》及亚太经济合作组织的投资规则等。《北美自由贸易协定》的成功之处在于将发达国家与发展中国家纳入同一个投资框架中，尽管适用区域仅有三个国家，却堪称区域投资协定发展中的里程碑。

亚太经济合作组织尝试在经济发展水平和政治文化背景迥异的成员间建立一个综合性的投资协定，同样是一个具有"南北合作"性质的区域性投资规则。但由于无法协调众多成员在投资领域的利益冲突，1994年达成的《非约束性投资原则》只是一份不具有法律约束力的文件。

总的来说，区域性投资规则所涵盖的地理范围较为有限，但从近年来欧盟"东扩"以及北美自由贸易区"南扩"的现象来看，区域性投资规则的最大意义在于它是多边投资立法的有效尝试，这使人们对区域投资协定赋予了更多的期望。

## 二、区域投资协定的主要内容与比较分析

（一）主要内容

一般来说，区域投资协定的主要内容有：对"投资"及"投资者"的定义、投资政策自由化、外资政策的透明度、外资准入与运营条件的规定、外资待遇标准、外汇转移要求、投资保护以及投资争端的解决等，有些还会对跨国公司的限制性商业行为、消费者保护及劳工标准等方面

有所涉及。从这些条约的内容来看，可以将它们分为以下几个类别：以调整成员国之间和成员国与非成员国之间私人投资关系为主要内容的条约，如欧洲联盟的《马斯特里赫特条约》；以调整成员国和非成员国之间私人投资关系为主要内容的条约，如1970年安第斯条约组织的《安第斯共同市场外国投资规则》；以促进和保护区域性国际组织成员之间相互投资为主要内容的条约，如1990年的《东南亚国家联盟促进和保护投资协定》。

在"进入后待遇和保护标准条款"方面，区域投资协议内容与双边投资保护协定的内容十分相近。它们规定的一般标准包括国民待遇、最惠国待遇、公正公平待遇和根据国际法提供的待遇以及具体的高保护义务。这些标准和原则可以通过当地法庭执行，也可以通过国际仲裁执行。近年来，区域投资协定的一个新的发展趋势是越来越重视投资者与东道国的争端解决问题。规定了争端的仲裁程序：在不能协商解决的情况下，根据东道国与他国居民投资争端解决的国际惯例和其他机制与规则来解决投资争端。

另外，一些区域投资协议还涉及技术转让、竞争、环境保护、税收、信息披露、雇佣与劳动关系、科技创新与不正当支付等内容。地区经济一体化发展程度较高的投资协定，如《北美自由贸易协定》中，更加强调投资、贸易、服务、知识产权和竞争政策之间的内在关联性。在成员经济发展水平差异较大的区域经济合作组织中，例如亚太经济合作组织，在投资政策方面通过例外、部分废除、保障和义务承诺等条款表现出较大的灵活性和现实性，这意味着在加强合作的精神指导下，各国在具体实施过程中允许差异的存在。

(二) 比较分析

我们分析的重点不是区域性投资规则的相同之处，而是其主要的差异。

1. 投资规则内容的比较

由于区域组织之间经济发展水平的差异，不同的区域性投资规则所涉及的内容多有不同。一方面，不同的区域性投资规则所涵盖的范围差异性较大。例如，亚太经济合作组织的《非约束性投资原则》中就没有对投资者及投资加以定义，而《东盟投资框架协议》中没有对透明度提出要求等。另一方面，即使涵盖范围相同，其具体规定也多有不同。例如，就履行要求来说，《能源宪章条约》仅禁止成员国实施与贸易有关的投资措施，而《北美自由贸易协定》中对履行要求加以较全面的限制，而不论这种履行要求是否会造成扭曲贸易或者投资的效果。

2. 对成员约束力的比较

区域性投资规则在目的和所涵盖的外国直接投资范围上的差异较大，因而不同的协定对成员国的法律约束力有所不同，我们称法律约束力较强的规则为"硬制度"；反之，则称为"软制度"。例如，《北美自由贸易协定》就是一个典型的"硬制度"，而亚太经济合作组织的投资约束则是"软制度"的代表。一般来说，并不存在一个统一的标准来具体划分"硬制度"和"软制度"，但下面几条原则可以作为参考：

(1) 有无约束性机制。"硬制度"的投资规则一般都有文字表明此协定受法律保护，并对违反协定条款的成员规定了一定的惩罚机制；而"软制度"一般仅表达了成员的共同意愿，但并不必然受法律约束。

(2) 自由化承诺。"硬制度"一般都规定了国际直接投资自由化的具体时间表，并限期实现；而"软制度"对此规定较弱。

(3) 争端解决机制。"硬制度"一般对争端解决规定了程序性机制，使争议一旦发生即有章可循；而"软制度"较多做形式性规定，无具体操作程序。

（4）待遇标准的适用。"硬制度"同时运用国民待遇和最惠国待遇来避免投资者在东道国受到歧视性待遇；而"软制度"对此仅有原则性规定。

（5）履行要求。"硬制度"关注履行要求的禁止，使其不作为限制外资准入及运营的障碍，且近几年履行要求禁止名单有越来越长的趋势；而"软制度"多不予考虑。

（6）例外条款。例外条款可以贬损投资协定的实际效果，而"硬制度"的例外较"软制度"要少得多。

### 三、对区域投资协定功能的评价

需要指出的是：区域性投资规范并非仅指直接处理国际直接投资问题的投资规则，还应包括与国际直接投资有关的贸易措施等。因此，区域性投资规范的功能体现在它对国际直接投资流动的影响上，即投资创造效应和投资转移效应。

1. 投资创造效应

邓宁的国际直接投资折衷范式认为，跨国公司之所以选择直接投资方式进入东道国市场，是因为其具备了三种要素：所有权优势、内部化优势及区位优势，三者缺一不可。下面依据邓宁的理论框架来分析区域性投资规范的投资创造效应。

从所有权优势来看，一方面，区域内国家之间贸易与投资壁垒的拆除可以使跨国公司更加合理地安排其国际一体化生产网络，把各个增值环节放在区域内最有效率的国家进行，实现所谓的"专业化生产"，从而获得规模经济效益。举例来说，在欧盟尚未成立之前，美国的跨国公司选择在欧洲投资时，必须把所有的生产环节放在一个国家进行，原因就是贸易壁垒阻碍了中间产品在欧洲的有效流动。欧盟成立后，跨国公司可以选择把生产的不同环节安排在欧盟内最有效率的国家进行，从而获得专业化分工的好处。另一方面，贸易壁垒的降低将导致区域内市场竞争激化，从而迫使跨国公司改善经济效率，而存续企业的竞争力必然大大提高。因此，区域投资协定带来的规模经济和竞争力的提高增强了跨国公司的所有权优势。

从区位优势来看，作为一个统一的大市场，区域内国家经济的总体规模扩大了，这无疑对跨国公司，尤其是市场导向型的跨国公司有着极大的吸引力。举例来说，北美自由贸易区成立后，选择在墨西哥投资的跨国公司面临的不仅仅是墨西哥本身的市场，而是整个北美地区，这往往是许多跨国公司最为看重的。因此，东道国的区位优势得到有效提升。

从内部化优势来看，前两种优势对区域内外的国家来说都可获得，而内部化优势则是针对区域内成员国来说的。区域投资协定大多提供了投资自由化和便利化的措施，即有效降低了投资壁垒和投资成本，从而使跨国公司内部化的能力大大提高。

通过以上分析，可以看到三种优势的加强必然促进区域内相互投资及区域外国家对区域内投资的增加，即产生投资创造效应。

2. 投资转移效应

投资转移效应根源于区域性经济组织固有的排他性。由于排他性，区域投资协定必然对区域外国家产生歧视性影响，由此引起区域内直接投资布局的调整及区域外国际直接投资的增加，即产生了投资转移效应。正因为如此，区域投资协定中往往规定，区域内国家不得对区域外国家设置新的贸易及投资壁垒，以避免或尽量减少排他性对国际直接投资的影响。

总的来说，区域性投资规则对区域内外国际直接投资流动的影响，要视上述两种效应的大小而定，因而是不确定的。

## 第四节 多边投资协定与国际直接投资协调

### 一、《与贸易有关的投资措施协议》

《与贸易有关的投资措施协议》(Agreement on Trade-Related Investment Measures,简称《TRIMs协议》)是乌拉圭回合多边贸易谈判的三个新议题之一。《TRIMs协议》列举了影响国际贸易自由进行的投资方面的措施,要求成员国在一定时期内将其取消。随着世贸组织的成立和运作,这一协议已在其成员间生效,成为一项国际经济贸易方面的通行规则和惯例。中国的有关政策与法规也应与之相适应,做出相应的修改与调整。除《TRIMs协议》之外,世贸组织所管辖的其他一些协议对国际投资和中国利用外资也有影响。

(一)乌拉圭回合谈判关注与贸易有关的投资措施

1. 关贸总协定在协调国际直接投资方面所做出的努力

国际协调的目的是减少矛盾和纠纷,是为了制定和执行一些各国都能遵守的国际规范和规则,以推动国际直接投资和跨国公司的发展。由于以往的协调不是很成功和有效,再加上在关贸总协定的执行过程中也出现了日益增多的与贸易有关的投资措施方面的争议,在乌拉圭回合谈判中,各国将"与贸易有关的投资措施"列入了议题之内。

在乌拉圭回合谈判开始之前,在关贸总协定的框架之内,贸易与投资的关系没有受到多少关注。在1948年制定的国际贸易组织宪章中的经济发展一章中,包含了一些有关外资待遇的条款。但是,这部宪章没有被批准生效,只有宪章中的一些有关商业政策的条款被关贸总协定吸收和继承。1955年,关贸总协定缔约方通过了一项国际投资与经济发展的决议,该决议要求各国通过缔结双边协议为外国投资提供安全和保护。

在乌拉圭回合谈判之前,有关投资方面的最主要的进展可能就是专门小组在解决美国与加拿大的争端过程中的裁决。在《加拿大外资审查管理法》中,关贸总协定争端解决小组看到了由美国提出的抱怨,即加拿大当局要求外国投资者做出某种承诺,以此作为投资项目获得批准的条件。这些承诺涉及对一些国内产品的采购(当地成分要求)和对一定数量与比例产品的出口(出口业绩要求)。专门小组认为当地成分要求违背《关贸总协定》第3条第4款关于国民待遇义务的规定,但是出口业绩要求并不违背关贸总协定的规定。专门小组在《加拿大外资审查管理法》案例中的决定具有十分重要的意义,因为它确认了就与贸易扭曲措施有关的要求而言,关贸总协定的义务是适合于由某国政府在外资项目中所实施的出口业绩要求的。同时,专门小组所做出的出口业绩要求并不违背关贸总协定的结论,还进一步强调了现有的关贸总协定与贸易有关的业绩要求的规定的范围是有限的。

乌拉圭回合谈判开始后,通过各方协商起草的一份妥协方案,与贸易有关的投资措施成为新一轮谈判的议题。在谈判中,各缔约方提出了许多应被关贸总协定禁止的各国在引进外资中正在采用的与贸易有关的投资措施,最后由美国提交了一份清单,列出了主要的与贸易有关的投资措施,并被乌拉圭回合贸易谈判委员会采纳。清单中列出的与贸易有关的投资措施主要有:当地含量(成分)要求、贸易平衡要求、进口限制、出口实绩要求、外汇平衡要求、外汇管制、国内销售要求、生产(制造)要求、生产(制造)限制、产品授权要求、技术转让要求、许可要求、汇款限制、当地股权要求。

与贸易有关的投资措施谈判最突出的特点就是参加各方之间严重的意见分歧,分歧点集中在未来新规定的范围和性质上。除了在《加拿大外资审查法》案件中涉及的违反《关贸总协定》第3条的当地成分要求以外,一些发达国家还提出了对广泛的措施进行禁止的条款,许多发展中国家对此表示反对。经过谈判最终形成了一个妥协方案,这一方案实际上是对《关贸总协定》第3条"关于给予进口货物国民待遇"和第11条"关于对进出口货物进行数量限制"这两个条款同与贸易有关的投资措施的适用性的解释和说明进行限定。结果,在乌拉圭回合谈判中曾被提出和讨论过的许多措施并没有包括在《TRIMs协议》中,包括在其中的仅是对贸易产生限制和扭曲影响的那些投资措施。对贸易影响的重视清楚地表明谈判各方当时并不打算涉及国际投资规则问题。

2. 与贸易有关的投资措施的产生及其规定性

与贸易有关的投资措施的产生涉及三个相互关联的因素:一是国际直接投资的迅速发展;二是东道国政府对国际直接投资采取相应措施;三是此类措施对贸易产生了限制和扭曲效应。与贸易有关的投资措施同时涉及国际投资和国际贸易两类经济活动,制定此类措施的主要目的在于使外国投资者尤其是跨国公司,在经济活动中遵循东道国国家发展目标和产业与经济政策。国际直接投资是与贸易有关的投资措施产生和发展的经济基础,东道国政府为了贯彻其发展目标和产业与经济政策而对外国公司行为加以规范,这是与贸易有关的投资措施产生的直接原因。

与贸易有关的投资措施的规定性表现在:国际直接投资的东道国政府是此类措施的行为主体,而非投资母国政府或跨国公司;此类措施是针对国际直接投资的,而非针对货物进口;此类措施可分为限制性措施(如前面讲到的14种投资措施)和鼓励性措施(主要表现就是税收的优惠,包括国内税的减让和关税的减让,以及直接或间接给予外国投资者的补贴和以无偿或低于原投资额的办法将本国的投资部分或全部转让给外国投资者)两种类型,这两类措施都可以使外商投资企业的经营管理成本和产品价格发生变化;与贸易有关的投资措施包括许多种,各种措施对贸易的影响程度不同,有的直接有的间接,有的影响大一些有的影响小一些;此类措施既包括强制性实施的,也包括诱导性实施的(采用后可带来各种形式的利益和好处)。

(二)《TRIMs协议》的主要内容

1. 与贸易有关的投资措施的含义

在分析与贸易有关的投资措施的含义之前有必要先分析一下什么是投资措施。简单来讲,针对投资行为所实施的措施就是投资措施。这类措施通常是资本输入国针对外国直接投资所实施的。另外,在有些时候,投资措施还包括资本输出国为保护本国海外投资者的利益而采取的一些海外投资保险措施。但《TRIMs协议》所探讨的范围目前仅限于前者。还有一点需要注意,《TRIMs协议》仅仅考虑资本输入国政府所实施的投资措施,而不包括投资企业本身实施的措施。

那么,什么是与贸易有关的投资措施?与贸易有关的投资措施是指由东道国政府通过政策法令直接或间接实施的与货物贸易有关的对贸易产生限制和扭曲作用的投资措施。在理解与贸易有关的投资措施时需要注意以下几点:

(1)与贸易有关的投资措施仅与货物贸易有关,不包括服务贸易。

(2)不要把与贸易有关的投资措施理解为东道国政府对外商投资所采取的一切投资措施,它仅是其中的一小部分。

(3) 与贸易有关的投资措施指的是那些对贸易产生限制和扭曲作用的投资措施,不包括对贸易产生积极推动作用的投资措施。

(4) 与贸易有关的投资措施是要求世贸组织成员国限期取消的投资措施。

2. 《TRIMs 协议》正文部分的主要内容

《TRIMs 协议》包括两部分:一部分是正文,共有 9 个条款;另一部分是附件,列出了不符合《关贸总协定 1994》第 3 条第 4 款和第 11 条第 1 款义务的与贸易有关的投资措施,共列明了五点。

《TRIMs 协议》正文部分的主要内容有:

(1) 适用范围和鉴别与贸易有关的投资措施的原则。规定《TRIMs 协议》仅适用于与货物贸易有关的投资措施。关于鉴别原则,规定在不影响《关贸总协定 1994》之下任何其他权利和义务的情况下,所有世贸组织成员都不能使用与《关贸总协定 1994》第 3 条国民待遇原则和第 11 条取消数量限制原则不一致的与贸易有关的投资措施。

(2) 例外条款和发展中国家成员。首先,《关贸总协定 1994》中的所有例外都可以视具体情况适用于该协议;其次,发展中国家成员可以享受特殊优惠。考虑到发展中国家在贸易和投资方面的实际情况和特殊要求,它们可以暂时自由地背离国民待遇和取消数量限制原则,但这种自由地背离应符合《关贸总协定 1994》第 18 条的规定,即主要是为了平衡外汇收支和扶植国内幼稚产业的发展等目的。

(3) 通知和过渡安排。世贸组织成员应在《世贸组织协定》生效后 90 天内向该组织的货物贸易理事会通告它们正在实施的与该协议不相符的所有与贸易有关的投资措施,不仅包括其基本特征,还包括其一般的和具体的实施情况。上述措施要限期取消,这个期限(即过渡期)是:发达国家 2 年,发展中国家 5 年,最不发达国家 7 年。货物贸易理事会应发展中国家成员的要求,可以延长其过渡期,但要求方必须证明在执行协议时的特殊困难。在《世贸组织协定》生效前 180 天内开始实施且与《TRIMs 协议》不符的投资措施不享受过渡期,应立即取消。在过渡期内,为了不对已建立的外商投资企业造成不利影响,成员可以在两种情况下将那些已用于这些已建企业的具体的投资措施用于新建的外商投资企业。这两种情况是指:第一,新建企业生产的产品与已建企业生产的产品相同;第二,有必要避免在新建企业与已建企业间造成扭曲的竞争条件。在以上两种情况下采用的投资措施,应当向货物贸易理事会通报,并且要同对已建企业实施的投资措施一起取消。

(4) 透明度要求。除必须遵守《关贸总协定 1994》第 10 条"贸易条例的公布和实施"以及分别于 1979 年和 1994 年通过的《关于通知、磋商、争端解决与监督》和《关于通知程序的部长决定》以外,每个成员国都应向世贸组织秘书处通告可以找到的与贸易有关投资措施的出版物,包括中央和地方各级政府所使用的相关出版物。但成员可以不公开有碍法律实施或对公共利益及特定企业的合法商业利益造成损害的信息。

(5) 建立与贸易有关的投资措施委员会。该委员会向所有成员开放。委员会应选举主席和副主席,每年至少召开一次会议。应任何缔约方的请求,可随时开会。该委员会的职责是:执行货物贸易理事会分配的任务,并向成员提供与《TRIMs 协议》的运行和执行有关的任何问题的咨询服务;同时,还负责监督《TRIMs 协议》的运行和执行情况,并每年向货物贸易理事会报告这方面的情况。

(6) 磋商与争端解决。《关贸总协定 1994》第 22 条和第 23 条争议解决的程序与规则适用于《TRIMs 协议》项下的协商与争议解决。

（7）货物贸易理事会检查。在《世贸组织协定》生效的5年内，货物贸易理事会将对《TRIMs协议》的实施情况进行检查，并视具体情况提出修改建议，同时，考虑该协议是否需要补充有关投资政策和竞争政策方面的规定。

3.《TRIMs协议》附件部分的主要内容

《TRIMs协议》附件部分包括以下主要内容：

（1）不符合《关贸总协定1994》第3条国民待遇原则的投资措施，包括那些国内法律或行政条例规定的强制性实施的投资措施，或者为了获得一项利益必须与之相符合的投资措施。具体指以下两项：① 当地成分（含量）要求。要求外商投资企业生产的最终产品中必须有一定比例的零部件是在东道国当地购买或者是当地生产的，而这种要求可以以任何方式表达出来。② 贸易（外汇）平衡要求。规定外商投资企业为进口而支出的外汇，不得超过该企业出口额的一定比例。

（2）不符合《关贸总协定1994》第11条取消进口数量限制原则的投资措施，包括国内法律或行政条例规定的强制性执行的投资措施，或者为了获得一项利益必须与之相符合的投资措施。具体包括：① 贸易（外汇）平衡要求。对外商投资企业的进口做出一般的限定，或规定不得超过该企业出口量或出口值的一定比例。② 进口外汇限制。规定外商投资企业用于生产所需的进口额应限制在该企业所占有的外汇的一定比例内。③ 国内销售要求。规定外商投资企业要有一定数量的产品在东道国销售，而不论采取何种形式表达这种要求。

以上是《TRIMs协议》附件所列出的应限期取消的投资措施。仔细分析可以发现，在附件第一点和第二点中，有一项要求基本相同，即贸易（外汇）平衡要求。因此，可以说《TRIMs协议》附件中所列举的属于禁用之列的投资措施主要是四项，即当地成分要求、贸易平衡要求、进口用汇限制和国内销售要求。

（三）《TRIMs协议》对国际直接投资的影响

《TRIMs协议》是迄今为止在国际范围内第一个正式实施的有关国际投资方面的多边协议，它扩大了多边贸易体系的管辖范围，将与贸易有关的投资措施纳入多边贸易体系。《TRIMs协议》尽管还不尽完善，但它仍是一个积极的协议，必将对国际投资和国际贸易的自由化发展起到推动作用。

总体而言，《TRIMs协议》构成了对与贸易有关的投资措施的有力的约束和限制，东道国对国际投资的管制将放松，政策法规的透明度将增强，投资环境将改善，为国际直接投资的发展提供了更大的空间。要求成员国在明确规定的过渡期内取消通报的相关措施有助于增强协议效率的确定性。由于已经认识到贸易、投资和竞争政策的相关性在不断加强，在未来的多边贸易体系中将涉及更多的投资与竞争政策问题。

从产业结构的角度来看，由于电信、化工、汽车、制药等行业的国际直接投资受与贸易有关的投资措施影响最大，是《TRIMs协议》最大的受益行业，这些行业利用外资将获得比其他行业更快的发展。从地区结构的角度来看，由于发展中国家使用的与贸易有关的投资措施更多一些，发展中国家的投资环境将会得到更大的改善，区位优势会较以前有进一步加强，国际直接投资的增长速度也会比以前加快。

当然，事物都有两面性，《TRIMs协议》的实施对发达国家和发展中国家也会产生一些消极影响，相对而言，对发展中国家的消极影响会更大一点。许多发展中国家常常利用与贸易有关的投资措施引导外资流向,保护相关产业,随着《TRIMs协议》的实施和这些措施的逐步取消,与此有关的一些产业政策将不复存在。另外,由于当地成分要求、贸易平衡要求和进口用汇限制的取消,发展中国家的市场开放度扩大,某些市场有可能被国外大企业垄断,同时出口数额会减少,进口规模会扩大。还有,当地成分要求的禁用,将会缩小发展中国家根据普惠制中的原产地规则所获得的受惠产品的数量与范围。最后,如果《TRIMs协议》在实施中不能做到对等和利益平衡,那么它就有可能成为主要限制发展中国家的单方面协议。

(四)从《TRIMs协议》到《多边投资协定》

1. 《TRIMs协议》存在的缺陷和不足

尽管《TRIMs协议》的制定和实施有力地推动了国际投资领域国际协调的发展和国际规范的制定进程,但《TRIMs协议》本身存在着缺陷和不足,主要表现在:第一,协议仅适用于货物贸易,对服务贸易不适用,因此服务贸易领域大量存在的与贸易有关的投资措施得不到约束和限制;第二,本协议所列举的仅是与货物贸易有关的投资措施中的一小部分,因此涵盖的范围有限;第三,本协议所涉及的投资措施都是对贸易产生了副作用的措施,即限制性的投资措施,而对鼓励性的投资措施未涉及,但鼓励性投资措施的实行也会影响到贸易的有效流动;第四,本协议不包括广大发展中国家所广泛关注的限制性商业惯例问题,而限制性商业惯例恰恰是多数与贸易有关的投资措施所针对的对象,不彻底解决限制性商业惯例问题,与贸易有关的投资措施就难以根除。

2. 现有的各种国际投资安排存在的缺陷

现有的各种国际投资安排除《TRIMs协议》等属于世贸组织管辖的多边协定之外,还有属一国国内立法、双边及区域多边层次上的投资政策与协定。从国别来看,各国国际直接投资政策自由化与限制差别很大;从双边层次来看,截至2015年年底,双边投资协定(bilateral investment treaties, BITs)和避免双重征税协定(double taxation treaties, DTTs)的数量已分别达到2 946个和3 000多个,但大量双边投资协定的内容和标准存在相当大的差异。再从区域多边的角度看,各个区域经济一体化组织的投资自由化进程并不一致,它们在待遇标准、争端解决和投资保护措施等方面的规定也不相同。综上所述,由于现存的国际投资的各种安排不尽完善,现存的国际投资协定仍然以双边和区域层次的投资协定为主,但双边、区域的投资协定存在很大的局限性,无法满足国际投资在全球发展的需要,导致相当多的国际投资者仍面临投资壁垒、歧视性待遇、政策法规的不确定性以及由此而引发的各种矛盾和纠纷,有鉴于此,建立多边投资框架应及早被提上议事日程。

3. 从《TRIMs协议》走向《多边投资协定》的必要性

第二次世界大战以后,国际投资取得了迅猛的发展,尤其是20世纪80年代以来,国际投资的发展速度更是超过了国际贸易,成为全球经济发展的主要推动力之一。随着国际投资和跨国公司的大发展,国际投资的自由化、便利化和规范化的要求越来越强烈。但是,相对于国际贸易领域而言,国际投资领域的国际协调要落后得多,至今还没有制定出类似于货物贸易领域的《关贸总协定》和服务贸易领域的《服务贸易总协定》那样的一整套国际规范。然而,制定这样一套国际规范以开创一个稳定、可预见和透明的国际直接投资环境的迫切性和必要性正在日益增加,《多边投资协定》的积极作用是不言而喻的。所以,要加强国际投资方面的国际协调努力,推动具有全球性国际投资规范性质的《多边投资协定》的制定进程。

**4.《多边投资协定》的规定性**

未来的《多边投资协定》应注意以下几点规定性：第一，投资措施所涵盖的领域应既包括货物贸易，也包括服务贸易；第二，应将所有的投资措施都纳入协定管辖的范围，不仅包括限制性的投资措施，也包括鼓励性的投资措施；第三，应充分考虑发展中国家的愿望和要求，对滥用限制性商业惯例的行为做出禁止性的规定；第四，应对目前大量存在的单边、双边、区域多边及全球多边方面的投资措施、协定或协议进行分析和整理，制定出内容、标准和进度统一的具有广泛代表性的权威的投资协定；第五，一国国内的竞争政策对其投资政策影响很大，因此协定还要考虑制定出相应的条款以规范各国国内的竞争政策。

**5. 经合组织在制定《多边投资协定》方面曾经做出的努力**

经合组织国家在国际直接投资中占有重要的地位，近年来，在协调国际投资关系和制定国际投资规范方面做了大量的工作与积极的努力。考虑到乌拉圭回合多边协定所涉及的投资领域和规则是有限的，未能完全解决发达国家所关心的问题，在该回合谈判尚未结束之前的1991年，经合组织就已着手为制定一项全面、系统和完整的多边投资规则做准备。

1991年以来，经合组织下属的国际投资与多国公司委员会和资本流动与无形交易委员会一直在进行多边投资协定问题的研究。1994年，在经合组织部长级会议上，讨论了建立全面的投资协定框架的积极作用和可行性。1995年5月，经合组织部长级会议决定启动《多边投资协定》的谈判，并为协定准备了框架草案。该谈判原定于1997年5月前达成协定。但经过两年的谈判，各方的观点仍难以统一，于是决定将达成协定的时间推迟到1998年4月。在1998年4月的会议上，由于各种原因协定仍未最终达成。经合组织仍在继续推进这项工作，但未规定谈判结束的截止日期，只是提出要在保证协定高标准和高水平的前提下尽快达成一致，完成谈判。

虽然经合组织启动的多边投资谈判久拖未决，令人遗憾，但是启动谈判本身和谈判已经取得的初步成果具有非常重要的意义，它为今后世贸组织开展这方面的谈判提供了有益的启示和打下了良好的基础。

经合组织成员国在《多边投资协定》谈判中的主要宗旨是：为国际投资提供一个包括投资自由化和高标准的投资保护以及有效的争端解决程序在内的全面、系统和开放的多边框架。通过《多边投资协定》谈判最终要为投资者提供一个良好的投资环境，从而促进资本要素更自由地跨国移动。将来，《多边投资协定》作为一项独立的国际协定是开放的，不仅经合组织国家可以参加，其他国家如果愿意也可以参加。目前，各方在谈判中存在的分歧主要集中在劳工和环境标准、例外和保留、法律的域外适用、法律冲突和再投资障碍以及知识产权和争端解决等问题上。正是由于分歧一时难以消除，影响了谈判的结束时间。

经合组织制定的《多边投资协定》与世界上现存的各类投资协定（议）相比具有以下几个特点：一是标准高，要求东道国向投资者提供安全、永久的保护和公平合理的待遇，禁止法律上和事实上的歧视做法，除非被列为一般例外、临时背离和国家保留；二是范围广，国际直接投资与国际间接投资，有形资产和无形资产，法人与自然人，与贸易有关的投资措施和与贸易无关的投资措施等都包括在其中；三是约束力强，将世贸组织的争端解决机制引入；四是侧重考虑投资者利益，以此为核心来制定该协定，相反对于如何制止投资者的不正当行为，如何保护东道国及东道国合作者的利益却较少考虑；五是未考虑发展中国家的利益和要求，经合组织由发达国家组成，所以主要考虑发达国家利益，对发展中国家的要求未予反映；六是具有开放性，非经合组织国家也可申请加入。

6. 世贸组织在制定《多边投资协定》中的作用

从现实的角度来看,未来《多边投资协定》起草和谈判的组织者应当是世贸组织。因为世贸组织具有几个有利条件:第一,投资与贸易已日益紧密地联系在一起,这就要求更为综合地制定国际规范,而世贸组织可以做到这一点;第二,世贸组织监督实施的协定中除《TRIMs 协议》涉及国际投资问题外,《服务贸易总协定》《与贸易有关的知识产权协定》《补贴与反补贴措施协定》等也涉及一些投资方面的问题;第三,世贸组织成立后召开的各届部长级会议均包含了直接投资方面的议题;第四,世贸组织秘书处已作为观察员参加了经合组织的多边投资协定谈判的全过程,另外,经合组织也在有针对性地为世贸组织设计未来的多边投资体制,并有意将其推介给世贸组织作为范本;第五,世贸组织具有全球代表性和监督协定实施的权威性。

在未来的《多边投资协定》达成后,世贸组织管辖的内容将出现一次实质性的扩大,其性质与特征将发生巨大的变化,从而对多边贸易体系的走向产生深刻影响,不仅多边贸易体系的原有范围被突破,而且多边贸易体系的制度设计方式和谈判进程也将进行调整。

## 二、多边投资框架(协定)谈判的背景、必要性和前景

(一)第二次世界大战结束以来与投资有关的国际协议、协定或公约概述

第二次世界大战结束以来,包括联合国、世界银行、关贸总协定/世贸组织以及经合组织等在内的各种多边国际组织为建立多边投资协议做出了不懈的努力。虽然这些努力大都不是为了制定全面的多边投资框架(multilateral framework on investment, MFI),但客观上为未来的多边投资框架谈判做了充分的准备,提供了难得的经验和教训(见表12-2)。

表12-2 第二次世界大战以来与多边投资协定有关的主要协议、协定和公约一览表

| 时间 | 名称 | 制定者 | 是否有约束力 | 是否通过 | 备注 |
| --- | --- | --- | --- | --- | --- |
| 1949 | 关于外国投资的公正待遇的国际守则 | 国际商会 | 无约束力 | 通过 | |
| 1965 | 关于解决各国与其他国家国民之间投资争端的公约(华盛顿公约) | 世界银行 | 有约束力 | 通过 | 中国已参加 |
| 1972 | 国际投资准则 | 国际商会 | 无约束力 | 通过 | |
| 1976 | 国际投资和多国企业宣言 | 经合组织 | 无约束力 | 通过 | |
| 1976 | 联合国国际贸易法委员会仲裁规则 | 联合国 | 示范 | 通过 | |
| 1977 | 关于多国企业和社会政策原则的三方宣言 | 国际劳工组织 | 无约束力 | 通过 | |
| 1977 | 对于勒索和贿赂行为守则 | 国际商会 | 无约束力 | 未通过 | |
| 1979 | 联合国关于发达国家和发展中国家避免双重征税的协定 | 联合国 | 无约束力 | 通过 | |
| 1979 | 国际不正当支付协议(草案) | 联合国 | 示范 | 通过 | |
| 1980 | 关于管制限制性商业惯例的公平原则与规则的多边协议 | 联合国 | 无约束力 | 未通过 | |
| 1983 | 跨国公司行为守则(草案) | 联合国 | 无约束力 | 未通过 | |

(续表)

| 时间 | 名称 | 制定者 | 是否有约束力 | 是否通过 | 备注 |
|---|---|---|---|---|---|
| 1985 | 国际技术转让行为守则(草案) | 联合国 | 无约束力 | 未通过 | |
| 1985 | 多边投资担保机构公约(MIGA)(汉城公约) | 世界银行 | 有约束力 | 通过 | 中国已参加 |
| 1992 | 关于外国直接投资的待遇标准 | 世界银行/国际货币基金组织 | 无约束力 | 通过 | |
| 1994 | 与贸易有关的投资措施协议(TRIMs协议) | 关贸总协定/世贸组织 | 有约束力 | 通过 | 中国已参加 |
| 1994 | 服务贸易总协定(GATS) | 关贸总协定/世贸组织 | 有约束力 | 通过 | 中国已参加 |
| 1994 | 与贸易有关的知识产权协议(TRIPs协议) | 关贸总协定/世贸组织 | 有约束力 | 通过 | 中国已参加 |
| 1996 | 多边投资协定(MAI) | 经合组织 | 有约束力 | 未通过 | |
| 2001 | 多边投资框架(MFI) | 世贸组织 | 无约束力 | 未通过 | |

分析表12-2可知，无论正式生效与否，这些协议、协定或公约都具有如下共同特征：首先，除了经合组织的《多边投资协定》以外，其他大多数只涉及投资的某些方面，均称不上全面的国际投资协定。其次，各种协议、协定或公约制定的初衷并不一致，甚至相差巨大。例如，世贸组织所制定的与投资有关的三个主要协定（《TRIMs协议》《TRIPs协议》《服务贸易总协定》）均是以便利国际贸易为出发点的，严格来讲，并非是真正意义上的投资协议。再如，联合国起草的《联合国跨国公司行为守则（草案）》则是出于维护发展中国家的国家主权和保障民族经济的目的而制定的，其目标也不是为了全面地规范国际投资行为。最后，就其实际效果而言，除了世贸组织的相关协定以外，其他多数协议、协定或公约要么没有约束力，要么没有通过。

根据其实际效果，我们可以将表12-2中所列的协议、协定或公约划分为三类：第一类，通过且具有约束力，而且中国也已参加了的多边投资规则。这一类协议目前主要有《华盛顿公约》《汉城公约》和世贸组织的相关协定，其是目前仅有的多边投资规则方面成功的尝试，可以在未来的多边投资框架谈判中加以利用或借鉴。第二类，协定本身有约束力但未获通过的多边投资规则，主要指的是经合组织的《多边投资协定》。《多边投资协定》虽然没有通过，但是它在某些方面体现了国际投资协定未来的发展方向，对未来的多边投资框架谈判的影响是深远的。第三类，其他通过但没有约束力，或者没有约束力也没有通过的多边投资规则，这一类以联合国的努力居多。虽然没有约束力，但是这些协议也体现了广大发展中国家对国际投资和跨国公司的密切关注，也清楚地表明，在投资自由化要求以外还存在一个发展问题。

(二)世贸组织关于多边投资框架谈判的来龙去脉

GATT/WTO首次涉足投资问题是在乌拉圭回合谈判。1986年乌拉圭回合谈判启动之时，以美国为首的发达国家就提出将全面的投资协定列入谈判议题之中，但在发展中国家的反对之下，最终决定将范围限制在与贸易有关的投资措施之内展开谈判。目前，《世贸组织协定》中与投资相关的主要包括：《与贸易有关的投资措施协议》(即《TRIMs协议》)、《服务贸易总协定》、《与贸易有关的知识产权协议》以及《补贴和反补贴措施协定》等(见表12-3)。

表 12-3  世贸组织与投资相关的主要协定

| 协定名称 | 规范的对象 | 主要内容 |
| --- | --- | --- |
| 与贸易有关的投资措施协议 | 与货物贸易有关的投资措施 | 将最惠国待遇、国民待遇、透明度、一般取消数量限制等原则引入投资领域,明确禁止当地成分要求、贸易平衡要求、进口用汇要求和国内销售要求等 |
| 服务贸易总协定 | 服务贸易领域的国际投资行为(即作为服务提供四种方式之一的商业存在方式) | 将最惠国待遇和透明度原则作为一般义务,市场准入和国民待遇作为具体义务,由各成员方以"肯定式列表"的模式就各自的开放义务做出承诺 |
| 与贸易有关的知识产权协议 | 与货物贸易有关的知识产权保护(涉及外商直接投资企业知识产权的保护) | 要求在知识产权保护方面实施最惠国待遇和国民待遇,且提供了最低保护标准和争端解决程序 |
| 补贴与反补贴措施协定 | 补贴等投资激励措施 | 就给予某个特定企业或产业、一组企业或产业的补贴及反补贴措施进行了规范 |

1995 年世贸组织正式建立以后,为了推动投资议题的谈判,新加坡第二次部长级会议决定建立"贸易与投资工作组"(working-group of trade and investment,WGTI)对贸易与投资的关系进行研讨,为未来谈判做准备。2001 年召开的世贸组织多哈第四次部长级会议正式发起了"多哈发展议程",贸易与投资关系议题也被列为议程议题之一。

1.《TRIMs 协议》《服务贸易总协定》《与贸易有关的知识产权协议》《补贴与反补贴措施协定》等协定对国际投资的规定

《TRIMs 协议》主要解决的是与货物贸易有关的投资措施问题;《服务贸易总协定》主要解决的是服务贸易领域的投资问题,即市场准入(商业存在)和国民待遇问题;《与贸易有关的投资措施协议》解决的是与投资有关的知识产权保护问题。

上述《世贸组织协定》虽然都不是专门为投资而制定的协定,但毕竟将投资议题引入了世贸组织,而且将最惠国待遇、国民待遇、市场准入、透明度原则等概念引入投资领域;除此之外,《服务贸易总协定》在制定过程中,积累了不少经验,为日后制定多边投资规则提供了不可多得的范例。

但上述与投资有关的《世贸组织协定》也存在明显的不足:它们都不是严格意义上的多边投资协定,不是直接针对投资问题而制定的,而且也不全面;农业和制造业领域投资行为并未过多涉及;《TRIMs 协议》虽取得了成果,但作用有限。

2. 多哈会议之前有关多边投资框架的讨论

(1) 新加坡第二届部长级会议的相关决定:正式设立了贸易与投资关系工作组,对贸易与投资的关系进行研讨。

(2) 贸易与投资关系工作组主要讨论的问题有:贸易与投资间互动关系对国家发展与经济成长的意义;贸易与投资间的经济关系;研讨和评估贸易与投资的现有国际规则;在上述工作的基础上,确认目前关于贸易及投资的各项国际规则间的异同,包括重叠和可能的冲突;了解制定双边及多边投资协定的利弊;辨明投资国与东道国之间及投资者与东道国之间的权利及义务;分析目前及未来可能进行国际合作的投资政策与竞争政策间的关联性。

### 3. 多哈会议关于多边投资框架谈判的决定

由于时机不成熟,多边投资协定的谈判是以多边投资框架谈判的形式出现的。多哈会议关于贸易与投资关系谈判的决定主要体现在该次部长级会议所通过的《部长宣言》中,其中有关贸易与投资关系部分为第20—22段。概括起来,主要有以下几点:

(1) 谈判的目标。建立一个使长期跨境投资,特别是外国直接投资获得透明、稳定和可预见的条件的多边框架。目标是多边投资框架,其特征是主要针对外国直接投资、透明、稳定和可以预见。

(2) 谈判的议程安排。多哈会议决定,在第五届部长级会议就谈判模式达成明确一致的基础上,开始进行谈判。在正式谈判之前,需要对一系列问题做出澄清,包括范围和定义、透明度、非歧视、基于《服务贸易总协定》类型的、肯定列表式的预先制定的承诺的模式、发展条款、例外和国际收支保护和成员间争端的磋商和解决。

(3) 谈判的原则。应平衡反映投资母国和东道国的利益,适当考虑东道国政府的发展政策和目标,及其对公共利益的管理权;应适当考虑发展中国家和最不发达国家特殊的发展、贸易和财政需要,并使各成员能够承担与其各自需要和情况相符的义务和承诺;应注意其他相关世贸组织规定;应酌情考虑有关投资的现有双边和区域安排。

(4) 其他相关问题。给发展中国家和最不发达国家的技术援助和能力建设。多哈会议决定:加强该领域技术援助和能力建设,包括政策分析和制定,从而使发展中国家和最不发达国家可以更好地评估更紧密的多边合作对其发展政策和目标及人员和机构发展的影响。

### 4. 与政府间组织的合作

与相关政府间组织通过适当的区域和双边渠道,向发展中国家和最不发达国家提供增强的和资源充足的援助。相关政府间组织包括:联合国贸发会议(UNCTAD)、经合组织(OECD)、国际货币基金组织(IMF)、世界银行(World Bank)和联合国工业发展组织(UNIDO)等。

## (三) 建立多边投资框架的必要性分析

### 1. 现有的双边、区域国际投资规则的不足

(1) 双边、区域国际投资规则的现状。20世纪90年代以来,全球双边投资协定得到迅猛发展,至2015年年底累计签署的双边投资协定达2 946个,而1995年年底时其数量累计只有924个,发展速度可见一斑。区域投资协定的发展也很迅速,它们主要包含在自由贸易区协议或区域一体化安排之中,截至2015年年底,区域投资协定已达358个(主要的见表12-4)。其中,典型的例子是《北美自由贸易区协定》。

表12-4 包含有投资内容的若干区域协定

| 时间 | 名称 | 制定者 | 是否有约束力 | 是否生效 |
| --- | --- | --- | --- | --- |
| 1957 | 阿拉伯经济联盟协议 | 阿拉伯经济联盟 | 有约束力 | 通过 |
| 1961 | 资本流动自由化法则 | 经合组织 | 有约束力 | 通过 |
| 1961 | 经常项目无形资产交易自由化守则 | 经合组织 | 有约束力 | 通过 |
| 1969 | 安第斯地区一体化协议 | 安第斯共同市场 | 有约束力 | 通过 |
| 1971 | 成立阿拉伯国际投资保证公司协议 | 阿拉伯国际投资保证公司 | 有约束力 | 通过 |

(续表)

| 时间 | 名称 | 制定者 | 是否有约束力 | 是否生效 |
|---|---|---|---|---|
| 1972 | 中非关税经济共同体跨国公司法则 | 中非关税经济共同体 | 有约束力 | 通过 |
| 1973 | 加勒比共同体条约 | 加勒比共同体 | 有约束力 | 通过 |
| 1987 | 东盟关于投资促进和保护协定 | 东盟 | 有约束力 | 通过 |
| 1989 | 第四次洛美协议 | 欧盟—非加太会议 | 有约束力 | 通过 |
| 1991 | 建立非洲经济共同体条约 | 非洲经济共同体 | 有约束力 | 通过 |
| 1992 | 北美自由贸易协定 | 美国、加拿大、墨西哥 | 有约束力 | 通过 |
| 1994 | 亚太经济合作组织非约束性投资原则 | 亚太经济合作组织 | 无约束力 | 通过 |
| 1994 | 能源宪章条约 | 欧洲能源宪章组织 | 有约束力 | 通过 |
| 1995 | 东盟服务协议框架 | 东盟 | 有约束力 | 通过 |
| 1995 | 执行茂物宣言的大阪行动议程 | 亚太经济合作组织 | 无约束力 | 通过 |
| 1996 | 单边和集体行动计划(马尼拉行动计划) | 亚太经济合作组织 | 无约束力 | 通过 |
| 1998 | 东盟投资领域框架协议 | 东盟 | 有约束力 | 通过 |
| 2003 | 内地与香港、澳门关于建立更紧密经贸关系的安排 | 中国中央政府与香港、澳门特别行政区 | 有约束力 | 通过 |
| 2008 | 投资便利化行动计划 | 亚太经济合作组织 | 无约束力 | 通过 |
| 2009 | 中国—东盟投资协议 | 中国与东盟 | 有约束力 | 通过 |

(2)现有双边、区域国际投资规则的不足。虽然双边、区域投资协定已成为保护和规范国际投资活动的主要国际规则,但其存在诸多不足,无法代替多边投资框架。不足之处主要在于:第一,适用范围窄,只适用于双边或某一区域。经合组织国家试图制定的《多边投资协定》虽然是区域性的投资协定,但向全球开放,并试图以此作为多边投资规则的蓝本,但最终未能达成协议。第二,相互重叠和冲突,内容不统一。这主要体现在:① 不同国家之间所签署的双边投资协定的内容不一致,相互重叠冲突;② 即使是同一国家,它与其他国家所签署的双边投资协定也不完全一致;③ 签署时间不同,内容也有较大差别。第三,约束力普遍不高。双边投资协定中所规定的投资争端解决方式往往约束力不强,而且争端解决的效果极易受签署该协定的国家之间的双边关系的影响。第四,签署双边投资协定的成本较高。

(3)多边投资框架与现有的双边、区域国际投资规则的关系。《多哈宣言》对这个问题的表述是"应酌情考虑有关投资的现有双边和区域安排"。目前,在这个问题上仍存在一些争议。在对待这个问题时需要注意以下四点:第一,双边和区域投资协定所形成的所谓《国际习惯法》虽然并不等同于多边投资框架,但它为未来多边投资框架的建立进行了有益的探索,其价值是不容忽视的。第二,有关多边投资框架的谈判对双边和区域国际投资规则的影响将取决于谈判的模式、谈判的内容和对此问题的具体处理原则。第三,以《北美自由贸易协定》为代表的某些区域协定在很多方面为未来多边投资框架的发展提供了参考。第四,对于现有的双边和区域投资规则应灵活处理,"较优待遇原则"可供参考。所谓"较优待遇原则",是指未来的多边投资框架所给予的待遇标准和现有的双边和区域投资协定中的待遇标准相比,取较高者。

### 2. 现有的各种多边国际投资规则的局限性

第一,目前还没有一个全面的多边投资协定。在世界范围内生效的有约束力的有关投资的多边投资规则主要包括《TRIMs 协议》《华盛顿公约》《多边投资担保协定》。但是,上述协议和公约的适用范围较窄,仅是就投资的某些方面达成共识,远不是全面的投资协定。如《华盛顿公约》仅是就投资争端解决问题达成了一个程序性规定,依此公约建立的国际投资争端解决中心在解决争端时也须得到当事国的同意,而且并不实际进行仲裁。第二,其他的一些国际投资规则没有付诸实施。虽经讨论但未付诸实施的多边国际投资规则主要有:《跨国公司行为守则(草案)》《关于管制限制性商业惯例的公平原则与规则的多边协议》《多边投资协定》等。其中,《多边投资协定》,是第一个全面的多边投资协定,但最终未能生效。第三,除《TRIMs 协议》以外,其他的多边投资规则的约束力普遍不强。

### 3. 从与国际投资有关各方的需要的角度看制定多边投资框架的必要性

这种必要性主要表现在:第一,从投资者的角度来看,投资者的目标是实现全球投资的利润最大化。由此出发,投资者要求通过多边投资框架实现资本自由移动、给予公正平等待遇、降低非商业风险,即实现投资自由化和便利化。第二,从东道国的角度来看,东道国引进外资的目标是实现自身的发展目标。基于此目标,东道国要求通过多边投资框架实现发挥外资的积极作用、减少外资的消极作用、发展东道国的经济,即最大限度地利用外资发展本国经济,同时对外资进行规范管理。第三,从投资母国的角度来看,对外直接投资并非是"零和博弈",其会给投资母国带来利益,如带动出口、获取国外资源(技术资源、自然资源、人才资源、市场资源等)等。因此,母国要求通过多边投资框架为本国企业开展海外投资创造良好的国际环境,即促进海外投资的开展,确保海外投资的安全。总之,投资者、投资东道国和投资母国三方都有建立多边投资框架的要求。

综上所述,迅猛发展的国际直接投资要求建立多边投资框架以实现投资的自由化、便利化和规范化,而目前现有的无论是双边的还是区域的投资协定均无法满足这一要求,多边层次的国际投资规则要么缺乏约束力,要么没有付诸实施。因此,建立多边投资框架是十分必要的。

### 4. 多边投资框架大体涉及的内容

从初步讨论的情况来看,多边投资框架大体涉及以下内容:范围和定义、透明度、非歧视、承诺模式、发展条款、例外与国际收支、争端磋商与解决、与世贸组织其他协议和现有国际投资协议间的关系、国际直接投资和技术转移等。

#### (四) 多边投资框架谈判的前景

严格来讲,多边投资框架谈判并未正式开始,目前世贸组织还处于对投资议题进行讨论的阶段。因此,对于多边投资框架来说,能否在世贸组织新一轮谈判中完成谈判并达成协议还是一个未知数。当然,我们希望多边投资框架谈判能够早日启动,并有一个良好的前景。

## 三、《多边投资协定》与国际直接投资协调

第二次世界大战结束以来的几十年间,不少国际经济组织都曾努力制定涉及投资方面的多边投资协定,总数近二十个,但令人遗憾的是真正付诸实施并具有约束力的并不多。目前付诸实施的主要是以下三个:《多边投资担保机构公约》《关于解决各国与其他国家国民之间投资争端的公约》和《与贸易有关的投资措施协议》。另外,经合组织和世贸组织组织起草、谈判

的《多边投资协定(框架)》影响也很大,但到目前为止都未能成功。由于本章第五节已经对《与贸易有关的投资措施协议》和《多边投资协定(框架)》进行了展开分析,因此下面侧重介绍《多边投资担保机构公约》和《关于解决各国与其他国家国民之间投资争端的公约》制定的背景、主要内容及所发挥的协调作用。

(一)《多边投资担保机构公约》

为了降低在发展中国家投资的政治风险(非商业性风险),促进国际资本流向发展中国家,加快发展中国家的经济发展,世界银行草拟了《多边投资担保机构协议》(也称《汉城公约》),于1985年10月在世界银行年会上通过,1988年4月12日正式生效。同时,还成立了多边投资担保机构(MIGA)作为世界银行下属的分支机构,它是具有完全法人资格的独立的国际组织。中国于1988年4月加入该公约,成为公约的创始国。

依照《多边投资担保机构公约》第2条的规定,多边投资担保机构的目标和宗旨是鼓励会员(特别是发展中国家)之间的生产性投资,以补充国际复兴开发银行、国际金融公司以及其他国际开发金融机构的活动。为了达到这些目标,多边投资担保机构应履行下列职能:对会员国内来自另一会员的投资的非商业性风险提供担保,包括共同保险和再保险;开展恰当的补充性活动,以促进投资向发展中国家会员流动及在发展中国家会员之间流动;为推进其目标行使其他必要的或适宜的附带权利。

多边投资担保机构承保的险别主要是:① 货币汇兑险,即东道国政府采取的任何限制外国投资者将货币兑换成可自由使用的货币或可接受的另一种货币,并汇出东道国境外的措施,包括东道国政府未能在合理的时间内对投资者提出的此类汇兑申请做出行动而可能造成的风险;② 征收及类似措施险,是指东道国政府的立法行为或行政上的作为或不作为剥夺了投资者对其投资或投资收益的所有权或控制权,但政府为管理其境内的经济活动而通常采取的普遍适用的非歧视性措施不在此列;③ 违约险,是指东道国政府拒绝履行合同或违反与投资者签订的合同,导致投资者可能造成损失的风险;④ 战争和内乱险,即由于东道国领土内任何军事行动或民事动乱而给投资者造成损失的风险。

多边投资担保机构的作用表现在:首先,它鼓励会员国之间的生产性投资,尤其注重资本在发展中国家的流动,并充分考虑到发展中国家的利益,促进了发展中国家的经济增长;其次,它不仅承保货币汇兑险、征收及类似措施险、战争和内乱险,还另设了违约险,对其他投资担保机构的业务起到了补充作用;再次,它通过向发展中国家提供用于吸引外商直接投资的工具、方法和技能,帮助各国推销其投资机会;最后,它有利于东道国和投资者之间投资争端的非政治性解决。

(二)《关于解决各国与其他国家国民之间投资争端的公约》

20世纪50年代以后,一些发展中国家开展了规模较大的国有化运动,使得国际投资争端大量产生。同时,发达国家与发展中国家不能就投资争端的解决方式及原则达成一致,对国际间资本的流动产生了很大的影响。为了解决此类问题,世界银行于1965年3月主持签订了《关于解决各国与其他国家国民之间投资争端的公约》(也称《华盛顿公约》),于1966年10月生效。根据公约设立了解决投资争端国际中心,用以专门处理各国与其他国家国民之间的投资争议。中心的法律地位与多边投资担保机构相同,也具有完全法律人格,并同样有资格订立合同、取得及处置动产和不动产、进行法律诉讼。中心设有一个行政理事会和一个秘书处,秘书处由秘书长负责领导。中国于1990年2月签署了该公约,于1993年2月正式加入该公约。

公约第25条第1款规定:解决投资争端国际中心的管辖适用于缔约国与另一缔约国国民之间直接因投资而产生并经双方书面同意提交给中心的任何法律争端。当双方表示同意后,任何一方不得单方面撤销其同意。由此可见,中心管辖的条件是:① 争端必须发生在缔约国国民或机构与另一缔约国国民或机构之间;② 争端性质必须是直接因投资引起的法律争端;③ 争议双方书面同意将争端提交中心。中心管辖还具有排他性,主要表现在两个方面:① 排除其他救济方法。公约规定,双方同意根据公约交付仲裁,应视为同意排除任何其他救济方法。② 排除外交保护。缔约国对于其国民和另一缔约国根据公约已同意交付或已交付仲裁的争端,不得给予外交保护或提出国际诉讼,除非另一缔约国未能遵守和履行对此项争端所做出的裁决。在这里,外交保护不包括纯粹为了促进争端的解决而进行的非正式的外交上的交往。

解决一国与其他国家国民之间的投资争端主要有调解和仲裁两种形式。如果想进行调解,则需向秘书长提出书面申请(内容包括有关争端的事项、当事人双方的身份以及他们同意依照交付调解程序规则进行调解等)。调解的程序是:在申请被登记后,成立由双方认可的调解员组成调解委员会;调解委员会澄清双方发生争端的问题,并努力使双方就共同可接受的条件达成协议;如果双方达成协议,委员会则起草一份报告,指出发生争端的问题,并载明双方已达成协议。如果在程序进行的任何阶段,委员会认为双方已不可能达成协议,则结束此项程序,并起草报告,指出调解并未使双方达成协议。如果一方未能出席或参加上述程序,委员会应结束此项程序并起草报告,指出该方未能出席或参加。

与调解相同,希望采取仲裁程序的缔约国或缔约国的国民,应向秘书长提出书面请求(内容包括有关争端事项、双方的身份以及他们同意依照交付仲裁的程序规则提交仲裁等)。仲裁的程序有:组成仲裁庭,成员来自解决投资争端国际中心的仲裁人小组;做出裁决,仲裁庭应以其全体成员的多数票对问题做出决定,裁决应处理提交仲裁庭的每一个问题,并说明所根据的理由,未经双方当事人的同意不得公布裁决;裁决的解释、修改和撤销;裁决的承认和执行,裁决对双方具有约束力。双方不得进行任何上诉或采取除公约规定外的任何其他补救办法,除依照公约有关规定予以停止执行的情况外,每一方应遵守和履行裁决的规定。

## 思考与练习

1. 简述《与贸易有关的投资措施协议》的含义和主要内容。
2. 简述多边投资框架(协定)谈判的背景和必要性。
3. 简述国际直接投资协调的含义、作用与途径。

### 《多边投资协定》包含的主要内容

经合组织于1998年4月24日确定的《多边投资协定》框架结构的内容登载于《世界投资报告1999》。主要内容包括:(1) 总则:前言;(2) 范围和适用:定义(投资者与投资)、适用的地理范围、海外属地的适用;(3) 投资者和投资的待遇:国民待遇和最惠国待遇、透明度、投资者和关键人员的临时进入、逗留与工作、经理及管理人员和董事会成员的国籍要求、就业要求、业绩要求、私有化、垄断及国有企业和特许、代表管理机构的实体、投资鼓励措施、确认安排、核准程序、自雇企业的成员、知识产权、公共债务、公司行为、研发技术、不可降低的标准、劳工与环境附加条款;(4) 投资保护:一般待遇、征收和补偿、内乱时的保护、转移、信息交换和数据处理、代位求偿权、保护已有投资;(5) 争端解决:国家对国家的程序、投资者对国家的程序;(6) 例外和保障:一般例外、寻求货币与汇率政策的交易、临时保障;(7) 金融服务:谨慎措施、确认安排、核准程序、透明度、信息交换和数据处理、自雇企业与协会的成员、支付及清算体系和贷款人、最后求助、争端解决、金融服务的定义;(8) 税收;(9) 特定国别例外:特定国别例外的申诉;(10) 与其他的国际协定的关系:根据国际货币基金组织条款应承担的义务、与经合组织《多国企业准则》的关系;(11) 实施与运作:筹备小组、成员方小组;(12) 最终规定:签署、接受与生效、加入、不适用、检查、修订、经合组织《多国企业准则》的修改、退出、保存、附件的法律地位、正式文件、利益的放弃。

**【分析与思考】**

1. 经合组织制定《多边投资协定》的努力为什么没有成功?它留给人们什么经验教训?

2. 将上述《多边投资协定》的内容与世贸组织主持谈判讨论的多边投资框架可能涉及的大体内容进行对比,从中发现这两个文本在国际直接投资的定义等若干方面的异同。

# 中 国 篇

本篇仅包括第十三章,集中探讨了中国的国际投资活动。该章首先考察了中国利用外商直接投资的发展历程和作用,然后围绕"走出去"战略分析了中国企业对外直接投资的现状、特点、可能性和条件以及海外企业经营当地化问题,最后讨论了中国证券市场的发展与对外开放、中国参与国际证券市场的主要方式与发展情况。

# 第十三章　国际投资与中国

**【教学目的】**

通过本章学习,学生将能够:
1. 了解中国利用外商直接投资、中国对外投资和中国证券投资市场的发展历程与作用。
2. 了解"走出去"战略的含义、层次和实施"走出去"战略的必要性。
3. 熟悉海外企业经营当地化的相关知识。
4. 把握中国参与国际证券市场活动的主要方式与途径。

**【关键术语】**

利用外商直接投资　研究与开发　"走出去"战略　对外直接投资　经营当地化　合格境外投资者　B种股票(人民币特种股票)　美国存托凭证

**【引导案例】**

2016年7月,商务部印发了《商务发展第十三个五年规划纲要》(简称"《规划纲要》")。《规划纲要》指出:"十三五"时期,受世界经济复苏乏力、经济全球化路径深刻调整等因素影响,全球外国直接投资难以再现危机前蓬勃发展的态势。发达国家和发展中国家都把吸引外资作为促进经济发展的重要抓手,我国利用外资面临的国际竞争加剧。我国利用外资的综合优势仍很明显,服务业开放领域不断扩大,服务业利用外资保持稳定增长,但受国内要素成本上升等影响,制造业利用外资压力较大。总体来看,保持利用外资规模稳定的难度不小。《规划纲要》提出利用外资规模不低于"十二五"时期水平,更加突出利用外资的质量和效益。

《规划纲要》进一步提出完善跨境投资布局的指导意见,坚持引进来和走出去并重,扩大开放领域,放宽市场准入,促进国家级经济技术开发区创新发展,积极有效地引进境外资金、先进技术和管理经验,提升利用外资的质量和效益。优化对外投资市场布局,推动国际产能和装备制造合作,支持企业扩大对外投资,融入全球产业链、价值链、供应链,加快培育一批具有较强竞争力的跨国公司,不断提高全球资源配置能力。

资料来源:商务部综合司负责人解读《商务发展第十三个五年规划纲要》。

## 第一节　中国利用外商直接投资

### 一、中国利用外商直接投资的发展历程

从历史的角度来看,中国利用外商直接投资大体经历了两个发展阶段:一个是建国初期,时间较短;另一个是自1978年实行改革开放政策以后,已持续了近四十年。

(一)建国初期中国利用外商直接投资概况

新中国建立初期,中国利用外商直接投资有了一定的发展,但是,由于当时历史条件的制

约,规模和数量十分有限。在1950年和1951年,为了吸收外国的资金、技术和管理经验,中国与苏联、波兰共同投资创办了五家合营企业,这是新中国成立后建立的第一批中外合资经营企业。中国与苏联合资创办了四家企业,它们是:中苏(新疆)石油股份公司、中苏(新疆)有色及稀有金属股份公司、中苏民用航空股份公司和中苏(大连)造船公司。合资企业的股份,双方各占50%,双方均享利润,共担风险。企业由双方共同管理,设管理委员会。中方以场地、厂房及其他建筑物或建筑材料等投资入股,苏方以各种机械设备、工业器材、探测器材、飞机、航空器材等投资入股。合资协议规定了合营期限,石油、有色金属公司为30年,造船公司为25年,民航公司为10年。但到1954年10月,两国政府商定将上述四个合资企业的苏方股份转让给中方,并作为对中方的贷款,于是这四家企业在1954年年底提前结束合营。中国与波兰在1951年合资创办了中波轮船公司,经营航运及有关的委托代理业务,投资总额为8 000万旧卢布,双方各占50%。在分配利润后,双方分别向本国政府缴纳企业所得税。公司拥有自己的船队,1951年为10艘,共10万载重吨;1991年已发展到21艘,共40万载重吨。这家公司原定的合营期限为12年,由于经营状况良好,从成立至今一直存在并开展经营活动。

从20世纪50年代中后期到1978年这二十多年的时间内,中国利用外商直接投资处于停滞状态。

1978年党的十一届三中全会以后,中国实行改革开放的方针政策,提出要在自力更生的基础上,积极发展同世界各国平等互利的经济合作,要利用两种资源、打开两个市场和学会两套本领,这就为中国对外经济贸易事业的发展指明了方向。从此,中国利用外商直接投资进入一个全新的历史发展时期。

(二) 改革开放阶段中国利用外商直接投资情况

自1979年到2015年,中国利用外商直接投资已经走过了30多年的历程。截至2015年年底,全国累计批准设立外商投资企业836 404家,实际使用外资金额总计达16 423.2亿美元。2015年当年全国新批设立非金融领域外商投资企业26 575家,同比增长11.76%;实际使用外资金额1 262.67亿美元,同比增长5.61%。根据商务部提供的数据,在累计批准设立的80多万家外商投资企业中,目前已中(终)止或已停止运营的企业30万家左右,大体占累计批准设立外商投资企业的40%。据测算,现存注册运营的外商投资企业50多万家,吸收外资存量为7 000亿美元左右,直接就业人数约3 000万人。

改革开放30多年来,中国内地吸收利用外商直接投资大体经历了以下五个发展阶段:

第一阶段自1979年至1986年,为起步阶段。这一阶段,中国内地吸收的外商投资主要来自港澳地区,以劳动密集型的加工项目和宾馆、服务设施等第三产业项目居多。这些企业大部分集中在广东、福建两省以及其他沿海省市,内地吸收外资则刚刚起步。

第二阶段自1987年至1991年,为稳步发展阶段。这一阶段,中国内地吸收外商投资的结构有较大改善,生产性项目及产品出口企业大幅度增加,旅游服务项目的比重降低较多,外商投资的区域和行业有所扩大,台湾厂商开始对大陆投资并逐年增加。

第三阶段自1992年至1993年,为高速发展阶段。这一阶段,利用外商投资在广度和深度上都有了新的大发展,利用外资的特点除了大幅度增长外,还有平均项目规模扩大、房地产业利用外资发展迅速、新的投资领域增加以及中西部地区利用外资步伐加快等。

第四阶段自1994年至2000年,为调整发展阶段。这一阶段,外商投资的各方面结构都发生了较大变化,利用外商投资的重点由注重数量转向注重质量和结构优化。其表现为:越来越多的西方国家大型跨国公司进入中国;外商投资企业的资金来源结构和技术结构进一步改善;资金与技术密集的大型项目和基础设施项目增加,外商投资的平均项目规模不断扩大;外商投资的领域进一步拓宽,许多第三产业行业开始了利用外商投资的试点,外商投资的产业与行业结构日趋合理;与此同时,中西部地区利用外商投资的落后状况有了很大的改善,利用外资的增速快于东部沿海地区。在这一阶段,中国开始对外商投资逐步实行国民待遇原则,对原有的利用外资的税收和外汇等方面的政策做了一些调整。

第五阶段自2001年开始至今,为成熟稳定期。2001年是重要的一年,在这一年,人类进入了新的世纪和新的千年,中国也在经过15年的艰苦谈判之后最终加入世贸组织,正式成为世贸组织成员。入世后,世贸组织的基本原则在中国利用外资的政策法规中体现出来,中国实施了世贸组织涉及投资方面的协议,根据入世承诺和《与贸易有关的投资措施协议》的要求,先后修改了《中外合资经营企业法》《中外合作经营企业法》《外资企业法》等法规,既完善了法规体系,又提高了透明度,大大改善了外商投资的法律环境。对法规的修改和完善还加快了投资自由化和对外商投资逐步实行国民待遇的进程。入世也是为了更好地发展市场经济,随着市场经济的深入发展,中国的市场竞争秩序不断规范,竞争条件趋向公平,对外商的吸引力越来越大。法律和市场环境的改进,以及近三十年来的发展,使我国的利用外商投资业务在进入21世纪后趋于成熟,进入相对稳定的增长期。

近年来,伴随服务业入世承诺的逐步兑现,服务业对外资的开放幅度明显扩大,服务业已经成为利用外资的新的热点和增长点。外资并购法律体系的建立激活了外商在华开展并购活动的积极性,并购无疑将日趋成为同新建一样重要的外商投资方式。第五阶段的一个显著特征是跨国公司进一步扩大在华投资,提高中国在其全球战略中的地位,将中国纳入其全球生产和销售网络,推动中国成为全球制造业中心。从跨国公司在华投资的发展历程看,跨国公司进入中国市场已经经历了三个发展阶段,即营销本地化阶段、制造本地化阶段和投资管理本地化阶段,目前跨国公司进入中国市场正进入第四个发展阶段,即研发本地化阶段,今后,跨国公司在华经营还将发展到第五个阶段,即经营管理中心本地化阶段。最终,跨国公司将在中国建立起构成其全球网络的营销、制造、研发和经营管理等节点,实现本地化与全球化的全面结合。

2011年,中国开始实施"十二五"发展规划,进一步推进全面建设小康社会与和谐社会的进程,同时公布了《利用外资"十二五"规划》,利用外资继续受到各方面的重视。近年来,中国利用外资的政策法规在不断改善,如公布实施了新的《关于外国投资者并购境内企业的规定》和新的《公司法》,修改了《外商投资产业指导目录》,实施了合并后的新的《企业所得税法》等。从2007年开始,部分在华外商投资企业的生产经营遇到了一些困难,主要原因来自两个方面,一方面是国际金融和经济危机的发生导致国际经济增长放缓;另一方面是出口退税政策的调整和人民币升值等因素的影响。应当说这些困难是暂时的,也是可以克服的,从长期来讲不断扩大的中国市场对外商投资的吸引力是持久的。

2013年中国正式设立了中国(上海)自由贸易试验区,推进"准入前国民待遇+负面清单"的外资管理制度改革,并将改革经验向全国其他地区复制推广。2014年12月,中国又新批设立了广东、福建、天津自由贸易试验区,标志着外资管理制度改革经验推广进入实施阶段。2016年10月,商务部正式发布实施了《外商投资企业设立及变更备案管理暂行办法》,将不涉及国家规定实施准入特别管理措施的外商投资企业设立及变更事项,由审批改为备案管理。这是对中国外商投资管理体制的一次重大变革,体现了"凡属重大改革都要于法有据"的精神,必将进一步扩大对外开放,完善我国法治化、国际化、便利化的营商环境。

### 二、中国利用外商直接投资的作用

**1. 弥补国内建设资金的不足**

长期以来,建设资金短缺一直是制约中国经济发展的一个主要因素,因此除了充分利用国内资金以外,还要积极利用外资。从1979年到2015年,中国已实际使用外商直接投资超过16 423.2亿美元,外资已成为中国经济建设的重要资金来源之一。

**2. 促进中国经济的增长**

外商投资企业的工业产值占全国工业总产值的比重从1980年的0.5%,上升到1990年的2.28%、2000年的22.51%,而到2011年则达到了26.1%。外商投资企业已经成为中国经济的重要组成部分,是促进中国经济持续高速增长的重要动力之一。

**3. 引进先进的技术设备和管理经验,推动产业结构升级**

先进的技术和管理经验对经济增长方式的转变起着重要的作用。近年来,世界范围内的技术流动越来越依靠跨国投资作为载体,跨国公司掌握着先进技术跨国转让的主要份额。吸引跨国公司投资,是发展中国家加快经济发展和技术进步的必然选择。通过创办外商投资企业,既可以达到利用外资的目的,又可以在创办和经营管理中学习和引进先进的技术设备和管理经验。外商投资企业尤其是大型跨国公司在华从事研究与开发活动,有利于提高中国的研发能力与培养研发人才。截至2010年年底,跨国公司在华设立的研发机构已超过1 400家。另外,在利用外资中,我们还学到了国外先进的企业管理经验,并造就了一批新型的企业管理人才,这对提高中国企业的经营管理水平有直接的推动作用。第二次世界大战以后,国际投资的重点从战前的资源性产业转向制造业,20世纪70年代以后又将重点转向服务业。改革开放以来,外商特别是跨国公司在中国投资最密集的行业有电子、汽车、家电、通信、化学、办公用品、仪器仪表、制药等。这些行业正是中国产业结构调整与升级中重点发展的行业,外资较密集地进入这些行业,无疑会有力地推动中国产业结构的升级和优化。

**4. 扩大社会就业,增加国家的财政收入**

外商投资企业的建立和投产开业为中国提供了大量新的就业机会。截至2011年年底,在现存注册运营的40多万家外商投资企业中直接就业的人员约3 000万人,大体占全国城镇劳动就业人口的10%,平均每一家外商投资企业吸收近80人就业。外商直接投资的大量引进,还扩大了国家财政收入的来源。2015年以外商投资税收为主(占98%以上)的涉外税收收入达24 817.2亿元(不包括关税和土地费),占当年全国工商税收总额124 892亿元的19.87%。

**5. 推动对外贸易的发展**

改革开放以来,中国的对外贸易取得了迅速发展,在世界货物贸易中的地位不断上升,2010年中国货物贸易进出口总额居世界第二位。在对外贸易发展的过程中,外商投资企业做出了积极的贡献,尤其是近年来,外商投资企业已成为中国对外贸易的一支生力军,其进出口总额占全国进出口总额的比重日趋扩大。据海关统计,2015年外商投资企业进出口总值达18 346.15亿美元,占当年全国进出口总值的46.50%。外商投资在促进中国对外贸易发展的同时,也提升了中国的贸易结构和国际竞争力,使中国更广泛地融入国际分工,参与跨国公司的全球分工与生产环节,享受进入全球分工体系的益处,从而促进开放型经济的全面发展。外商投资企业对中国对外贸易发展的贡献除了量的方面以外,还表现在质的方面,即表现在优化中国的出口商品结构,增加高科技产品、机电产品的出口数量,提高传统出口产品的科技含量。

6. 促进社会主义市场经济体制的建立和完善

利用外资对我国经济体制的转轨过程有明显的促进作用。外商投资企业的发展促进了中国经济结构的多元化过程和传统所有制结构的改变,推动了企业产权的流动和重组,对形成以国有经济为主导、多种所有制经济成分共同发展的格局起到了积极作用。外商投资企业以市场为导向,完全按照市场机制来经营,采用国际上通行的企业组织形式和先进的内部管理机制,这为中国传统企业制度的改革和现代企业制度的建立提供了借鉴。外商投资带进了市场机制和竞争机制以及与此相应的观念,有利于打破垄断,推动国内各种要素市场的发育和形成,推动中国宏观经济管理体制的改革和政府职能的转变,对于建立和完善市场经济法律体制起到了积极的促进作用。

7. 提高中国存量与新增资产的质量

通过与外商合资合作,可以把中国一部分企业原有的低质量的存量资产变成高质量的存量资产。中国的一些亏损企业通过合资合作,经营管理、技术开发和市场营销能力明显改善,企业经营状况好转。这是因为在外资进入的同时,人员、技术、管理、观念、市场营销网络等都会随之进入企业,实现各种生产要素的一揽子转移。如果没有其他生产要素的引入,国内企业即使投入大量资金,也可能难以改善其盈利状况和长期发展能力。外商投资设立新企业,还可以形成高质量的新的增量资产。

8. 缩小中国与发达国家经济发展的差距

发展中国家要想缩小与发达国家经济发展的差距,首先要缩小技术差距和知识差距。缩小这些差距的主要途径有三个:一是引进外国直接投资;二是扩大国际贸易;三是获得技术转让和技术许可证。改革开放三十多年来,中国与发达国家的差距有了明显的缩小,应当说作为经济增长发动机的外商直接投资在其中起到了重要的作用。

## 第二节　中国对外直接投资

### 一、"走出去"战略的含义和层次

中国的对外开放战略包括两个相互联系的方面:"引进来"与"走出去"。在大力引进外资的同时,随着中国经济实力的增强和企业国际竞争力的提高,中国企业开始实行"走出去"战略,开始到世界各国进行海外投资,从事办厂开店等业务。对外直接投资的发展将为中国跨国公司的成长打下坚实的基础。

"走出去"战略有广义与狭义之分,广义的"走出去"战略指的是使中国的产品、服务、资本、技术、劳动力、管理以及中国企业本身走向国际市场,到国外去开展竞争与合作,到国外去发展;狭义的"走出去"战略是指中国企业所从事的各种对外直接投资活动,包括对外投资办厂、境外加工装配、境外资源开发、设立境外研发中心、建立国际营销网络、开展国际农业合资合作、开展跨国并购等,实质上是将各种生产要素输出到国外,将生产能力向国外延伸和布局。在现实中,有从广义角度讲的,也有从狭义角度讲的。目前,商务部使用的"走出去"概念是在狭义的基础上再加上对外工程承包与劳务合作。在本章中,我们主要是从狭义角度探讨和使用"走出去"战略。"走出去"战略过去也称国际化经营战略、海外经营战略或跨国经营战略。"走出去"战略是与"请进来"战略(引进国外的资金、技术、管理、商品和服务等)相互对应着讲的,这两个方面共同构成了中国对外开放的完整格局,它们是相辅相成的两个方面。经济全球化加速发展的新形势和国与国之间经济上相互依存的加深,要求我们不仅要请进来,而且更要走出去。

一个企业"走出去"可以大体分为三个层次:第一个层次是商品输出,是指货物、服务、技术、管理等商品和要素的输出,主要涉及货物贸易、服务贸易、技术贸易以及承包劳务等。第二个层次是资本输出,是指进行各种形式的对外直接投资。如果一家企业的走出去战略发展到了第二层次,特别是海外投资达到了一定的规模(在两个或两个以上的国家拥有企业),那么这家企业也就变成了跨国公司。第三个层次是品牌输出,当一家企业拥有了著名品牌以后,它不仅可以授权国外的企业使用该品牌,还可以利用品牌的影响力与国外开展合资合作,并且可以借助品牌的知名度扩大产品的销售,可以说品牌是大型跨国公司参与国际竞争的有力武器。本章中所使用的"走出去"战略主要是指企业走出去的第二和第三个层次。

## 二、实施"走出去"战略的必要性和作用

### (一)实施"走出去"战略是适应经济全球化发展的必然要求

在当今世界经济中,各国企业开展跨国经营已形成趋势和潮流,中国企业也不例外。面对新的 21 世纪,能否在利用国外资源和市场经济方面取得新的突破,是关系到中国今后发展全局和前景的重大战略问题。经济全球化的发展把整个世界变成了一个"地球村",中国只有顺应这一潮流,突破国界的局限,把视野和目标从国内扩展到全球,建立一个在全球化环境中同样能够取得成功的经济体系,才能确保中国现代化目标的实现和长期持续的发展。经济全球化还使世界经济格局发生了新的变化,几乎所有国家都感受到了由此带来的巨大压力和深刻影响,各国政府不得不重新考虑自己在新的世界经济分工格局中的地位,认真分析如何在一个更加开放、更加相互依存、更加市场化的世界中生存与发展。实施"走出去"战略,是使中国的对外开放发展到一个新水平的重要举措。它的实行有利于中国适应经济全球化的新形势,更好地参与经济全球化的进程,在新的国际分工格局中占据有利地位;有利于发挥中国的比较优势,促进国内企业积极参与国际竞争与合作。

### (二)实施"走出去"战略是合理配置资源和更好地利用国外资源的要求

世界上任何一个国家都不可能拥有经济发展所需要的全部资源,都会遇到资源约束的问题。经济发展所需要的资源既包括自然资源,也包括资本、技术、经济管理、经济信息、劳动力等生产要素。为了满足本国经济发展的需要,就需要从国外输入各种自然资源和各种生产要素,与此同时,也可以向国外输出本国相对充裕的各种资源和生产要素。利用本国和他国的不同资源和要素优势,在国际间实现资源和要素的合理流动与重新组合配置,获得绝对和相对利益,这也是发展实施"走出去"战略的一个重要动因。资源特别是关系到国计民生的战略资源仅依靠传统的贸易渠道获得是不稳定的。因此,需要我们审时度势,抓住机遇,通过对外投资,获得国内经济发展长期需要的短缺资源。

### (三)实施"走出去"战略有利于经济结构调整和产业结构优化

要想在更广阔的空间里促进经济结构调整和产业结构优化配置,拓展新的经济发展空间和新的经济增长点,增强中国经济发展的动力和后劲,就需要实施"走出去"战略。20 世纪 90 年代以来,中国经济已经从卖方市场转向买方市场。目前,国内家电、纺织、重化工和轻工等行业的生产能力过剩,产品积压,技术设备闲置,造成浪费,急需寻找新的市场。通过对外投资,

带动国产设备、原材料以及半成品出口,可以有效拓展国际市场。在国内市场供过于求的情况下,一方面,企业要考虑转产,考虑提升技术水平;另一方面,企业应积极走向国外,开展实施"走出去"战略,尤其是到海外投资设厂,向国外输出生产加工能力,把成熟的技术转移到其他有需求的市场上去。中国企业要想在国际市场占据更大的份额,必须在建立销售网络和售后服务网点的基础上,拓展新的生存和发展空间,变商品输出为资本输出,在国外投资设厂并按照当地需求生产和服务,从而向国际市场的纵深渗透。

(四) 实施"走出去"战略是突破国外以反倾销等形式出现的贸易保护主义的需要

加入世贸组织后,中国企业的产品进入国际市场将更加容易,但美国和欧盟均保留了在中国入世后15年内仍将中国视为非市场经济国家的条件,所以,可以肯定地说,入世后中国出口商品仍将面对反倾销调查。面对国外的反倾销调查,不去应诉或应诉失败都将导致丢掉市场。对付反倾销调查的方法除了有关企业联合起来应诉或借助世贸组织的争端解决机制求得解决以外,还有一个更为有效的方法就是变国内生产国外销售为国外生产国外销售,也就是进行海外投资,设立海外企业,企业直接"走出去"。中国企业应当学会通过海外投资的方式"走出去",从而彻底避免反倾销调查,因为联合应诉是一种被动的、即使赢了官司也会削弱企业竞争力的方法。实行"走出去"战略除了有利于突破反倾销方面的贸易保护主义之外,还有利于克服以原产地规则和反补贴等形式出现的贸易保护主义。

(五) 实施"走出去"战略有利于提高中国的国际地位

提高中国的国际地位是"走出去"战略的多元目标之一。中国的企业、中国的商品和技术"走出去"的多了,有利于在国际上树立中国的大国形象,提高中国的国际竞争力和地位,维护和保障国家的安全与利益,推动建立公正、合理的国际经济新秩序。

(六) "走出去"战略的实行是发展中国跨国公司的需要

要增强中国经济的国际竞争力,就需要建立中国的跨国公司。现在,中国已经有了自己的跨国公司,但是数量太少,进入世界500强的只有寥寥可数的几家,而且总体实力也不够强。在21世纪,中国要大力发展自己的跨国公司,要形成若干家有国际影响的大型跨国公司,就必须加快发展海外投资。"走出去"战略的实行将有力地催生和培育中国的跨国公司,加速中国跨国公司的成长壮大。

(七) 入世后国内经营环境的变化和市场竞争的加剧迫使企业必须"走出去"

中国已经正式成为世贸组织成员,中国对外开放的步伐比入世前明显加快,国界对国际竞争的屏障作用越来越小,国内企业面临着发展空间受到挤压的危险。首先,入世后,由于贸易壁垒的大量减少和国民待遇的实施,外国商品和服务将更容易进入国内市场,随着国外商品和服务进入数量的增加,国内商品市场和服务市场将出现更加激烈的竞争,国内企业将面临更加困难的经营局面。其次,由于入世后国内服务业市场将扩大对外资的市场准入,外国服务业企业尤其是服务业跨国公司将大举进入中国的金融、保险、电信、旅游、商业、外贸和专业服务等行业,国内市场这方面的竞争也将空前激烈,企业也将遇到挑战。再次,入世后,中国将根据世贸组织的原则对已经批准设立的目前仍在注册运营的四十多万家外商投资企业逐步实行国民待遇,主要是取消给予外商投资企业的低国民待遇。取消给予外商投资企业的低国民待遇(如行业准入和业务经营限制等)将使内资企业以往所获得的一定程度的产业保护消失,增加生产经营风险和困难。面对入世后日趋激烈的市场竞争,国内企业要积极地迎接挑战。一方面,要发挥本土作战优势,改进管理,勇于创新,切实提高竞争力;另一方面,就是要实施"走出去"战略,走向广阔的国际市场,寻找新的生存和发展空间。中国企业只有实施了"走出去"战略,才能更好地享受入世后的权利,抓住入世所带来的发展机遇。

### 三、中国企业对外直接投资的发展

新中国成立后的六十多年来,企业对外直接投资大体上经历了以下五个发展阶段:

第一个阶段为初步发展阶段(1949—1978年)。从新中国成立到实行改革开放政策以前的30年间,中国企业在海外开展了一些直接投资活动。这期间,为了开拓国际市场,发展与世界各国的贸易往来,各专业外贸总公司先后在巴黎、伦敦、汉堡、东京、纽约、香港、新加坡等国际大都市设立了海外分支机构,建立了一批贸易企业。与此同时,中国的一些与贸易相关的企业也在海外投资开办了远洋运输和金融等方面的企业。这是继新中国政府接管在香港地区的一批中资企业后,新中国国内企业到海外投资开办的首批企业。这批海外企业的投资规模普遍较小,多分布在世界上的一些著名港口和大城市,主要从事贸易活动,基本属于贸易性的海外投资。这批海外企业的设立为新中国对外贸易事业的发展做出了积极的贡献。

第二个阶段为进一步发展阶段(1979—1985年)。自中国实行改革开放政策以后,国内企业到海外投资办企业得到了较迅速的发展。1979年11月,北京市友谊商业服务总公司与日本东京丸一商事株式会社在东京合资开办了京和股份有限公司。这是中国实行改革开放政策后在海外开办的第一家合资经营企业。该企业的主要经营范围是为北京市食品工业企业的更新改造引进技术和设备,在日本开办北京风味餐馆和提供厨师服务等。1980年3月,中国船舶工业总公司、中国租船公司与香港环球航运集团等共同投资5 000万美元,合资成立了国际联合船舶投资有限公司,总部设在百慕大,在香港设立国际联合船舶代理公司,从事代理中国船舶及船用设备的进出口和经营国际航运业务,中方占投资的45%。这是当时中方投资额最大的海外合资企业。这一阶段,中国在海外投资开办的企业还有:在香港开办的从事金融业务的企业——中芝兴业财务有限公司,在日本开办的从事经济技术咨询服务的企业——京达股份有限公司,在阿拉伯也门开办的从事承包工程的企业——也中建筑工程有限公司,在荷兰开办的分别从事轮船代理业务和船舶物料供应的企业——跨洋公司与远通海运服务公司,以及在澳大利亚开办的从事航运代理业务的企业——五星航运代理股份有限公司等。

第三个阶段为加快发展阶段(1986—1992年)。在这一阶段,中国对外直接投资有了较快的发展,主要表现在:参与海外投资的国内企业类型增加,不仅是外经外贸企业,工业企业、商贸物资企业、科技企业及金融保险企业等也参与了海外投资;海外投资的领域进一步拓宽,在服务业、工农业生产加工、资源开发等几大产业内的若干行业中都有海外企业设立;海外企业的数量增加,截至1992年年底,海外非贸易性企业达1 360家,海外贸易性企业达2 600家左右,海外贸易性企业和非贸易性企业的中方投资总额达40多亿美元;海外企业分布的国家和地区更加广泛,到1992年年底,中国企业已经在世界上120多个国家和地区设立了海外企业。

第四个阶段为调整发展阶段(1993—1998年)。由于整个国民经济发展中存在着经济发展过热、投资结构不合理、物价上涨过快等现象,从1993年年中开始,国家决定实行经济结构调整,紧缩银根,让过热的经济软着陆。与此相应,海外投资业务也进入清理和整顿时期,国家主管部门对新的海外投资实行严格控制的审批政策,并对各部门和各地方已开办的海外企业进行重新登记,海外投资的发展速度开始放慢。在这6年间,中国对外直接投资12.78亿美元,批准设立海外企业1 500家左右。通过对以往海外投资经验教训的总结和对中国企业国际竞争力现实状况的分析,中国政府提出了发展海外投资的新的战略方针:鼓励发展能够发挥我国比较优势的对外投资,更好地利用两个市场、两种资源;组建跨行业、跨部门、跨地区的跨国经营企业集团;在积极扩大出口的同时,要有领导有步骤地组织和支持一批有实力、有优势的国有企业走出去,到国外,主要是到非洲、中亚、中东、东欧、南美等地投资办厂。新的海外投资战略方针的提出预示着海外投资将出现新一轮快速发展时期。

第五个阶段为新的较快发展阶段(1999年至今)。从1999年开始,为了推动出口贸易的发展,加快产业结构的调整,向海外转移国内成熟的技术和产业,中国政府提出鼓励有实力的国内企业到海外投资,通过开展境外加工装配,就地生产就地销售或向周边国家销售,带动国产设备、技术、材料和半成品的出口,扩大对外贸易。上述新的政策措施被系统地概括为"走出去"战略。为了加快实施"走出去"战略,商务部先后向两百多家企业颁发了"境外加工贸易企业批准证书"。由境外加工贸易而引发的海外投资将成为今后中国海外投资的一个新的增长点,这种类型海外投资的加快发展还将导致海外投资主体、方式和行业结构出现新的变化。另外,中国加入世贸组织后,在外国企业和产品大举进入中国市场的同时,中国企业也应当大步走向国外,只有走向国外,才能充分抓住入世后的机遇和充分利用其他缔约方给予我们的权利。目前,海外投资行为更趋合理,盲目投资减少,以市场为导向,以效益为中心,正逐步成为中国企业海外投资遵循的基本原则。随着海外投资规模的扩大和海外投资企业数量的增加,中国的跨国公司也应运而生了,按照跨国公司的定义来推算,目前中国已经具有了一批自己的跨国公司。

根据商务部统计,2015年我国2.02万家境内投资者共对全球188个国家和地区的3.08万家境外企业进行了对外直接投资,对外直接投资净额(流量)为1 456.7亿美元,同比增长18.3%,连续多年保持增长势头,年均增速为38.9%。其中,非金融类1 214.2亿美元,金融类242.5亿美元。截至2015年年底,中国对外直接投资累计净额(存量)达10 978.6亿美元,位居全球第8位。根据联合国贸发会议《世界投资报告2016》,2015年中国对外直接投资占全球当年流量的9.76%,位居全球第二。

## 四、中国企业对外直接投资的特点

中国企业对外直接投资具有以下特点:

第一,从发展规模和投资主体看,海外投资发展速度较快,平均投资规模逐步扩大,投资主体不断优化。自从实行改革开放政策以来,中国对外直接投资就在原来较低的基础上获得了迅速的发展,并已形成一定规模,海外投资企业数量和对外直接投资金额的年均增长率都较高。近年来,国内一些规模较大的行业排头兵企业、技术较先进的企业以及具有名牌商品的优秀企业加入海外投资的行列。2015年,中国对外直接投资企业达到2.02万多家,其中有限责任公司占整个境内投资主体的比重为67.4%,国有企业所占比重为5.8%,私营企业所占比重为9.3%。在投资主体不断优化的同时,海外投资企业的中方平均投资规模也在不断扩大,据商务部统计,目前平均投资规模超过1 000万美元。

第二,从地区分布看,海外投资企业分布的国家和地区广泛,越来越呈现出多元化趋势。截至2015年年底,中国的2.02万多家对外直接投资企业分布在全球188个国家或地区,投资覆盖率为80.7%,其中在亚洲和非洲的投资覆盖率分别达97.9%和85%。从境外企业数量的国家或地区分布来看,亚洲地区集中了境外企业数量的 55.5%,北美地区为 14.4%,欧洲地区为 11.5%。从中国内地境外投资流向来看,流量在 10 亿美元以上的国家和地区有 15 个:中国香港、荷兰、新加坡、开曼群岛、美国、澳大利亚、俄罗斯联邦、英属维尔京群岛、英国、加拿大、印度尼西亚、韩国、阿拉伯联合酋长国、百慕大群岛、中国澳门等。

第三,从行业分布看,第一、第二和第三产业都有分布。截至 2015 年年底,批发和零售业占境外企业总数的 29.4%,制造业占 21.4%,租赁和商务服务业占 13.2%,建筑业占 6.4%,采矿业占 4.6%,农、林、牧、渔业占 4.6%。从对外直接投资存量(2015 年年底达 10 978.6 亿美元)分布的行业来看,存量在 1 000 亿美元以上的行业有四个:租赁和商务服务业、金融业、采矿业以及批发和零售业等。上述四个行业的存量投资达到 4 335.50 亿美元,占境外投资存量总额的 39.49%。

第四,从出资方式、企业所有权结构和设立方式看,出资方式多种多样,海外企业以合资合作居多,设立方式上新建与并购并举。中国企业对外直接投资的出资方式(或称投资方式)越来越多样化,有的以现汇出资(含企业自有资金和国内贷款),有的以从国外获得的贷款出资,有的以国内机械设备等实物出资,还有的以国内的技术专利或专有技术(含劳务)出资。从中国海外投资企业所有权结构来看,海外独资企业约占 30%,与东道国或第三国共同举办的合资与合作企业约占 70%。这些海外投资企业分别采用了股份有限公司和有限责任公司的组织形式。中国海外投资企业的设立多采用新建方式(含股本投资、利润再投资和其他投资),采用国际上较流行的收购与兼并(含股权置换)方式设立的以前较少,但近年来不断扩大,以 2015 年为例,通过收购与兼并方式实现的对外投资(544.4 亿美元)占到当年对外直接投资流量(1 456.67 亿美元)的 37.37%,并购领域涉及采矿业、制造业、电力生产与供应业、专业技术服务业、金融业等。

第五,从与国内母公司的关系看,海外投资企业对国内母(总)公司的依赖仍然比较重,自我开拓和横向联系能力有待加强(境外企业总数的 95% 为子公司或分支机构,只有 5% 属于联营公司)。就目前的状况而言,中国部分海外投资企业各方面业务多由国内直接控制,是国内母公司的补充,没有在海外当地形成属于本企业自己的营销网络和信息渠道。还有一些海外企业只是与母公司进行双向联系,海外企业之间以及海外企业与当地企业之间的横向联系较少。一些海外企业还没有树立在海外独立作战的意识,没有自己独立的品牌,没有把整个世界市场作为经营与赚钱的舞台,以实现在全球范围内进行资源优化配置和产品生产与销售的合理布局。

### 五、中国企业开展对外直接投资的可能性和条件

现阶段,中国企业到海外投资创办企业的可能性和条件主要有:

首先,中国已经拥有一批具有一定实力且在国际上享有信誉的企业。在美国《财富》杂志公布的 2016 年全球最大的 500 家企业中,中国有 110 家企业入围(见表 13-1)。国家电网公司以 3 296.01 亿美元销售额位列第 2 位,仅次于 4 821.3 亿美元销售额的沃尔玛。中国石油天然气集团公司(第 3 位)、中国石油化工集团公司(第 4 位)、中国工商银行(第 15 位)进入榜单前 20 位。中国建设银行、鸿海精密工业股份有限公司、中国建筑股份有限公司、中国农业银行、中国银行、中国平安保险(集团)股份有限公司、中国移动通信集团公司、上汽(集团)股份有限公司等企业则进入榜单前 50 名。

表 13-1  2016 年入选"全球 500 强"榜单前 100 位的中国企业

| 排名 | 企业名称 | 营业收入（亿美元） | 利润（亿美元） |
|---|---|---|---|
| 2 | 国家电网公司 | 3 296.01 | 102.01 |
| 3 | 中国石油天然气集团公司 | 2 992.71 | 70.91 |
| 4 | 中国石油化工集团公司 | 2 943.44 | 35.95 |
| 15 | 中国工商银行 | 1 672.27 | 440.98 |
| 22 | 中国建设银行 | 1 479.10 | 363.03 |
| 25 | 鸿海精密工业股份有限公司 | 1 412.13 | 46.27 |
| 27 | 中国建筑股份有限公司 | 1 401.59 | 22.51 |
| 29 | 中国农业银行 | 1 334.19 | 287.35 |
| 35 | 中国银行 | 1 223.37 | 271.86 |
| 41 | 中国平安保险(集团)股份有限公司 | 1 103.08 | 86.25 |
| 45 | 中国移动通信集团公司 | 1 067.61 | 101.44 |
| 46 | 上海汽车集团股份有限公司 | 1 066.84 | 47.41 |
| 54 | 中国人寿保险(集团)公司 | 1 012.74 | 41.70 |
| 57 | 中国铁路工程总公司 | 994.35 | 9.83 |
| 62 | 中国铁道建筑总公司 | 956.52 | 11.06 |
| 81 | 东风汽车集团 | 828.17 | 14.80 |
| 91 | 中国华润总公司 | 765.74 | 24.89 |
| 95 | 中国南方电网有限责任公司 | 746.97 | 22.23 |
| 99 | 太平洋建设集团 | 730.47 | 32.05 |

资料来源：http://www.fortunechina.com/。

在联合国贸发会议发表的《世界投资报告 2016》中，按海外资产多少评选公布了"2016 年发展中国家非金融类跨国公司 100 强"，中国有 4 家公司入选，其中来自中国内地的跨国公司有两家，来自香港地区和台湾地区分别有一家。在《美国工程新闻记录》评选的 2016 年国际承包商 225 强中，中国共有 65 家企业入选，占入选企业总数的 28.9%；而在该杂志评选的 2016 年世界最大的 225 家工程设计公司中，有中国电力建设集团有限公司等 32 家中国公司入选，占入选企业总数的 14.2%。在英国《银行家》杂志评选的 2016 年世界最大的 1 000 家银行中，中国有 119 家入选，其中中国工商银行、中国建设银行、中国银行和中国农业银行等四家银行进入前十名。上述事实说明，中国已有一批在国际上具有一定实力和影响力的企业。这些企业管理科学，经营机制先进，信誉较好，有一定的跨国经营和海外投资办厂经验，比较优势明显。它们可用自有资金进行海外投资，也可以利用在国际金融市场上筹集的资金进行海外投资。另外，中国的大多数大型企业或企业集团都已制定了国际化经营战略，这也将有力地促进和推动中国海外投资事业的发展。

其次，中国已经具有一定的资金实力。2015 年，中国外贸出口达 22 679 亿美元，年底国家外汇储备达 3.33 万亿美元。这些数字说明中国是有条件每年拿出一部分资金进行海外投资和创办海外投资企业的。应当说，中国国际资本流动格局中流入大于流出的状况还会存在若干年，但这种格局正在逐步发生变化，流出与流入之间的差额正在逐步缩小。中国正在由贸易大国向投资大国转变,由对外直接投资的潜在大国向现实大国转变。中国已经发展到应适当加快海外投资的新阶段,资金方面的有来有往是当今国际经济发展的潮流,两者之间是可以相互促进的。

再次,中国在技术和设备方面具有比较优势。进行海外投资在技术和设备方面具有比较优势是完全可以的,不一定具有绝对优势,只要相对于东道国来讲具有比较优势就可以进行投资。中国在一些技术领域是拥有国际先进水平的,而且还具有大量的适用技术、特色技术和传统技术,技术商品的价格相对便宜,这些技术在广大发展中国家是受欢迎的。同样,在单项设备和成套设备方面中国也具有相对优势。特别是近年来中国国内许多产品变成长线产品,许多企业的生产能力闲置,因此也迫切需要借助海外投资向海外转移具有一定竞争力的设备和技术。

最后,中国在管理和人才方面也具有一定的优势。尽管中国企业的总体管理水平同发达国家相比还有差距,但是,在一些地区和行业以及一些企业中管理水平还是比较先进的。例如,近年来中国青岛海尔集团公司以其卓有成效的管理而在国际上扬名,其管理经验和案例已经进入国外著名商学院的课堂和教科书。在改革开放的过程中,中国一些企业已经培养和锻炼了一批熟悉国际惯例和市场环境,有能力在海外从事生产、经营和管理的人才。

总之,无论是从客观条件还是从主观条件来看,中国企业进行海外投资和跨国经营都是具有可能性的。我们应当以更加积极的姿态,推动这项大有希望的事业的发展,促进更多的中国企业走出去,使它们在国际经济舞台上扮演更加重要的角色。

## 阅读专栏　　中国最大海外工业园区落户白俄罗斯

2014年6月,中国最大的海外工业园区——占地90多平方公里的中国—白俄罗斯工业园已经奠基并启动建设,这个由卢卡申科总统向习近平提议建立的园区堪称中国在中东欧投资的"桥头堡"。

白俄罗斯地理位置优越,是"丝绸之路经济带"向欧洲延伸的重要节点。2013年,中白两国建立全面战略伙伴关系,政治互信不断增强,经贸关系发展成效显著,中国已成为白俄罗斯重要的贸易伙伴和投资来源国。

白俄罗斯以国家最高立法的形式规定了入园企业在税收、土地等方面可享受的优惠政策,入园企业可享受如企业所得税、不动产税、土地使用税实行十年免税、十年减半的税收优惠政策。

2011年6月,俄罗斯、白俄罗斯和哈萨克斯坦成立关税同盟,2012年1月关税同盟升级为经济统一空间,实现了三个国家商品、资金和劳动力市场的自由流动。工业园区内企业生产的产品销往俄罗斯、哈萨克斯坦不征收关税。

中白工业园区毗邻明斯克国际机场,距波罗的海克莱佩达港口约500公里,距莫斯科约700公里,距柏林约1000公里,国际公路、洲际公路、铁路穿越园区,交通便利,有良好的区位优势。中白工业园将以先进制造业和现代服务业为支撑,并依托明斯克众多高校、科研机构,吸引和积聚智力资源,建成集生态、宜居、兴业、活力、创新五位于一体的国际新城。根据规划,园区内主要工业为纺织、机械、电子、通信、食品加工、生物化学等。

园区总建设期规划为30年,分三期建设,每期各十年。其中一期开发17.37平方公里,投资14.11亿美元,开发时间为2014年到2020年,一期项目结束后实现滚动开发,一直持续到

2030年。

目前,有意向入驻中白工业园区的企业来自俄罗斯、白俄罗斯、拉脱维亚及中国等国。有意向投资的中国企业有长城公司、中兴通讯公司、华电工程、长虹电子等。

资料来源:观察者网,"白俄罗斯加入新丝绸之路91平方千米　中国最大海外工业园区落户",http://www.guancha.cn/europe/2014_12_24_304331_s.shtml。

### 六、海外企业经营当地化

**(一)海外企业经营当地化的含义**

经营当地化(operation localization)又称经营属地化或经营本地化,是指海外投资企业以东道国独立的企业法人身份,按照当地的法律规定和人文因素,以及国际上通行的企业管理惯例进行企业的经营和管理。

海外投资企业在东道国开展生产经营活动,首先要承认自己在形式上是东道国当地的企业,是在东道国已形成的社会经济和法律环境下经营的法人,所以要把经营当地化作为自己的基点和发展方向。实现了经营当地化,海外投资企业才算真正纳入了所在国的经济运行体系之中。

要在激烈的竞争中站住脚,就要及时利用当地的人、财、物等多方面资源,要转化角色,在当地安家落户,将自己从中国的海外企业转变成东道国企业,不仅要建立生产中心,还要逐步设立销售中心、研发中心、采购中心、设计中心和管理中心等。

国际化与当地化是现代企业发展过程中相辅相成的两个方面,是结果与过程的关系,不可分割,必须加以正确处理。企业开展对外直接投资是走向国际化的表现,但是在国际化的过程中要兼顾当地化,从一定的角度来讲,当地化经营是国际化的进一步深入发展。

**(二)经营当地化的主要内容**

1. 经营管理当地化

经营管理当地化即在企业经营管理方面实行一系列当地通行的做法。发达国家的市场经济的发展较国内更早更成熟,因而当地企业已经形成了一套适应市场经济环境需要的经营方式和经营手段,中国海外投资企业应尽快把这些东西学到手并加以实际应用。例如,我们应采用当地或国际通行的企业制度、企业决策与管理方法、财务管理制度和会计方法、人事管理制度、营销策略、审计制度和方法以及企业资产信托机制管理方法等。只有实现经营管理的本地化,才能想当地市场之所想,急当地消费者之所急,真正贴近当地市场,才能因地制宜地制定能够与当地其他企业竞争的战略。

2. 人员当地化

人员当地化是所有当地化中最重要的,因为经营管理当地化主要还是要靠当地化人才来实施。人员当地化并不是指海外投资企业要百分之百聘用当地人员,而是指海外投资企业可以大胆地、较多地聘用当地人员,不仅一般工作人员可从当地雇用,而且中高级管理人员(如总经理)也可从当地雇用,并且还要从当地雇用会计师、律师等专业人员。实行人员当地化政策可以充分利用当地的人力资源,为海外投资企业的发展注入活力。截至2015年年底,全球跨国公司海外雇员约有7 950.5万人。大量资料表明,跨国公司外派人员的失败率比较高,美国外派人员中提前回国的比率大致在10%—80%,而且派遣母国人员赴海外企业工作的成本高,又与当地雇员和群体(政府、供应商、顾客等)存在着沟通上的障碍。

3. 工资分配当地化

工资分配当地化又称国外工资制,是指对国内外派人员实行与同企业内或同行业内外方人员相同的工资标准和待遇,把个人的工资收入与个人对企业贡献的大小挂钩。工资分配当地化后,国内外派人员原来享受的工资以外的福利待遇应取消(如免费住房、免费通信、免费用车、伙食补贴、交通补贴、往返国内机票补贴以及代交的个人所得税等),外派员工应当像当地员工一样负担所有的生活费用。

4. 品牌当地化

品牌当地化是企业及其商品能否被消费者认同的关键。这一点国外公司的有些做法值得中国海外企业借鉴。"Sprite"原是可口可乐公司的一个品牌,如果直译成中文就是"魔鬼"、"小妖精"、"调皮捣蛋者"的意思,这显然不能给中国消费者留下良好的印象,而经过本地化翻译后的名称"雪碧",含义为纯洁、清凉,在此基础上再加上由中国体育明星所做的广告,市场反应自然十分热烈。因此,中国的海外企业也要重视品牌,逐步扩大自有品牌在东道国的知名度和影响力,提升品牌价值,实现品牌扩张。

5. 研发当地化

实施研发当地化可以实现产、销、研一体化,使研发直接为产品当地化服务,使产品更加贴近市场,而且还有利于利用当地的科技人才,占领技术高端。研发当地化已成为跨国公司的一种普遍做法。

6. 资金当地化

企业在海外生存与发展,必须要解决融资问题。一方面,可以到当地金融机构借贷,另一方面,也可以考虑发行企业债券,或采取一些被允许的灵活的融资方式。当然,如果能够争取在当地上市,则不仅可以募集到较多的当地资金,还可以使本公司更容易得到当地消费者的认同和关注。

(三) 海外企业经营当地化的意义和作用

海外企业实行当地化经营战略的主要意义和作用在于:它可以解决海外企业现存的问题,改进海外企业的经营管理,使海外企业贴近当地市场,树立当地企业形象,扩大市场份额,提高经济效益,保障海外投资目的的实现;不认真实施当地化战略,海外企业就不能够发展壮大,"走出去"战略也就无法得到切实的落实;当地化是实现企业国际化的必由之路,只有真正雇用当地劳工,使用当地资源,了解当地法律和文化,建立自主的生产、销售或研发中心,在东道国扎根、生长,实现真正的本地化,才能真正走向国际,成为国际化的跨国公司。

## 第三节 中国证券投资市场

### 一、中国证券市场的产生与发展

证券市场是商品经济发展的产物。自改革开放以来,随着中国引入市场经济,证券市场已成为社会主义经济的重要组成部分。随着市场经济在中国的充分发展,中国证券市场从组织结构到法律规范正日趋成熟和完善。

(一) 旧中国的证券市场

19世纪中叶以后,随着中国沦为半封建半殖民地社会,英国等列强通过一系列不平等条约取得了在中国设厂、经商和发行证券等特权。随后,它们便在中国兴办企业,并通过发行股票来筹集华人资金,如1864年设立的汇丰银行,1865年设立的省港澳轮船公司等都公开向华人募集了大量的股份。随着外国公司在中国发行股票和债券数量的日益增多,中国的证券市场也随之产生。上海外商股票经纪人于1891年在上海组织成立了上海股份公所,中国第一家外商经营的证券交易所便从此产生,1902年清政府又将其改组为上海众业公所。

在洋务运动的推动下,中国开始筹办自己的股份公司,其中最重要的是李鸿章于1873年在上海筹办的轮船招商局。到19世纪末,通过募股设立的中国人自己经营的企业已达近200家,如天津火柴公司和南通大生纱厂等。随着筹资办企业方式的兴起和股票发行数量的大幅增加,一些自发进行股票交易的固定场所出现了,由于当时的股票持有者多为商人,如铁商、茶商、皮货商和商品经纪人,而且后来其中的很多人成为专门经营证券交易的商人,这些商人经常出入的茶馆,如当时位于上海南京路的惠芳茶栈就成为股民们自发进行股票交易的聚集地。证券交易的日益普遍也促进了股份制企业的发展,到1913年年底,全中国各种形式的股份制企业达992家。为了规范证券交易,1914年秋天,中国第一家由中国人自己经营的证券交易所在上海成立,即上海股票商业公会。中国股票交易从此由自发的茶馆交易转为有组织的集中交易。当时的上海股票商业公会实行会员制,最初的会员只有15家,会员需先缴纳白银12两作为公会的资本,以后每月缴纳2两作为会费。交易的方式仅限于现货交易。交易的标的为政府公债、铁路债券、公司股票和外汇等。为配合证券交易,1914年12月29日,北洋政府还颁布了中国第一部证券法——《证券交易所法》,该法为证券交易所的设立和证券交易提供了法律依据。此后,全国各大城市纷纷开设了证券交易所,1918年北京证券交易所宣告成立,这也是中国第一家经政府正式批准设立的证券交易所;1920年5月,原上海股票商业公会改组为上海华商证券交易所,这也是当时中国规模最大的证券交易所;同年7月1日,上海证券物品交易所正式挂牌成立;天津于1921年也开设了天津证券物品交易所。随后证券交易所和信托公司如雨后春笋般出现在全国各地。到1921年年底,仅上海就有各类交易所140多家,而且股票的交易量陡增。但是,由于当时中国迅速发展的证券市场与落后的工商业不相适应,加之许多交易所和信托公司相互利用,致使股价奇高,远远高出上市公司的实际业绩,1921年秋在全国出现的这一现象被称为股票交易风潮,这也是中国证券市场发展过程中出现的第一次高潮。1922年1月,上海证券物品交易所突然宣布倒闭,引发了股价的急剧下滑,随之而来的便是证券交易所和信托公司的大量倒闭,仅在短短的两个月内,全国仅剩证券交易所十几家,其中上海仅剩六家,中国的证券交易从此跌入低谷。20世纪20年代末至抗日战争前后,由于国民党政府发行了大量收益较高的国债及国内经济的相对繁荣,刺激了中国证券市场的发展,中国证券市场出现了发展史上的第二次高潮。在此期间,为了抑制当时的投机风潮,1929年10月,国民党政府颁布了新的证券法。日本投降以后,国民党政府最初想控制证券市场的证券交易,但由于社会闲散资金无正当出路,黑市交易禁而不止,于是国民党政府于1946年5月决定筹备成立上海证券交易所,并于当年9月16日正式开业。1948年2月,天津证券交易所宣布开业。由于国民党政府实行币制改革,推行金圆券,国内的交易所再度停业。1949年2月,上海证券交易所再度恢复营业,但由于国民党军队节节败退,股价全面下跌,上海证券交易所于同年4月再次停业。此后,由于国内通货膨胀严重,造成未上市股票的场外交易十分活跃,这一现象延续至新中国成立。

总之,旧中国的证券市场带有殖民地半殖民地的性质,这不仅表现为最早的证券交易所是外国人开设的,还表现在他们发行的证券在中国证券市场上占有十分重要的地位。此外,旧中国的证券市场仅限于上海和天津等发达的大城市,而其他一些小城市由于没有证券交易所,只能停留在柜台交易的水平上,而且中国的证券交易所停停办办,坎坎坷坷,影响了中国证券市场的发展,这也与经济发展水平和接连不断的战争有关。

### (二)新中国成立至改革开放前的中国证券市场

新中国成立之初,中国政府虽然实行国有化,把财政收支、资金管理和物资调拨统一在政府手中,并整顿旧中国遗留下来的各种经济组织和机构,但并没有关闭证券市场,而是采取利用证券市场的政策,来促进国民经济的恢复和发展。这主要体现在中央政府在关闭旧的证券市场的同时,又建立了新的证券市场。1949年6月,新中国建立后的第一个证券交易所,即天津证券交易所在原天津证券交易所的旧址成立。1950年2月1日,北京也成立了证券交易所,随后上海也成立了新的证券交易所。这些证券交易所是按国家新的有关证券方面的法规设立的,其运作完全是在政府的严格控制下进行的,但只从事单一的现货交易,不做期货,并且不以营利为目的。这主要是因为国家只利用证券市场来调节银根和产业结构,对经济进行宏观控制,即把证券市场看作向社会主义过渡中可以利用的经济杠杆。新中国早期的中国证券市场在1949年至1952年期间,对恢复国民经济、打击投机倒把和欺诈,稳定当时十分混乱的市场起到了积极的作用。但随着国有化的进程和计划经济体制的不断强化,证券市场的作用日益减弱,证券交易所也随即停止了交易活动。1952—1978年,随着企业社会主义改造的完成,中国企业只剩下全民所有制和集体所有制两种形式,股份制在中国已不复存在,中国政府在20世纪60年代虽然也发行过债券,但发行的渠道是国有银行,而不是证券市场,而且不许上市流通。1952年7月,天津证券交易所并入天津投资公司,证券交易所在中国从此消失。此时的中国证券市场应该说已名存实亡。

### (三)改革开放之后的中国证券市场

从1978年改革开放至今,中国的证券市场大致经历了两个发展阶段。

第一阶段是1978—1990年,是中国证券市场的重新萌芽阶段。主要表现在以下三个方面:一是农村开始实行家庭联产承包责任制,农民的收入大幅度增加,大量的农村劳动力从土地中解放出来,中国农村开始广泛合股集资并创办了一系列各种类型的乡镇企业,这些企业虽然只是在花名册上登记或开具股金收据,不上市发行股票,但它仍可算是中国股份制经济的萌芽。二是在农村股份制经济的带动下,城市的股份制企业也应运而生。1984年,中国第一家股份制企业北京天桥股份有限公司成立;同年11月,上海飞乐音响股份有限公司率先向社会公开募集股票,从此成为中国首家公开向市场发行股票的企业,此后在北京、上海、西安、沈阳、广州、重庆等地也出现了通过发行股票进行筹资的活动。三是恢复发行债券。1981年,中国政府发行了新中国诞生以来的首批国库券,1985年以后又相继发行了金融和建设等债券。中国证券交易在20世纪90年代以前,大多属于场外交易,而且多属于地区性的,还没有形成真正意义上的全国性证券交易中心。

第二阶段是从1990年至今,是中国证券市场的起步和发展阶段。1990年12月,上海证券交易所正式挂牌营业,它是新中国成立后第一家按国际标准运作的交易所。上海证券交易所的成立不仅标志着在中国大地消失了38年的证券交易所重获新生,而且还标志着新中国证券交易市场的诞生。此后,深圳证券交易所在1991年7月宣告成立。中国证券市场从此进入了迅速发展时期,其主要表现在以下五个方面:

(1) 证券市场从上海、深圳两地向全国各地延伸,通过计算机联网全国各地的投资者均可参与深沪两个市场的证券交易,从而形成了全国统一的现代化和规范化的证券交易市场。

(2) 全国证券交易自动报价系统开通。该系统于 1990 年 12 月 5 日正式开通,它是以计算机联网为纽带,通过远程通信手段,为全国的会员公司进行证券买卖提供即时报价、辅助成交、统一清算和交割的现代化综合服务系统。

(3) 初步形成了中国证券市场的管理体系。例如,1991 年,中国 100 家证券公司组成了中国证券业协会,财政部成立了国债协会,以及由中国人民银行、国家计委、财政部等参与组建的股票联合审批办公室。

(4) 中国政府及企业走出国门,开始在国际资本市场上发行各种国际债券和股票,即在国内发行 B 股来吸引外国投资,在国际金融市场上发行美元、日元等国际债券来筹资,在香港发行 H 股及在美国发行 ADR(存托凭证)来筹资。

(5) 有关证券方面的法规日趋完善。中国政府从 1990 年至今相继出台了有关规范证券市场方面的《中华人民共和国公司法》《中华人民共和国国库券条例》《股票发行和交易管理暂行条例》《企业债券管理条例》《国务院关于股份有限公司境外募集股份及上市的特别规定》《关于严禁国有企业和上市公司炒作股票的规定》《可转换公司债券管理办法》《证券投资基金管理暂行办法》《证券期货信息传播管理的若干规定》《中华人民共和国证券法》《期货从业人员管理办法》《证券市场资信评级业务管理暂行办法》《合格境外机构投资者督察员指导意见》《证券经纪人管理暂行规定》《证券公司分类监管规定》《证券公司参与股指期货交易指引》《证券期货业反洗钱工作实施办法》等。证券法规的健全和完善,也标志着中国证券市场走向成熟。

截至 2015 年年底,深沪两市的上市公司数量合计达 2 827 家,其中深圳证交所共 1 746 家(主板 A 股 467 家,主板 B 股 49 家,中小板 776 家,创业板 492 家),上海证交所共 1 081 家。中国证券市场在中国资本市场中的地位日益重要。

## 二、中国证券市场的对外开放

中国证券市场的对外开放主要体现在以下三个方面:

### (一) 发行 B 股

B 股实际上指的是 B 种股票,即人民币特种股票,是指中国国内企业向境外投资者发行,在境内证券交易所以外币认购和进行交易的股票。B 股股东的权利和义务与 A 股相同,其红利以人民币计算,但折成外汇汇出国外。B 股是外国投资者目前在中国进行证券交易的主要方式。自 1992 年 2 月 1 日,上海真空电子器件股份有限公司首次在上海证券交易所发行了总额为 1 亿元人民币的 B 股以后,到 2015 年年底,共有 101 家企业在上海和深圳两家交易所发行了 B 股。B 股的发行为中国的上市公司开辟了新的融资渠道,促进了中国证券市场的进一步发展。当然,B 股市场已有多年没有扩容了,随着合格境外投资者制度的实施,即外国投资者被允许直接进入中国的 A 股市场,其存在的必要性受到了金融界的质疑。但无论如何,在中国经济发展的最初阶段,B 股市场对中国的证券市场以及资本市场的发展起到了重要的作用。

### (二) 外国证券公司进入中国

自 1979 年中国政府批准第一家国外银行在北京开设办事处以来,目前已有约 40 个国家或地区的近 600 家境外金融机构在中国设立了办事机构或代表处。其中,有 100 多家外国银行在中国设立了分行,并有近 60 家海外证券公司进入中国证券市场,有 20 多家境外证券代理客户入主上海证券交易所 B 股专用席。与此同时,日本大和证券公司与中国最大的证券公司华夏证券公司共同建立了合资投资信托公司,中国建设银行、中国经济技术投资担保公司、美国摩根士丹利公司、新加坡政府投资公司、香港名力集团五家公司在 1994 年 10 月组成了中国国际金融有限公司,这也是中国第一家中外合资银行。外国证券公司进入中国证券市场不仅推动了中国证券市场的开放,也有助于中国企业和证券公司走向世界。

中国的证券市场是在中国经济体制改革的大背景下发展起来的。它与财政税收体制改革、金融体制改革、投资体制改革、外汇管理体制改革有着密切的关系。中国证券市场将会随着经济的发展和经济体制改革的深化,得到进一步发展和完善。

### (三) 实施 QFII 制度

QFII(qualified foreign institutional investors)是"合格境外机构投资者"的英文简称,是指允许合格的境外机构投资者在一定的规定和限制下汇入一定额度的外汇资金,并转换为当地货币,通过严格监管的专门账户投资当地证券市场,其本金和投资收益在外汇管制和相关法规管理下,可转为外汇汇出的一种市场开放模式。QFII 制度是中国证券市场向外国投资者开放的第一步,也是引进境外机构投资者成熟的投资理念、优化中国证券市场投资者的结构以及促进中国证券市场国际化的重要一步。QFII 制度一般是发展中国家证券市场发展到一定阶段的产物,其目的在于有节制地让发达国家的投资者进入国内证券市场,以规范和促进本国证券市场的发展。随着证券市场的成熟,这一制度也会随即消失。QFII 最早产生于 20 世纪 90 年代初的我国台湾地区,1991 年 1 月 2 日,台湾地区开始实施 QFII;1992 年,QFII 正式进入台湾地区证券市场。台湾地区目前已取消 QFII,准许外资自由进出。韩国、印度等国也相继采用过 QFII 制度。

随着中国大陆证券市场的发展,中国于 2001 年下半年着手研究 QFII,并成立了 QFII 研究小组。2002 年 11 月 5 日,中国人民银行和中国证监会联合发布了《合格境外机构投资者境内证券投资管理暂行办法》,对进入 QFII 的门槛等问题做了详细规定。此后,国家外汇管理局要求境外合格投资者申请的投资额度不得低于与 5 000 万美元等值的人民币,不得高于等值 8 亿美元的人民币。这标志着 QFII 制度在中国大陆正式启动。在随后的几个月中,包括瑞银集团、野村证券、高盛等在内的众多境外大型金融机构纷纷向中国证监会递交资格申请并获得了批准。截至 2015 年 10 月,已有 273 家外资金融机构获得 QFII 资格,获准投资额 844.38 亿美元。

## 三、中国参与国际证券市场活动

### (一) 中国发行国际债券融资

中国经济的迅速发展引发了急需建设的交通、能源、通信等基础设施领域对资金的巨大需求,由于国际债券具有期限长和筹资数额大等优点,中国政府和企业从 20 世纪 80 年代初开始采用发行国际债券这一发达国家惯用的筹资方式。1982 年 1 月,中国国际信托投资公司在日本东京市场上首次发行了 100 亿日元的私募债券,期限为 12 年,票面利率为 8.7%,从而开创了中国利用国际证券市场筹集资金的先例。1983 年 8 月,福建投资企业公司又在日本东京市场发行了 50 亿日元利率为 8.5%、期限为 10 年的私募债券。1984 年 11 月,中国银行首次在日本东京市场发行了200亿日元的公募债券。中国银行、中国国际信托投资公司和福建投资企业公司于1985年先后在东京、法兰克福、香港、伦敦和新加坡发行了10宗国际债券。据统计，从1986年至1992年，中国先后在国际债券市场上总共发行过49次债券，筹资16.6亿美元。此后，中国利用国际债券市场融资的数额急剧上升，1993年中国的金融机构在国际证券市场上发行债券达21次，筹资共达28亿美元。1994年1月14日，财政部代表中国政府正式向美国证券交易委员会注册登记发行10亿美元的全球债券，并同时在美国、欧洲和亚洲销售，发行该债券的牵头机构是美国的美林证券公司，这也是中国首次进入美国资本市场。2004年10月，中国又在美国发行了5亿美元的主权债券。2004年9月，中国国家开发银行发行了价值10亿美元的全球债券，此次发行的全球债券包括美元和欧元两种，债券筹集资金继续投向国家重点项目，本期债券发行的主承销商包括美国、英国、法国和瑞士的多家银行，美国、欧洲和亚洲的众多机构投资者购买了此次债券。同年，中国进出口银行和中国工商银行分别发行了7.5亿美元和4亿美元的国际债券。

从中国在国际证券市场已发行的债券情况来看，中国发行的国际债券具有如下特点：

（1）公募和私募相结合。中国发行国际债券是以私募债券的形式起步的，因为私募债券发行程序简单，不必因向地方政府报送"注册报告"与"募股说明书"待批而耗费时间。但由于私募债券不能在二级市场上市流通，中国同时也发行了审批手续复杂，但能在二级市场上挂牌交易的公募债券。

（2）发行主体多元化。中国发行国际债券的主体既有以政府名义出现的银行和金融机构，也有以政府或银行作担保的各类企业，从而开创了一个全方位、多层次的融资渠道。

（3）在内地注册和在香港注册的企业并举。除上述内注册企业发行国际债券融资外，在香港注册的中资公司也通过发行可转换债券筹集资金。

（4）发行的国际债券的种类多样化。到目前为止，中国已发行的国际债券种类有扬基债券、武士债券、将军债券、欧洲美元债券、亚洲美元债券、欧洲日元债券、欧洲马克债券、全球债券、可换股债券（在香港地区市场上发行）等。债券种类的多样化不仅有利于扩大中国的筹资规模，而且可以减少利率和汇率风险。

（5）发行市场的分散化。中国国际债券的发行市场已由20世纪80年代的日本，扩展到90年代以后的欧洲、北美和亚洲各国。

利用发行国际债券进行融资，已成为中国利用外资的主要途径。中国政府和企业的国际债券融资对中国基础设施的建设及经济的迅速发展起到了显著的促进作用。

（二）中国企业海外上市融资

1．中国企业海外直接上市

海外上市是中国企业走向世界的一个重要途径。进入20世纪90年代以后，随着中国证券市场的对外开放，中国企业也开始了到海外发行股票并直接上市的历程。目前，中国企业主要是通过在香港发行H股和在美国发行ADR（美国存托凭证）在海外直接上市的。

（1）发行H股

H股是在中国内地注册的股份有限公司在香港发行的普通股的简称。1992年10月，中国证券监督管理委员会确定了首批9家大型国有企业作为试点单位，在香港发行H股并上市。从1993年6月29日青岛啤酒股份有限公司最先在香港上市，至1994年6月6日东方电机股份有限公司正式在香港联合交易所挂牌上市，获准上市的9家中国内地企业共发行

55.06亿H股，筹资达116.81亿港币。1994年中国证监会又安排了22家内地企业到香港上市。为配合H股的发展，香港恒生指数服务有限公司于1994年8月8日正式推出了恒生中国企业指数，以帮助投资者了解中国企业的表现。据香港联交所数据显示，截至2016年9月底，在港主板和创业板上市的内地企业达到387家，其中H股235家、红筹股152家，合计分别占港股主板和创业板上市公司总市值的42.15%和7.95%，成交金额分别占比达到53.97%和5.27%。中国内地企业在香港上市，不仅为内地企业筹集了大量的资金，而且还促进了内地企业的股份制改革和内地股票市场的发展。

（2）发行ADR

ADR(American depositary receipt)是美国存托凭证的缩写。它是指由美国存托银行发行的一种类似股票证书的可转让票据，它代表美国投资者对非美国公司、政府或美国公司的海外子公司发行证券的所有权凭证。具体来讲，在美国发行股票的外国公司将其股票，由承销商交由本国银行或外国在本国的分支机构保管，并以此为担保通知美国的存托银行发行股票存托凭证供美国投资者购买，美国投资者购买的存托凭证就是外国公司发行股票的凭证，投资者可将存托凭证上市转让或凭以领取股息。如果股票存托凭证是向全球投资者发行，则称为全球股票存托凭证，即GDR(global depositary receipt)。

ADR是因外国投资者在美国发行股票不便及美国投资者上市转让外国公司股票困难而产生的。ADR的发行实际上避开了美国法律对外国公司股票在注册手续、财务报表、会计准则、信息披露等方面的严格管辖，为美国投资者购买并转让非美国公司的股票提供了便利。

从1993年7月第一个在美上市的青岛啤酒算起，中国公司在美国上市已有24年的历史。中国证券监督管理委员会在1994年所选定的第二批到海外直接上市的国有企业中，华能国际电力、华能发电开发、东方航空、南方航空和天津钢管五家公司可以通过发行ADR到美国证券市场上挂牌上市。1994年4月28日，中国证券监督管理委员会和美国证券交易委员会签订了《中美合作监管备忘录》，从而开始了两国股票投资领域的合作。中国山东华能国际电力公司于1994年8月4日以ADR方式在美国纽约证券交易所挂牌上市，成为新中国第一家在美国上市的公司。华能国际电力此次共发行2 337.4万股，约合11.687亿普通股，每股发行价格为14.25美元，共筹资3.33亿美元。此后，一些中国公司将已发行的B股或H股转为ADR形式在美国上市，如上海氯碱化工、上海轮胎橡胶和上海第二纺织等。也有一些公司在全球配售过程中将在美国发行的部分以ADR的形式配售上市，如上海石化等。上海石化H股1998年8月在香港上市的同时，将50%的H股转为ADR、GDR。中国企业将B股和H股转为ADR在美国发行，成为中国证券市场与国际接轨的又一途径。

1999年7月14日，即中国证监会发布《关于企业申请境外上市有关问题的通知》的同一天，中华网在美国纳斯达克挂牌，成为中国首家在美国纳斯达克进行股票交易的公司。据中国证监会统计，截至2015年7月，主板境外上市外资股公司达到190家；截至2015年3月，创业板境外上市外资股公司达到26家。另据美国纽约证券交易所和纳斯达克股票交易所的统计，截至2017年2月底，中国在纽约证券交易所上市的公司达到58家，其中ADR上市的有49家，非ADR的有9家，而在美国纳斯达克ADR上市的中国企业达到33家。此外，由于场外柜台交易(OTC)市场的入市标准较低，中国企业出现在场外柜台交易市场的时间早于纳斯达克市场。据不完全统计，截至2017年2月，共有420多家中国公司在场外柜台交易市场挂牌交易。

## 2. 中国企业海外间接上市

中国企业海外间接上市主要有两种方式,即买壳上市和造壳上市。

买壳上市是指一家或几家公司联合以现金或交换股票的形式,收购另一家公司已在海外证券市场上挂牌上市的部分或全部股权来取得上市地位。中国企业通过买壳上市融资始于 1984 年年初,但为数很少。20 世纪 90 年代以后,通过该方式上市的中资公司有所增加。例如,首钢在 1992 年收购了香港东荣钢铁公司 51% 的股权后,将公司更名为香港首钢国际公司,并募股集资达 18 亿港币。再如,2016 年 3 月,福建泰禾投资有限公司收购在美国纳斯达克上市的阿莱恩斯医疗服务公司 51.5% 的股权,从而达到在美国间接上市的目的。买壳上市筹资虽然注入资金必须经过中国证券监督管理委员会的批准,但买壳上市仍不失为中国企业国际化的一个最佳途径。

造壳上市筹资可以增加公司的实力,而且还可以避开一些东道国对外国公司上市的严格限制,并节省大量的时间。目前,虽然到海外买壳上市的中国企业的具体做法,一是通过在国际证券市场所在国或地区注册成立一家控股公司,对其内地企业进行控股,然后内地企业间接以控股公司的身份申请上市。例如,2014 年 8 月,由在香港上市的中信泰富以现金和配售新股的方式收购其控股股东中信股份 100% 股权,从而实现了中信集团在香港的整体上市。二是国内企业与已上市的外国公司合并,通过增发新股或换股上市。这种做法实际上是中外合资企业海外上市的一种基本模式。例如,中国玉柴国际有限公司,注册地点在百慕大,新加坡丰隆公司持有该公司 29.3% 的股权,1994 年 12 月上市,在纽约证交所的统计上被列为新加坡公司,但实际上玉柴国际是广西玉柴机器集团资本运作的产物,因此从严格意义上来说是一家中国企业。这样"造壳上市"的公司还有不少。

### (三) 中国企业对外证券投资

中国企业对外证券投资刚刚起步。1986 年中国国际信托投资公司通过国际融资租赁的方式购买了澳大利亚波特兰铝厂 11% 的股份,以此开始了中国进入国际市场从事证券投资的历史。90 年代以后,中国企业海外证券投资有所发展。1990 年,中信香港集团收购了香港泰富发展有限公司 49% 的股份,并将该公司改名为中信泰富。香港泰富发展有限公司是一家在香港上市的公司,中信香港集团收购了该公司后,利用其上市公司的地位进行了一系列的注册和收购活动,使中信泰富从 1990 年 2 月市值仅为 7 亿港币的小公司,到 1994 年发展成为一家市值 400 余亿港币的大公司。截至 2016 年年底,中国证监会共核准中国证券投资机构设立海外子公司 22 家,除分别有 1 家子公司设立在新加坡和老挝外,其他境外子公司均设在中国香港,注册资本总额约为 25.5 亿港元;另外,中国证监会还核准易方达等 18 家境内基金管理公司在中国香港设立全资或合资子公司 19 家,注册资本总额近 20 亿港元。在境外间接投资方面,截至 2015 年年底,中国已批准 132 家 QDII(合格境内机构投资者),共计 899.93 亿美元的投资额度。

在中国企业从事海外证券投资的同时,中国的各主要金融机构稳步推进"走出去"战略,也大力发展海外金融业务,包括海外证券投资业务。截至 2015 年年底,中国工商银行等五家大型国有控股商业银行共有 79 家境外分行和 57 个附属机构,这些境外机构分布在亚洲、欧洲、美洲、非洲、大洋洲,业务范围涵盖商业银行、投资银行、保险等多种金融服务领域。这五家大型国有控股商业银行也开展了境外收购兼并活动。其中,中国工商银行先后收购南非标准银行和澳门诚兴银行,中信银行收购了中信国际金融控股有限公司(香港)。由于中国企业的经济实力所限,中国企业海外证券投资的规模远远小于中国企业的海外上市筹资活动,但中国企业从事海外证券投资活动为中国企业的国际投资活动开辟了又一重要途径。

## 思考与练习

1. 简述中国利用外商投资的发展历程。
2. 简述中国利用外商直接投资的主要方式。
3. "走出去"战略的含义是什么?它分哪几个层次?中国企业实施"走出去"战略的必要性和意义是什么?
4. 简述中国企业开展海外直接投资的可能性与条件。
5. 简述海外企业经营当地化的含义和主要内容。
6. 中国企业参与的国际证券市场活动主要有哪些?

## 案例分析

### 北京经济技术开发区的"星网工业园模式"

2001年12月20日,占地50公顷的星网工业园一期建成,三洋能源、富士康等与诺基亚公司有配套合作关系的国际和国内主要手机零配件厂商和服务提供商到星网工业园投资建厂,超过20家企业共同组建的世界级移动通信生产基地正式诞生。同一天,诺基亚集团董事长兼首席执行官约玛·奥利拉与当时的北京市市长刘淇签署合作备忘录,同样规模的"星网"二期建设开始启动。以诺基亚为龙头的星网(国际)工业园一期和二期是最具代表性的园中之园,项目总投资超过100亿元人民币,预计建成后年产值将达到500亿元人民币,并将创造1万多个就业机会,是当时北京最大的外商投资项目。

星网工业园是一种全新的利用外资模式,它是一种产业集群投资,是外商投资企业的一种扎堆现象,是不同于产品价值链的一种产业链或企业链的完整组合。在星网工业园内,从手机连接器到天线,从电池模组、按键模组、喷膜到印刷电路板,最后到手机组装,一应俱全,手机从组装到出货仅需一天。以诺基亚移动通信产品为龙头,将全球不同地域的原材料、零部件等供应商集中在一个生产空间,每个配件送到装配线的时间误差只有几分钟,所有企业没有任何库存。早晨进口料件上线生产,晚上产品进入国际零售市场,十几家厂商间的产品深加工结转4小时完成一次。落户全球最有市场潜力的区域,园区企业实现产品的零库存,海关监管与生产同步,时间、空间和资金的消耗降到最低限度。保证原材料与产品零库存和运输零距离,从而有效地降低成本是星网工业园成功的奥秘所在。

【思考与讨论】

1. 星网工业园成功的奥秘是什么?为什么说星网工业园的建立代表着一种全新的利用外资模式?
2. 什么是产业集群投资?它是近年来跨国公司对外直接投资的一种新的趋势吗?

## 海尔集团的国际化战略

1984年12月,海尔集团的前身青岛电冰箱总厂正式成立,经过28年的发展,海尔集团已从当年员工不足800名、销售收入仅380万元、亏损却高达147万元的集体小厂,一跃成为一家集科研、生产、贸易和金融于一体的大型国际化企业集团,并且正朝着"世界500强"的目标不断奋进。目前,海尔集团是世界第一大白色家电制造商和中国最具价值品牌企业。

海尔在全球建立了29个制造基地,8个综合研发中心,19个海外贸易公司,全球员工总数超过7万人,已发展成为大规模的跨国企业集团,2011年海尔集团实现全球营业额1 509亿元。

海尔集团在首席执行官张瑞敏确立的名牌战略指导下,先后实施名牌战略、多元化战略和国际化战略,2005年年底,海尔进入第四个战略阶段——全球化品牌战略阶段。据世界著名消费市场研究机构欧睿国际公布的2011年全球家电市场调查数据,海尔集团在大型家电市场的品牌占有率提升为7.8%,第三次蝉联全球第一。目前海尔集团同时拥有"全球大型家电第一品牌、全球冰箱第一品牌、全球冰箱第一制造商、全球洗衣机第一品牌、全球酒柜第一品牌与第一制造商、全球冷柜第一品牌与第一制造商"八项殊荣。海尔已跻身世界级品牌行列,其影响力正随着全球市场的扩张而快速上升。2011年海尔集团的"以开放式研发平台建设为核心的创新体系"项目获得"国家科技进步奖"。截至2009年,海尔累计申请专利9 258项,其中发明专利2 532项;海尔已参与19项国际标准的制定,其中5项国际标准即将发布实施,这表明海尔自主创新技术在国际标准领域得到了认可;在创新实践中,海尔探索实施的"OEC"管理模式、"市场链"管理及"人单合一"发展模式引起国际管理界高度关注,目前,已有美国哈佛大学、南加州大学、瑞士IMD国际管理学院、法国欧洲管理学院、日本神户大学等商学院专门对此进行案例研究,海尔"市场链"管理还被纳入欧盟案例库。

海尔集团的国际化经营之路大致可以划分为四个阶段,即1984—1990年的国内创牌蓄势阶段、1990—1996年的以贸易为先导开拓国际市场阶段、1996—1998年的探索性海外投资阶段和1999年至今的全球化发展阶段。与此同时,经过近10年的探索,海尔正式形成了成熟的国际市场战略,也就是"三个1/3"的战略:在全球销售额中国内生产国内销售占1/3,国内生产国外销售占1/3,国外生产国外销售占1/3。

1996年,海尔集团经过长期酝酿,决定与印度尼西亚莎保罗有限公司共同建立印度尼西亚海尔·莎保罗有限公司,这标志着海尔首次实现了生产国际化,海尔集团的跨国经营也随之进入海外直接投资的新阶段。随后,海尔集团在菲律宾、马来西亚、南斯拉夫和伊朗等地相继建立了海外工厂,这一阶段的海外直接投资大多属于探索性质,但它们为海尔随后进军欧美市场积累了宝贵的经验。1999年3月,海尔集团投资3 000万美元在美国南卡罗来纳州的坎姆顿建立了第一个海外海尔工业园——美国海尔工业园,在美国初步实现了设计、生产、销售"三位一体"的本地化经营模式。以此为标志,海尔的海外直接投资彻底摆脱了为出口服务的目的,真正进入国际化阶段。随后,海尔集团又在巴基斯坦建立了第二个海外海尔工业园,并继续扩大海尔在中东和亚太地区的海外直接投资规模。2005年1月,在英国,海尔冰箱被杂志 *Ethical Consumer* 评为最畅销产品;在德国,科隆市政府和亚琛市政府的一次滚筒洗衣机大批量采购招标中,海尔滚筒洗衣机经过多轮竞争,最终击败了众多国际品牌,赢得了两市市政府的大批量订单。2005年7月,海尔以"感恩百万"为主题,参与日本世博会中国馆活动,通过与日本消费者零距离接触,进一步扩大了海尔品牌在日本的知名度和美誉度。2007年8月,海尔集团在德国法兰克福著名的Westhafen(西港)大厦举行Haier Day主题展览活动,来自德国、瑞典等北欧国家的主要客商参加了活动,引起了德国媒体的广泛关注,德国著名电视台WWTV对此做了全面报道。

海尔集团海外直接投资的本地化战略,概括起来可以归纳为"三位一体"和"三融一创"战略。所谓"三位一体",指的是在国外实现当地设计、当地生产和当地销售;所谓"三融一创",指的是海尔集团在投资东道国当地融资、当地融智、当地融文化和创本地化名牌。

海尔集团的国际化战略中还有一个全球十大经济区投资战略,指的是将全球市场划分为十个有较大国际影响力的经济共同体,在每一个共同体内选点建设工厂,以便在这些工厂的当地化率达到60%以后,将产品输送到共同体的其他成员国,争取获得关税等方面的优惠待遇,取得更快的发展。这十大经济区是:北美洲2个(北美自由贸易区和墨西哥、委内瑞拉、哥伦比亚三国集团);南美洲2个(南锥体和安第斯集团);中美洲1个(中美洲共同市场);亚洲2个(东盟和海湾合作组织);欧洲2个(欧盟和东欧);非洲1个(南部非洲发展共同体)。目前海尔集团已先后在乌克兰、伊朗、巴基斯坦、孟加拉国、意大利、马来西亚、菲律宾、印尼、美国、越南和南斯拉夫等国或地区设立生产厂。

海尔在海外投资建厂一直遵循着"先有市场,再建工厂"以及"盈亏平衡点"的海外投资策略,也就是说,海尔进行对外直接投资的程序是:发展出口—建立营销网络—树立品牌—达到盈亏平衡点—投资建厂。在这一程序中,海尔是否在当地投资建厂取决于市场是否已经接纳海尔的品牌,是否有市场。

海尔在国际化过程中还提出了"先难后易"的思想,其中比较有代表性的是其"先难后易"的出口战略。一般来说,企业进行国际化经营都是采取"先易后难"的战略,一点一点地积累经验,发展壮大。然而,海尔产品出口的战略却是"先难后易",即首先以发达国家为目标市场,将产品出口到发达国家,争取创出名牌,然而以高屋建瓴之势打开发展中国家市场,从而实现既创品牌又占领市场的目的。这表明海尔集团并不单纯走渐进式道路,而是根据海尔的名牌战略以及自身优势,适当地进行跨越式发展。

海尔集团的国际化战略大致可以归结为以上论及的三大战略,即"三个1/3"战略、本地化战略和全球十大经济区战略。贯彻和实施本地化战略是海尔集团海外直接投资成功的关键因素之一,也是海尔集团从"国际化海尔"到"海尔国际"的必由之路。

【分析与思考】
1. 海尔集团国际化战略所包括的三大战略的具体内容是什么?
2. 海尔集团的本地化策略包含哪些内容?本地化经营有何意义和作用?
3. 海尔集团自身的品牌优势对其开展海外直接投资有何影响?

# 专业名词中英文汇编

艾略特波浪理论　Elliott Wave Theory
比较优势理论　The Theory of Comparative Advantage
并购　Mergers and Acquisitions, M&A
补偿贸易　Compensation Trade
产品生命周期理论　The Theory of Product Life Cycle
道氏理论　Dow Theory
东道国　Host Country
对外直接投资　Outward Direct Investment
《多边投资担保机构公约》　Convention Establishing the Multilateral Investment Guarantee Agency
多边投资协定　Multilateral Agreement on Investment, MAI
非股权投资　Non-Equity Investment
分公司　Branch
风险投资　Venture Capital
《关于解决各国与其他国家国民之间投资争端的公约》　Convention on the Settlement of Investment Disputes between States and Nationals of other States
归核化　Refocusing
国际避税　International Tax Avoidance
国际避税地　International Tax Heaven
国际独资企业　Wholly Foreign-invested Enterprises
国际复兴开发银行　International Bank for Reconstruction and Development, IBRD
国际工程承包　International Contracting for Construction
国际合资企业　International Equity Joint Ventures
国际合作企业　International Contractual Joint Ventures
国际间接投资　International Indirect Investment
国际金融机构　International Financial Institution
国际生产折衷理论　The Eclectic Theory of International Production
国际双重征税　International Double Tax
国际税收　International Tax
国际税收筹划　International Tax Planning
国际税收协定　International Tax Treaty
国际逃税　International Tax Evasion
国际投资　International Investment
国际投资学　International Investment Studies
国际项目管理　International Project Management
国际证券市场　International Securities Market
国际直接投资　International Direct Investment
国际直接投资动机　Motive of International Direct Investment
国际直接投资协调　Coordination for International Direct Investment
国际租赁　International Leasing
国民待遇　National Treatment
国有化和征收　Nationalization and Expropriation
合格境外投资者　Qualified Foreign Institutional Investors, QFII
合同制造与服务外包　Contracted Manufacturing and Service Outsourcing
加工装配贸易　Processing and Assembling Trade
加权等级评分法　Weighted grading method
建设—经营—转让　Build-Operate-Transfer, BOT
经营当地化　Operation Localization
矩阵式组织结构　Matrix Structure
可行性研究　Feasibility Study
跨国公司　Transnational Corporation
跨国化指数　Transnationality Index, TNI
跨国银行　Transnational Bank
利用外商直接投资　Utilizing Foreign Direct Investment
联络办事处　Liaison Office
垄断优势理论　Monopolistic Advantage Theory
绿地投资　Greenfield Investment

伦敦银行同业间拆借利率 London InterBank Offered Rate, LIBOR
美国存托凭证 American Depositary Receipt, ADR
母公司 Parent Company
母国 Home Country
内部化理论 The Theory of Internalization
内部化优势 Internalization-Specific Advantages
纽约证券交易所 New York Stock Exchange, NYSE
欧洲债券 Euro Bonds
平滑异同移动平均线 Moving Average Convergence and Divergence, MACD
区位优势 Location-Specific Advantages
区域投资协定 Regional Investment Treaty
全球债券 Global Bonds
人力资本投资 Human Capital Investment
融资租赁 Financing Leasing
软环境 Soft Environment
设计—采购—施工 Engineering-Procurement-Construction, EPC
市场准入 Market Access
双边投资协定 Bilateral Investment Treaty, BIT
税收管辖权 Tax Jurisdiction
所有权优势 Ownership-Specific Advantages
特许经营 Franchising
投资便利化 Investment Facilitation
投资发展周期理论 Investment Development Cycle Theory
投资环境 Investment Climates
投资基金 Investment Fund
投资银行 Investment Bank
投资自由化 Investment Liberalization
外(独)资企业 Foreign-invested Enterprise
外国债券 Foreign Bonds
外国直接投资 Foreign Direct Investment, FDI
外商投资股份有限公司 Shareholding Companies with Foreign Investment
项目建议书 Request for Proposal
项目周期 Project Cycle
小规模技术理论 The Theory of Small Scale Technology
行为科学 Behavioral Science
研究与开发 Research and Development, R&D
扬基债券 Yankee Bond
硬环境 Hard Environment
优先股 Preferred Share
《与贸易有关的投资措施协议》 Agreement on Trade-Related Investment Measures
战略联盟 Strategic Alliance
中外合资经营企业 Sino-Foreign Equity Joint Ventures
中外合作经营企业 Sino-Foreign Contractual Joint Ventures
中外合作开发 Sino-Foreign Joint Exploration
B种股票(人民币特种股票) B Share
种子期 Seed Stage
转移价格 Transfer Price
资本输出 Capital Export
资本资产定价理论 Capital Assets Pricing Model, CAPM
资产套利定价模型 Arbitrage Pricing Theory, APT
子公司 Subsidiary
"走出去"战略 "Going out" Strategy

# 主要参考书目

1. 林康著:《跨国公司与跨国经营》,对外经济贸易大学出版社2008年版。
2. 马春光编著:《企业国际化经营与管理》,中国对外经济贸易出版社,2002年版。
3. 卢进勇主编:《中国企业海外投资政策与实务》,对外经济贸易大学出版社1994年版。
4. 卢进勇编著:《入世与中国利用外资和海外投资》,对外经济贸易大学出版社2001年版。
5. 卢进勇等主编:《国际服务贸易与跨国公司》,对外经济贸易大学出版社2002年版。
6. 卢进勇、刘恩专编著:《跨国公司理论与实务》(第二版),首都经济贸易大学出版社2012年版。
7. 卢进勇、杜奇华著:《国际投资理论与实务》,中国时代经济出版社2004年版。
8. 卢进勇等主编:《中国跨国公司发展报告2015》,对外经济贸易大学出版社2016年版。
9. 卢进勇等主编:《中国跨国公司发展报告2016》,对外经济贸易大学出版社2017年版。
10. 卢进勇等主编:《中外跨国公司发展史(上卷)》,对外经济贸易大学出版社2016年版。
11. 卢进勇等主编:《中外跨国公司发展史(下卷)》,对外经济贸易大学出版社2016年版。
12. 杨立强、王丽丽等著:《中国外商投资发展报告2014——新一轮改革开放下的外商投资》,对外经济贸易大学出版社2014年版。
13. 卢进勇等主编:《国际投资与跨国公司案例库》,对外经济贸易大学出版社2005年版。
14. 张汉林等著:《经济增长新引擎:国际直接投资方式、规范与技巧》,中国经济出版社1998年版。
15. 〔英〕尼尔·胡德、斯蒂芬·扬:《跨国企业经济学》,经济科学出版社1994年版。
16. 〔美〕彭维刚著,孙卫、刘新梅等译:《企业全球战略》,人民邮电出版社2007年版。
17. 杨海明、王燕著:《投资学》,上海人民出版社1998年版。
18. 王志乐主编:《跨国公司在中国报告2011》,中国经济出版社2011年版。
19. 江小娟著:《中国的外资经济》,中国人民大学出版社2002年版。
20. 陈继勇等编著:《国际直接投资的新发展与外商对华直接投资研究》,人民出版社2004年版。
21. 王巍主编:《中国并购报告(2004)》,人民邮电出版社2004年版。
22. 鲁桐主编:《中国企业跨国经营战略》,经济管理出版社2003年版。
23. 薛求知著:《当代跨国公司新理论》,复旦大学出版社2007年版。
24. 于凤捆、姚尔强编著:《投资基金理论与实务》,中国审计出版社1999年版。
25. 曹凤岐等编著:《证券投资学》(第二版),北京大学出版社2000年版。
26. 黄汉权著:《风险投资与创业》,中国人民大学出版社2001年版。
27. 〔法〕布鲁诺·索尔尼克等著:《国际投资》,中国人民大学出版社2007年版。
28. 〔美〕兹维·博迪等著:《投资学精要》,机械工业出版社1998年版。
29. 〔英〕桑德萨那姆著:《兼并与收购》,中国人民大学出版社1997年版。
30. Charles W. L. Hill, *International Business: Competing in the Global Marketplace*, Fifth Edition, McGraw-Hill Companies, Inc., 2005.
31. Frank K. Reilly, Edgar A. Norton, *Investments*, Fourth Edition, The Dryden Press, Harcourt Brace College Publishers, 1995.
32. Stefan H. Robock, Kenneth Simmonds, *International Business and Multinational Enterprises*, Fourth Edition, Richard D. Irwin, Inc., 1989.
33. Jagdish Bhagwati, *International Factor Mobility*, The MIT Press, 1983.

# 教辅申请说明

北京大学出版社本着"教材优先、学术为本"的出版宗旨，竭诚为广大高等院校师生服务。为更有针对性地提供服务，请您按照以下步骤通过**微信**提交教辅申请，我们会在 1~2 个工作日内将配套教辅资料发送到您的邮箱。

◎ 扫描下方二维码，或直接微信搜索公众号"北京大学经管书苑"，进行关注；

◎ 点击菜单栏"在线申请"—"教辅申请"，出现如右下界面：

◎ 将表格上的信息填写准确、完整后，点击提交；

◎ 信息核对无误后，教辅资源会及时发送给您；
如果填写有问题，工作人员会同您联系。

**温馨提示：**如果您不使用微信，则可以通过以下联系方式（任选其一），将您的姓名、院校、邮箱及教材使用信息反馈给我们，工作人员会同您进一步联系。

## 联系方式：

北京大学出版社经济与管理图书事业部
通信地址：北京市海淀区成府路 205 号，100871
电子邮箱：em@pup.cn
电　　话：010-62767312 /62757146
微　　信：北京大学经管书苑（pupembook）
网　　址：www.pup.cn